AF877664

Marc Schuhmacher

Rating für den deutschen Mittelstand

GABLER EDITION WISSENSCHAFT

Marc Schuhmacher

Rating für den deutschen Mittelstand

Neue Ansätze zur Prognose von Unternehmensausfällen

Mit einem Geleitwort von Prof. Ulrich Hommel, Ph. D.

Deutscher Universitäts-Verlag

Bibliografische Information Der Deutschen Nationalbibliothek
Die Deutsche Nationalbibliothek verzeichnet diese Publikation in der Deutschen Nationalbibliografie; detaillierte bibliografische Daten sind im Internet über <http://dnb.d-nb.de> abrufbar.

Dissertation European Business School Oestrich-Winkel, 2006

Hochschulsignatur: 1540

1. Auflage Dezember 2006

Lektorat: Brigitte Siegel / Nicole Schweitzer

Der Deutsche Universitäts-Verlag ist ein Unternehmen von Springer Science+Business Media.
www.duv.de

Umschlaggestaltung: Regine Zimmer, Dipl.-Designerin, Frankfurt/Main

Gedruckt auf säurefreiem und chlorfrei gebleichtem Papier

ISBN 978-3-8350-0548-8

Geleitwort

Mittelständische Unternehmen bilden das Rückgrat der deutschen Wirtschaft. Sie generieren nicht nur ca. 44 % der Bruttowertschöpfung und führen ca. 50 % aller Bruttoinvestitionen durch, sondern beschäftigen auch über 70 % aller Arbeitnehmer und bilden außerdem über 80 % aller Lehrlinge aus. Der deutsche Mittelstand weist jedoch eine sehr geringe Eigenkapitalquote auf und ist bei der externen Finanzierung nahezu ausschließlich auf Bankkredite angewiesen. Nicht zuletzt aus diesem Grund befürchteten viele Vertreter aus Wissenschaft und Praxis, dass die strukturellen Umbrüche in der Bankenbranche und die durch Basel II induzierte Risikokultur zu einer Verknappung des Kreditangebots führen könnte. Hierdurch sahen sie den Finanzierungsspielraum für den Mittelstand schrumpfen und gingen davon aus, dass durch diese Entwicklungen die wirtschaftliche Grundlage mittelständischer Unternehmen gefährdet werden könnte. Die in den letzten Jahren stetig steigende Zahl von Insolvenzen kleiner und mittlerer Unternehmen unterstützt diese Befürchtung nachdrücklich.

Vor diesem Hintergrund testet Herr Schuhmacher in seiner Dissertationsschrift mehrere Ratingmodelle unter Berücksichtigung mittelstandsspezifischer Modifikationen. Ferner analysiert der Verfasser den Einfluss wesentlicher Neuerungen, um die Informationslage von Kreditanalysten bei der Kreditvergabe zu verbessern und den Klassifikationserfolg von Ratingsystemen zu erhöhen. Im ersten Teil der Arbeit wird hierzu der Einfluss um den Industriedurchschnitt bereinigter Kennzahlen untersucht. Durch diese Vorgehensweise ist zu erwarten, dass intra-industrielle konjunkturelle Schwankungen weitestgehend eliminiert und die verwendeten Kennzahlen über Branchengrenzen hinweg vergleichbar werden. Des Weiteren ist auf Basis der Income-Smoothing-Hypothese davon auszugehen, dass die Kennzahlen im Zeitverlauf stabiler sind als die traditionell in wissenschaftlichen Publikationen verwendeten Verhältniskennzahlen, was sich positiv auf den Klassifikationserfolg der entwickelten Modelle auswirken sollte. Die Gegenüberstellung der Klassifikationsergebnisse der Modelle mit den Resultaten vergleichbarer, unmodifizierter Ratingmodelle bestätigt diese Hypothese.

Im zweiten Teil der Arbeit werden die generierten Systeme mit Hilfe von Cox-Proportional-Hazard-Modellen erweitert. Im Gegensatz zu bisherigen Publikationen beschränkt sich der Verfasser hierbei auf die im ersten Teil als gefährdet eingestuften Unternehmen. Diese Vorgehensweise basiert auf der Annahme, dass die untersuchten Objekte aus derselben Gruppe stammen und führt dazu, dass sich der bisherige Klassifikationserfolg weiter erhöht. Außerdem sind diese Modelle in der Lage die Ausfallwahrscheinlichkeit eines Unternehmens nicht nur für einen bestimmten Zeitpunkt zu prognostizieren, - wie beispielsweise die Diskriminanzanalyse oder die logistische Regression - sondern für eine längere Periode. Hierdurch verbessert sich die Informationslage von Kreditexperten und sie können die Entwicklung der Ausfallwahrscheinlichkeit im Zeitverlauf analysieren.

Durch das umfangreiche Datenmaterial und den Fokus auf mittelständische Firmen hebt sich die vorliegende Arbeit von der bisherigen Insolvenzforschung ab. Darüber hinaus zeichnet sie sich durch eine hervorragende statistische Analyse aus und weist neue Wege zur Früherkennung von Unternehmensausfällen auf. Die Arbeit ist somit nicht nur für die Praxis, sondern auch für die Wissenschaft von hohem Wert, da sie eine Ausgangsposition bildet die bisherigen Ansätze zur Bilanzanalyse zu erweitern und zu verbessern.

Professor Ulrich Hommel, Ph.D

Vorwort

Die vorliegende Arbeit wurde im Sommersemester 2006 vom Promotionsausschuss der European Business School als Dissertation angenommen. Datum der mündlichen Prüfung war der 02.06.06. Literatur und Regularien konnten bis zum Sommer 2005 berücksichtigt werden.

Mein Dank gilt allen, die mich bei der Arbeit an der Dissertation und während dieser Zeit unterstützt haben. Hierbei sind nicht nur ihr fachlicher Rat hervorzuheben, sondern auch ihre Geduld, die vielen erheiternden Gespräche und Unternehmungen.

An erster Stelle ist mein Doktorvater Prof. Ulrich Hommel, Ph.D. zu nennen, der mir nicht nur die Möglichkeit zur Promotion gab, sondern auch einen Studienaufenthalt in Ann Arbor unterstützte. Mein Dank gebührt außerdem meinem Zweitgutachter Prof. Dr. Andreas Hackethal und Dr. André Güttler für die hervorragende Betreuung. Darüber hinaus danke ich Prof. Dr. Dr. hc Jörg Baetge, der mir die Ehre erwiesen hat ein zusätzliches Gutachten für meine Dissertation anzufertigen.

Außerdem danke ich der Baden-Württembergischen Bank AG, die den Datensatz für diese Arbeit zur Verfügung stellte und der Creditreform e.V., die zusätzliche Jahresabschlüsse zu einigen insolventen Unternehmen lieferte.

Insbesonders im letzten Jahr ist eine Dissertation ein nicht immer stressfreies Unterfangen und manchmal hat es für einen persönlich den Anschein als hangele man sich von einer Sackgasse zur nächsten. Umso mehr geht mein größter Dank an meine Eltern. Ohne ihre uneingeschränkte Förderung meiner Ausbildung und liebevolle Unterstützung, wäre es mir nicht möglich gewesen, diese Arbeit zu erstellen. Ferner danke ich Georg Altenkirch, Hady Farag, Gudrun Fehler, Jens-Thomas Jung und Sebastian Schweyen für alle Tipps und Tricks, Korrekturen und Hilfen, Whiskeys und Cocktails.

Marc Schuhmacher

Inhaltsverzeichnis

Abbildungsverzeichnis

Tabellenverzeichnis

Abkürzungsverzeichnis

A	Österreich
Abb.	Abbildung
Abs.	Absatz
AG	Aktiengesellschaft
AHP	Analytischer Hierarchie-Prozess
AIC	Akaike Information Criterion (AIC)
AUC	Area Under Curve
AUS	Australien
BE	Belgien
BIC	Bayesian Information Criterion
BMS	Bayesian Model Selection
BR	Brasilien
BW-Bank	Baden-Württembergische Bank
bzw.	beziehungsweise
ca.	circa
CAP	Cumulative Accuracy Profile
CDN	Kanada
CH	Schweiz
CV	Cross-Validation
D	Deutschland
D. h., d. h.	Das (das) heißt
DM	Deutsche Mark
DSGV	Deutscher Sparkassen und Giroverband

DVFA	Deutsche Vereinigung der Finanzanalysten und Anlageberater
E	Spanien
e	extern
EAD	Erwartete ausstehende Forderungen bei Ausfall (Exposure At Default)
ES	Expertensystem
et al	et alii (und andere)
etc.	et cetera
e. V.	Eingetragener Verein
EU	Einzelunternehmen
F	Frankreich
FIN	Finnland
GA	Genetischer Algorithmus
GbR	Gesellschaft bürgerlichen Rechts
GmbH	Gesellschaft mit beschränkter Haftung
GmbH&Co.KG	Kommanditgesellschaft, wobei eine GmbH die Komplementärin ist
GR	Griechenland
GuV	Gewinn- und Verlustrechnung
HGB	Handelsgesetzbuch
I	Italien
ICOMP	Informational Complexity Criterion
ID	Industriedurchschnitt
ID3	Entscheidungsbaum
IL	Israel

IND	Indien
InsO	Insolvenzordnung
IRB	Internal-Rating-Based
IRL	Irland
J	Japan
KG	Kommanditgesellschaft
KGaA	Kommanditgesellschaft auf Aktien
K-NN	k Nearest Neighbor
LDA	Lineare Diskriminanzanalyse
LGD	Verlust bei Ausfall (Loss Given Default)
LOWESS	Locally Weighted Scatterplot Smoother
M	Restlaufzeit (Maturity)
MAL	Malaysia
Mio.	Millionen
Mrd.	Milliarden
NL	Niederlande
NN	Neuronales Netz
Nr.	Nummer
o. g.	oben genannt
PD	Ausfallwahrscheinlichkeit (Probability of Default)
QDA	Quadratische Diskriminanzanalyse
RA	Argentinien

RDU	Uruguay
RMSD	Root Mean Square Deviation
ROC	Receiver Operating Characteristics
ROK	Korea
S.	Seite
SA	Überlebenszeitanalyse
SG	Schmalenbach-Gesellschaft
SGP	Singapore
Std.-Fehler	Standardfehler
StGB	Strafgesetzbuch
Tab.	Tabelle
TM	Trademark
TR	Türkei
u.	und
U. a., u. a.	Unter (unter) anderem
UK	Großbritannien
UM	Univariate Modelle
USA	Vereinigte Staaten von Amerika
usw.	und so weiter
VAG	Versicherungsaufsichtsgesetz
Vgl., vgl.	Vergleiche, vergleiche
WZ 93	Wirtschaftszweige, Ausgabe 1993 des statistischen Bundesamtes Deutschland
z. B.	zum Beispiel

Symbolverzeichnis

α	Irrtumswahrscheinlichkeit bzw. Signifikanzniveau
a_p	Fläche zwischen perfektem und zufälligem Ratingmodell
a_r	Fläche zwischen untersuchtem und zufälligem Ratingmodell
a_{xr}	Faktorladung des gemeinsamen Faktors p bezüglich Variable x
AR	Accuracy Ratio
β_0	Konstante
β_j	Koeffizient der unabhängigen Variablen x_j
$\hat{\beta}_n$	Auf Basis des Gesamtdatensatzes geschätzter Koeffizient
$\hat{\beta}_{n(-i)}$	Koeffizient, wenn das i-te Objekt im Rahmen der Schätzung nicht berücksichtigt wird
C	Kritischer Trennwert
$C*$	Zeit zwischen dem Anfang und dem Ende der Untersuchungsperiode
$\hat{C}$	Hosmer und Lemeshow Test-Statistik
d_i	Anzahl der Unternehmen, die zum Zeitpunkt t_i ausfallen
di	gleitender 3-Jahres-Industriedurchschnitt einer Kennzahl
diy	Jahresindustriedurchschnitt einer Kennzahl
$F(t)$	Verteilungsfunktion
$F(C)$	Anzahl der falsch klassifizierten, gesunden Unternehmen
$FAR(C)$	Fehlalarmquote (False Alarm Rate)

g	$e^{z_{sa}}$
γ	0/1 Indikator oder Status
h_0 bzw. λ_0	Baseline Hazard
h_j	Leveragewerte
$H(C)$	Anzahl der korrekt prognostizierten Unternehmensausfälle
$h(t, x, \beta)$ bzw. $lambda(t, x, \beta)$	Hazard-Funktion
$HR(T, x)$	Hazard Ratio
$HR(C)$	Trefferquote (Hit Rate)
K	Kapital
l	Anzahl unabhängiger Variablen, j= 1, 2, 3, ..., l
$L(Y\|X\beta)$	Likelihood-Funktion
L_0	Log Partial Likelihood des Modells ohne Kovariaten
L_l	Log Partial Likelihood des Modells mit l Kovariaten
$\hat{L}_i$	Vektor der Score Residuen
LL_0	LogLikelihood des Null-Modells
LL_v	LogLikelihood des endgültigen Modells
$l_p(\beta)$	Partial Likelihood-Funktion
ln	natürlicher Logarithmus zur Basis e
m	Grad des fraktionalen Polynoms mit m $\in \mathbb{N}$
μ_V	Durchschnitt von V
n	Stichprobenumfang, i= 1, 2, 3, ..., n
N	Anzahl der Datenpunkte
$\acute{n}_q$	Anzahl der Subjekte in der q-ten Gruppe
N_D	Anzahl aller Unternehmensausfälle

N_{ND}	Anzahl aller gesunden Unternehmen
$N(t)$	Ereignisindikator
o_q	Summe aller Insolvenzen je Kovariaten-Muster
Ω	Kovarianzmatrix der Parameterschätzung
P	Wahrscheinlichkeit
$P(Y=1\|X)$	kumulative Wahrscheinlichkeit der logistischen Funktion
p_{ir}	Wert des Faktors p beim Objekt i
p_f	Kombination der prognostizierten Ausfallwahrscheinlichkeiten
p_l	Ausfallwahrscheinlichkeit basierend auf logistischer Regression
p_{sa}	Ausfallwahrscheinlichkeit basierend auf einem Cox-Proportional-Hazard-Modell
$p_1 ... p_m$	reelwertige Potenzen
π_j	Vorhergesagte Wahrscheinlichkeit
$\pi(\Theta)$	a-priori Wahrscheinlichkeitsdichtefunktion der Variablen
$\bar{\pi}_q$	vorhergesagte Durchschnittswahrscheinlichkeit
PoD_D	Ausfallwahrscheinlichkeit eines insolventen Unternehmens
PoD_{ND}	Ausfallwahrscheinlichkeit eines solventen Unternehmens
Q_i	Menge aller möglichen d_i Tupel von Unternehmen aus $R(t)$
r_i	Ausfallrisiko des Unternehmens i zum Zeitpunkt t
r_p	Pearson Residuen
R^2	McFadden R^2
R^2_{sa}	R^2 der Cox-Proportional-Hazard-Modelle
$R(t)$	Gefährdungsindikator

s_{β_j}	Standardabweichung des Koeffizienten β_j
$S(t, x, \beta)$	Überlebenszeitfunktion
S_0	Wert der Baseline Survivorship Funktion
SSE	Summe der Abweichungsquadrate
σ_V	Standardabweichung von V
σ_1^2	Varianz $\bar{x}$
t	Zeit
$\hat{t}$	Prüfgröße des Mittelwertvergleichs
$T*$	Zeit von Beginn der Untersuchungsperiode bis zum Ausfall des Objekts
Θ	Vektor der Modellparameter der logistischen Regression
$\hat{\Theta}$	Parameterwert, der die Likelihood Funktion $f(y\|\hat{\Theta})$ maximiert
$\hat{\Theta}_{cal}$	Maximum Likelihood Parameterschätzung des Entwicklungsdatensatzes
(U, ND)	Anzahl aller Paare solventer und insolventer Unternehmen
u_i	Störgröße bei der Beobachtung i
u_x	Faktorladung des Einzelfaktors der Variable x
$u_x p_{r+1,i}$	Wert des Einzelfaktors
$V\hat{a}r(\hat{r}_i)$	p x p Kovarianz-Matrix
V	Betrag um den sich K ändert
$V\hat{a}r(\hat{\beta})$	Kovarianzmatrix der geschätzten Koeffizienten
vx	Kennzahl x
$vxdi$	Kennzahl vx modifiziert mit dem gleitenden 3-Jahres-Industriedurchschnitt
$vxdiy$	Kennzahl vx modifiziert mit dem Jahresindustriedurchschnitt

$\hat{w}_{ij}$	$\frac{e^{x'_j \hat{\beta}}}{\sum_{j \in \mathbb{R}(t_i)} e^{x'_l \hat{\beta}}}$
w	Wald-Test-Statistik
wx	Wachstumskennzahl x
$wxdi$	gleitender 3-Jahres-Industriedurchschnitt der Wachstumskennzahl wx
$wxdiy$	Jahresindustriedurchschnitt der Wachstumskennzahl wx
X	Vektor der unabhängigen Variable
$x_{(i)+}\beta$	Summe aller Kovariaten der d_i Unternehmen
x_j	unabhängige Variable, $j=1, 2, 3, ..., l$
x_q^*	$\sum_{j=1}^{d_i} x_{qj}$
$\bar{x}$	Mittelwert
$\tilde{x}$	Median
$\overline{x}_{w_i k}$	$\frac{\sum_{j \in \mathbb{R}(t_i)} x_{jk} e^{x'_j \beta}}{\sum_{j \in \mathbb{R}(t_i)} e^{x'_j \beta}}$
χ_p^2	Pearson-χ_p^2
$\hat{\chi}^2$	Prüfgröße des Median-Tests
Y	Vektor der abhängige Variable
y	abhängige Variable
y_{Val}	Validierungsdatensatz
Z	Altmans Diskriminanzfunktion
z	Stichprobe der Größe n
z_l	latente Variable der logistischen Regression
z_{xi}	standardisierter Beobachtungswert der Variable x

1 Problemstellung

Kleinere und mittlere Unternehmen, der so genannte Mittelstand, bilden das Rückgrat der deutschen Volkswirtschaft. Sie beschäftigen knapp 20 Millionen Personen, was über 70 % aller Arbeitnehmer in der privaten Wirtschaft entspricht. Insgesamt existieren 3,38 Millionen mittelständische Unternehmen, ihr relativer Anteil an Unternehmen in Deutschland beträgt damit 99,7 %.[1] Sie erwirtschaften ca. 44 % der Bruttowertschöpfung, führen ca. 50 % aller Bruttoinvestitionen durch und bilden über 80 % aller Lehrlinge aus.[2] Nationale oder internationale Entwicklungen, die den Mittelstand negativ beeinflussen, können somit schnell zu makroökonomischen Spannungen und schwerwiegenden volkswirtschaftlichen Problemen führen.

Trotz dieser zentralen Bedeutung des Mittelstands für Deutschland gibt es keine einheitliche Definition für diese Unternehmen. So zählt das Institut für Mittelstandsforschung in Bonn Firmen mit bis zu 500 Mitarbeitern und einem Jahresumsatz von maximal 50 Millionen Euro zu dieser Größengruppe,[3] während die Kommission der Europäischen Gemeinschaft Unternehmen mit höchstens 250 Arbeitnehmern, 50 Millionen Euro Umsatz oder 43 Millionen Euro Bilanzsumme als mittelständisch definiert.[4] Dementsprechend kann es bei Mittelstandsstudien zum gleichen Thema zu signifikanten Schwankungen kommen. Es besteht indes weitgehend Einigkeit darüber, dass der Jahresumsatz kleiner und mittlerer Unternehmen 50 Millionen Euro nicht übersteigt.

Das aus betriebswirtschaftlicher Sicht wahrscheinlich auffälligste Merkmal dieser Unternehmen ist die Art ihrer Finanzierung. Sie weisen mit durchschnittlich unter 8 % eine sehr geringe Eigenkapitalquote auf.[5] Unter ökonomischen Gesichts-

---

1 Vgl. Institut für Mittelstandsforschung Bonn (2004), S. 5.

2 Vgl. Hommel und Schneider (2003), S. 53.

3 Vgl. Institut für Mittelstandsforschung Bonn (2004), S. 3.

4 Vgl. Kommission der Europäischen Gemeinschaft (2003), S. 39.

5 Die Deutsche Bundesbank ermittelte einen Anteil der Eigenmittel an der Bilanzsumme von knapp 7,5 % für mittelständische Firmen in Deutschland für 2001, vgl. Deutsche Bundesbank (2003b), S. 42. Ein ähnlich geringer Anteil wurde auch in den Studien von Hommel und Schneider (2003), S. 59, und Dresdner Bank AG (2000), S. 12-13 bestätigt.

punkten kommt dem Eigenkapital jedoch sowohl eine Haftungs- als auch eine Verlustausgleichsfunktion zu.[6] Es stellt somit einen Puffer in wirtschaftlichen Krisen dar und dient dazu Notlagen zu überbrücken. 8 % sind hierbei jedoch kaum ausreichend und schon kleine, kurzfristige Krisen oder Veränderungen können zur Unternehmensinsolvenz führen. Des Weiteren basiert die externe Finanzierung deutscher Mittelständler im Gegensatz zu vergleichbaren Unternehmen in den Vereinigten Staaten von Amerika oder Großbritannien beinahe ausschließlich auf Bankkrediten.[7] Die Möglichkeiten zur Beschaffung finanzieller Mittel über die Kapitalmärkte oder andere Quellen werden nur äußerst selten genutzt. Dies ist vor allem historisch bedingt und wird sich wahrscheinlich nur sehr langsam ändern. Erste Tendenzen hierzu gab es auf Grund der Hausse an den Kapitalmärkten am Ende der 90er Jahre.[8]

Vor diesem Hintergrund werden die öffentlichen Reaktionen auf Basel II und die emotionale Diskussion seiner potenziellen Auswirkungen auf den deutschen Mittelstand in den Medien nachvollziehbar. Von drastischeren Auswirkungen auf den deutschen Mittelstand als durch die Währungsumstellung war die Rede.[9] Dramatische Schreckensbilder für die Zukunft kleiner und mittlerer Unternehmen auf Grund von Basel II wurden beschrieben und mancher Beitrag polarisierte mehr, als dass er fundiert zur Diskussion beigetragen hat.

Jenseits der Befürchtungen um die Zukunft des deutschen Mittelstandes war Basel II sachlich gerechtfertigt, um das Bankensystem auch zukünftig stabil zu halten. Auf Grund der Globalisierung und Verbesserung bankinterner Methoden zur Risikomessung und -steuerung wurden die Vorgaben von Basel I zunehmend obsolet. Banken begannen, risikoarme Kredite durch Verbriefung aus der Bilanz zu entfernen und nur risikoreiche Forderungen in den Portfolios zu belassen. Diesem Trend musste entgegengewirkt werden, um die hierdurch wachsende Gefahr kostspieliger Bankenkrisen zu verringern.

6 Vgl. Manz und Dahmen (1998), S. 26.
7 Vgl. Audretsch und Elston (1997), S. 97.
8 Vgl. Hommel und Schneider (2003), S. 53.
9 Vgl. Brors (2001), S. 12.

Die Stabilität des Bankensektors soll durch drei Säulen sichergestellt werden. Die wichtigste dieser Säulen - neben aufsichtsrechtlichen Überprüfungsverfahren und Richtlinien, die die Marktdisziplin gewährleisten sollen - bilden Vorschriften zu Mindestkapitalanforderungen. Sie sollen wieder zu einer Differenzierung bei der Kreditvergabe führen und legen hierzu u. a. Vorgaben zur Beurteilung von Unternehmen fest. Aus diesem Grund entwickelten die meisten Banken in den letzten Jahren interne Ratingsysteme, welche die Ausfallwahrscheinlichkeit von Unternehmen für einen bestimmten Zeithorizont prognostizieren.

Zusätzlich sehen sich die Banken mit einer hohen Zahl an Unternehmensinsolvenzen konfrontiert. Hierdurch verringert sich durch erhöhte Abschreibungen und Bilanzverluste nicht nur die ohnehin dünne Marge beim Kreditgeschäft, sondern es wächst wiederum die Gefahr einer finanziellen Notlage der Banken.[10]

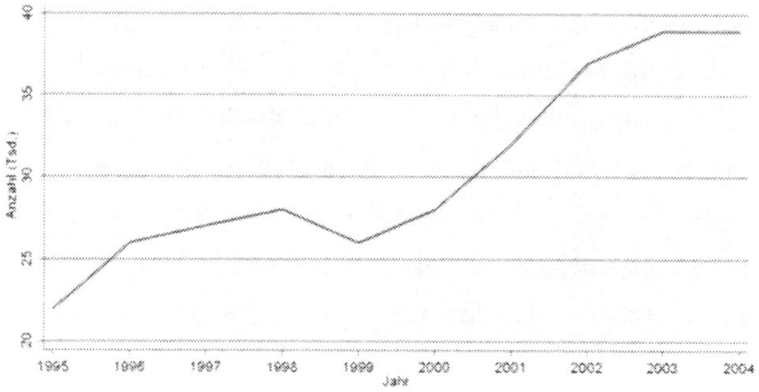

Abb. 1.1 Anzahl der Insolvenzen deutscher Unternehmen in den Jahren 1995 - 2004[11]

Für das Jahr 2005 wird damit gerechnet, dass sich der in Abbildung 1.1 dargestellte Trend fortsetzt und ca. 37.000 Unternehmen Insolvenz angemeldet haben.[12] Des Weiteren ist davon auszugehen, dass die Eröffnung eines Insolvenzverfahrens

[10] Vgl. Pföstl von (2005), S. 2.

[11] Vgl. Statistisches Bundesamt Deutschland (2005b), S. 3.

[12] Zum Zeitpunkt als die Dissertationsschrift eingereicht wurde, waren beim statistischen Bundesamt nur vorläufige Insolvenzzahlen für das Jahr 2005 verfügbar. Ihre Anzahl belief sich im März 2006 auf 36.843; vgl Statistisches Bundesamt Deutschland (2005c), S. 3

2005 bei ca. 40 % der betroffenen Unternehmen mangels Masse abgelehnt wurde.[13] Zwar zeigte sich hierbei in den letzten Jahren ein rückläufiger Trend, dieser dürfte jedoch primär auf die neue Insolvenzordnung aus dem Jahre 1999 zurückzuführen sein .[14] Die Summe der offenen Forderungen betrug 2004 ca. 26 Mrd. Euro und ist somit gegenüber den Vorjahren rückläufig. Bei gleichzeitig steigender bzw. stagnierender Anzahl von Unternehmensinsolvenzen bedeutet dies jedoch, dass verstärkt kleine und mittlere Betriebe gegenüber ihren Gläubigern ausfallen.[15] Neben Kunden und Lieferanten sind hiervon auf Grund der zuvor beschriebenen Finanzierungsart mittelständischer Unternehmen vor allem Banken betroffen.

Trotz der wirtschaftlichen und gesellschaftlichen Bedeutung kleiner und mittlerer Unternehmen und der dargestellten aktuellen Situation gibt es nur wenige wissenschaftliche Publikationen, die den deutschen Mittelstand untersuchen. Dies ist vor allem auf die schlechte Datenverfügbarkeit zurückzuführen.[16]

Vor dem beschriebenen Hintergrund versucht die vorliegende Arbeit einen Beitrag zur Verkleinerung dieser Forschungslücke zu leisten. Erstmalig werden hierzu auf Basis der Mittelstandsdefinition der Kommission der Europäischen Gemeinschaft aus dem Jahr 2005 mehrere Ratingsysteme zur Prognose der Ausfallwahrscheinlichkeit kleiner und mittlerer Unternehmen entwickelt.

Zusätzlich werden einige Neuerungen eingeführt,[17] um die Informationslage von Kreditanalysten bei der Kreditvergabe zu verbessern und den Klassifikationserfolg der Ratingsysteme zu erhöhen. Hiervon bilden zwei Neuerungen den Forschungsschwerpunkt der vorliegenden Arbeit. Es wird zunächst untersucht, ob um den Industriedurchschnitt bereinigte Kennzahlen im Rahmen von Ratingsystemen zu besseren Prognoseergebnissen führen als die traditionell in wissenschaftlichen Publikationen verwendeten unmodifizierten Verhältniskennzahlen. Es ist anzunehmen, dass die durchgeführte Bereinigung die konjunkturellen Schwankungen der einzelnen Industrien weitestgehend eliminiert. Hierdurch werden die verwendeten

---

13 Vgl. Verband der Vereine Creditreform e.V. (2005b), S. 25-26.
14 Vgl. Verband der Vereine Creditreform e.V. (2005a), S. 7.
15 Vgl. Statistisches Bundesamt Deutschland (2004c), S. 10.
16 Vgl. Hommel und Schneider (2003), S. 53.
17 Für eine detaillierte Beschreibung der neben den hier beschriebenen Untersuchungsschwerpunkten durchgeführten Neuerungen vgl. Kapitel 2.3.

Kennzahlen nicht nur über Branchengrenzen hinweg vergleichbar, sondern vermutlich auch im Zeitverlauf stabiler, was sich positiv auf den Klassifikationserfolg der entwickelten Modelle auswirken sollte.[18] Den zweiten Schwerpunkt bildet die Erweiterung der Ratingmodelle mit Hilfe von Cox-Proportional-Hazard-Modellen. Cox-Modelle stammen aus der Überlebenszeitanalyse und wurden bereits in früheren Studien zur Klassifikation von Unternehmen eingesetzt. Hierbei wurden allerdings stets Modelle für den gesamten Datensatz entwickelt und die Ergebnisse mit denen anderer Modelle verglichen. Das Cox-Proportional-Hazard-Modell setzt jedoch voraus, dass die Untersuchungsobjekte „at risk", d. h. gefährdet sind. Aus diesem Grund werden für diese Erweiterung gefährdete Unternehmen zunächst mit Hilfe eines klassischen Ratingsystems, basierend auf logistischer Regression identifiziert und anschließend im Rahmen der Cox-Modelle weiter analysiert. Außerdem liefern die Cox-Modelle im Vergleich mit anderen Verfahren auf Basis derselben Daten zusätzliche Informationen. Sie prognostizieren Überlebens- bzw. Ausfallwahrscheinlichkeiten nicht nur für einen bestimmten Zeitpunkt, sondern für eine Periode. Kreditexperten können infolgedessen die Entwicklung der Ausfallwahrscheinlichkeit im Zeitverlauf analysieren und somit vermutlich den Ausfallzeitpunkt genauer bestimmen. Hierdurch könnten Gegenmaßnahmen zeitnah eingeleitet und Verluste verringert werden. Außerdem ist es möglich, durch Kombination der Ratingmodelle mit den unterschiedlichen Zeithorizonten bereits drei Jahre vor dem Zeitpunkt des Unternehmensausfalls die Entwicklung der Ausfallwahrscheinlichkeit des Unternehmens durchgehend zu prognostizieren und zu analysieren.[19]

So werden die solventen Unternehmen des Entwicklungsdatensatzes speziell ausgewählt, die Kennzahlen modifiziert und die Basisratingmodelle mit Hilfe von Cox-Proportional-Hazard-Modellen erweitert.[20]

Um den dargelegten Sachverhalt zu untersuchen, werden in Kapitel zwei die Vorschriften von Basel I und Basel II beschrieben und die Entwicklungen aufge-

[18] Die neuen Kennzahlen und die durchgeführte Modifikation werden ausführlich in Kapitel 3.3.4 beschrieben.

[19] Die Entwicklung der Cox-Modelle und die Präsentation ihrer Ergebnisse werden in Kapitel 4 dargestellt.

[20] Für eine detaillierte Beschreibung der durchgeführten Neuerungen vgl. Kapitel 2.3.

zeigt, die von Basel I zu Basel II geführt haben. Ergänzt werden diese Ausführungen durch Erläuterungen zu aktuellen Ratingsystemen in Wissenschaft und Praxis. In diesem Kontext werden auch die bereits erwähnten durchgeführten Neuerungen zur Verbesserung des Klassifikationserfolgs dargestellt. Den Abschluss bildet eine Erläuterung der in der vorliegenden Arbeit verwendeten statistischen Verfahren.

In Kapitel drei werden die Basisratingmodelle entwickelt. Sie basieren auf der logistischen Regression und bilden die Grundlage für die Erweiterung der Untersuchung mit Hilfe der Cox-Proportional-Hazard-Modellen. Zunächst werden jedoch die Grundgesamtheit und der Unternehmensausfall definiert sowie die vorbereitenden statistischen Untersuchungen erläutert. Anschließend werden die Logit-Modelle entwickelt und nach der Überprüfung der Modellannahmen statistisch, ökonomisch und bezüglich ihres Klassifikationserfolgs analysiert. Den Abschluss bildet eine kurze Zusammenfassung der vorläufigen Ergebnisse.

Im Anschluss hieran werden die so generierten Daten mit Hilfe der Cox-Proportional-Hazard-Modellen erweitert. Um Vergleiche zu vereinfachen ähnelt der Aufbau des vierten Kapitels dem des dritten Kapitels. Die Untersuchung schließt mit der Zusammenfassung der Ergebnisse.

2 Basel II und die Entwicklung von Ratingsystemen

Die Basis der vorliegenden Untersuchung bilden die Vorgaben des Basler Ausschusses für Bankenaufsicht und die Ergebnisse bisheriger wissenschaftlicher Artikel.

Aus diesem Grund beschreibt das folgende Kapitel zunächst die historische Entwicklung von Basel II. Hierbei werden vor allem die im Zeitverlauf durchgeführten Anpassungen des Regelwerks dargestellt. Der aktuelle Stand von Basel II bildet den Abschluss, wobei die für den Mittelstand relevanten Vorgaben besonders hervorgehoben werden.

Im Anschluss wird der aktuelle Stand in Wissenschaft und Praxis für die Prognose von Ausfällen mittelständischer Unternehmen vorgestellt. Zunächst werden die statistischen Verfahren und die Größenkriterien auf denen die Produkte kommerzieller Anbieter und die Systeme der größten deutschen Banken basieren beschrieben, bevor die Entwicklungen von wissenschaftlichen Ratingsystemen und die Diskussion ihrer Vor- und Nachteile in der akademischen Literatur wiedergegeben werden.

Die durchgeführten Neuerungen zur Verbesserung bankinterner Ratingsysteme bilden den nächsten Abschnitt des Kapitels. Neben den bereits erläuterten Forschungsschwerpunkten der Arbeit werden mehrere zusätzliche Änderungen und Neuerungen angeführt, die theoretisch zu einer Erhöhung des Klassifikationserfolgs führen und dementsprechend im Rahmen der Untersuchung berücksichtigt werden.

Das Kapitel schließt mit der Darstellung der verwendeten statistischen Verfahren, ihrer Erstellung und denen ihnen zugrunde liegenden Annahmen.

2.1 Der Weg von Basel I zu Basel II

2.1.1 *Basel I*

Der Basler Ausschuss für Bankenaufsicht wurde 1974 von den Zentralbankpräsidenten der G10-Länder vor dem Hintergrund einsetzender Bankkrisen in den USA, Japan und Europa sowie einiger teilweise spektakulärer Bankenzusammenbrüche[1] ins Leben gerufen. Ziel war es, die Bankenaufsicht zu verbessern und Mindeststandards bei Kreditvergabe festzulegen.[2]

In diesem Kontext veröffentlichte der Basler Ausschuss für Bankenaufsicht im Juli 1988 den so genannten „Basler Eigenkapitalakkord" (Basel I). Hierdurch sollte eine einheitliche Begrenzung der Risiken und eine Vereinheitlichung der Wettbewerbsbedingungen erreicht werden.[3] Basel I definiert aus diesem Grund das Eigenkapital der Banken und unterteilt es in Kernkapital (Tier I) und Ergänzungskapital (Tier II). Außerdem fixiert es den Gewichtungsgrad der Risikoaktiva und legt die Mindestquote der Eigenkapitalunterlegung mit Kernkapital (4 %) und Gesamtkapital (8 %) fest.[4] Vereinfachend ergab sich für Banken aus diesen Vorschriften folgendes Schema für die Eigenkapitalunterlegung bei der Kreditvergabe:[5]

Tab. 2.1 Vereinfachte Darstellung der Eigenkapitalunterlegung seitens der Banken für Kredite an verschiedene Kreditnehmer auf Grund der Vorgaben von Basel I

Kreditnehmer	Mindestquote	Gewichtung	Effektive Eigenkapitalunterlegung
Öffentliche Hand	8 %	0 %	0 %
Banken		20 %	1,6 %
Sonstige		100 %	8 %

1 Z. B. Insolvenz des Kölner Privatbankhauses Herstatt 1974, Verlusthöhe DM 1,2 Mrd.
2 Vgl. Basler Ausschuss für Bankenaufsicht (2004a), S. 1.
3 Vgl. Pföstl von (2005), S. 35-36.
4 Vgl. Basler Ausschuss für Bankenaufsicht (1988), S. 3-14.
5 Vgl. Hundt et al. (2003), S. 6.

Im allgemeinen gelten die beiden zuvor angeführten Hauptziele der Basler Eigenkapitalvereinbarung als weit gehend erreicht. Basel I wurde zum internationalen Standard und seine Vorgaben werden mittlerweile im Bankwesen von mehr als 100 Ländern angewendet.[6]

Für praktisch alle Kredite an Firmenkunden mussten Banken 8 % Eigenkapital unterlegen, was nicht nur zu einer Vereinheitlichung des Wettbewerbs zwischen den Banken führte, sondern auch zu einer Gleichbehandlung von Kreditnehmern. Theoretisch wurden einem stark insolvenzgefährdeten Unternehmen für einen unbesicherten Kredit die gleichen Konditionen eingeräumt wie einem gesunden Unternehmen („One Size Fits All"). Die auch in der Praxis nur geringe Differenzierung zwischen Firmenkunden als Kreditnehmer entsprach nicht der ökonomischen Realität und führte immer wieder zu Kritik.

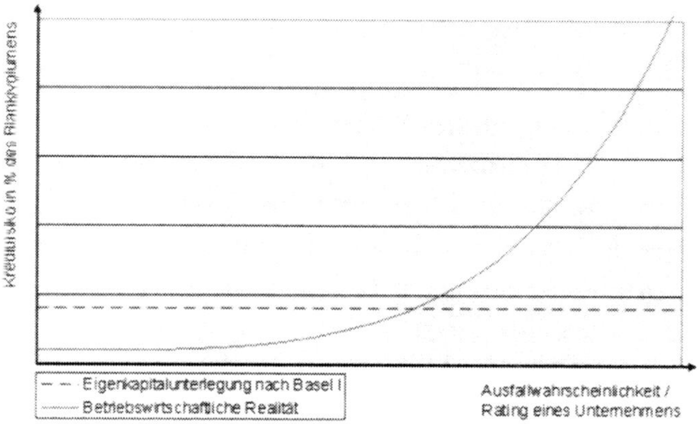

Abb. 2.1 Gegenüberstellung der Basel I „One-Size-Fits-All"-Vorgaben und der betriebswirtschaftlichen Realität[7]

Des Weiteren wurde es in den letzten Jahren bankinterner Methoden zur Risikomessung und -steuerung verbessert. Hierdurch hatten Banken die Möglichkeit

[6] Vgl. Basler Ausschuss für Bankenaufsicht (2001c), S. 2.
[7] In Anlehnung an Investkredit (2004), S. 9.

- und durch die Vorgaben von Basel I auch den Anreiz - die Qualität ihrer Kreditportfolios zu senken. Risikoarme Kredite werden durch Verbriefung aus der Bilanz entfernt und nur risikoreiche Forderungen verblieben im Portfolio. Dadurch wurden risikomäßig breit diversifizierte Kreditportfolios, die Unternehmenskredite aller Ratingklassen umfassen, selten. Diese sind jedoch eine Grundannahme von Basel I. Außerdem führte die Erhöhung des Kreditportfoliorisikos zu einer Verschlechterung des Bankenratings und zum Anstieg der Gefahr von Bankkrisen.[8]

Nach Meinung mancher Autoren schlug sich diese Gefahr in einer zu beobachtenden Instabilität des Bankensektors nieder.[9] So kam es seit Ende der 70er Jahre zu über 112 systematischen Bankenkrisen[10] in 93 Staaten und zu 51 Beinahe-Krisen in 46 Ländern. Im Vergleich zu früheren Jahren sind hierbei sowohl die Zahl als auch die Kosten der Krisen gestiegen.[11] Vor diesem Hintergrund und der zuvor beschriebenen Entwicklung wurde die Forderung nach weiteren Vorgaben zur Stabilisierung des Bankensektors laut.

2.1.2 *Basel II*

Um den am Ende des vorangegangenen Kapitels beschriebenen Trends entgegenzuwirken, veröffentlichte der Basler Ausschuss für Bankenaufsicht 1999 den Entwurf des „Neuen Basler Eigenkapitalakkords",[12] dessen Vorgaben ab Anfang 2007 in Kraft treten werden.[13] Das Hauptziel ist hierbei, die Sicherheit und die Zuverlässigkeit des internationalen Finanzsystems zu verbessern.[14] Zur Erreichung dieser

8 Vgl. Wambach und Rödl (2001), S. 23-24.

9 Vgl. z. B. Rodríguez (2003), S. 119-120.

10 In der Literatur gibt es verschiedene Definitionen systematischer Bankenkrisen. So definieren Bartholomew, Mote, und Whalen sie als: „the likelihood of a sudden, usually unexpected, collapse of confidence in a significant portion of the banking or financial system with potentially large real economic effects"; vgl. Bartholomew et al. (1995), S. 9. Im angeführten Artikel der Weltbank wird indes keine Definition angegeben.

11 Vgl. World Bank (2001), S. 75.

12 Vgl. Basler Ausschuss für Bankenaufsicht (1999b), S. 8-9.

13 Vgl. Bundesanstalt für Finanzdienstleistungsaufsicht (2005), S. 96. Basel II wird zu diesem Zeitpunkt an die Stelle der bisherigen „Mindestanforderungen an das Risikomanagement"(MaRisk) treten, die 2005 die „Mindestanforderungen an das Betreiben von Handelsgeschäften der Kreditinstitute" (MaH), die „Mindestanforderungen an die Ausgestaltung der Internen Revision der Kreditinstitute" (MaIR) und die „Mindestanforderungen an das Kreditgeschäft der Kreditinstitute" (MaK) ersetzten, weswegen von der Darstellungen der Vorgaben dieser Gesetze abgesehen wird; vgl. Deloitte (2006), S. 1.

14 Vgl. Basler Ausschuss für Bankenaufsicht (1999b), S. 9-10.

Ziele postuliert Basel II die in Grafik 2.2 dargestellten drei Säulen „Mindestkapitalanforderungen“, „aufsichtliches Überprüfungsverfahren“ und „Marktdisziplin“.

Diese drei Säulen bilden eine Einheit und können nicht isoliert voneinander betrachtet werden. So dürfen Kreditinstitute beispielsweise bankinterne Ratingverfahren nur dann zur Berechnung der Eigenkapitalunterlegung anwenden (Säule I), wenn diese zuvor von der zuständigen Aufsichtsbehörde geprüft (Säule II) und durch das Kreditinstitut veröffentlicht (Säule III) wurden.[15]

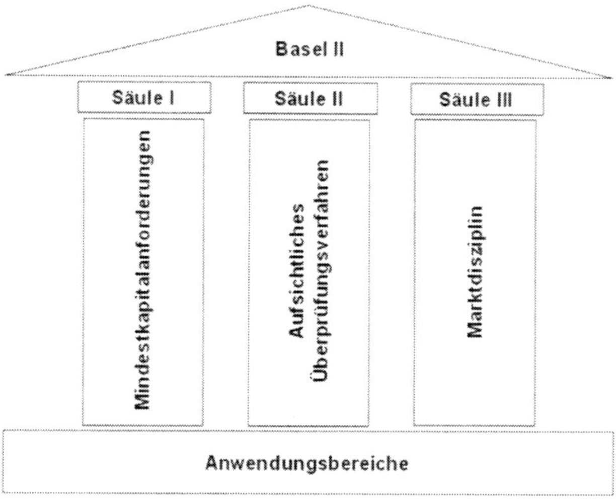

Abb. 2.2 Das Drei-Säulen-Konzept des neuen Basler Eigenkapitalakkords[16]

Die Vorgaben der Mindestkapitalanforderungen basieren auf den grundlegenden Regelungen von Basel I. Während die Definition des aufsichtsrechtlichen Eigenkapitals und des Mindestverhältnisses des Eigenkapitals zu den risikogewichteten Aktiva unverändert bleibt, verlangt Basel II eine differenziertere Messung des Risikos.[17] Das Risiko setzt sich hierbei aus Kredit-, Markt- und operationellen Risiken zusammen, wobei die Vorgaben zur Messung des Kreditrisikos am umfas-

15 Vgl. Paul (2004), S. 10.
16 In Anlehnung an Wambach und Rödl (2001), S. 26.
17 Vgl. Basler Ausschuss für Bankenaufsicht (2005a), S. 12.

sendsten sind. Banken können zwischen dem Standardansatz, der auf den Vorgaben von Basel I und externen Ratings beruht, und zwei bankinternen (Internal-Rating-Based, IRB)) Ansätzen mit unterschiedlicher Komplexität wählen.

Grafik 2.3 beschreibt die verschiedenen Ansätze zur Messung der Risikokomponenten nach Basel II. Wie bereits angeführt, setzt der Standardansatz wie Basel I keine Berechnungen durch das Kreditinstitut voraus. Alle Komponenten werden durch die Aufsichtsbehörden vorgegeben und die Bank benötigt keine Daten zur Entwicklung eines Systems. Dieser Ansatz zielt vor allem auf Banken, die auf

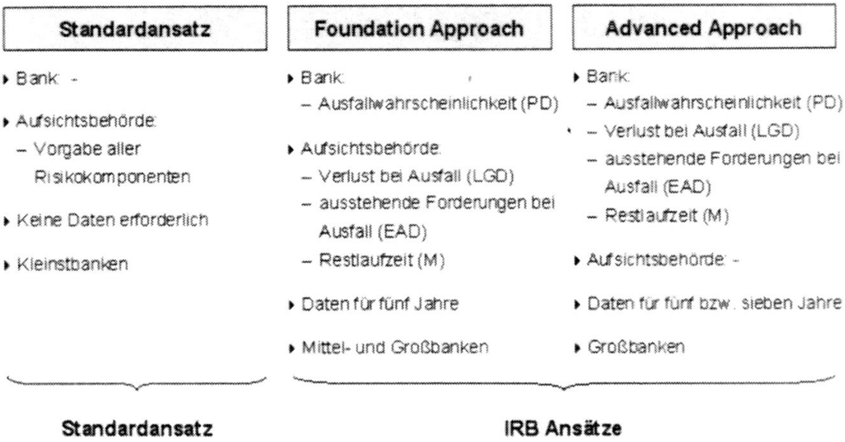

Abb. 2.3 Die verschiedenen Ansätze zur Bestimmung der Risikokomponenten nach Basel II[18]

Grund ihrer Größe über keine ausreichenden Daten verfügen, um ein eigenes System aufzustellen. Alternativ können diese Banken auch ein kommerzielles System wie z. B. Moody's KMV RiskCalc^{TM}[19] zur Berechnung der Ausfallwahrscheinlichkeit (Probability of Default, PD)) von Unternehmen verwenden, um so die Vorgaben des Foundation Approach zu erfüllen. Banken können hierzu auch ein

[18] Vgl. Basler Ausschuss für Bankenaufsicht (2005a) und Basler Ausschuss für Bankenaufsicht (2001d).

[19] Vgl. Ausführungen in Kapitel 2.2.1.

eigenes bankinternes System entwickeln, das jedoch auf Daten von mindestens fünf Jahren basieren muss. Die übrigen Risikokomponenten werden wiederum durch die Aufsichtsbehörden vorgegeben, wobei zu vermuten ist, dass diese kaum von den Vorgaben von Basel II abweichen werden. Dieser Ansatz wird wahrscheinlich von den meisten mittelgroßen Kreditinstituten und Großbanken implementiert werden. Nur einige wenige Institute werden den Advanced Approach verfolgen. Dies ist einerseits auf die umfassenden Vorgaben bezüglich der Daten - gefordert werden Daten aus mindestens fünf bzw. sieben Jahren - zurückzuführen und andererseits auf die Mehrkosten, die durch die Entwicklung, Komplexität und den Unterhalt eines solchen Systems entstehen. Großbanken, die die Richtlinien des Advanced Approach erfüllen wollen, müssen neben der Ausfallwahrscheinlichkeit auch den Verlust bei einem Ausfall (Loss Given Default, LGD), die Höhe der ausstehenden Forderungen gegenüber dem Kreditnehmer zum Zeitpunkt des Ausfalls (Exposure at Default, EAD) und die Restlaufzeit (Maturity, M) bestimmen. Während die Restlaufzeit hierbei in den meisten Fällen relativ einfach zu bestimmen sein dürfte, steigt die Komplexität bei EAD und LGD stark an.

Die unterschiedlichen Verfahren zur Überprüfung dieser Ansätze sind Bestandteil der Säule II. Sie stellt eine wesentliche Neuerung gegenüber Basel I dar und betont die Notwendigkeit einer qualitativen Bankenaufsicht.[20] Die Vorgaben basieren auf vier Grundprinzipien:[21]

- Sicherstellung, dass Banken über ein Verfahren zur Beurteilung einer angemessenen Eigenkapitalausstattung sowie über eine Strategie zum Erhalt ihres Eigenkapitalniveaus verfügen,
- Überprüfung und Bewertung des angeführten Verfahrens, der Strategie und der Fähigkeit, die aufsichtsrechtlichen Eigenkapitalanforderungen zu überwachen und ihre Einhaltung zu gewährleisten,
- höhere Eigenkapitalausstattung als die geforderten Mindestvorgaben,
- frühzeitiges Eingreifen, um zu verhindern, dass das Eigenkapital unter die geforderte Mindestausstattung fällt.

20 Vgl. Wambach und Rödl (2001), S. 34.
21 Vgl. Basler Ausschuss für Bankenaufsicht (2005a), S. 161-170.

Diese Vorgaben sollen für Banken Anreize schaffen, ihre internen Verfahren zur Beurteilung institutsspezifischer Risikosituationen kontinuierlich zu verbessern und eine angemessene Eigenkapitalausstattung sicherzustellen. Des Weiteren sollen ständige Anpassung und Weiterentwicklung neuerer Risikomanagementmethoden und Verfahren zur internen Kontrolle erreicht werden. Die Aufsichtsbehörde soll den Einfluss externer Faktoren (z. B. Konjunkturentwicklung) und anderer Risikobereiche, die bei der Kalkulation der Mindestkapitalanforderungen nicht oder nur teilweise berücksichtigt wurden (z. B. Zinsänderungsrisiken im Anlagebuch), abdecken. Die Vorschriften des aufsichtlichen Überprüfungsverfahrens sollen ferner den Dialog zwischen Banken und Aufsehern fördern und die Bankenaufsicht in die Lage versetzen, Maßnahmen zu ergreifen, die gegebenenfalls über die Mindestkapitalanforderungen hinausgehen.[22]

Bei der dritten Säule, Marktdisziplin, handelt es sich um Offenlegungsvorschriften.[23] Sie umfassen wiederum vier Bereiche:[24]

- Anwendung der Eigenkapitalvorschriften,
- Eigenkapitalstruktur,
- eingegangene Risiken und
- Eigenkapitalausstattung.

Diese Regelungen basieren auf der Annahme, dass der Markt risikobewusste Geschäftsführung und ein wirksames Risikomanagement von Banken honoriert beziehungsweise risikoreicheres Verhalten entsprechend bestrafen wird. Hierdurch sollen Kreditinstitute einen zusätzlichen Anreiz erhalten Risiken zu kontrollieren und zu steuern.

Für kleine und mittelgroße Unternehmen mit einem Jahresumsatz von maximal 50 Mio. Euro ist der „Neue Basler Eigenkapitalakkord" zusätzlich um einige spezifische Regelungen ergänzt worden. So können nun Unternehmenskredite unter 1 Mio. Euro für Mittelständler gebündelt und mit einer geringeren Eigenkapitalquote unterlegt werden. Je nach Ratingansatz sinkt hierdurch die Eigenkapital-

[22] Vgl. Deutsche Bundesbank (2001), S. 31.
[23] Vgl. Wambach und Rödl (2001), S. 37.
[24] Vgl. Deutsche Bundesbank (2001), S. 32.

unterlegung auf 0,4 - 6,2 % und liegt damit deutlich unter den in anderen Fällen veranschlagten 8 %. Außerdem können die Finanzinstitute bei Krediten über 1 Mio. Euro für kleinere und mittelgroße Unternehmen in Abhängigkeit von der Höhe des Jahresumsatzes die Gewichtung des Kreditrisikos verringern. Der Abschlag ist hierbei um so höher, je geringer der jährliche Umsatz des Unternehmens ausfällt. Durch die so verminderte Risikogewichtung nimmt wiederum die Summe des zu unterlegenden Eigenkapitals ab.[25]

2.2 Bankinterne Ratingsysteme in der Praxis und der wissenschaftlichen Literatur

2.2.1 *Aktuelle Ratingsysteme für mittelständische Unternehmen von Banken und kommerziellen Anbietern*

Einen aktuellen Überblick über alle bankinternen Ratingverfahren für mittelständische Unternehmen in Deutschland zu erhalten, ist nicht möglich. Einerseits gibt es eine Vielzahl kleiner Banken, die nur regional vertreten sind, wodurch deren Rating nicht als repräsentativ[26] für deutsche Firmen eingestuft werden kann und andererseits veröffentlichen die meisten Kreditinstitute nur allgemeine Informationen zu ihren Ratingsystemen. Dies ist sowohl auf wettbewerbliche Gründe zurückzuführen als auch auf den Versuch, Bilanzmanipulationen von Unternehmen entgegenzuwirken.

Im Allgemeinen lässt sich jedoch festhalten, dass bankinterne Ratingsysteme aus mehreren Komponenten bestehen. Die primären Bestandteile sind hierbei quantitative (vor allem Jahresabschlusskennzahlen) und qualitative Faktoren (wie z. B. Alter und Ausbildung des Geschäftsführers, Meinung von Kreditexperten). Der Gewichtung quantitativer Faktoren schwankt in der Regel je nach Größe des Kreditvolumens zwischen 50 % und 70 %.[27]

---

[25] Vgl. Basler Ausschuss für Bankenaufsicht (2005a), S. 22 und S. 60.

[26] Ratingsysteme, die ausschließlich auf Firmen aus einer bestimmten Region basieren sind auf Unternehmen, die aus einem anderen Landesteil stammen nicht übertragbar; vgl. Brüderl (1996), S. 9.

[27] Vgl. Anhang 5.1.1 und 5.1.2.

Ein Problem stellen jedoch die unterschiedlichen Definitionen des Mittelstandes seitens der Banken dar.[28] Je größer das Unternehmen, desto größer ist das zu erwartende Kreditvolumen und somit das Risiko für die Bank. Es ist somit für eine Bank zielführend mit steigendem Kreditvolumen umfassendere Analysen durchzuführen, um das Risiko einer Fehleinschätzung zu minimieren. Zwar bilden statistische Modelle in vielen Fällen die Basis des Ratingprozesses, aber es wird im Allgemeinen angenommen, dass Systeme, die auf den subjektiven Meinungen und Prognosen von Kreditexperten basieren, eine realistischere Einschätzung der Ausfallwahrscheinlichkeit eines Unternehmens liefern.[29] Dementsprechend werden Banken in Abhängigkeit von der Unternehmensgröße (und teilweise auch von der Industrie) ihre Ratingsysteme unterschiedlich konzipieren. Je größer das Unternehmen, desto umfangreicher werden die durchgeführten Analysen sein und desto mehr Arbeitsstunden werden in die Evaluierung des Unternehmens investiert. Hierbei ist auf Basis von Kosten-Nutzen-Überlegungen anzunehmen, dass bei Großunternehmen der Anteil kostspieliger Kreditexperten sehr hoch sein wird, während bei kleinen und mittleren Unternehmen kostengünstige, statistische Verfahren die Analyse dominieren werden.[30] Zusätzlich können bei großen Unternehmen Kapitalmarktdaten verwendet werden, da diese entweder börsennotiert sind oder vergleichbare Unternehmen an der Börse gehandelt werden. Aus diesen Gründen können für das Mittelstandsrating zweier Banken sehr unterschiedliche Systeme Anwendung finden, die kaum einen vergleichbaren Sachverhalt analysieren.

Die nachfolgende Tabelle versucht eine Übersicht über die aktuellen Ratingsysteme verschiedener Banken für den Mittelstand zu geben. Wie bereits angeführt, sind manche Banken bei Angaben zu ihren Ratingsystemen sehr restriktiv, so dass nur ein oberflächlicher Überblick möglich ist.

---

28 So definiert beispielsweise der Deutsche Sparkassen- und Giroverband Mittelstand als Unternehmen mit 0,1 - 250 Mio. Euro Umsatz (vgl. Tabelle 2.2), während die Commerzbank AG von 2,5 - 750 Mio. Euro Umsatz ausgeht, um ein Unternehmen als mittelständisch zu bezeichnen. (Commerzbank AG (2005b), S. 28).

29 Vgl. Treacy und Carey (1998), S. 898.

30 Vgl. Treacy und Carey (2000), S. 168-169.

Tab. 2.2 Ratingsysteme deutscher Banken für mittelständische Unternehmen[34]

Institut	Mittelstandsdefinition (Jahresumsatz)	statistisches Verfahren
Deutsche Bank	Keine feste Definition[31]	verschiedene Verfahren
HypoVereinsbank	5 bzw. 10 - 500 Mio. Euro[32]	logistische Regression
Commerzbank	2,5 - 750 Mio. Euro	Diskriminanzanalyse u. logistische Regression
Dresdner Bank	k.A.	k.A.
Sparkassen	0,1 - 250 Mio. Euro	logistische Regression
Volksbanken	0,26 - 5 Mio. Euro 5 - 1.000 Mio. Euro[33]	logistische Regression

Die Mittelstandsdefintionen in Tabelle 2.2 spiegeln die zuvor angeführten Unterschiede wider. Hierbei sind vor allem die Abweichungen am unteren Ende der Definitionen von Bedeutung, da hier bereits kleinste Abweichungen eine Vielzahl von Unternehmen betreffen. So betrifft eine Erhöhung des Umsatzminimums von 2 auf 5 Mio. Euro über 90.000 Unternehmen, während es in Deutschland nur ca. 1.500 Unternehmen mit einem Jahresumsatz von über 250 Mio. Euro gibt.[35] Des Weiteren verändert sich hierdurch auch die interne Behandlung der Kreditnehmer. Während Kunden, die das obere Ende der Skala überschreiten, weiterhin als

[31] Die Deutsche Bank unterscheidet zwischen Geschäfts- und Firmenkunden. Geschäftskunden werden neben Privatkunden im Bereich Private & Business Clients betreut. Hierbei handelt es sich um Selbstständige und um überwiegend lokal oder regional tätige Familienunternehmen. Firmenkunden hingegen sind Unternehmen mit einem europäischen oder globalen Fokus; vgl. Anhang 5.1.1.

[32] Die HypoVereinsbank definiert ihre Mittelstandkunden anhand des Brutto-Umsatzes. Für die Branchenbereiche Bau und Dienstleitung von 5 Mio Euro - 500 Mio Euro und für die Branchenbereiche Produktion und Handel von 10 Mio Euro - 500 Mio Euro; vgl. Anhang 5.1.2.

[33] Volksbanken unterscheiden zwischen Mittelstand und oberer Mittelstand; Vgl. Anhang 5.1.4.

[34] Basierend auf Europressedienst (2004), Berichte (vgl. z. B. Commerzbank AG (2005a), S. 12), Präsentationen (vgl. z. B. Commerzbank AG (2005b), S. 28) und Auskünften (vgl. Anhang 5.1) der jeweiligen Banken.

[35] Die Verteilung der mittelständischen Unternehmen in Deutschland nach Umsatz ist linksschief; vgl. Statistisches Bundesamt Deutschland (2005a), S. 12.

Firmenkunden eingestuft werden, werden Unternehmen mit einem Umsatz unter dem Minimum von den meisten Privatbanken als Privatkunden klassifiziert.[36]

Die unterschiedlichen Definitionen mittelständischer Unternehmen sind wahrscheinlich auch auf die unterschiedliche Positionierung der Banken und auf die Nachfrage spezifischer Finanzierungsprodukte durch mittelständische Firmen zurückzuführen. So waren nach einer Studie der Deutschen Gesellschaft für Qualität e.V., der forum! Marktforschung GmbH und Impulse die wichtigsten Banken für mittelständische Unternehmen in Deutschland die Sparkasse mit 33 %, die Volksbank mit 17 %, die Deutsche Bank mit 11 %, die Dresdner Bank und die Commerzbank mit jeweils 7 % und die HypoVereinsbank mit 4 %. 21 % nannten andere Banken als ihre wichtigste Bank.[37] Ein ähnliches Bild ergibt sich bei der Vergabe von Mittelstandskrediten aus dem Förderprogramm der Kreditanstalt für Wiederaufbau. Hier wurden 40 % durch Landesbanken und Sparkassen, 30 % durch Volksbanken und 8 % durch private Großbanken vermittelt.[38]

Bei dem zugrunde liegenden statistischen Verfahren überwiegt die logistische Regression. Der Überblick in Tabelle 2.2 spiegelt somit auch den Trend der letzten Jahre wider, in denen eine zunehmende Verbreitung der logistischen Regression in Wissenschaft und Praxis zu beobachten war.[39]

Neben diesen selbst entwickelten Systemen gibt es für Banken auch die Möglichkeit, die Produkte kommerzieller Anbieter zu verwenden. Hierbei dürfte vor allem Moody's KMV RiskCalc^{TM} für Banken von Interesse sein,[40] da es ihnen ermöglicht mit einem einzigen System vergleichbare Ausfallwahrscheinlichkeiten für Unternehmen verschiedener Länder zu prognostizieren. Die Entwicklung ei-

[36] Vgl. z. B. Commerzbank AG (2005b), S. 28.

[37] Vgl. Deutsche Gesellschaft für Qualität e.V. und forum! Marktforschung GmbH (2005), S. 16.

[38] Vgl. Bundesverband Öffentlicher Banken Deutschlands (2004), S. 6. (Bei den auf 100 fehlenden Prozentanteilen handelt es sich wahrscheinlich um kleine Privatbanken. die Publikation macht hierzu jedoch keine Angaben.) Neben den hier angeführten Studien existiert noch eine Untersuchung von Hansmann (2002). Allerdings ist hier die Branchenverteilung der befragten Unternehmen (52 % Großhandel, 20 % Dienstleistung, 12 % Export, 9 % Import und 7 % sonstige) im Vergleich zu den Veröffentlichungen des statistischen Bundesamtes (vgl. z. B. Statistisches Bundesamt Deutschland (2005a), S. 12) nicht als repräsentativ einzustufen.

[39] Vgl. Österreichische Nationalbank und Finanzmarktaufsicht (2004b), S. 45.

[40] Moody's KMV RiskCalc^{TM} wird z. B. von der BW Bank; vgl. Baden-Württembergische Bank AG (2004), S. 56 und der Postbank; vgl. Europressedienst (2004), S. 43 eingesetzt.

nes solchen Systems setzt die Verfügbarkeit umfangreicher, internationaler Daten voraus, worüber nur wenigen Banken verfügen dürften.

Da es sich bei Moody's KMV RiskCalc^{TM} um ein kommerzielles Produkt handelt, ist es sehr gut dokumentiert. Es basiert ebenfalls auf einer logistischen Regression und prognostiziert Ausfallwahrscheinlichkeiten für private Unternehmen mit einem Jahresumsatz von mindestens 500.000 Euro.[41] Darüber hinaus werden detaillierte Beschreibungen der Entwicklungsdaten vorgenommen und es werden einige Anwendungseinschränkungen dargestellt. So sollte Moody's KMV RiskCalc^{TM} beispielsweise nicht für die Vorhersage von Ausfallwahrscheinlichkeiten für Finanzdienstleister eingesetzt werden, da deren Bilanzierungsvorschriften von denen anderer Unternehmen abweichen. Die Ratingsysteme der Banken unterliegen sicherlich vergleichbaren Restriktionen, diese werden aber aus den angeführten Gründen nicht publiziert.

2.2.2 *Ratingsysteme in der wissenschaftlichen Literatur*

Die wissenschaftliche Literatur zu Ratingsystemen entwickelte sich aus Untersuchungen zur Insolvenzvorhersage von Unternehmen. Erste Analysen hierzu fanden bereits in den 30er Jahren statt. Sie basierten auf univariaten Modellen und prognostizierten Unternehmensausfälle mit Hilfe der Mittelwerte von Jahresabschlusskennzahlen.

Smith und Winakor publizierten zu diesem Thema zwei der ersten Studien. Ihre erste Studie basierte auf 29 insolventen Firmen und wurde durch eine zweite Untersuchung mit 183 ausgefallenen Unternehmen ergänzt. Die Autoren untersuchten die Entwicklung von 20 Verhältniskennzahlen über einen Zeitraum von 10 Jahren und fanden die Ergebnisse ihrer ersten Untersuchung weitestgehend bestätigt. Die Kennzahl „Nettobetriebskapital zur Bilanzsumme" (Net Working Capital to Total Assets) erwies sich als sehr zuverlässig und präzise für die Vorhersage von Unternehmensinsolvenzen. Andere Verhältniskennzahlen lieferten hingegen signifikante Ergebnisse oft nur für bestimmte Branchen oder Größenklassen.[42] Allerdings

41 Vgl. Moody's KMV Company (2001), S. 4 und S. 8.
42 Vgl. Smith und Winakor (1935), S. 38-40.

beschränkten Smith und Winakor ihre Untersuchung auf insolvente Unternehmen und analysierten nur die unterschiedlichen Entwicklungen der Zähler und Nenner der Verhältniskennzahlen.

Die Untersuchung von Fitzpatrick (1932) weist diese Einschränkungen nicht auf. Nachdem Fitzpatrick bereits 1932 eine vergleichbare Studie über insolvente Firmen veröffentlicht hatte, erweiterte er seinen Datensatz im darauf folgenden Jahr um solvente Unternehmen und verglich die Kennzahlmittelwerte der beiden Gruppen. Die besten Vorhersageergebnisse erzielten hierbei die Kennzahlen „Nettogewinn zu Eigenkapital" (Net Income to Net Worth) und „Eigenkapital zu Verbindlichkeiten" (Net Worth to Debt).

Univariate Verfahren führen jedoch oft zu widersprüchlichen Ergebnissen. So wiesen in einer Untersuchung von Tamari (1964) nur 12 von 28 insolventen Unternehmen schlechte Werte bei den drei analysierten Kennzahlen auf.[43]

Die erste Studie zur Vorhersage von Ausfällen, die auf einem multivariaten System basierte, analysierte Konsumentenkredite. Durand (1941) entwickelte ein Modell mit Hilfe der linearen Diskriminanzanalyse und untersuchte u. a. Daten von Personen, die die Anschaffung eines Gebrauchtwagens mittels eines Kredits finanzierten. Darüber hinaus beschrieb Durand (1941) die Grenzen der linearen Diskriminanzanalyse, die Kosten einer Fehlklassifizierung. Die Studie gilt nicht zuletzt wegen Durand's fehlerfreien statistischen Untersuchung als eine der besten Analysen der frühen Jahre.[44]

Erst 27 Jahre nach Durand veröffentlichte Altman seine oft zitierte Studie. Es ist die erste Studie, die eine lineare Diskriminanzanalyse zur Vorhersage von Unternehmensinsolvenzen verwendet.[45] Altman (1968) basiert auf einem Datensatz von 33 börsennotierten Unternehmen, die in den Jahren 1946-1965 ausgefallen sind. Jeder dieser Firmen wurde - basierend auf Industriezugehörigkeit und Bilanzsumme - ein gesundes Unternehmen gegenübergestellt. Anschließend stellte Altman eine Liste mit 22 Kennzahlen auf, aus denen fünf Variablen auf Grund

43 Vgl. Tamari (1964), S. 32.
44 Vgl. Altman et al. (1981), S. 173.
45 Vgl. Dimitras et al. (1996), S. 498.

der statistischen Signifikanz der alternativen Modelle, der Korrelation zwischen den Kennzahlen und seines subjektiven Urteils in das finale Modell einflossen:[46]

$$(2.1) \quad Z = 0.012 * x_1 + 0.014 * x_2 + 0.033 * x_3 + 0.006 * x_4 + 0.999 * x_5$$

mit:

x_1	=	Betriebskapital/Bilanzsumme (Working capital/Total assets)
x_2	=	Gewinnrücklagen/Bilanzsumme (Retained earnings/Total assets)
x_3	=	Gewinn vor Steuern und Zinsen/Bilanzsumme (Earnings before interest and taxes/Total assets)
x_4	=	Marktwert des Eigenkapitals/Buchwert der Verbindlichkeiten (Market value equity/Book value of debt)
x_5	=	Umsatz/Bilanzsumme (Sales/Total assets)

Altmans Modell erreichte einen Klassifikationserfolg zwischen 96 % für insolvente Firmen vergleichbarer Größe und 79 % für solvente Unternehmen, die über 2 bzw. 3 Jahre Verluste erwirtschaftet hatten.

Anfang der 70er Jahre wurde mit den „Risk-of-ruin“ bzw. „Gambler's-ruin“-Modellen eine neue Technik entwickelt, um Unternehmensausfälle zu prognostizieren.[47] Diese Modelle basieren auf der Annahme, dass einer Firma ein bestimmtes Kapital K zu Verfügung gestellt wurde, das sich mit einer bestimmten Wahrscheinlichkeit um den Betrag V ändert. Positive Veränderungen resultieren aus positiven Cash Flows. Verluste führen dazu, dass die Firma Vermögensgegenstände liquidieren muss. Ein Unternehmen wird dementsprechend als insolvent eingestuft, sobald die Verluste das Kapital plus die positiven Cash Flows übersteigt.[48]

$$(2.2) \qquad K + V < 0 \quad \text{bzw.} \quad \frac{V - \mu_V}{\sigma_V} < \frac{-(\mu_V + K)}{\sigma_V}$$

46 Vgl. Altman (1968), S. 594.

47 Vgl. z. B. Wilcox (1971a), Wilcox (1971b) oder Santomero und Vinso (1977).

48 Vgl. Scott (1981), S. 327-328.

mit:

μ_V Durchschnitt von V

σ_V Standardabweichung von V

Für eine aussagekräftige Änderungswahrscheinlichkeit benötigt man indes Kapitalmarktdaten, so dass sie nur für börsennotierte Unternehmen direkt anwendbar sind.[49] Wird darüber hinaus das zur Verfügung stehende Kapital ebenfalls auf Basis von Kapitalmarktdaten definiert, so sind die „Risk-of-ruin“ bzw. „Gambler's-ruin“ Modelle equivalent zu den Optionspreismodellen von Black und Scholes (1973) bzw. Merton (1974).[50]

Für die meisten mittelständischen Firmen stellt sich vor allem die Berechnung der Volatilität als problematisch dar. Einerseits fehlen für diese Unternehmen in der Regel Kapitalmarktdaten und andererseits unterjährige Informationen, so dass eine direkte Kalkulation nicht möglich und eine Herleitung über vergleichbare börsennotierte Unternehmen zwar theoretisch möglich, in der Praxis jedoch äußerst schwierig und sehr kostspielig ist.[51]

In den folgenden Jahren wurden in der wissenschaftlichen Literatur sowohl neue statistische Verfahren eingesetzt und analysiert, als auch Modelle für neue Länder sowie für spezifische Wirtschaftsbereiche und Unternehmensgrößen entwickelt. Außerdem wurden die Kennzahlkataloge weiterentwickelt und modifiziert. Es ist jedoch anzumerken, dass es keine zu anderen wissenschaftlichen Feldern vergleichbaren Entwicklungen gab. In der Regel werden in wissenschaftlichen Publikationen bestehende Theorien weiterentwickelt oder neue postuliert. Dies ist jedoch im Rahmen der Ratingliteratur oder der Insolvenzprognose auf Basis von Bilanz und GuV-Daten nicht möglich, da es keine zugrundeliegende Theorie gibt.[52] Erschwerend kommt hinzu, dass die generierten Ergebnisse nicht wie in anderen Forschungsfeldern uneingeschränkt miteinander vergleichbar bzw. einfach über-

[49] Vgl. Altman und Anthony (1998), S. 1725.

[50] Vgl. Scott (1981), S. 328.

[51] Dem Autor ist keine Publikation bekannt, die eine solche Vorgehensweise entwickelt, durchführt und analysiert. In der Praxis würde ein solches Verfahren für mittelständische Firmen wahrscheinlich ohnehin auf Grund der zu erwartenden relativ hohen Kosten nie eingesetzt werden.

[52] Vgl. Ausführungen in Kapitel 3.3.1.

tragbar sind, was u. a. auf Unterschiede in den Bilanzierungsvorschriften der verschiedenen Ländern zurückzuführen ist, aber auch auf den Einfluss der Struktur der verwendeten Daten auf die Resultate.[53] Diese Limitationen sind wahrscheinlich auch der Grund, dass alle dem Autor bekannten Dissertationen zu diesem Thema komplett auf einen Literaturüberblick verzichten.[54] Aus denselben Motiven wird auch dieser Teil der vorliegenden Arbeit relativ kurz gehalten und in der Übersicht in Tabelle 5.1 von einer Darstellung der Ergebnisse der einzelnen Studien abgesehen.

Nichtsdestotrotz wurden im Zeitverlauf eine Vielzahl von Arbeiten zu diesem Thema publiziert und es konnten einige generelle Grundsätze abgeleitet werden.[55] Insgesamt wurden Studien basierend auf:[56]

- univariaten Modellen,
- linearen und quadratischen Diskriminanzanalysen,
- logistischer Regression,
- Probit-Regression,
- Überlebenszeitanalysen,
- Expertensystemen,
- neuronalen Netzen,
- Entscheidungsbäumen,
- dem k-Nearest-Neighbor-Verfahren,
- genetischen Algorithmen und
- analytischen Hierarchie-Prozessen

veröffentlicht. Im Rahmen von Ratingsystemen ist jedoch auf Grund inhärenter Limitationen nur ein Teil dieser Verfahren einsetzbar bzw. geeignet, akzeptable

[53] Vgl Ausführungen in Kapitel 3.5.5.1.
[54] Vgl. z. B. Niehaus (1987) oder Hüls (1995).
[55] Vgl. z: B. Ausführungen in Kapitel 3.3.2.
[56] Für einen Überblick über die einzelnen Studien vgl. Anhang 5.2. Einen Überblick über Studien bzw. die meisten der aufgeführten Verfahren geben auch Dimitras et al. (1996), Altman und Narayanan (1997), Altman und Anthony (1998) und Österreichische Nationalbank und Finanzmarktaufsicht (2004b).

Klassifikationsergebnisse zu liefern.[57] Die wahrscheinlich am häufigsten in Wissenschaft und Praxis eingesetzten Verfahren sind die lineare Diskriminanzanalyse, die logistische Regression und neuronale Netze.[58]

In Deutschland veröffentlichte Perlitz eine der ersten Studien zu Unternehmensausfällen. Perlitz (1972) analysiert 89 Aktiengesellschaften und eine Kommanditgesellschaft auf Aktien mit Sitz in der Bundesrepublik Deutschland. Sein Modell basierte auf einer linearen Diskriminanzanalyse und erzielte einen Klassifikationserfolg von über 90 %.

Auch in Deutschland war die zuvor beschriebene Entwicklung bezüglich der unterschiedlichen statistischen Verfahren zu beobachten. Es gibt jedoch nur eine geringe Anzahl von Publikationen, die mit einem eigenen Modell in international renommierten Journalen veröffentlicht wurden. Hervorzuheben sind hierbei von Stein und Ziegler (1984), Baetge et al. (1988) und Grunert et al. (2005). Des Weiteren ist Hüls (1995) anzuführen, die den für Deutschland wahrscheinlich umfassendsten und fundiertesten, auf Jahresabschlüssen basierenden Kennzahlkatalog entwickelte.

2.3 Neuerungen zur Verbesserung bankinterner Ratingsysteme für den Mittelstand

Neben den bereits in Kapitel 1 beschriebenen Forschungsschwerpunkten der vorliegenden Arbeit wurden einige zusätzliche Neuerungen durchgeführt.

Nach gängiger Definition in Literatur und Praxis sind mittelständische Firmen nicht börsennotiert.[59] Außerdem dürfte es in den meisten Fällen nicht möglich sein, vergleichbare Unternehmen zu finden, die an der Börse gehandelt werden, so dass auch repräsentative Kapitalmarktdaten nicht zur Verfügung stehen. Möglichkeiten zur Verbesserung bankinterner Ratingsysteme durch Verfahren, die auf Optionspreis- oder „Risk-of-ruin" bzw. „Gambler's-ruin"-Modellen beruhen, kön-

[57] So ist es beispielsweise problematisch, ein Ratingsystem mit mehr als 10 Ratingklassen mit Hilfe von Entscheidungsbäumen oder dem k-Nearest-Neighbor-Verfahren zu konstruieren; vgl. Fritz und Hosemann (2000), S. 19.

[58] Vgl. Altman und Narayanan (1997), S. 2, Tabelle 2.2 und Anhang 5.2.

[59] Vgl. z. B. Kommission der Europäischen Gemeinschaft (2003) oder Institut für Mittelstandsforschung Bonn (2004), S. 3.

nen dementsprechend zur Klassifikation kleiner und mittlerer Unternehmen nicht genutzt werden.

Verfahren zur Prognose der Ausfallwahrscheinlichkeit mittelständischer Unternehmen bieten indes ebenfalls Möglichkeiten, Ratingsysteme zu verbessern. Einige dieser Optionen wurden bisher weder in deutschen noch in internationalen Studien verwendet, so dass ihr Einfluss auf den Klassifikationserfolg für deutsche Mittelständler bis heute nicht geklärt ist.

Zunächst fokussiert die vorliegende Studie exklusiv auf Unternehmen, die die Mittelstandsdefinition der Kommission der Europäischen Gemeinschaft aus dem Jahr 2005 und des Instituts für Mittelstandsforschung Bonn mit nur geringfügigen Abweichungen erfüllen.[60] Hierdurch wird sichergestellt, dass das entwickelte Ratingsystem die spezifischen Gegebenheiten dieser Unternehmen berücksichtigt. Außerdem ist es einerseits aus den in Kapitel 2.2.1 angeführten Gründen für Banken zielführender, umfassendere Untersuchungen bei größeren Unternehmen durchzuführen und andererseits lohnt es sich für größere Unternehmen, eine Ratingagentur mit der Erstellung eines externen Gutachtens zu beauftragen. Neben der Beratungsleistung, die die Ratingagentur einem Unternehmen durch die Beurteilung erteilt, können diese externen Ratings auch von Banken im Rahmen des Kreditvergabeprozesses eingesetzt werden und das bankinterne Rating ersetzen.[61] Allerdings muss hierzu das Verfahren der Ratingagentur alle relevanten Informationen berücksichtigen.

Des Weiteren basiert diese Arbeit auf der Ausfalldefinition von Basel II aus dem Jahr 2004. Hierbei handelt es sich um Bestimmungen, die differenzierter sind als die Definitionen, die den meisten anderen Untersuchungen zu Grunde liegen. Diese definieren einen Unternehmensausfall in der Regel als Eröffnung eines gesetzlichen Insolvenzverfahrens und erfüllen somit nur einen Teil der Vorgaben von Basel II. Überdies sind Unternehmensinsolvenzen wahrscheinlich leichter zu prognostizieren, da es in diesen Fällen vermutlich klarere Indikatoren gibt als beispielsweise bei einem Zahlungsverzug von mehr als 90 Tagen.[62]

60 Für die genaue Definition der untersuchten Unternehmen vgl. Kapitel 3.1.1.
61 Vgl. Basler Ausschuss für Bankenaufsicht (2004b), S. 85.
62 Für weitere Ausführungen vgl. Kapitel 3.2.1.

Basel II schreibt außerdem die Prognose der Ausfallwahrscheinlichkeit für einen Zeithorizont von einem Jahr vor. Je früher jedoch ein Ausfall vorhergesagt wird, desto früher können Gegenmaßnahmen zur Begrenzung des Forderungsverlusts eingeleitet werden. Überdies entscheidet sich das Schicksal eines gefährdeten Unternehmens in der Regel zwischen dem dritten und dem zweiten Jahr vor der Insolvenz,[63] so dass das Ratingsystem diesen Zeithorizont umfassen sollte. Um hierbei jedoch die statistischen Annahmen der zugrunde liegenden Verfahren nicht zu verletzen und die Trennschärfe der Systeme zu maximieren, werden in der vorliegenden Untersuchung drei Ratingsysteme entwickelt, welche die Ausfallwahrscheinlichkeit von Unternehmen jeweils für einen Zeithorizont von ein, zwei und drei Jahren prognostizieren. Natürlich ist zum Zeitpunkt der Beurteilung nicht bekannt, ob das Unternehmen in ein, zwei oder drei Jahren ausfallen wird. Dementsprechend sollten alle drei Modelle bei der Bonitätsanalyse verwendet werden, um eine Insolvenz möglichst früh zu prognostizieren und die Entwicklung des Unternehmens im Zeitverlauf zu überwachen.[64]

Um die Trennschärfe der Basismodelle zu erhöhen, wurden zusätzlich einige Neuerungen eingeführt. So wurde versucht, den insolventen Unternehmen der Entwicklungsgruppe[65] in einem ökonomischen Sinne möglichst „gesunde" Unternehmen gegenüberzustellen. Denn wenn anstelle gesunder Unternehmen gefährdete Firmen, die noch nicht ausgefallen sind, als solvent in die Entwicklungsgruppen aufgenommen werden, kann es zu Verzerrungen kommen. Trennscharfe Variablen werden nicht ausgewählt, oder ihre Koeffizienten erweisen sich im Rahmen der Modellentwicklung als nicht signifikant. Auf diese Weise entwickelte Ratingmodelle eignen sich dann nicht zur Analyse und Trennung von solventen und insolventen Unternehmen. Ferner verletzen sie die Annahme der meisten im Rahmen von Ratingsystemen eingesetzten statistischen Verfahren, die besagt, dass die Unternehmen aus zwei oder mehr unterschiedlichen Gruppen stammen.[66]

63 Vgl. Stein von (1972), S. 116.

64 Vgl. Kapitel 3.6.

65 Da eine umfassende Theorie zur Fundierung statistischer Ratingmodelle fehlt, werden diese auf Basis von Entwicklungsgruppen gebildet bzw. ihre Kennzahlen ausgewählt und mit Hilfe von Hold-out-Datensätzen validiert. Vgl. Ausführungen in Kapitel 3.3.1 und 3.5.2.3.

66 Für eine detaillierte Beschreibung vgl. Kapitel 3.1.3.

2.4 Statistische Verfahren zur Entwicklung von Ratingsystemen

Wie bereits in Kapitel 2.2.2 beschrieben, gibt es mehrere statistische Verfahren, auf denen ein Ratingsystem basieren kann. Historisch bedingt, dominiert hierbei in der wissenschaftlichen Literatur die lineare Diskriminanzanalyse, gefolgt von der logistischen Regression und Neuronalen Netzen.

Allerdings basiert die lineare Diskriminanzanalyse auf der Annahme, dass die Kennzahlen normalverteilt sind. In den meisten wissenschaftlichen Untersuchungen ist dies jedoch nicht der Fall.[67] Des Weiteren ergeben sich auf Grund dieser Annahme in der Praxis einige Probleme bei der Berücksichtigung qualitativer Faktoren.[68]

Auch Neuronale Netze weisen einige Nachteile auf. Entscheidend hierbei ist vor allem ihr Black-Box-Charakter, der dazu führt, dass sie in der Praxis nur selten eingesetzt werden.[69] Neuronale Netze basieren auf komplexen Strukturen und verteilen die Informationen über das gesamte Netz, so dass sich die Nachvollziehbarkeit der Ratingergebnisse oft sehr schwierig gestaltet. Die so generierten Ergebnisse stoßen deshalb in der Praxis oft auf starken Widerstand und werden nur selten akzeptiert.[70]

Im Vergleich hierzu besitzt die logistische Regression einige Vorteile. Sie setzt keine normalverteilten Variablen voraus und ihre Ergebnisse sind gut nachvollziehbar. Darüber hinaus sind die Ergebnisse der logistischen Regression im Rahmen von Ratingsystemen direkt als Wahrscheinlichkeit der Gruppenzugehörigkeit interpretierbar. Ferner ist die logistische Regression sehr robust[71] und die von ihr generierten Ausfallwahrscheinlichkeiten erwiesen sich in vorangegangenen Untersuchungen oft als sehr gute Prognosen.[72]

Nicht zuletzt aus diesen Gründen fand die logistische Regression wahrscheinlich in den letzten Jahren sowohl in der Wissenschaft als auch in der Praxis zunehmen-

[67] Vgl. z. B. Weibel (1973), S. 188-189; Gebhardt (1980), S. 191-192; Niehaus (1987), S. 92-94 oder Hüls (1995), S. 119-121.
[68] Vgl. Österreichische Nationalbank und Finanzmarktaufsicht (2004b), S. 45.
[69] Vgl. Füser (2001), S. 66-88.
[70] Vgl. Österreichische Nationalbank und Finanzmarktaufsicht (2004b), S. 58.
[71] Vgl. Kaltofen et al. (2002), S. 14.
[72] Vgl. z. B. Laitinen und Kankaanpää (1999), S. 83.

de Verbreitung zur Prognose der Ausfallwahrscheinlichkeit von Unternehmen.[73] Dieser Trend spiegelt sich auch in der Aufstellung der Ratingsysteme deutscher Banken in Tabelle 2.2 und in der Übersicht über wissenschaftliche Studien zu diesem Thema in Anhang 5.2 wider. Aus den genannten Gründen bildet auch in der vorliegenden Arbeit die logistische Regression die Basis der Untersuchung und wird, wie bereits in Kapitel 2.3 beschrieben, mit Hilfe von Cox-Proportional-Hazard-Modellen erweitert.

2.4.1 *Logistische Regression*

Die logistische Regression basiert auf der Annahme, dass eine latente Variable z_l existiert, die empirisch nicht beobachtbar ist und in Abhängigkeit der unabhängigen Variablen x_j die binäre Ausprägung der abhängigen Variable y erzeugt. Für einen Beobachtungsfall i ergibt sich:[74]

$$y_i = \begin{cases} 1, & \text{falls } z_l > 0 \\ 0, & \text{falls } z_l \leq 0 \end{cases} \tag{2.3}$$

mit:

$$z_l = \beta_0 + \sum_{j=1}^{l} \beta_j x_{ji} + u_i$$

Die Formel konstatiert gleichzeitig auch die zweite Annahme der logistischen Regression, dass die latente Variable z_l durch eine lineare Kombination der unabhängigen Variablen x_j berechnet werden kann. Diese Formel beschreibt jedoch nur, wie die abhängigen und die unabhängigen Variablen zusammenhängen. Um jedoch die Überlebens- bzw. Ausfallwahrscheinlichkeit eines Unternehmens zu prognostizieren, wird eine Wahrscheinlichkeitsfunktion benötigt. Die logistische Regression

73 Vgl. Österreichische Nationalbank und Finanzmarktaufsicht (2004b), S. 45.
74 Vgl. Backhaus et al. (2003), S. 422-423.

basiert diesbezüglich auf der Annahme, dass die kumulativen Verlustwahrscheinlichkeiten gemäß der logistischen Funktion verteilt sind:[75]

$$P(Y=1|X) = \frac{e^{z_l}}{1+e^{z_l}}, \tag{2.4}$$

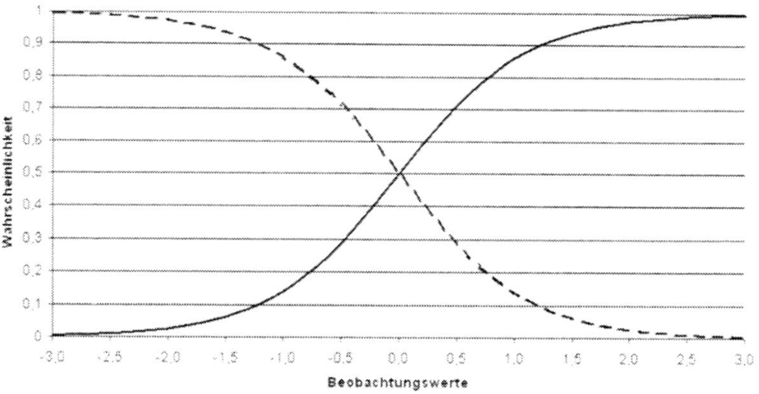

Abb. 2.4 Positiver und negativer Verlauf kumulativer Verlustwahrscheinlichkeiten gemäß der logistischen Funktion

Die Modellparameter ($\Theta = (\Theta_1, ..., \Theta_m)$) werden mit Hilfe der Maximum-Likelihood-Methode ermittelt. Ziel ist es hierbei, Θ so zu wählen, dass eine möglichst gute Anpassung der Modellverteilung bzw. der Verteilungsfunktion an die beobachteten Daten erreicht wird. Hierzu wird die Wahrscheinlichkeit maximiert, einen bestimmten Wert Y zu beobachten. Im Rahmen der logistischen Regression

[75] Vgl. Aldrich und Nelson (1984), S. 33-34. Des Weiteren beschreibt Aldrich und Nelson (1984) einige andere Wahrscheinlichkeitsfunktionen wie z. B. Probit, Burr oder Urban. Im Rahmen wissenschaftlicher Studien zur Insolvenzvorhersage von Unternehmen sind dem Autor jedoch nur auf Probit-Modellen basierende Publikationen bekannt. Allerdings ist ihre Berechnung sehr viel aufwendiger, während sie zu ähnlichen Ergebnissen wie die logistische Regression führen. Sie werden deswegen nur selten verwendet (vgl. Hayden (2002), S. 14 und Dimitras et al. (1996), S. 504-505).

lautet die zur Bestimmung der Modellparameter Θ zu maximierende Wahrscheinlichkeitsfunktion[76]

$$(2.5) \qquad L(Y|X\beta) = \prod_{i=1}^{n} \left[\frac{e^{z_l}}{1+e^{z_l}} \right]^{Y_i} \left[\frac{1}{1+e^{z_l}} \right]^{1-Y_i}$$

Da die Maximierung dieser Funktionen sehr schwierig ist, verwenden die meisten Wissenschaftler Logarithmen, wodurch sie in die Lage versetzt werden, Summen anstelle von Produkten einzusetzen. Diese Vorgehensweise führt bei Logit-Modellen zur folgenden Maximierungsfunktion[77]

$$(2.6) \qquad \log L(Y|X\beta) = \sum_{i=1}^{n} \left[Y_i \log \left(\frac{e^{z_l}}{1+e^{z_c}} \right) \right] + \left[1 - Y_i \log \left(\frac{1}{1+e^{z_c}} \right) \right]$$

Bei der Maximierung dieser Funktion müssen zusätzlich die folgenden Annahmen erfüllt sein:[78]

1. Alle $Y \in \{0,1\}$
2. Alle Beobachtungen entstammen einer Zufallsstichprobe.
3. Die unabhängigen Variablen sind nicht exakt oder linear voneinander abhängig.
4. Die Linearitätsannahme $(\log(\frac{P(Y|X\beta)}{(1-P(Y|X\beta))}) = \beta_0 + \sum_{j=1}^{n} \beta_j x_{jc})$ wird erfüllt.

Im Rahmen der vorliegenden Arbeit werden diese Annahmen überprüft, wobei die letzten beiden in jeweils eigenständigen Kapiteln behandelt werden.[79]

76 Vgl. Aldrich und Nelson (1984), S. 49-52.
77 Vgl. Altman et al. (1981), S. 28-30.
78 Vgl. Aldrich und Nelson (1984), S. 49.
79 Vgl. Kapitel 3.4.4 und Kapitel 5.10.

2.4.2 *Cox-Proportional-Hazard-Modelle*

Cox-Proportional-Hazard-Modelle stammen aus der „Familie" der Überlebenszeitanalysen. Deren Methoden und Vorgehensweisen wurden ursprünglich in der Medizin, Biochemie und in anderen naturwissenschaftlichen Forschungsfeldern verwendet, bevor sie zur Vorhersage von Unternehmensausfällen eingesetzt wurden.[80] Hierbei ziehen Wissenschaftler oft Parallelen zwischen dem Ausfallprozess eines Unternehmens und der Entwicklung einer Krankheit bei Menschen, wobei der Ausfall dem Tod gleichgestellt wird. Die Überlebenszeitanalyse basiert hierbei auf der Schätzung der Überlebenswahrscheinlichkeit und der Überlebenszeit, indem ein Verhältnis zwischen der abhängigen und den unabhängigen Variablen quantifiziert wird. Zusätzlich basiert sie auf der Annahme, dass alle Untersuchungsobjekte „at risk", d. h. gefährdet sind[81] und aus der gleichen Population stammen. Solvente Firmen sind folglich Fälle, bei denen der Ausfall bisher nicht stattgefunden hat.[82]

Aus diesem Grund werden im Rahmen von Überlebenszeitmodellen zwei verschiedene Variablen für die Zeit genutzt. T^* ist dabei die Zeit vom Anfang der Untersuchungsperiode bis zum Ausfall eines Objekts. Diese nennt man unzensiert. Manche Untersuchungsobjekte werden jedoch auch noch am Ende des Analysezeitraums nicht ausgefallen sein. Sie werden dementsprechend zensiert genannt und ihre Zeitvariable C^* entspricht der Zeit zwischen dem Anfang und dem Ende der Untersuchungsperiode. Jedem Objekt wird deshalb seine Überlebenszeit $T = min(T^*, C^*)$ und ein 0/1 Indikator oder Status $\gamma = I(\{T^* \leq C^*\})$ zugewiesen. In der Regel werden ausgefallene Objekte mit 1 beschrieben und (noch) solvente Unternehmen mit 0. Allgemein basieren Überlebenszeitanalysen somit auf zwei Funktionen, die diese Informationen darstellen:[83]

$$N(t) = \text{Anzahl der Ereignisse im Zeitraum } [0, t] \text{ für ein Untersuchungsobjekt}$$

$$R(t) \begin{cases} 1 \text{ falls das Objekt zum Zeitpunkt } t \text{ gefährdet ist} \\ 0 \text{ falls das Objekt zum Zeitpunkt } t \text{ nicht gefährdet ist} \end{cases}$$

80 Vgl. Dimitras et al. (1996), S. 495.
81 Vgl. Österreichische Nationalbank und Finanzmarktaufsicht (2004a), S. 30.
82 Vgl. Luoma und Laitinen (1991), S. 673.
83 Vgl. Therneau und Grambusch (2000), S. 3-5.

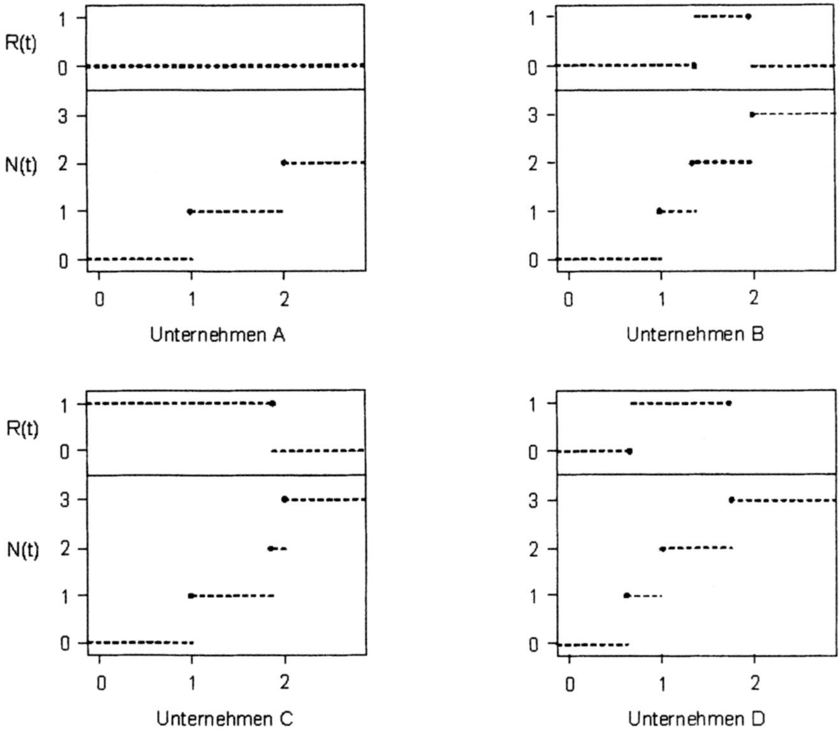

Abb. 2.5 R- und N-Prozesse für gesunde und gefährdete Unternehmen[84]

Abbildung 2.5 zeigt den Verlauf der N- und R-Funktion für vier hypothetische Unternehmen. Unternehmen A ist über den gesamten Zeitraum finanziell gesund. Am Ende jeden Jahres veröffentlicht es den Jahresabschluss und erhöht somit $N(t)$ um eine Einheit. B und C hingegen durchlaufen jeweils Phasen finanzieller Krisen. Beide Unternehmen erholen sich jedoch wieder während des Beobachtungszeitraums. Unternehmen D gerät ebenfalls in eine finanzielle Krise. Ihm gelingt es jedoch nicht, eine erfolgreiche Restrukturierung durchzuführen und es fällt am Ende des zweiten Zeithorizontes aus. Grafik 2.5 spiegelt auch einen der Vorteile von Überlebenszeitmodellen gegenüber anderen statistischen Verfah-

84 In Anlehnung an Therneau und Grambusch (2000), S. 5

ren zur Prognose von Ausfallwahrscheinlichkeiten von Unternehmen wider. Diese müssen die Ausfallzeitpunkte der Unternehmen poolen und unterscheiden nur zwischen ausgefallenen und gesunden Unternehmen. Überlebenszeitmodelle hingegen berücksichtigen den genauen Ausfallzeitpunkt und ergänzen die Informationen bezüglich des Status der Unternehmen um das genaue Datum. Hierdurch gehen vorhandene Daten nicht verloren, sondern werden explizit bei der Entwicklung der Modelle berücksichtigt.[85]

Alle Überlebenszeitmodelle basieren auf der Annahme, dass der Zeitverlauf stetig ist bzw. dass es keine Überschneidungen, so genannte „ties", bei den Überlebenszeiten der gefährdeten Unternehmen gibt. Mit anderen Worten: Unternehmen fallen nicht zum gleichen Zeitpunkt aus.[86] Hierdurch können die beobachteten Überlebenszeiten in aufsteigender Reihenfolge geordnet werden: $t_1 < t_2 < t_3 ... < t_n$, wobei t_i die Überlebenszeit der Beobachtung i ist. Des Weiteren wird angenommen, dass T eine Zufallsvariable ist, die den Zeitpunkt eines Unternehmensausfalls definiert. Die Hazard-Funktion ist somit definiert als:[87]

(2.7) $$h(t) = \lim_{\Delta t \to 0} \frac{P(t \leq T < t + \Delta t | t \leq T)}{\Delta t}$$

Die Überlebenszeitfunktion $S(t)$ entspricht also der Wahrscheinlichkeit, dass die Zeit T größer ist als t oder

(2.8) $$S(t) = P(T \geq t)$$

Für eine stetige Funktion ergibt sich hieraus wiederum eine Verteilungsfunktion $F(t)$ definiert als:

(2.9) $$F(t) = P(T \leq t) = 1 - P(T \geq t) = 1 - S(t),$$

85 Vgl. Österreichische Nationalbank und Finanzmarktaufsicht (2004a), S. 8.

86 Auf Grund von Ungenauigkeiten bei der Datenverfügbarkeit kommt es in der Praxis jedoch immer wieder zu „ties". Um dennoch aussagekräftige Überlebenszeitmodelle zu erhalten wurden verschiedene Verfahren entwickelt, die in Kapitel 4.2.1 beschrieben werden.

87 Vgl. Cox und Oakes (1984), p. 14.

welche zur Hazard-Funktion

$$h(t) = \frac{f(t)}{S(t)} = \frac{-S'(t)}{S(t)} \quad mit \quad f(t) = \frac{\partial F}{\partial t} = -S'(t) \tag{2.10}$$

führt. Alle drei Funktionen spiegeln somit die gleichen Informationen wider.

Wie bereits zuvor angedeutet, gibt es verschiedene Überlebenszeitmodelle. In Abhängigkeit von der gewählten zugrunde liegenden Verteilungsfunktion oder dem Zusammenhang zwischen der Hazard Rate und den unabhängigen Variablen ergeben sich unterschiedliche Modelle.

$$h(t|x) = f(t|\beta x) \tag{2.11}$$

wobei x der Vektor der unternehmensspezifischen erklärenden Variablen und β der Vektor der Modellkoeffizienten ist. Hierbei können die Kovariaten entweder zeitunabhängig oder -abhängig sein, weswegen manche Wissenschaftler auch die Notation $x(t)$ anstelle von x verwenden.

Das wahrscheinlich am häufigsten im Rahmen von Überlebensanalysen verwendete Verfahren ist das Cox-Proportional-Hazard-Modell.[88] Es basiert auf der Annahme, dass der Effekt der Variablen auf die Überlebenszeit der Objekte proportional im Zeitverlauf ist, d. h. die unabhängigen Variablen der Modelle frei von konjunkturellen und sonstigen zeitabhängigen Schwankungen sein müssen, was zu im Zeitverlauf stabilen Ratingergebnissen führen sollte.[89] Cox definierte die Hazard-Funktion seines Modells als:[90]

$$h(t,x,\beta) = h_0(t)e^{x\beta} \quad bzw. \quad \lambda(t,x,\beta) = \lambda_0(t)e^{x\beta} \tag{2.12}$$

wodurch wiederum die Überlebensfunktion bzw. Überlebenswahrscheinlichkeit definiert ist als

$$S(t,x,\beta) = [S_0(t)]^{ex\beta} \tag{2.13}$$

88 Cox (1972)

89 Vgl. Ausführungen in Kapitel 4.2.2.

90 Vgl. Hosmer und Lemeshow (1999), S. 91-93.

Hierbei ist h_0 (bzw. λ_0) eine nicht näher spezifizierte positive Funktion der Zeit, die Baseline Hazard genannt wird und $S_0(t)$ die korrespondierende Baseline-Survivorship-Funktion zum Zeitpunkt t. Aus diesem Grund ist das Cox-Modell semiparametrisch, wodurch sich die Wahl einer spezifischen Dichtefunktion erübrigt. Dementsprechend müssen keine Annahmen über die Verteilung der Überlebenszeit erfüllt sein, was dazu führt, dass Cox-Modelle sehr robust sind.[91]

Der Proportional-Hazard-Annahme der Cox Modelle führt des Weiteren dazu, dass der Hazard (Gefahr, Risiko) zweier Objekte (a und b) mit zeitunabhängigen Kovariaten konstant ist:[92]

$$\frac{\lambda_a(t)}{\lambda_b(t)} = \frac{\lambda_0(t)e^{x_a\beta}}{\lambda_0(t)e^{x_b\beta}} = \frac{e^{x_a\beta}}{e^{x_b\beta}} \tag{2.14}$$

β, der parametrische Teil des Cox-Modells, wird mit einer Technik berechnet, die der Maximum-Likelihood-Methode der logistischen Regression sehr ähnlich ist.[93] Sie wird Partial Likelihood genannt und ist definiert als[94]

$$l_p(\beta) = \prod_{i=1}^{n} \left\{ \frac{e^{x_i\beta}}{\sum\limits_{j\in R(t_i)} e^{x_j\beta}} \right\}^{\gamma_i} \tag{2.15}$$

mit:

γ_i = Indikator (1 oder 0)

$R(t_i)$ = Menge aller Objekte im Risiko Set zum Zeitpunkt t.

Ähnlich wie bei der logistischen Regression wird zur Lösung dieses Maximierungsproblems der Logarithmus gebildet. $h_0(t)$, der nicht parametrische Teil, wird bestimmt, indem $x = 0$ gesetzt wird.

91 Vgl. Smith und Smith (2004), S. 4.

92 Vgl. Therneau und Grambusch (2000), S. 87.

93 Vgl. Kalbfleisch und Prentice (1980).

94 Vgl. Hosmer und Lemeshow (1999), S. 95.

Wie bereits in den vorangegangen Abschnitten beschrieben, basiert das Cox-Modell auf den Annahmen, dass[95]

1. keine „ties“ vorliegen und
2. der Hazard proportional im Zeitverlauf ist.

Während die erste Modellvoraussetzung in der Regel auf Grund von Datenungenauigkeiten nicht eingehalten werden kann und es verschiedene Verfahren zur Behebung von Verletzungen dieser Annahme gibt,[96] muss die zweite von den Daten erfüllt werden.[97] Des Weiteren sollten die verwendeten Kennzahlen einen linearen Verlauf aufweisen, um ein möglichst trennscharfes Modell zu erhalten.[98] Dies ist jedoch keine spezifische Modellannahme und muss dementsprechend nicht zwingend erfüllt werden.

95 Vgl. Smith und Smith (2004), S. 4.

96 Die verschiedenen Verfahren werden ausführlich in Kapitel 4.2.1 dargestellt und beschrieben.

97 Die verschiedenen Verfahren zur Überprüfung der Proportional-Hazard-Annahme werden in Kapitel 4.2.2 beschrieben.

98 Vgl. Ausführungen in Kapitel 4.2.3.

3 Auf logistischer Regression basierende Ratingmodelle

Im folgenden Kapitel werden mehrere Ratingmodelle für unterschiedliche Zeithorizonte entwickelt. Hierzu wird zunächst - basierend auf den Vorgaben von Basel II und der Europäischen Gemeinschaft sowie den Arbeiten von Niehaus (1987) und Hüls (1995) - die zu untersuchende Grundgesamtheit definiert, bevor die zur Verfügung stehenden Daten beschrieben und die Basiskennzahlen aufgestellt werden.

Anschließend wird das Datenmaterial aufgearbeitet und es werden verschiedene Vortests durchgeführt. Hierdurch wird u.a. sichergestellt, dass nicht definierte Werte[1] zu keinen Verzerrungen führen und dass verschiedene Optimalitätsbedingungen und die bei der Beschreibung der Kennzahlen postulierten Arbeitshypothesen erfüllt werden.

Bevor im darauf folgenden Abschnitt die verschiedenen Ratingmodelle entwickelt werden, muss die Erfüllung der statistischen Annahmen, auf denen die logistische Regression beruht, überprüft werden. Zudem werden einige Gütekriterien beschrieben, die im Rahmen der Modellentwicklung berücksichtigt werden. Die einzelnen Modelle und ihrer Resultate werden im Anschluss unter statistischen und ökonomischen Gesichtspunkten analysiert und ihr Klassifikationserfolg ermittelt.

Den Abschluss bildet eine zusammenfassende Betrachtung der entwickelten, auf logistischer Regression basierenden Ratingmodelle und ihrer Ergebnisse.

[1] Sie treten auf, wenn Informationen nicht vorhanden sind oder eine Kennzahl im Nenner eine Null aufweist und somit mathematisch nicht definiert ist. Vgl. Kapitel 3.4.2.

3.1 Vorbereitende Arbeitsschritte

3.1.1 *Definition der zu analysierenden Grundgesamtheit*

Da ein Rating-System nicht auf alle Unternehmen angewendet werden kann, ist die Grundgesamtheit der Unternehmen, die zur Entwicklung eines Ratingmodells untersucht werden soll, a priori zu definieren. Denn nur, wenn sich die Eigenschaften einerseits der Unternehmen in der Untersuchung und andererseits derjenigen, auf die die entwickelten Modelle später angewendet werden sollen, gleichen, kann ein tragfähiger Rückschluss für die Ergebnisse gewährleistet werden. Weichen Unternehmensmerkmale voneinander ab, so müssen die Ergebnisse zuvor an einer hinreichend großen, (identisch) abweichenden Kontrollgruppe getestet werden.

Für die in der vorliegenden Arbeit vollzogene Entwicklung und Analyse der Rating-Modelle wurden nur Bilanzen und GuV von Unternehmen berücksichtigt, die folgende Eigenschaften besitzen:[2]

1. **Nur mittelständische Unternehmen**
   Aufgrund der hohen Kosten eines externen Ratings,[3] das eine bankinterne Bonitätsbeurteilung ersetzen kann,[4] rechnet es sich meist nur für große Unternehmen mit einem Umsatz von ca. 10 Millionen Euro p.a.,[5] eine Ratingagentur mit der Erstellung eines Gutachtens zu beauftragen. Hierbei ist diese Umsatzgröße als eine flexible Untergrenze zu erachten. Die Festlegung einer allgemeingültigen Unter- bzw. Obergrenze ist nicht möglich, da sowohl die Kosten als auch der monetäre Nutzen (günstigere Finanzierung, Verbesserungen dank der Evaluierung durch externe Gutachter etc.) stark vom jeweiligen Unternehmen abhängen. Unter ökonomischen Gesichtspunk-

2 Ähnliche Merkmale mussten auch die Unternehmen in den Untersuchungen von Niehaus (1987), S. 58-60; Fritz (1991), S. 105-107 und Hüls (1995), S. 41-46 aufweisen.

3 Die Kosten setzten sich hierbei aus den Kosten für das Initial-Rating (5.000-60.000 Euro), das (jährliche) Re-Rating (5.000-30.000 Euro) und den Aufwendungen des Unternehmens für das Rating (Gespräche mit der Unternehmensführung, Aufbereitung der Unterlagen etc.) zusammen. Vgl. Wambach und Rödl (2001), S. 100-139.

4 Vgl. Basler Ausschuss für Bankenaufsicht (2004b), S. 85.

5 Vgl. Paul et al. (2002), S. 38.

ten kommt damit ein externes Rating für höchstens 20 % des deutschen Mittelstandes in Frage.[6]
Um jedoch alle relevanten Unternehmen in der Untersuchung zu berücksichtigen und wegen der besonderen Bedeutung des Mittelstandes für Deutschland[7] werden zur Untersuchung und Entwicklung bankinterner Ratingmodelle in der vorliegenden Arbeit nur Unternehmen dieser Größenklasse berücksichtigt. Nach der am 1.1.2005 in Kraft getretenen Definition der Kommission der Europäischen Gemeinschaft besteht die Gruppe der mittelständischen Unternehmen aus Firmen, die weniger als 250 Mitarbeiter beschäftigen und einen jährlichen Umsatz von höchstens 50 Millionen Euro erzielen oder deren Jahresbilanzsumme höchstens 50 Millionen Euro beträgt.[8] Da der verfügbare Datensatz keine Informationen zur Anzahl der Beschäftigten beinhaltet, musste ein Unternehmen eines der beiden anderen Kriterien erfüllen, um in die Untersuchung mit aufgenommen zu werden.

2. **Keine Mikro-Unternehmen**

   Bilanzen und GuV von Mikro-Unternehmen sind zur Ableitung einer Ausfallwahrscheinlichkeit in der Regel nicht geeignet, da die zukünftige Entwicklung des Unternehmens oft weniger von der aktuellen finanziellen Lage des Unternehmens bestimmt wird, sondern von der Persönlichkeit des Unternehmers abhängt.[9] Des Weiteren ist bei dieser Unternehmensgröße eine Abgrenzung zwischen Betriebs- und Privatvermögen nur sehr selten möglich, wodurch die wirtschaftliche Lage des Unternehmens und deren Folgen auf das Fortbestehen der Firma meist nicht auf Basis von Bilanz- und GuV-Kennzahlen

---

6 Vgl. Wirtschaftsjunioren Deutschland (2004), S. 6.

7 So waren 2003 z. B. 70,2 % aller privat Beschäftigten in Deutschland bei mittelständischen Unternehmen angestellt; vgl. Institut für Mittelstandsforschung Bonn (2004), S. 5. Hierbei ist zu berücksichtigen, dass die dieser Studie zugrundegelegte Mittelstandsdefinition des Instituts für Mittelstandsforschung Bonn von der Vorgabe der Kommission der Europäische Gemeinschaft abweicht. Sie ordnet Unternehmen mit einem jährlichen Umsatz bis 50 Millionen Euro und einer Beschäftigtenzahl von bis zu 500 Mitarbeiter dem Mittelstand zu.

8 Vgl. Kommission der Europäischen Gemeinschaft (2003), S. 39.

9 Aus diesem Grund eignet sich die Rechtsform eines Unternehmens nicht als Abgrenzungskriterium.

beurteilt werden kann. Aus diesem Grund musste die Gesamtleistung[10] eines Unternehmens in mindestens einer der zur Verfügung stehenden Beobachtungen 500.000 Euro übersteigen, um in die Untersuchung aufgenommen zu werden.[11]

3. **Keine Betrugsfälle**
   Da die wirtschaftliche Lage bei Betrugsfällen durch Manipulation der Jahresabschlüsse verzerrt dargestellt wird und der Zeitpunkt des Manipulationsbeginns meist nicht bekannt ist, wurden hierdurch verursachte Kreditausfälle, soweit bekannt, in der Untersuchung nicht berücksichtigt.[12]

4. **Keine Unternehmen des Kredit- und Versicherungsgewerbes**
   Kreditinstitute und Versicherungen wurden von der Untersuchung ausgeschlossen, da sie sich sowohl durch ihr Geschäftsmodell als auch durch ihre Bilanzstruktur wesentlich von den anderen Firmenkunden der Banken unterscheiden.[13] Vor allem die Möglichkeiten zur Bildung stiller Reserven wurden im Rahmen der spezifischen Branchengesetze signifikant erweitert.[14] Daher sollten für diese Gruppe spezielle Ratingmodelle entwickelt werden,[15] wobei hierbei infolge der geringen Zahl zur Verfügung stehender Jahresabschlüsse insolventer Unternehmen den zuständigen Aufsichtsbehörden eine Schlüsselrolle zufällt.

---

10 Gesamtleistung = Umsatzerlöse + Erhöhung (-Verminderung) des Bestands an fertigen und unfertigen Erzeugnissen + andere aktivierte Eigenleistungen.

11 Vgl. Moody's KMV Company (2001), S. 4. Es wurde auch ein Ratingmodell mit diesen Unternehmen entwickelt. Allerdings war sein Klassifikationserfolg sowohl für die erweiterten als auch für die im Rahmen der vorliegenden Arbeit verwendeten und beschriebenen Validierungsdatensätze signifikant geringer.

12 Vgl. Altman et al. (1977), S. 31. Würden solche Unternehmen beispielsweise im Rahmen der Entwicklungsdatensätze berücksichtigt, so kann dies dazu führen, dass trennscharfe Variablen nicht ausgewählt werden oder sich ihre Koeffizienten als nicht signifikant erweisen. So entwickelte Ratingmodelle eignen sich somit nicht zur Analyse und Trennung von solventen und insolventen Unternehmen.

13 Vgl. Sprißler und Kemmer (2000), S. 1303-1311 und S. 1325-1339; die speziellen Rechnungslegungsvorschriften sind u. a. durch den in § 340a HGB definierten Unterabschnitt geregelt.

14 Vgl. u. a. § 56a VAG

15 Vgl. u. a. Modelle von Sinkey (1975); Hanweck (1977); Martin (1977); Santomero und Vinso (1977); Martin (1977); Lane et al. (1986); Laffarga Briones et al. (1988); Tam und Kiang (1992); Barr et al. (1994); Henebry (1997).

5. **Keine jungen Unternehmen und Neugründungen**

   Mehrere Studien zur Insolvenzvorhersage fanden eine negative Korrelation des Unternehmensalters mit der Ausfallwahrscheinlichkeit einer Firma, d. h. ein junges Unternehmen hat in der Regel ein höheres Insolvenzrisiko als ein etablierter Betrieb.[16] Gleichzeitig kann das Kreditausfallrisiko meist weder durch das Unternehmen noch durch die Bank eingeschränkt werden, da dem Betrieb einerseits die verwertbaren Sicherheiten fehlen und andererseits das Finanzinstitut insbesondere Risiken bei innovativen Neugründungen durch das Gesamtkreditportfolio nicht absichern kann.[17] Um diese und weitere Probleme zu vermeiden und um Neugründungen zu unterstützen, werden von verschiedenen Instituten spezifische Start-up-Ratings durchgeführt bzw. gelten spezielle Regeln bei der Kreditvergabe an junge Unternehmen.[18] Aus diesen Gründen wurden nur Unternehmen, von denen entweder mindestens drei Jahresabschlüsse[19] vorlagen oder deren Alter bekannt war und mindestens 3 Jahre betrug, in die Untersuchung aufgenommen.

6. **Nur Jahresabschlüsse nach dem Gesamtkostenverfahren**

   Wegen der historisch bedingten geringeren Verbreitung des Umsatzkostenverfahrens[20] bei mittelständischen Unternehmen in Deutschland und wegen der mangelnden Vergleichbarkeit der beiden Rechnungslegungsverfahren wurden Jahresabschlüsse nach dem Umsatzkostenverfahren ausgeschlossen.

7. **Nur Jahresabschlüsse nach deutschem HGB**

   Jahresabschlüsse anderer Länder folgen anderen Rechnungslegungsvorschrif-

---

[16] Vgl. Verband der Vereine Creditreform e.V. (2002), S. 1; Woywode (1998), S. 121-122 und S. 212-213.

[17] Vgl. Rammer (2005), S. 25.

[18] Vgl. Laitinen (1992), S. 325-326, Hirschmann (2003), S. 24-25 und Hundt et al. (2003), S. 82.

[19] Jahresabschlüsse von Rumpfgeschäftsjahren wurden hierbei nicht berücksichtigt; vgl. Werner und Norbert (2004), S. 33.

[20] Bei Unternehmen, die sich direkt über den Kapitalmarkt finanzieren, findet in den letzten Jahren verstärkt das Umsatzkostenverfahren Verwendung (vgl. Reuter und Zwirne (2004), S. 635); allerdings ist diese Entwicklung bei mittelständischen Unternehmen nicht zu beobachten. So beträgt der Anteil, der von der BW-Bank zur Verfügung gestellten Jahresabschlüsse nach dem Umsatzkostenverfahren z. B. weniger als 4 %.

ten und sind dementsprechend nicht mit deutschen gleichzusetzen. Aus diesem Grund wurde diese Untersuchung auf Abschlüsse nach deutschem HGB beschränkt.

8. **Keine Besitz- und Betriebsgesellschaft**
   Zur Realisierung von Steuer- oder Haftungsvorteilen werden einige Unternehmen in eine Besitz- und eine Betriebsgesellschaft aufgespalten. Beide Unternehmen sind rechtlich eigenständig, müssen eigene Jahresabschlüsse erstellen und können unabhängig voneinander Kredite beantragen und als Kreditnehmer fungieren. Auf Grund der starken wirtschaftlichen Abhängigkeit treten jedoch, ähnlich wie bei konzernabhängigen Unternehmen, Verzerrungen auf, weswegen nur konsolidierte Jahresabschlüsse in der Analyse berücksichtigt wurden.

9. **Nur unabhängige Unternehmen**
   In die Untersuchung wurden keine Jahresabschlüsse von konzern- oder staatsabhängigen Unternehmen aufgenommen. Tochterunternehmen von Konzernen sind zwar rechtlich selbstständige Einheiten,[21] sie hängen jedoch in ihrer wirtschaftlichen Entwicklung von den Interessen und Entscheidungen des Mutterkonzerns ab. Hierdurch wird die tatsächliche wirtschaftliche Lage in den Einzelabschlüssen der konzernabhängigen Unternehmen oft verzerrt dargestellt und erst bei der Konsolidierung der einzelnen Abschlüsse zum Konzernabschluss kann sie behoben werden.[22] Aus diesem Grund blieben Abschlüsse von konzernabhängigen Unternehmen in dieser Untersuchung unberücksichtigt.
   Staatsabhängige Unternehmen bzw. staatliche Institutionen weisen zudem in der Regel ein geringeres Kreditausfallrisiko als private Unternehmen auf und wurden auch deshalb von der Untersuchung ausgeschlossen.

[21] Vgl. Baetge et al. (2002), S. 1.

[22] § 297 Abs. 3 HGB schreibt vor, dass die Vermögens-, Finanz- und Ertragslage der einbezogenen Unternehmen im Konzernabschluss so darzustellen ist, als ob diese ein einziges Unternehmen wären. Hierdurch werden Verflechtungen beseitigt und z. B. Transaktionen zwischen zwei Tochterunternehmen oder konzerninterne Beteiligungen neutralisiert, vgl. Wöhe (1996), S. 1172-1175.

10. **Nur gewinnmaximierende Unternehmen**

    Nicht gewinnmaximierende Unternehmen verfolgen andere Ziele und basieren meist auf anderen Geschäftsmodellen als die übrigen Firmenkunden. Daher wurden Unternehmen mit einer gemeinnützigen Rechtsform[23] ausgeschlossen.

3.1.2 *Definition des Kreditausfalls*

In der Literatur und in der Praxis werden viele Begriffe synonym verwendet, um den (Kredit-) Ausfall eines Unternehmens zu bezeichnen. Publikationen zu diesem und verwandten Themen gebrauchen oft Begriffe wie Unternehmensinsolvenz, Bankrott usw. Neben diesen geläufigen Ausdrücken gibt es eine Vielzahl weiterführender Definitionen, die die spezielle Forschungsfrage eines Artikels oder die besonderen Eigenschaften der untersuchten Objekte widerspiegeln.[24]

Eine eher umfassende Definition eines Kreditausfalls beschreibt diese Situation als die Unfähigkeit eines Unternehmens, seinen finanziellen Verpflichtungen nachzukommen. Dies ist gewöhnlich der Fall, wenn Zahlungen an Kreditgeber, Lieferanten usw. ausbleiben oder die Firma im Rahmen der jeweiligen Rechtsprechung als insolvent bezeichnet wird.[25] In den meisten Studien fand bisher vor allem letztere Definition Anwendung, da keine anderen Informationen zur Verfügung standen.

Kreditgebern entstehen jedoch oft Verluste, bevor eine Insolvenz bei der zuständigen staatlichen Stelle beantragt wird. Will man diese Verluste minimieren und negativen Unternehmensentwicklungen frühzeitig mit geeigneten Maßnahmen begegnen, darf das Verständnis von Kreditausfall nicht auf die gesetzliche Insolvenz beschränkt werden.[26] Nach der Referenzdefinition des Basler Ausschusses für Bankenaufsicht vom Januar 2001 ist daher ein bestimmter Schuldner bereits

---

23 Z. B. eingetragene Vereine.

24 Z. B. die Unterbrechung der Eigentümerschaft, die Unterbrechung des Geschäfts als solches, Schließung der Unternehmung, um zukünftige Verluste zu verhindern usw. Vgl. Everett und Watson (1998), S. 372-373.

25 In Deutschland ist dies in der Insolvenzordnung definiert. Vgl. vor allem § 17-§ 19 InsO für den Eröffnungsgrund eines Insolvenzverfahrens.

26 Vgl. Hauschildt et al. (1984), S. 358; Bulling (1976), S. 145-146.

als ausgefallen zu betrachten, wenn eines oder mehrere der folgenden Ereignisse eingetreten ist bzw. sind:

- Der Gläubiger geht davon aus, dass der Schuldner seine finanziellen Verbindlichkeiten (Zins, Tilgung oder Gebühren) mit hoher Wahrscheinlichkeit nicht in voller Höhe begleicht,
- ein Kreditverlust im Zusammenhang mit einer beliebigen Zahlungsverpflichtung des Schuldners, etwa einer außerordentlichen Abschreibung, Einzelwertberichtigung oder Sanierung, führt zu Erlass oder Verschiebung von Zins-, Tilgungs- oder Gebührenzahlungen,
- der Schuldner ist mit einer beliebigen finanziellen Verbindlichkeit mehr als 90 Tage im Verzug oder
- der Schuldner hat einen Insolvenzantrag gestellt oder ein ähnliches Verfahren zum Schutz vor Gläubigern in die Wege geleitet.[27]

Zu dieser Definition und verschiedenen anderen Punkten sollten bis Ende Mai 2001 Banken, Unternehmen und involvierte staatliche Institutionen Stellung nehmen, was u. a. zu einer neuen, leicht abgewandelten Definition des Kreditausfalls durch den Ausschuss führte. Seit Mitte 2004 gilt nach der Referenzdefinition des Basler Ausschusses für Bankenaufsicht ein spezifischer Schuldner als ausgefallen, wenn mindestens eines der beiden folgenden Ereignisse eingetreten ist:

- Die Bank stuft die Wahrscheinlichkeit, dass der Kreditnehmer seinen finanziellen Verbindlichkeiten gegenüber der Bankengruppe vollständig nachkommt, ohne dass die Bank auf Maßnahmen wie z. B. die Verwertung von Sicherheiten (soweit vorhanden) zurückgreift, als gering ein.
- Der Schuldner ist bei einer wesentlichen Verbindlichkeit gegenüber der Bankengruppe mehr als 90 Tage überfällig. Eine Überziehung wird als überfällig betrachtet, wenn der Schuldner das vorgegebene Kreditlimit überschreitet oder ihm ein geringeres Limit als die aktuelle Inanspruchnahme vorgegeben wird.[28]

[27] Vgl. Basler Ausschuss für Bankenaufsicht (2001a), S. 30.
[28] Vgl. Basler Ausschuss für Bankenaufsicht (2004b), S. 92-93.

Im weiteren Verlauf des Dokuments werden die Hinweise auf drohende Zahlungsunfähigkeit weiter konkretisiert. So steigt ihre Wahrscheinlichkeit, wenn die Bank auf die laufende Belastung von Zinsen verzichtet, eine Wertberichtigung bzw. Abschreibung auf Grund einer verschlechterten Kreditqualität bucht, den Kredit mit einem bonitätsbedingten finanziellen Verlust verkauft, einer unausweichlichen Restrukturierung des Kredits und somit einem damit einhergehenden wirtschaftlichen Verlust zustimmt oder der Kreditnehmer ein Insolvenzverfahren einleitet.

Bis auf marginale Abweichungen sind beide Definitionen identisch, wobei diese Unterschiede vor allem auf Konkretisierungs- und Operationalisierungsbemühungen des Basler Ausschusses zurückzuführen sein dürften. In der Praxis dürften wohl die meisten Fälle unter beiden Definitionen der gleichen Gruppe zugeordnet werden. Im Rahmen von Basel II müssen Banken ihren internen Rating-Systemen eine entsprechende Ausfalldefinition zugrunde legen und ihre Konsistenz mit der o.g. Definition darlegen.

Da der Datensatz dieser Dissertation Kreditausfälle der Jahre 1998 - 2003 umfasst und somit sowohl den Zeitraum vor als auch nach der Publikation der ersten Referenzdefinition des Basler Ausschusses für Bankenaufsicht abdeckt, entsprechen nur die Ausfälle der Jahre 2002 und 2003 dieser Definition. Für die Jahre davor standen nur Angaben zu Unternehmensinsolvenzen und zusätzlich für das Jahr 2001 Informationen zu Kreditverlusten zur Verfügung. Dieser Zeitraum enthält jedoch nur eine geringe Anzahl an Kreditausfällen und wurde nur im Rahmen der Entwicklung der Rating-Modelle herangezogen. Die finalen Modelle wurden auf Basis eines Testdatensatzes, welcher der Ausfalldefinition des Basler Ausschusses für Bankenaufsicht entspricht, untersucht und analysiert, so dass die Ergebnisse und der Klassifikationserfolg im Rahmen von Basel II zu interpretieren sind.

Unternehmen, die die hier angeführten Insolvenzkriterien nicht erfüllten, bildeten die Vergleichsgruppe der solventen Unternehmen. Hierbei handelt es sich um die gesamte Menge der nicht als insolvent definierten Unternehmen, inklusive derjenigen Unternehmen, deren Bilanz negatives Eigenkapital aufweist.

Manche Publikationen[29] schließen solche Unternehmen von der Untersuchung aus, da dem Eigenkapital, wie bereits angeführt, sowohl eine Haftungs- als auch eine Verlustausgleichsfunktion[30] zukommt und es somit einen Insolvenzpuffer darstellt. Da die Eigenkapitalquote im deutschen Mittelstand mit durchschnittlich unter 8 % jedoch sehr gering ist[31] und da das Rating-Modell auch auf Unternehmen mit temporären finanziellen Schwierigkeiten anwendbar sein sollte, wurden solvente Unternehmen mit negativem Eigenkapital nicht von der Untersuchung ausgeschlossen. Allerdings sollte in solchen Fällen unabhängig von der prognostizierten Ausfallwahrscheinlichkeit eine ergänzende und umfassende Prüfung vor der Kreditvergabeentscheidung durchgeführt werden.

3.1.3 *Auswahlumfang und Erstellung der Entwicklungsdatensätze für die Logit-Modelle*

Für die vorliegende Studie stellte die Baden-Württembergische Bank AG 9.045 anonymisierte Jahresabschlüsse für die Jahre 1997 - 2002 von 1.997 Unternehmen zur Verfügung,[32] die die Kriterien der vorangegangenen Kapitel erfüllen.[33] Da diese Daten keine Information über das Alter der Unternehmen enthielten und dementsprechend bei Insolvenzen nicht klar ist, ob es sich hierbei um junge Unternehmen mit einer höheren Ausfallwahrscheinlichkeit handelt, wurde der Datensatz für die Jahre 1997 - 1999 um 60 Jahresabschlüsse von 31 insolventen Unternehmen aus der DAFNE-Bilanzdatenbank des Verbandes der Vereine Creditreform e.V. ergänzt.[34] Hierdurch standen letztlich 472 Jahresabschlüsse von 148 insolventen Unternehmen zur Verfügung.

---

29 Vgl. z. B. Niehaus (1987) S. 62-63 oder Hüls (1995), S. 49.

30 Vgl. Manz und Dahmen (1998), S. 26.

31 Vgl. Ausführungen in Kapitel 1.

32 Dies entspricht etwa 0,4 % des deutschen Mittelstandes; vgl. Institut für Mittelstandsforschung Bonn (2004), S. 10.

33 Insgesamt stellte die BW-Bank für diese Arbeit 36.849 Datensätze zur Verfügung. Von einer Beschreibung der Gesamtheit dieser Daten wird jedoch abgesehen, da dies die mit der BW-Bank vereinbarten Nutzungskonditionen verletzen würde.

34 Theoretisch könnte es hierdurch zu Verzerrungen bei den Ratingmodellen kommen, wodurch diese nicht auf andere Daten übertragbar wären. Es zeigt sich jedoch, dass die in-sample Klassifikationserfolge nur marginal von den out-of-time Klassifikationsergebnissen abweichen, so dass eine solche Verzerrung ausgeschlossen werden kann.

Der Datensatz umfasst die Jahre 1997 - 2002 bzw. Informationen zu insolventen Unternehmen für die Jahre 1998 - 2003 und erfüllt damit die Vorgaben von Basel II.[35] Da in diesem Zeitraum keine tiefgreifende Änderung der Rechnungslegungsvorschriften nach HGB durchgeführt wurde, werden die Jahresabschlüsse aus diesem Zeitraum als konsistent erachtet und es wird von umfassenden Anpassungen abgesehen.[36]

Aus der Gruppe der solventen und der insolventen Unternehmen wurden drei Entwicklungs- und je zwei Kontrolldatensätze gebildet.[37] Jeder Entwicklungsgruppe wurde ein anderer Zeithorizont zugrunde gelegt. Die meisten Banken wählen hierbei einen 1-Jahres-Zeithorizont, da dies der typische Zeitraum ist, in dem:

- neues Kapital beschafft werden kann,
- Maßnahmen zur Verringerung zukünftiger Risiken für das Portfolio durchgeführt werden können,
- neue Kreditnehmerinformationen bekannt werden können,
- neue Informationen über Ausfallraten veröffentlicht werden dürften,
- die interne Budgetierung, Kapitalplanung und Erstellung des Jahresabschlusses vorbereitet wird und
- normalerweise die Verlängerung des Kreditengagements überprüft wird.[38]

Auch nach den Vorgaben von Basel II muss der Zeithorizont beim bankinternen Ratingansatz die Ausfallwahrscheinlichkeit für ein Jahr prognostizieren.[39] Da Bonitätsrisiken besser begegnet werden kann, wenn sie frühzeitig erkannt werden, werden im Rahmen dieser Arbeit drei Ratingmodelle mit einem 1-Jahres-, 2-Jahres- und 3-Jahres-Zeithorizont entwickelt.

---

35 Jahresabschlüsse des Jahres 2002 bildeten die Out-of-time-Kontrollgruppe wodurch der Mindest- bzw. Höchstzeitumfang der Daten von 5 Jahre nicht überschritten wurde. Vgl. Basler Ausschuss für Bankenaufsicht (2004b) S. 95.

36 In diesen Zeitraum fällt zwar die Novellierung des deutschen Insolvenzgesetzes. Sie hat jedoch keinen Einfluss auf den Ausfall eines Unternehmens als solchen, sondern ändert nur die rechtlichen Rahmenbedingungen.

37 Da die Entwicklungsgruppen der Überlebenszeitanalyse die Ergebnisse der logistischen Regression miteinbezieht, werden diese erst in Kapitel 4.1.1 beschrieben.Führ eine ausführliche Darstellung der Entwicklungsdatensätze vgl. Kapitel 3.1.4 und 3.2.

38 Vgl. Basler Ausschuss für Bankenaufsicht (1999a), S. 17.

39 Vgl. Basler Ausschuss für Bankenaufsicht (2004b), S. 62.

Hierbei ist zu beachten, dass im Gegensatz zu den meisten anderen Studien[40] Jahresabschlüsse insolventer Unternehmen für den 1-Jahres-Zeithorizont mindestens sechs Monate vor dem Ausfall veröffentlicht worden sein mussten, um in die Untersuchung aufgenommen zu werden. Durch diesen Mindestabstand wird sichergestellt, dass keine Insolvenzeröffnungsbilanz das Ratingmodell bzw. seine Ergebnisse verfälscht und der Jahresabschluss vor der Leistungsstörung für die Bank verfügbar war.[41] Des Weiteren ergibt sich hierdurch für die Jahresabschlüsse insolventer Unternehmen ein Maximalabstand von 18 Monaten zum Ausfallzeitpunkt. Für die anderen Zeithorizonte ergeben sich die Abstände entsprechend.

Jedem insolventen Unternehmen des Entwicklungsdatensatzes wird ein solventes Unternehmen gegenübergestellt. Die hierdurch erreichte Übereinstimmung der Gruppengrößen ist für die Untersuchung nicht zwingend,[42] stellt jedoch eine a-priori Wahrscheinlichkeit von 0,5 für eine richtige Prognose und somit den gleichen Einfluss der solventen und insolventen Firmen im Rahmen der Modellentwicklung sicher.[43] Neben der Gruppengröße der solventen und insolventen Unternehmen ist der Auswahlmodus für die solventen Unternehmen im Entwicklungsdatensatz festzulegen. Die Vergleichsunternehmen können zufällig oder auf Basis übereinstimmender Kriterien ausgewählt werden. Während der größte Vorteil der Zufallsauswahl in einer getreuen Abbildung der zur Verfügung stehenden Daten zu sehen ist,[44] kann durch eine bewusste Auswahl übereinstimmender Merkmale der Einfluss z. B. konjunktureller Faktoren weitestgehend ausgeschlossen und hierdurch sowohl die zeitliche Stabilität als auch die Allgemeingültigkeit des Rating-Modells verbessert werden.[45] Der Großteil der Studien zur Prognose von Ausfallwahrscheinlichkeiten basiert auf einem geschichteten Entwicklungsdatensatz, damit möglichst nur unternehmensbedingte Faktoren in die Analyse einfließen.

---

40 Vgl. z. B. Sinkey (1975); Lincoln (1984); Barr et al. (1994); Hayden (2002).

41 Vgl. Küting und Weber (2000), S. 48.

42 Vgl. Maurice Joy und Tollefson (1975), S. 725-726.

43 Der Großteil der Ratingstudien basiert ebenfalls auf einem Entwicklungsdatensatz mit gleicher Gruppengröße; vgl. z. B. Altman (1968) S. 593, Dambolena und Khoury (1980), S. 1020, Keasey und McGuinness (1990), S. 86.

44 Vgl. Schulze (1998), S. 14-15.

45 Vgl. Perlitz (1979), S. 841.

Im Rahmen dieser Arbeit wurde ebenfalls das geschichtete Auswahlverfahren angewendet. Als Vergleichskriterien wurden die Merkmale

- Jahr des Jahresabschlusses,
- Branchenzugehörigkeit,[46]
- Rechtsform und
- Umsatz

herangezogen.[47] Hierdurch sollen u. a. Größen- (Umsatz) und konjunkturelle Einflüsse (Jahresabschlüsse derselben Jahre) verhindert werden. Zusätzlich wurde versucht, möglichst gesunde, solvente Unternehmen auszuwählen, um die Trennschärfe des Ratingmodells zu erhöhen.[48] Hierzu wurden nur solvente Unternehmen mit mindestens vier aufeinanderfolgenden Jahresabschlüssen in den Entwicklungsdatensatz aufgenommen, wobei die überschüssigen Jahre eliminiert wurden.

In früheren Publikationen bildeten die zur Auswahl der Unternehmen der Entwicklungsgruppe nicht benötigten Daten meist die Kontrollgruppe, die somit den gleichen Zeitraum umfasste wie der Entwicklungsdatensatz (out-of-sample). Der Vorteil dieser Vorgehensweise liegt darin, dass alle vorhandenen Daten in die Modellentwicklung einfließen und dass eventuelle konjunkturelle Einflüsse im Kontrolldatensatz ebenfalls auftreten. In der Praxis werden Ratingsysteme natürlich auch auf Basis der historisch verfügbaren Daten entwickelt. Anschließend werden diese Systeme jedoch zur Analyse aktueller Jahresabschlüsse eingesetzt und nicht um die Ausfallwahrscheinlichkeit von Unternehmen aus dem Entwicklungszeitraum zu prognostizieren. Aus diesem Grund und um die Stabilität der Rating-

46 Die Branche wurde auf Basis der ersten beiden Ziffern des Branchenschlüssels WZ 93 des statistischen Bundesamtes festgelegt.

47 Hierbei wurde darauf geachtet, dass die Kriterien nach der hier aufgeführten Reihenfolge erfüllt wurden. Wurden keine solventen Vergleichsunternehmen gefunden, die alle vier Kriterien erfüllen, wurden zunächst Abweichungen im Umsatz, dann in der Rechtsform usw. zugelassen.

48 Werden gefährdete, aber noch nicht insolvente Unternehmen in die Gruppe der solventen Firmen im Entwicklungsdatensatz aufgenommen, kann es zu Verzerrungen des Modells und seiner Klassifikationsergebnisse kommen; vgl. Leker und Schewe (1998), S. 883. Taffler (1982) (S. 343-344) weist auf dieselbe Problematik hin und lässt deshalb die von ihm für seine Untersuchung analysierten solventen Firmen zusätzlich von Investmentanalysten beurteilen, um sicherzustellen, dass es sich hierbei um möglichst gesunde Unternehmen handelt. In Ermangelung vergleichbarer Informationen wurde in der vorliegenden Untersuchung auf die Anzahl der Jahresabschlüsse zurückgegriffen.

verfahren im Zeitverlauf sicherzustellen, wurden die Ratingmodelle in den letzten Jahren vermehrt auf Daten außerhalb des Entwicklungszeitraums (out-of-time) getestet.[49] Aus diesem Grund wurden Unternehmen, deren Ausfallwahrscheinlichkeit auf Basis der Jahresabschlüsse des Jahres 2002 prognostiziert werden musste, von der Entwicklung ausgeschlossen.

Auf Basis dieser Vorüberlegungen standen für die Entwicklung des 1-Jahres-Modells 80 insolvente Unternehmen zur Verfügung.[50] Die Daten der somit 160 Unternehmen der Entwicklungsgruppe wurden auf Eingabefehler untersucht, um sicherzustellen, dass sie die Ratingmodelle nicht verzerren und hierdurch zu nicht aussagekräftigen Klassifikationsergebnissen führen.

3.1.4 *Repräsentativität der Unternehmen der Entwicklungsgruppen für die Logit-Modelle*

Da die Unternehmen der Entwicklungsgruppe nicht zufällig ausgewählt, sondern durch das Ereignis des Kreditausfalls bzw. durch die bewusste Auswahl nach Vergleichskriterien bestimmt wurden, ist ihre Repräsentativität für die zur Verfügung stehenden Daten nicht sicher.[51] Aus diesem Grund wird im folgenden Abschnitt die relative Häufigkeit der Branche, der Rechtsform und der Größe der Unternehmen der Entwicklungsgruppe für den 1-Jahres-Zeithorizont mit den entsprechenden Merkmalen aller Unternehmen der Untersuchung verglichen.

Da eine Aufgliederung der Unternehmen in viele kleine Branchengruppen nicht zielführend ist,[52] wurden die Unternehmen den Wirtschaftszweigen verarbeitendes Gewerbe, Baugewerbe, Handel und sonstige Branchen zugeteilt. Die Gruppenbildung basiert hierbei auf dem Branchenschlüssel WZ 93 des statistischen Bundes-

[49] Da der Großteil der Ratingliteratur in Englisch publiziert wird, hat sich hierfür der Begriff out-of-sample bzw. out-of-time etabliert. Dem Autor ist keine Übersetzung ins Deutsche bekannt.

[50] Für das 2- und 3-Jahres-Modell standen 84 bzw. 53 insolvente Unternehmen zur Verfügung. (Bei manchen Unternehmen stand der letzte Jahresabschluss vor dem Ausfall nicht zur Verfügung, weswegen sich die Zahl der Unternehmensabschlüsse für die Entwicklungsgruppe 2-Jahres-Modell auf 83 erhöht.)

[51] Hierdurch können auch für den folgenden Vergleich der relativen Häufigkeit mit den zugrundeliegenden Objekten keine Konfidenzintervalle berechnet werden; vgl. Sachs (2004), S. 437.

[52] Der zugrundegelegte Branchenschlüssel WZ 93 unterscheidet über 500 Wirtschaftszweige.

amtes. Zur Untersuchung der Rechtsform steht ebenfalls eine Vielzahl von kleinen Gruppen zur Verfügung.[53] Um auch hier eine unnötige Komplexität zu vermeiden, wurde für die Repräsentativitätsanalyse nur zwischen Kapitalgesellschaften und Nicht-Kapitalgesellschaften unterschieden, wobei die Mischformen GmbH&Co.KG und KGaA der Gruppe der Kapitalgesellschaften zugeordnet werden. Die unterschiedlichen Unternehmensgrößen wurden nach der Definition der Kommission der Europäischen Gemeinschaft festgelegt,[54] die die Unternehmen in die drei Größenklassen - kleinst, klein und mittel - unterteilt. Demnach werden Unternehmen als Kleinstunternehmen bezeichnet, wenn sie (1) weniger als zehn Personen beschäftigen und (2) einen Jahresumsatz oder (3) eine Bilanzsumme von höchstens 2 Millionen Euro in ihrem Jahresabschluss ausweisen.[55] Als kleine Unternehmen gelten Firmen, die (1) weniger als 50 Personen beschäftigen und (2) deren Jahresumsatz oder (3) Bilanzsumme 10 Millionen Euro nicht übersteigt. Mittlere Unternehmen beschäftigen (1) weniger als 250 Personen und erwirtschaften (2) höchstens einen Jahresumsatz von 50 Millionen Euro oder (3) ihre Bilanzsumme ist nicht größer als 43 Millionen Euro. Aufgrund der Nichtverfügbarkeit von Arbeitnehmerzahlen wurde die Größenklasse eines Unternehmens auf Basis des Umsatzes und der Bilanzsumme determiniert, wobei mindestens ein Kriterium erfüllt sein musste, um ein Unternehmen in die kleinere Größenklasse aufzunehmen.[56]

53 Im ursprünglichen Datensatz wurden 20 unterschiedliche Rechtsformen unterschieden.

54 Vgl. Kommission der Europäischen Gemeinschaft (2003), S. 39.

55 Da Mirkounternehmen von der Grundgesamtheit ausgeschlossen wurden, wiesen Kleinstunternehmen im Rahmen der vorliegenden Repräsentativitätsanalyse einen Jahresumsatz von mindestens 500.000 Euro auf.

56 Die nachfolgende Untersuchung kann ergänzt werden, indem mit Hilfe des t-Tests (vgl. Kapitel 5.8) die Anteile der Merkmale in den unterschiedlichen Gruppen zusätzlich verglichen und die Irrtumswahrscheinlichkeiten berechnet werden. Allerdings können schon geringe Abweichungen signifikante Änderungen der Irrtumswahrscheinlichkeit zur Folge haben. Beispielsweise beträgt sie bei der Rechtsform der insolventen Unternehmen der Entwicklungsgruppe und des Gesamtdatensatzes für den 1-Jahres-Zeithorizont 13,4 %. Erhöht man die Anzahl der Nicht-Kapitalgesellschaften im Entwicklungsdatensatz um ein Unternehmen, so erhöht sich die Irrtumswahrscheinlichkeit auf über 30 %. Ihr Minimum liegt mit knapp unter 10 % bei 7 Nicht-Kapitalgesellschaften (bei allen anderen Konstellationen liegt die Irrtumswahrscheinlichkeit bei über 25 %). Aus diesem Grund wurden zwar die Irrtumswahrscheinlichkeiten berechnet und bei signifikanten Abweichungen näher untersucht, die Repräsentativität jedoch in keinem Fall abgelehnt und von einer Darstellung dieser Ergebnisse abgesehen.

Tab. 3.1 Relative Häufigkeit der Branchen bei den insolventen Unternehmen der Entwicklungsgruppe und des Gesamtdatensatzes

	verarbeitendes Gewerbe	Baugewerbe	Handel	Sonstige
Entwicklungsgruppe	46,25 %	13,75 %	22,50 %	17,50 %
Gesamtdatensatz	49,07 %	10,19 %	20,37 %	20,37 %
Differenz	2,82 %	-3,56 %	-2,13 %	2,87 %

Wie aus Tabelle 3.1 ersichtlich sind das Baugewerbe und der Handel im Entwicklungsdatensatz leicht überrepräsentiert, während Unternehmen des verarbeitenden Gewerbes und sonstiger Branchen leicht unterrepräsentiert sind. Insgesamt sind die Abweichungen zwischen der Entwicklungsgruppe und den zur Verfügung stehenden Daten jedoch sehr gering, weshalb die Entwicklungsgruppe der insolventen Unternehmen bezüglich der relativen Branchenverteilung insgesamt als repräsentativ eingestuft werden kann.

Tab. 3.2 Relative Häufigkeit der Branchen bei den solventen Unternehmen der Entwicklungsgruppe und des Gesamtdatensatzes

	verarbeitendes Gewerbe	Baugewerbe	Handel	Sonstige
Entwicklungsgruppe	46,25 %	13,75 %	22,50 %	17,50 %
Gesamtdatensatz	44,70 %	6,87 %	20,60 %	27,84 %
Differenz	-1,55 %	-6,88 %	-1,90 %	10,34 %

Bei den solventen Unternehmen sind alle Gruppen hoch repräsentativ mit Ausnahme des Baugewerbes und der Gruppe der Sonstigen. Diese Abweichungen sind vor allem auf die hohe (geringe) Ausfallquote beim Baugewerbe (Unternehmen sonstiger Branchen) im Vergleich zu den anderen Branchen zurückzuführen, die sich hier durch die geschichtete Auswahl der solventen Vergleichsunternehmen in der Entwicklungsgruppe niederschlägt.[57] Gerade diese bewusste Auswahl stellt je-

[57] Die Ausfallquote im Baugewerbe (sonstigen Branchen) beträgt 6,59 % (3,25 %), während sie bei den anderen Branchen 4,88 % bzw. 4,39 % ausmacht.

doch sicher, dass solche Brancheneinflüsse weitestgehend ausgeschlossen und die Ratingmodelle allgemein gültig Verwendung finden können.[58]

Tab. 3.3 Relative Häufigkeit der Rechtsformen bei den insolventen Unternehmen der Entwicklungsgruppe und des Gesamtdatensatzes

	Kapitalgesellschaft	Nicht-Kapitalgesellschaft
Entwicklungsgruppe	90,00 %	10,00 %
Gesamtdatensatz	90,74 %	9,26 %
Differenz	0,74 %	-0,74 %

Auch beim Merkmal der Rechtsform[59] ist die Gruppe der insolventen Unternehmen des Entwicklungsdatensatzes hoch repräsentativ. Die marginalen Unterschiede können auf die kleinere Gruppengröße des Entwicklungsdatensatzes zurückgeführt werden.[60]

Tab. 3.4 Relative Häufigkeit der Rechtsformen bei den solventen Unternehmen der Entwicklungsgruppe und des Gesamtdatensatzes

	Kapitalgesellschaft	Nicht-Kapitalgesellschaft
Entwicklungsgruppe	92,50 %	7,50 %
Gesamtdatensatz	85,90 %	14,10 %
Differenz	-6,60 %	6,60 %

Trotz der Differenz von 6,6 % kann die Gruppe der solventen Unternehmen im Entwicklungdatensatz als hoch repräsentativ bezüglich der Rechtsform für die Gruppe der zugrundeliegenden solventen Unternehmen betrachtet werden. Die

58 Es gibt natürlich auch die Möglichkeit spezieller Ratingsysteme für einzelne Industrien zu entwickeln. Allerdings stehen in der Regel nur wenige Kreditausfälle je Branche zur Verfügung, weswegen solche Systeme in Wissenschaft und Praxis sehr selten sind. Eine Ausnahme bilden hierbei Industrien wie z. B. den Finanzdienstleistungssektor (vgl. Kapitel 3.1.1) bei denen eine solche Entwicklung auf Grund spezieller Gegebenheiten unumgänglich ist.

59 Die Mischformen GmbH&Co.KG und KGaA sind Bestandteil der Gruppe der Kapitalgesellschaften.

60 Verringert man z. B. die Anzahl der Nicht-Kapitalgesellschaften um ein Unternehmen, so ändert sich die Differenz von -0,74 % auf +0,4 %

diesbezüglichen Unterschiede zwischen den solventen und den insolventen Firmen der Entwicklungsgruppe werden durch zwei Unternehmen bedingt, für die keine vergleichbaren Unternehmen mit derselben Rechtsform vorhanden waren.[61]

Aus demselben Grund weichen auch die Anteile der insolventen und der solventen Unternehmen der Entwicklungsgruppe bezüglich der Unternehmensgröße voneinander ab.

Tab. 3.5 Relative Häufigkeit der Unternehmensgröße bei den insolventen Unternehmen der Entwicklungsgruppe und des Gesamtdatensatzes

	kleinst	klein	mittel
Entwicklungsgruppe	50,00 %	33,75 %	16,25 %
Gesamtdatensatz	47,22 %	34,26 %	18,52 %
Differenz	-2,78 %	0,51 %	2,27 %

Auch für das letzte Merkmal der Repräsentativitätsuntersuchung kann die Verteilung der relativen Häufigkeit der Unternehmensgröße sowohl für die solventen, als auch für die insolventen Unternehmen im Vergleich zu allen vorhandenen Daten als hoch repräsentativ eingestuft werden. Die größte Differenz beträgt 5,84 % für die mittelgroßen Unternehmen.

Tab. 3.6 Relative Häufigkeit der Unternehmensgröße bei den solventen Unternehmen der Entwicklungsgruppe und des Gesamtdatensatzes

	kleinst	klein	mittel
Entwicklungsgruppe	48,75 %	38,75 %	12,50 %
Gesamtdatensatz	44,08 %	37,58 %	18,34 %
Differenz	-4,67 %	-1,17 %	5,84 %

[61] Es handelt sich hierbei um eine GbR und eine selbstständige Person, für die kein Unternehmen aus derselben Branche und mit Jahresabschlüssen derselben Jahren verfügbar sind. Deshalb werden diesen Fällen eine GmbH bzw. eine GmbH&Co.KG gegenübergestellt. Wären hierfür Daten vergleichbarer Nicht-Kapitalgesellschaften präsent, würde die Differenz auf 4,1 % sinken.

Der marginal größere Anteil der kleinen Unternehmen bei der Gruppe der solventen Unternehmen ist vor allem auf ihre höhere Krisenanfälligkeit zurückzuführen.[62] So können Kleinstunternehmen oft nicht adäquat auf Änderungen exogener Faktoren, wie temporäre konjunkturelle Abschwünge oder endogener Gegebenheiten, wie Personalprobleme, reagieren.[63]

Insgesamt weist bei der Repräsentativitätsanalyse trotz der bewussten Auswahl der solventen Vergleichsunternehmen kein Untersuchungsmerkmal eine Differenz von mehr als 11 % auf. Daher und auf Grund des ausreichend großen Stichprobenumfangs ist zu erwarten, dass die entwickelten Ratingmodelle gut zur Klassifikation der anderen Unternehmen geeignet sind und aussagekräftige Ergebnisse generiert werden.

Die Ergebnisse der Repräsentativitätsuntersuchung für die Entwicklungsgruppen mit dem 2- bzw. 3-Jahres-Zeithorizont werden hier nicht im Einzelnen dargestellt. Sie werden in den Tabellen in Appendix 5.3 zusammenfassend präsentiert. Die Analyse der Entwicklungsgruppe für den 2-Jahres-Zeithorizont zeigt eine maximale Abweichung der relativen Häufigkeiten der untersuchten Merkmale von weniger als 9 %. Für den 3-Jahres-Zeithorizont weicht der Anteil der solventen Kleinstunternehmen im Entwicklungsdatensatz um 14,99 % von dem Gesamtdatensatz ab, während alle anderen Differenzen weniger als 10 % betragen.

Um die Allgemeingültigkeit der Modelle für den deutschen Mittelstand zu prüfen, wäre eine Repräsentativitätsuntersuchung für ganz Deutschland zielführend. Dies ist jedoch nicht direkt möglich, da es für den Mittelstand bezüglich Branche, Rechtsform und Größe keine Studie mit vergleichbarer Größenklassifikation gibt. Das statistische Bundesamt Deutschland veröffentlicht jährlich Daten zur Anzahl der Unternehmen nach Branchen, Unternehmensgrößen, Rechtsform und Land[64], allerdings basiert hierbei die Größenklassifikation auf Lieferungen und Leistun-

[62] Manche Untersuchungen zur Eröffnung von Insolvenzverfahren bei kleinen Unternehmen können diesen Sachverhalt nicht bestätigen. Dies ist jedoch u. a. darauf zurückzuführen, dass für Gläubiger bei dieser Unternehmensgröße aufgrund der Kosten eines Insolvenzverfahrens und der meist geringen verwertbaren Masse ein großer Anreiz zu einer außergerichtlich Einigung besteht. Deshalb ist es besonders bei Untersuchungen zum Ausfall von kleinen und mittleren Unternehmen wichtig, eine umfassende Insolvenzdefinition zugrundezulegen. Vgl. Woywode (1998), S. 120-121 und S. 212.

[63] Vgl. Berryman (1983).

[64] Vgl. z. B. Statistisches Bundesamt Deutschland (2005a)

gen und nicht auf Umsatz und Bilanzsumme, wodurch ein Vergleich nur bedingt möglich ist.[65] In dieser Studie wird jedoch die Anzahl der Unternehmen je Branche den einzelnen Ländern gegenübergestellt.[66] Geht man dementsprechend davon aus, dass sich der Anteil baden-württembergischer Unternehmen in Deutschland in der Branchenstruktur widerspiegelt, so können hierüber Rückschlüsse auf die Übertragbarkeit der Ergebnisse auf Gesamtdeutschland gezogen werden. Bei den zur Verfügung gestellten Daten handelt es sich nämlich um eine Vollerhebung der Unternehmen im Kreditportfolio der BW-Bank, die flächendeckend in Baden-Württemberg vertreten ist, wodurch anzunehmen ist, dass diese Daten zumindest repräsentativ für Baden-Württemberg sind.[67] In Deutschland waren 2003 2.915.482 steuerpflichtige Unternehmen mit jährlichen Lieferungen und Leistungen über 17.500 Euro gemeldet. Hiervon entfielen auf Baden-Württemberg 405.797, was einem Anteil von 13,92 % entspricht. Berechnet man nun den Anteil baden-württembergischer Unternehmen in den jeweiligen Branchen, so ergibt sich für das verarbeitende Gewerbe 17,96 %, das Baugewerbe 12,75 %, den Handel 13,43 % und für sonstige ein Anteil von 13,58 %.[68] Die größte Differenz tritt dementsprechend bei den verarbeitenden Unternehmen auf, die in Baden-Württemberg leicht überrepräsentiert sind. Folglich dürfte die Struktur der Unternehmen in Baden-Württemberg zumindest bezüglich der Branchen mit Gesamtdeutschland vergleichbar sein.[69] Des Weiteren wurden wie bereits angeführt die Entwicklungsgruppen mit Daten aus der DAFNE Datenbank aus ganz Deutschland ergänzt, so dass die Übertragbarkeit der Ergebnisse auf den gesamten deutschen Mittelstand gewährleistet sein sollte. Außerdem kann aufgrund der umfangreichen Datenbasis

65 Zu insolventen Unternehmen sind aufgrund abweichender Ausfalldefinitionen keine Vergleichsdaten verfügbar.

66 Vgl. Statistisches Bundesamt Deutschland (2005a), S. 58-64.

67 Generell ist festzuhalten, dass hierdurch bereits eine Vorselektion stattgefunden hat. Banken dürfen nur Jahresabschlussinformationen von Unternehmen speichern, denen sie einen Kredit bewilligten (vgl. § 28 Bundesdatenschutzgesetz). Informationen zu Unternehmen, deren Kreditantrag abgelehnt wurde, sind somit nicht verfügbar. Unter der Annahme, dass der Anteil der gefährdeten Unternehmen im Hinblick auf die Repräsentativitätsmerkmale über den Untersuchungszeitraum gleich groß ist, kommt es hierdurch jedoch zu keiner Verzerrung zwischen der Unternehmensstruktur im Kreditprotfolio und im Bundesland Baden-Württemberg.

68 Vgl. Statistisches Bundesamt Deutschland (2005a), S. 58-64.

69 Für die anderen beiden Merkmale ist aus den angeführten Gründen leider keine vergleichbare Repräsentativitätsuntersuchung möglich.

und des Gesetzes der großen Zahlen zumindest eine repräsentative Annäherung an die wahre Verteilung der Grundgesamtheit angenommen werden.[70]

[70] Vgl. Hüls (1995), S. 59. Bei den Out-of-time Validierungsdatensätzen handelt es sich jeweils um die gesamten, für ein Jahr zur Verfügung stehenden Daten, wodurch ihre Repräsentativität gewährleistet sein sollte. Eine Untersuchung der Daten ergab für den 1-Jahres-Zeithorizont eine maximale Abweichung von knapp über 5 % bei den solventen kleinen Unternehmen (für die Daten der anderen Zeithorizonte liegt die maximal Abweichung jeweils unter 10 %), weswegen von einer Darstellung der Ergebnisse abgesehen wird. Bei den Out-of-sample Daten hingegen ist, wie bereits angeführt, die Repräsentativität bereits durch die fehlende Altersangabe eingeschränkt. Die maximale Differenz für die Daten des 1-Jahres-Zeithorizonts beträgt knapp über 15 % für die insolventen Unternehmen des verarbeitenden Gewerbes. Des Weiteren weisen die korrespondierenden Daten für das Baugewerbe und für die Kleinstunternehmen eine Abweichung von über 10 % im Vergleich zum Gesamtdatensatz auf (ein ähnliches Bild ergibt sich auch für die Out-of-sample Validierungsdaten der anderen Zeithorizonte).

3.2 Struktur der insolventen Fälle in der Entwicklungsgruppe

3.2.1 *Distribution der Kreditausfälle*

Der folgende Abschnitt beschreibt die Verteilung der Kreditausfälle, die zur Entwicklung des Ratingmodells mit dem 1-Jahres-Zeithorizont verwendet wurden, nach Art, Jahr und Abstand zwischen dem letzten Jahresabschluss und dem Insolvenzzeitpunkt, sowie die Jahre der letzten in die Untersuchung eingegangenen Jahresabschlüsse.[71]

Wie Abbildung 3.1 zeigt, wurden über 90 % der Insolvenzen aufgrund eines Kreditverlustes oder der Eröffnung des Insolvenzverfahrens als ausgefallen klassifiziert. Nur 9 % der Unternehmen kamen in Zahlungsverzug oder wurden angesichts einer geringen Zahlungswahrscheinlichkeit als insolvent eingestuft. Hierbei ist zu berücksichtigen, dass ein Zahlungsverzug, Kreditverlust oder eine geringere Zahlungswahrscheinlichkeit[72] oft nur die Vorstufen zum gesetzlichen Insolvenzverfahren bilden und somit die Insolvenzkriterien von Basel II die eigentliche Insolvenz oft vorwegnehmen.

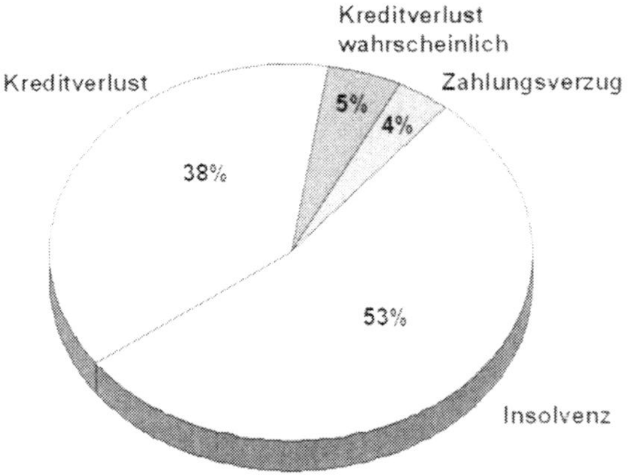

Abb. 3.1 Unternehmensausfälle in der Entwicklungsgruppe nach der Insolvenzart

71 Die Abbildungen für den 2- und 3-Jahres-Zeithorizont werden in Appendix 5.4 dargestellt.

72 In wie weit ein Kreditverlust wahrscheinlich ist, wird seitens der BW-Bank geschätzt. Leider standen diesbezüglich keine weiterführenden Informationen zur Verfügung.

Abbildung 3.2 zeigt, dass 40 % bzw. 28 % der 80 insolventen Unternehmen eine Leistungsstörung im Jahr 2002 bzw. 2001 aufweisen. Der hohe Anteil der Kreditausfälle in diesen Jahren ist darauf zurückzuführen, dass für die ersten drei Jahre der Untersuchung nur Insolvenzinformationen aus der DAFNE Datenbank zur Verfügung standen und diese nur gesetzliche Insolvenzverfahren umfassen. Bei den 15 Insolvenzen des Jahres 2003 handelt es sich um Kreditausfälle der ersten sechs Monate, die aufgrund des vorgegebenen Mindestabstandes auf Basis der Abschlüsse des Jahres 2001 prognostiziert werden. Die Unternehmensausfälle der zweiten Jahreshälfte gehen in die Validierungsgruppe ein.

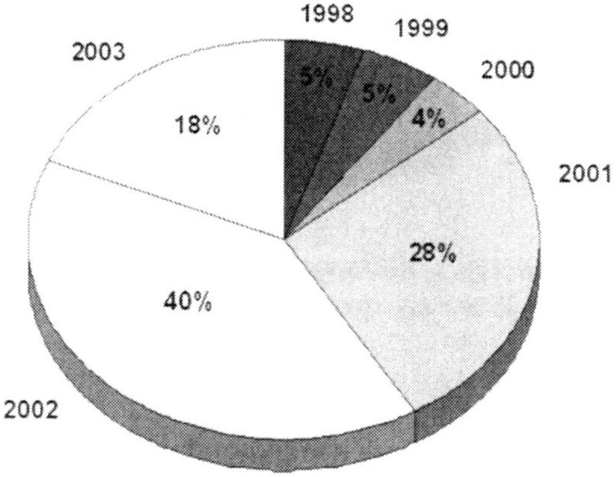

Abb. 3.2 Insolvenzjahr der Unternehmen in der Entwicklungsgruppe

Der Anteil der Abstände zwischen letztem Jahresabschluss und dem Zeitpunkt der Leistungsstörung (Abb. 3.3) ist im Jahresverlauf nicht gleichverteilt. So entfallen auf die Monate April bis September nur 33 % der Kreditausfälle, während 67 % der Ausfälle auf die restlichen 6 Monate entfallen. Diese Häufung dürfte u. a. dadurch verursacht werden, dass die meisten Firmen in diesen Monaten ihre Jahresabschlüsse erstellen und aufgrund der darin widergespiegelten wirtschaftlichen Lage eine Insolvenz angemeldet werden muss[73] bzw. Banken gebeten werden, die

[73] Insolvenzverschleppung ist in Deutschland nach § 283 StGB strafbar.

aktuellen Kreditkonditionen zu verändern (z. B. Stundung von Zahlungen), um das wirtschaftliche Überleben des Gläubigers zu gewährleisten.

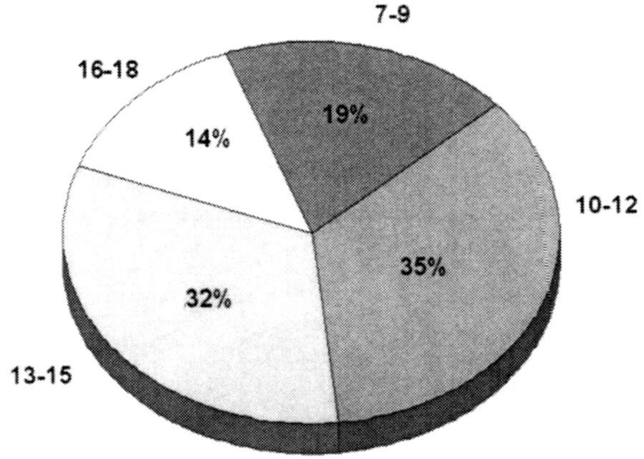

Abb. 3.3 Unternehmenausfälle in der Entwicklungsgruppe nach Zeitraum zwischen letzten verwendeten Jahresabschluss und Zeitpunkt der Leistungsstörung (in Monaten)

Nach Darstellung der Verteilung der Unternehmensausfälle nach Jahren und des Abstandes zwischen letztem Jahresabschluss und Zeitpunkt der Leistungsstörung wird in Abbildung 3.4 die Verteilung der letzten in die Untersuchung eingegangenen Jahresabschlüsse beschrieben.

In den ersten Jahren ähnelt die oben beschriebene Verteilung der in Abbildung 3.2 dargestellten Distribution. Dies auf die bereits erläuterte Datenlimitation der DAFNE Daten auf gesetzliche Insolvenzverfahren zurückzuführen. Des Weiteren fällt auf, dass nur vier Abschlüsse aus dem Jahr 2002 in die Entwicklungsgruppe eingehen. Die Ursache hierfür liegt in der Vorgabe des Mindestabstandes. Alle berücksichtigten Insolvenzen des Jahres 2003 zeigen Leistungsstörungen im ersten Halbjahr. Dementsprechend konnten nur Abschlüsse des Jahres 2002 zur Entwicklung des Ratingmodells eingesetzt werden, wenn der Bilanzstichtag vor dem 31.12.

liegt. Da der 31.12. jedoch bei den meisten Unternehmen das Bilanzierungsdatum ist, konnten nur wenige Jahresabschlüsse aus 2002 verwendet werden.[74]

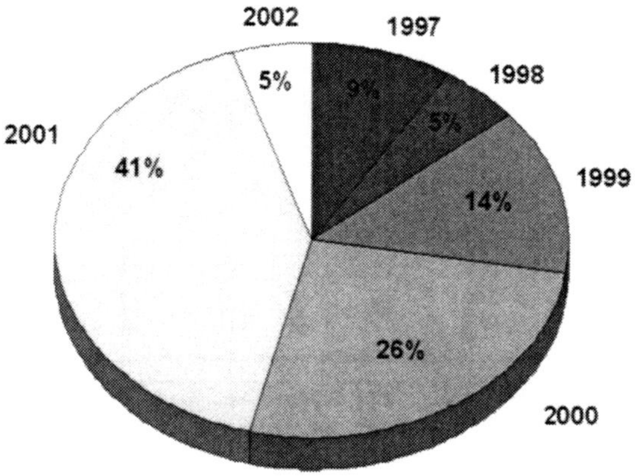

Abb. 3.4 Jahre des jeweils letzten untersuchten Jahresabschlusses

Die Distribution der insolventen Unternehmen des 2- bzw. 3-Jahres-Zeithorizontes nach Branchen, Jahren und Monatsabständen weicht nur marginal von den präsentierten Verteilungen ab, weswegen auf eine weiterführende Darstellung verzichtet wird.

3.2.2 *Vergleich der insolventen Unternehmen der Entwicklungsgruppe mit den solventen Unternehmen des Gesamtdatensatzes*

Nach der Repräsentativuntersuchung der einzelnen Unternehmensgruppen in Kapitel 3.1.4 werden hier die Verteilungen der insolventen und der solventen Unternehmen nach Branchen und Rechtsform detailiert miteinander verglichen.[75] Des

[74] Bei den vorliegenden Jahresabschlüssen lag das Bilanzierungsdatum bei allen berücksichtigten Abschlüssen des Jahres 2002 im ersten Halbjahr.

[75] Auf eine Darstellung eines Größenvergleichs wird verzichtet, da eine weitere Aufspaltung der Daten als in Kapitel 3.1.4 nicht zielführend erscheint und somit keine weiterführende Aussagen gemacht werden können. Die Abbildungen für den 2- und 3-Jahres-Zeithorizont werden in Appendix 5.5 dargestellt.

Weiteren wird hierdurch der potenzielle Einfluss dieser Kriterien auf die Ratingmodelle veranschaulicht.

Da in mehreren Studien eine Zunahme der Krisenanfälligkeit von Unternehmen mit abnehmender rechtsformbedingter Haftung nachgewiesen wurde,[76] werden in Abbildung 5.12 die relative Häufigkeit der Rechtsformen AG, GmbH, GmbH&Co.KG, KG, Einzelunternehmen und sonstige Rechtsformen miteinander verglichen.

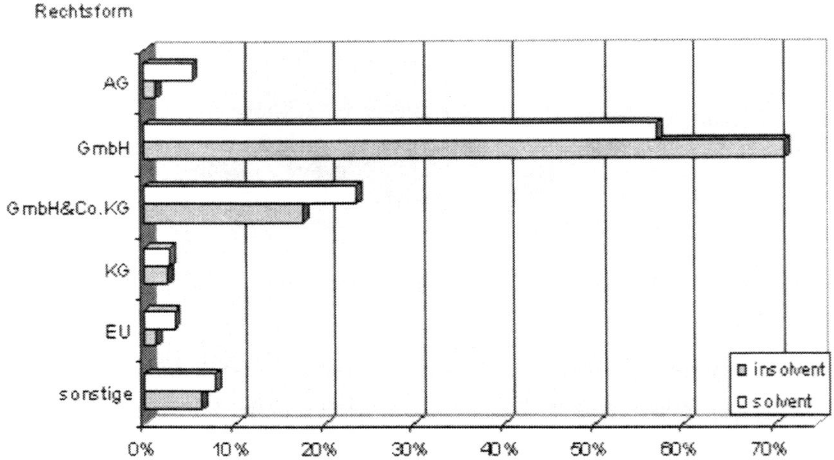

Abb. 3.5 Rechtsformvergleich zwischen den insolventen Unternehmen der Entwicklungsgruppe und allen verfügbaren solventen Unternehmen

Der zuvor beschriebene Zusammenhang spiegelt sich auch in Abbildung 5.12 wider. Nur die Rechtsform GmbH ist in der Gruppe der insolventen Unternehmen mit über 70 % stärker vertreten als bei den solventen Firmen,[77] während die Rechtsform Einzelunternehmen, bei der der Inhaber persönlich für alle Schulden des Unternehmens unbegrenzt mit seinem gesamten Geschäfts- und Privatvermögen haftet, unterrepräsentiert ist.

[76] Vgl. z. B. Rödl (1979), S. 79 oder Woywode (1998), S. 125-129 und S. 213-214.

[77] Auch in Gesamtdeutschland hatten in 2003 mehr als 50 % der insolventen Firmen in Deutschland die Rechtsform GmbH. Vgl. Statistisches Bundesamt Deutschland (2004a).

Des Weiteren ist ersichtlich, dass die Rechtsform der GmbH über 55 % der Unternehmen des Gesamtdatensatzes ausmacht. Dieser hohe Anteil deckt sich auch mit anderen Studien[78] und unterstreicht die herausragende Rolle der Gesellschaftsform GmbH für den deutschen Mittelstand.

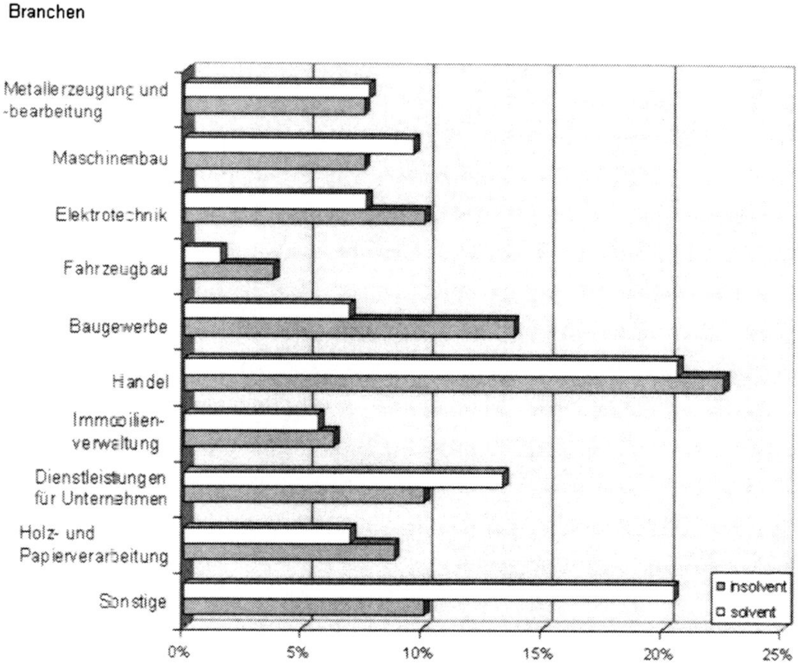

Abb. 3.6 Branchenvergleich zwischen den insolventen Unternehmen der Entwicklungsgruppe und allen verfügbaren solventen Unternehmen

Ein weiterer Forschungsschwerpunkt mehrerer Studien zur Insolvenzvorhersage war der Einfluss industriespezifischer Faktoren auf die Ausfallwahrscheinlichkeit

[78] Vgl. z. B. Deutsches Aktieninstitut (2003), S. 64 oder KPMG (2004), S. 4.

von Unternehmen. Aus diesem Grund wurden die in Kapitel 3.1.4 aufgeführten Branchen weiter untergliedert.[79]

Wie Abbildung 3.6 zeigt, ist der Anteil des Baugewerbes und des Fahrzeugbaus bei den insolventen Firmen doppelt so hoch wie in der Vergleichsgruppe der solventen Unternehmen. Neben diesen beiden Wirtschftszweigen haben auch der Handel, die Elektrotechnik und die Holz- und Papierverarbeitung einen etwas größeren Anteil bei den insolventen Unternehmen, was sich mit den einschlägigen Berichten in der Presse deckt.

Wie die Abbildungen und Ausführungen zu den Vergleichen bei der Rechtsform, Branchen und Größenverteilung zwischen insolventen und solventen Unternehmen in diesem und Abschnitt 3.1.4 veranschaulichen, gibt es bezüglich dieser Merkmale signifikante Unterschiede zwischen den beiden Gruppen. Um dennoch ein möglichst trennscharfes Ratingmodell, das auf eine Vielzahl unterschiedlicher Firmen anwendbar ist, zu entwickeln, müssen die potenziellen Einflüsse dieser Unterschiede und der konjunkturellen Schwankungen soweit wie möglich eliminiert werden. Die ersten Maßnahmen hierzu wurden in Kapitel 3.1.3 vorgenommen, als jedem insolventen Unternehmen der Entwicklungsgruppe ein solventes mit Jahresabschlüssen derselben Jahre und vergleichbaren Merkmalen gegenübergestellt wurde. Weitere Möglichkeiten, den Einfluss dieser Unterschiede auszuschließen, bietet die Entwicklung der Kennzahlen.

[79] Es mussten mindestens 3 insolvente Unternehmen eines Wirtschaftszweiges in der Entwicklungsgruppe vertreten sein, damit die Branche in Abbildung 3.6 aufgeführt wird.

3.3 Kennzahlen

3.3.1 *Kennzahlen zur Prognose von Ausfallwahrscheinlichkeiten*

In der Regel leiten empirische Studien die verwendeten Kennzahlen auf Basis modelltheoretischer Überlegungen ab, um durch statistische Modelle verschiedene Hypothesen zu überprüfen. Da zur Prognose von Unternehmensinsolvenzen auf Grundlage von Jahresabschlusskennzahlen jedoch keine theoretischen Modelle zu Verfügung stehen, ist eine traditionelle Kennzahlherleitung nicht möglich.[80] Um dieses Problem der Insolvenzprognose zu beseitigen, fordern Wissenschaftler und Praktiker seit Jahren eine umfassende Theorie zur Fundierung statistischer Ratingmodelle.[81] Für börsennotierte Unternehmen sind hierbei einige Fortschritte durch die „Risk-of-ruin" bzw. „Gambler's-ruin"-Modelle zu verzeichnen.[82] Sie basieren jedoch ähnlich wie die Optionspreismodelle von Black und Scholes (1973) und Merton (1974) auf Kapitalmarktdaten, so dass sie nur für börsennotierte Unternehmen anwendbar sind.[83] Bisherige Versuche, eine umfassende Theorie für ungelistete Unternehmen zu entwickeln, scheiterten vor allem an der hohen Komplexität.[84] Aus diesem Grund werden zur Entwicklung von Ratingmodellen für mittelständische Firmen Kennzahlkataloge gebildet, aus denen die trennschärfsten, voneinander unabhängigen Variablen auf Basis statistischer Gütemaße ausgewählt werden.[85] Hierbei kommt der Auswahl bzw. Bildung von Kennzahlen eine große Bedeutung zu, da sowohl die Qualität als auch der Klassifikationserfolg des Rating-Modells stark von ihnen abhängt. Zusätzlich ist ihre theoretische Anzahl aufgrund der zur Verfügung stehenden mathematischen Operatoren und

---

80 Vgl. u. a. Schellberg (1994), S. 36-39; Dimitras et al. (1996), S. 487.

81 Vgl. u. a. Erxleben et al. (1992), S. 1184.

82 Vgl. z. B. Wilcox (1971a), Wilcox (1971b) oder Santomero und Vinso (1977).

83 Vgl. Altman und Anthony (1998), S. 1725.

84 So ist z. B. eine hohe Eigenkapitalquote oder ein hoher Kassenbestand nicht automatisch ein Indikator für eine geringe Ausfallwahrscheinlichkeit, da gerade dadurch die Unternehmensführung zu risikoreichen Projekten verleitet werden kann und das Unternehmen so in eine Krise manövriert. Zur Entwicklung einer umfassenden wissenschaftlichen Theorie zur Jahresabschlussanalyse müssten alle vergleichbaren Randbedingungen berücksichtigt werden, wodurch die Komplexität gewaltige Ausmaße annähme.

85 Wissenschaftler können hierbei aus einer Vielzahl von modellspezifischen und allgemeinen Statistiken auswählen: McFadden R^2, Wilks's Lambda, Brier Score etc. Für weitere Ausführungen vgl. Kapitel 3.5.2.3.

der Anzahl der Bilanz- und GuV-Positionen fast unbegrenzt.[86] Um die Anzahl zu begrenzen und gleichzeitig eine hohe Qualität zu gewährleisten, wählt der Großteil der Studien zur Insolvenzprognose Kennzahlen aufgrund:

- ihrer hohen Trennfähigkeit in früheren Studien,[87]
- ihrer häufigen Verwendung in der relevanten Literatur,[88]
- ihrer Nutzung in der Praxis,[89]
- der speziellen Forschungsfrage der Autoren[90] und/oder
- der formalen Grundsätze zur Bildung von Kennzahlen.[91]

Dabei werden meistens mehrere der hier aufgezählten Auswahlkriterien zugrundegelegt. Während die ersten vier Kriterien keiner weiteren Erklärung bedürfen, werden die Grundsätze zur Kennzahlbildung im nächsten Kapitel kurz erläutert.

3.3.2 *Grundsätze zur Entwicklung möglichst trennscharfer Kennzahlen*

Kennzahlen sind Verhältnis- oder absolute Zahlen, die einen zahlenmäßig erfassbaren Sachverhalt in einer hochverdichteten Messgröße aggregieren und darstellen.[92] Hierbei ist es wichtig, dass die zu analysierenden Größen immer in Relation zu anderen Informationen betrachtet werden,[93] da eine allein stehende Zahl nicht interpretierbar ist und ohne weitere Vergleichsdaten keine Aussage zu einem Sachverhalt ermöglicht.[94] Da der Vergleich absoluter Zahlen im Rahmen von Ratingmodellen nicht möglich ist, werden für die folgende Untersuchung nur Verhältnis-

[86] Nimmt man nur 20 der ca. 170 Positionen eines Jahresabschlusses (n) und die Addition als einzig zulässigen mathematischen Operator, sind

$$\sum_{l=1}^{20} = \binom{n}{k} = \frac{n!}{k!(n-k)!}$$

Kombinationen mit k Variablen möglich oder über 1.000.000 verschiedene Kennzahlen.

[87] Vgl. z. B. Edmister (1972), S. 1479-1480; Altman et al. (1977), S. 32

[88] Vgl. z. B. Appetiti (1984), S. 270.

[89] Vgl. z. B. Taffler (1982) S. 344; Doumpos und Zopounidis (1999), S. 78.

[90] Vgl. z. B. Laitinen (1992), S. 325-326.

[91] Vgl. z. B. Niehaus (1987), S. 71-76.

[92] Vgl. Küting (1983), S. 237; Dellmann (2002), S. 941-944.

[93] z. B. durch einen Soll-Ist-Vergleich.

[94] Vgl. Groll (2004), S. 12.

kennzahlen verwendet. Verhältniszahlen gewährleisten weiterhin, dass potenzielle Verzerrungen durch unterschiedliche Unternehmensgrößen[95] verringert werden, da hierdurch die Jahresabschlusskennzahlen von Unternehmen unterschiedlicher Größe vergleichbar werden. Ein weiterer Vorteil dieser Vorgehensweise liegt in der automatischen Egalisierung von Jahresabschlüssen, die in unterschiedlichen Verrechnungseinheiten bilanziert wurden[96], und dem dadurch für den Endnutzer verringerten Arbeitsaufwand.

Bei der Bildung von trennscharfen Jahresabschlusskennzahlen ist es außerdem wichtig, dass sich zu jeder Kennzahl eine Arbeitshypothese bezüglich ihrer wahrscheinlichen Ausprägungen für insolvente Unternehmen (I) im Vergleich zu solventen (S) bilden lässt. Hierdurch wird z. B. sichergestellt, dass Kennzahlen, die nur im jeweiligen Branchenkontext aussagekräftig sind, in der Untersuchung nicht berücksichtigt werden. Außerdem können auf Basis dieser Arbeitshypothesen problematische Kennzahlen von Anfang an ausgeschlossen werden. So ist z. B. die Bildung von Kennzahlen zu vermeiden, bei denen die Arbeitshypothese aufgrund eines Vorzeichenwechsels nicht für den gesamten Wertebereich gilt. Dies ist z. B. beim Verschuldungsgrad, definiert als Fremdkapital geteilt durch den Cash Flow, der Fall. Geht man davon aus, dass der Cash Flow bei einer drohenden Insolvenz sinkt und die Summe des Fremdkapitals gleich bleibt, ergibt sich die Arbeitshypothese $I > S$. Sobald aber der Cash Flow im Rahmen der Insolvenz negativ wird, wird die Kennzahl Verschuldungsgrad kleiner Null bzw. beginnt ihr Betrag wieder zu steigen, wodurch sie zur Insolvenzprognose nicht geeignet ist.[97]

Ein weiteres Problem ergibt sich, wenn der Nenner den Wert Null annimmt. Diese Kennzahlen sind mathematisch nicht definiert und führen bei der Anwendung von Ratingmodellen oft zu Problemen. Aus diesem Grund sind Jahresabschlusspositionen, die oft Null betragen, als Nenner zu vermeiden.[98]

---

95 Vgl. 3.1.4.

96 So müssen Jahresabschlüsse z. B. nicht von DM in Euro oder von Millionen in Tausende umgerechnet werden. Bei der Berechnung der einzelnen Verhältniszahlen müssen sich natürlich Zähler und Nenner in ihren Dimensionen entsprechen.

97 Die postulierten Arbeitshypothesen werden in Kapitel 5.8 empirisch überprüft.

98 In der Praxis wird dieses Problem jedoch immer wieder auftreten. In solchen Fällen muss dann entweder eine Handlungsanweisung durch die Bank vorliegen oder der Kreditbearbeiter ein subjektives Urteil fällen. Vgl. auch Ausführungen in Kapitel 3.4.2.

Um die Trennfähigkeit ihrer Kennzahlen zu erhöhen, versuchen manche Autoren die Hebelwirkung von Zähler und Nenner zu nutzen.[99] Es sollen also Jahresabschlusspositionen mit möglichst gegenläufiger Entwicklung (Hebeleffekt) bei einer Unternehmenskrise zu einer Kennzahl vereinigt werden, um so die Unterschiede zwischen den insolventen und solventen Unternehmen zu vergrößern und verdeutlichen. Allerdings erwiesen sich in empirischen Untersuchungen auch eine Vielzahl von Variablen ohne Hebeleffekt als sehr trennscharf, weswegen alle dem Autor bekannten Studien auch Kennzahlen ohne diesen Effekt berücksichtigten.[100]

3.3.3 *Die Basiskennzahlen*

Für die vorliegende Untersuchung werden in Anlehnung an Hüls (1995) die in Tabelle 3.7 aufgeführten Basiskennzahlen entwickelt.[101] Hüls (1995) erstellte den wahrscheinlich umfassendsten und fundiertesten Kennzahlkatalog für Deutschland, wobei sowohl die zuvor aufgeführten Kriterien zur Kennzahlherleitung als auch die Grundsätze zur Erstellung von Jahresabschlusskennzahlen berücksichtigt wurden.[102]

---

[99] Vgl. Niehaus (1987), S. 72; Hüls (1995), S. 73.

[100] Aus den angeführten Gründen bezogen auch Niehaus (1987) und Hüls (1995) explizit Kennzahlen ohne Hebeleffekt in ihre Untersuchungen ein.

[101] Die verwendeten Abkürzungen werden in Anhang 5.6 erläutert.

[102] Die nachfolgende Beschreibung der Kennzahlen musste auf Grund von Platzmangel gewählt werden und stimmt mit der gängigen Darstellungsweise in anderen Publikationen überein; vgl. z. B. Hüls (1995), S. 75-81. Sie dient hierbei primär der Dokumentation der verwendeten Kennzahlen. Die Kennzahlen der generierten Modelle werden natürlich ausführlicher und übersichtlicher dargestellt; vgl. Kapitel 3.5.2.4. Der Kennzahlkatalog von Hüls (1995), S. 75-108 basiert auf den Kennzahlen von Feidicker (1992), S. 58-61 bzw. Niehaus (1987), S. 71-84 und wurde in Kooperation mit der BW-Bank definiert.

Tab. 3.7 Basiskennzahlen

Kennzahl	Definition der Kennzahl	Arbeitshypothese	Informationsbereich
v1	ABS/(SAV+ABG+ABS)	$I < S$	Abschreibung- und Investitionsverhalten
v2	ABS/(ZUG-ABG)	$I < S$	
v3	ABSKUM/(ZUG-ABG)	$I < S$	
v4	INV/(SAV+ABG+ABS-INV)	$I < S$	
v5	(WEKaI+LFK)/AV	$I < S$	Anlagedeckung
v6	(WEKaI+MFK+LFK)/(AV+LFa)	$I < S$	
v7	(WEKaI+MFK+LFK)/(AV+LFb)	$I < S$	
v8	(WEKa-ING)/(BISUIa-FMa-GB)	$I < S$	
v9	(WEKa-ING)/(BISUIa-FMb-GB)	$I < S$	
v10	(WEKbI+LFK)/AV	$I < S$	
v11	(WEKbI+MFK+LFK)/(AV+LFa)	$I < S$	
v12	(WEKbI+MFK+LFK)/(AV+LFb)	$I < S$	
v13	(WEKb-ING)/(BISUIa-FMa-GB)	$I < S$	
v14	(WEKb-ING)/(BISUIa-FMb-GB)	$I < S$	
v15	WEKa/(BISU-FMa-GB)	$I < S$	
v16	WEKa/(BISU-FMb-GB)	$I < S$	
v17	WEKa/(SAV-GB)	$I < S$	
v18	WEKb/(BISU-FMa-GB)	$I < S$	
v19	WEKb/(BISU-FMb-GB)	$I < S$	
v20	WEKb/(SAV-GB)	$I < S$	
v21	(CFIeP+BETERG-ST)/(FK-KFa)	$I < S$	Finanzkraft, Entschuldungsgrad
v22	(CFIeP+BETERG-ST)/(FK-KFb)	$I < S$	
v23	(CFIeP+BETERG-ST)/(FK-KFb)	$I < S$	
v24	CFIe/(FK-FMa)	$I < S$	
v25	CFIe/(FK-FMa-FLL)	$I < S$	
v26	CFIe/(FK-FMa-FLL1)	$I < S$	
v27	CFIe/(FK-FMa-FLL2)	$I < S$	
v28	CFIe/(FK-FMb)	$I < S$	
v29	CFIe/(FK-FMb-FLL)	$I < S$	
v30	CFIe/(FK-FMb-FLL1)	$I < S$	
v31	CFIe/(FK-FMb-FLL2)	$I < S$	
v32	CFIe/(KFK+MFK)	$I < S$	
v33	CFIe/(KFK-FMa)	$I < S$	
v34	CFIe/(KFK-FMb)	$I < S$	
v35	CFIe/FK	$I < S$	
v36	CFIe/KFK	$I < S$	
v37	CFIeP/(FK-FMa)	$I < S$	
v38	CFIeP/(FK-FMa)	$I < S$	
v39	CFIeP/(FK-FMa-FLL)	$I < S$	
v40	CFIeP/(FK-FMa-FLL1)	$I < S$	
v41	CFIeP/(FK-FMa-FLL2)	$I < S$	
v42	CFIeP/(FK-FMb)	$I < S$	
v43	CFIeP/(FK-FMb)	$I < S$	
v44	CFIeP/(FK-FMb-FLL)	$I < S$	
v45	CFIeP/(FK-FMb-FLL1)	$I < S$	

Kenn-zahl	Definition der Kennzahl	Arbeits-hypothese	Informationsbe-reich
v46	CFIeP/(FK-FMb-FLL2)	$I < S$	Finanzkraft, Entschuldungs-grad
v47	CFIeP/(KFK+MFK)	$I < S$	
v48	CFIeP/FK	$I < S$	
v49	CFIeP/KFK	$I < S$	
v50	CFIIe/(FK-FMa)	$I < S$	
v51	CFIIe/(FK-FMa-FLL)	$I < S$	
v52	CFIIe/(FK-FMa-FLL1)	$I < S$	
v53	CFIIe/(FK-FMa-FLL2)	$I < S$	
v54	CFIIe/(FK-FMb)	$I < S$	
v55	CFIIe/(FK-FMb-FLL)	$I < S$	
v56	CFIIe/(FK-FMb-FLL1)	$I < S$	
v57	CFIIe/(FK-FMb-FLL2)	$I < S$	
v58	CFIIe/(KFK+MFK)	$I < S$	
v59	CFIIe/(KFK-FMa)	$I < S$	
v60	CFIIe/(KFK-FMb)	$I < S$	
v61	CFIIe/FK	$I < S$	
v62	CFIIe/KFK	$I < S$	
v63	CFIIe/U	$I < S$	
v64	CFIIeP/(FK-FMa)	$I < S$	
v65	CFIIeP/(FK-FMa)	$I < S$	
v66	CFIIeP/(FK-FMa-FLL)	$I < S$	
v67	CFIIeP/(FK-FMa-FLL1)	$I < S$	
v68	CFIIeP/(FK-FMa-FLL2)	$I < S$	
v69	CFIIeP/(FK-FMb)	$I < S$	
v70	CFIIeP/(FK-FMb)	$I < S$	
v71	CFIIeP/(FK-FMb-FLL)	$I < S$	
v72	CFIIeP/(FK-FMb-FLL1)	$I < S$	
v73	CFIIeP/(FK-FMb-FLL2)	$I < S$	
v74	CFIIeP/(KFK+MFK)	$I < S$	
v75	CFIIeP/FK	$I < S$	
v76	CFIIeP/KFK	$I < S$	
v77	CFIIeP/U	$I < S$	
v78	(MUV-KFK)/BISU	$I < S$	Kapitalstruktur
v79	(VLL+AKZ)/FK	$I > S$	
v80	(VLL+AKZ+BANK)/FK	$I > S$	
v81	(VLL+AKZ+BANK)/FKIa	$I > S$	
v82	(WEKa+PRST)/(BISU)	$I < S$	
v83	(WEKa+PRST)/(BISU-FMa-GB)	$I < S$	
v84	(WEKa+PRST)/(BISU-FMb-GB)	$I < S$	
v85	(WEKa+PRST/2)/(BISU)	$I < S$	
v86	(WEKa+RST)/BISU	$I < S$	
v87	(WEKa+RSTG)/(BISU)	$I < S$	
v88	(WEKa+RSTG)/(BISU-FMa-GB)	$I < S$	
v89	(WEKa+RSTG)/(BISU-FMb-GB)	$I < S$	
v90	(WEKa+RSTG/2)/(BISU)	$I < S$	

Kenn-zahl	Definition der Kennzahl	Arbeits-hypothese	Informationsbe-reich
v91	(WEKa-GoF)/(BISU-GoF)	$I < S$	Kapitalstruktur
v92	(WEKa-GoF+RSTG)/(BISU-FMa-GB-GoF)	$I < S$	
v93	(WEKa-GoF+RSTG)/(BISU-FMb-GB-GoF)	$I < S$	
v94	(WEKaI-ING)/BISUIa	$I < S$	
v95	(WEKa-IVGa)/(BISU-IVGa)	$I < S$	
v96	(WEKa-IVGa)/(BISU-IVGa-FMa-GB)	$I < S$	
v97	(WEKa-IVGa)/(BISU-IVGa-FMb-GB)	$I < S$	
v98	(WEKa-IVGa+RST)/(BISU-FMa-GB-IVGa)	$I < S$	
v99	(WEKa-IVGa+RST)/(BISU-FMb-GB-IVGa)	$I < S$	
v100	(WEKa-IVGa+RST)/(BISU-IVGa)	$I < S$	
v101	(WEKa-IVGa+RST)/(BISU-RST)	$I < S$	
v102	(WEKa-IVGa+RSTG/2)/(BISU-FMa-GB-IVGa)	$I < S$	
v103	(WEKa-IVGa+RSTG/2)/(BISU-FMb-GB-IVGa)	$I < S$	
v104	(WEKa-IVGb)/(BISU-IVGb)	$I < S$	
v105	(WEKa-IVGb)/(BISU-IVGb -FMa-GB)	$I < S$	
v106	(WEKa-IVGb)/(BISU-IVGb -FMb-GB)	$I < S$	
v107	(WEKa-IVGb +RST)/(BISU-FMa-GB-IVGb)	$I < S$	
v108	(WEKa-IVGb +RST)/(BISU-FMb-GB-IVGb)	$I < S$	
v109	(WEKa-IVGb +RST)/(BISU-IVGb)	$I < S$	
v110	(WEKa-IVGb +RST)/(BISU-RST)	$I < S$	
v111	(WEKa-IVGb +RSTG/2)/(BISU-FMa-GB-IVGb)	$I < S$	
v112	(WEKa-IVGb −RSTG/2)/(BISU-FMb-GB-IVGb)	$I < S$	
v113	(WEKa-ING)/FKIa	$I < S$	
v114	(WEKaI-SOPO)/BISU	$I < S$	
v115	(WEKb+PRST)/(BISU)	$I < S$	
v116	(WEKb+PRST)/(BISU-FMa-GB)	$I < S$	
v117	(WEKb+PRST)/(BISU-FMb-GB)	$I < S$	
v118	(WEKb+PRST/2)/(BISU)	$I < S$	
v119	(WEKb+RST)/BISU	$I < S$	
v120	(WEKb+RSTG)/(BISU)	$I < S$	
v121	(WEKb+RSTG)/(BISU-FMa-GB)	$I < S$	
v122	(WEKb+RSTG)/(BISU-FMb-GB)	$I < S$	
v123	(WEKb+RSTG/2)/(BISU)	$I < S$	

Kennzahl	Definition der Kennzahl	Arbeitshypothese	Informationsbereich
v124	(WEKb-GoF)/(BISU-GoF)	$I < S$	Kapitalstruktur
v125	(WEKb-GoF+RSTG)/(BISU-FMa-GB-GoF)	$I < S$	
v126	(WEKb-GoF+RSTG)/(BISU-FMb-GB-GoF)	$I < S$	
v127	(WEKbI-ING)/BISUIa	$I < S$	
v128	(WEKb-IVGa)/(BISU-IVGa)	$I < S$	
v129	(WEKb-IVGa)/(BISU-IVGa-FMa-GB)	$I < S$	
v130	(WEKb-IVGa)/(BISU-IVGa-FMb-GB)	$I < S$	
v131	(WEKb-IVGa+RST)/(BISU-FMa-GB-IVGa)	$I < S$	
v132	(WEKb-IVGa+RST)/(BISU-FMb-GB-IVGa)	$I < S$	
v133	(WEKb-IVGa+RST)/(BISU-IVGa)	$I < S$	
v134	(WEKb-IVGa+RST)/(BISU-RST)	$I < S$	
v135	(WEKb-IVGa+RSTG/2)/(BISU-FMa-GB-IVGa)	$I < S$	
v136	(WEKb-IVGa+RSTG/2)/(BISU-FMb-GB-IVGa)	$I < S$	
v137	(WEKb-IVGb)/(BISU-IVGb)	$I < S$	
v138	(WEKb-IVGb)/(BISU-IVGb -FMa-GB)	$I < S$	
v139	(WEKb-IVGb)/(BISU-IVGb -FMb-GB)	$I < S$	
v140	(WEKb-IVGb +RST)/(BISU-FMa-GB-IVGb)	$I < S$	
v141	(WEKb-IVGb +RST)/(BISU-FMb-GB-IVGb)	$I < S$	
v142	(WEKb-IVGb +RST)/(BISU-IVGb)	$I < S$	
v143	(WEKb-IVGb +RST)/(BISU-RST)	$I < S$	
v144	(WEKb-IVGb +RSTG/2)/(BISU-FMa-GB-IVGb)	$I < S$	
v145	(WEKb-IVGb +RSTG/2)/(BISU-FMb-GB-IVGb)	$I < S$	
v146	(WEKb-ING)/FKIa	$I < S$	
v147	(WEKbI-SOPO)/BISU	$I < S$	
v148	BANK/BISU	$I > S$	
v149	BANK/FK	$I > S$	
v150	BANK/FKIa	$I > S$	
v151	BANK/VB	$I < S$	
v152	HEK/BISU	$I > S$	
v153	HEK/FK	$I < S$	
v154	HEKIa/BISUIIa	$I < S$	
v155	HEKIa/BISUIIb	$I < S$	
v156	HEKIa/BISUIIIa	$I < S$	
v157	HEKIa/BISUIIIb	$I < S$	
v158	HEKIb/BISUIIa	$I < S$	
v159	HEKIb/BISUIIb	$I < S$	
v160	HEKIb/BISUIIIa	$I < S$	

Kenn-zahl	Definition der Kennzahl	Arbeits-hypothese	Informationsbe-reich
v161	HEKIb/BISUIIIb	$I < S$	Kapitalstruktur
v162	KFK/BISU	$I > S$	
v163	KFKIa/BISUIa	$I > S$	
v164	VB/BISU	$I > S$	
v165	WEKa/(BISU-RST)	$I < S$	
v166	WEKa/BISU	$I < S$	
v167	WEKa/FK	$I < S$	
v168	WEKaI/BISU	$I < S$	
v169	WEKaIIa/BISUIIa	$I < S$	
v170	WEKaIIa/BISUIIb	$I < S$	
v171	WEKaIIb/BISUIIa	$I < S$	
v172	WEKaIIb/BISUIIb	$I < S$	
v173	WEKb/(BISU-RST)	$I < S$	
v174	WEKb/BISU	$I < S$	
v175	WEKb/FK	$I < S$	
v176	WEKbI/BISU	$I < S$	
v177	WEKbIIa/BISUIIa	$I < S$	
v178	WEKbIIa/BISUIIb	$I < S$	
v179	WEKbIIb/BISUIIa	$I < S$	
v180	WEKbIIb/BISUIIb	$I < S$	
v181	(AKZ+VLL)*360/GL	$I > S$	Kurzfristige Verschuldung
v182	(AKZ+VLL)*360/U	$I > S$	
v183	KFK*360/GL	$I > S$	
v184	KFK*360/U	$I > S$	
v185	KFKII/U	$I > S$	
v186	(FMa+FLL)/(KFK+MFK)	$I < S$	Liquidität
v187	(FMa+FLL)/KFK	$I < S$	
v188	(FMa+FLL)/KFKIa	$I < S$	
v189	(FMa+FLL-KFK)/(BAUFe-AFA)	$I < S$	
v190	(FMa+FLL-KFK-MFK)/(BAUFe-AFA)	$I < S$	
v191	(FMb+FLL)/(KFK+MFK)	$I < S$	
v192	(FMb+FLL)/KFK	$I < S$	
v193	(FMb+FLL)/KFKIa	$I < S$	
v194	(FMb+FLL-KFK)/(BAUFe-AFA)	$I < S$	
v195	(FMb+FLL-KFK-MFK)/(BAUFe-AFA)	$I < S$	
v196	(KFa+VOR)/KFK	$I < S$	
v197	(KFb+VOR)/KFK	$I < S$	
v198	(UV-KFK)/(BISU+HAFTV)	$I < S$	
v199	(UV-KFK)/BISU	$I < S$	
v200	(UV-KFK)/BISUIa	$I < S$	
v201	(UV-KFK)/BISUIIIa	$I < S$	
v202	(UV-KFK)/BISUIIIb	$I < S$	
v203	(UV-KFK)/GL	$I < S$	
v204	(UV-KFK)/U	$I < S$	
v205	(UV-KFK-MFK)/BISU	$I < S$	

Kenn-zahl	Definition der Kennzahl	Arbeits-hypothese	Informationsbe-reich
v206	(UV-KFK-MFK)/GL	$I < S$	Liquidität
v207	(UV-KFK-MFK)/U	$I < S$	
v208	FMa/BISU	$I < S$	
v209	FMb/BISU	$I < S$	
v210	KFa/KFK	$I < S$	
v211	KFb/KFK	$I < S$	
v212	MUV/(KFK+MFK)	$I < S$	
v213	MUV/KFK	$I < S$	
v214	MUV/KFKIa	$I < S$	
v215	UV/KFK	$I < S$	
v216	(BERGe-APAFA)/U	$I < S$	Rentabilität
v217	(CFIeP+BETERG-ST)/GL	$I < S$	
v218	(TBERGe+BETERG-AFA)/BISUIIa	$I < S$	
v219	(TBERGe+BETERG-AFA)/BISUIIb	$I < S$	
v220	(TBERGe-AFA)/GL	$I < S$	
v221	BERGe/BISU	$I < S$	
v222	BERGe/GL	$I < S$	
v223	BERGe/U	$I < S$	
v224	CFIe/BISU	$I < S$	
v225	CFIe/GEVER	$I < S$	
v226	CFIe/GL	$I < S$	
v227	CFIeP/BISU	$I < S$	
v228	CFIeP/GEVER	$I < S$	
v229	CFIeP/GL	$I < S$	
v230	CFIIe/BISU	$I < S$	
v231	CFIIeP/BISU	$I < S$	
v232	JE/BISU	$I < S$	
v233	JE/BISUIa	$I < S$	
v234	JE/U	$I < S$	
v235	TBERGe/U	$I < S$	
v236	((VLL+AKZ)*12)/MAUF	$I > S$	Umschlags-kennzahlen und Kapital-bindungs-kennzahlen
v237	(FE*12)/U	$I > S$	
v238	(FLL*12)/U	$I > S$	
v239	(FLL+VOR)/U	$I > S$	
v240	(FLL1*12)/U	$I > S$	
v241	(FLL1+VOR)/U	$I > S$	
v242	(FLL2+VOR)/U	$I > S$	
v243	(RHB*12)/MAUF	$I > S$	
v244	(UFE+FE)/GL	$I > S$	
v245	(UFE+FE)/U	$I > S$	
v246	(UFE+FE-EANZ)/U	$I > S$	
v247	(WEKaI+RST)/U	$I < S$	
v248	(WEKbI+RST)/U	$I < S$	
v249	GEVER/U	$I > S$	
v250	GEVERI/U	$I > S$	
v251	U/BISU	$I < S$	
v252	UV/GL	$I > S$	
v253	UV/U	$I > S$	

Kenn- zahl	Definition der Kennzahl	Arbeits- hypothese	Informationsbe- reich
v254	((VOR-ANZa)*12)/MAUF	$I > S$	Vermögens- struktur
v255	((VOR-ANZb)*12)/MAUF	$I > S$	
v256	((VOR-ANZc)*12)/MAUF	$I > S$	
v257	((VOR-ANZd)*12)/MAUF	$I > S$	
v258	FE/UV	$I > S$	
v259	FO/UV	$I > S$	
v260	UV/BISU	$I > S$	
v261	VOR/UV	$I > S$	
v262	ROHE/GL	$I < S$	Wertschöpfung
v263	ROHE/PERSA	$I < S$	
v264	(GL-MAUF-AFA-AFAF-SAUFe)/BISU	$I < S$	
v265	(GL-MAUF-AFA-AFAF-SAUFe)/GL	$I < S$	
v266	(JE+PERSA+ZAUFW+ST+SST)/BISU	$I < S$	
v267	(CFIeP+BETERG-ST)/(ZUG-ABG)	$I < S$	Sonstige
v268	PERSA/GL	$I < S$	
v269	ZAUFW/CFIIeP	$I > S$	
v270	ZAUFW/FK	$I > S$	
v271	ZAUFW/VB	$I > S$	
v272	ZERG/GL	$I < S$	
w1	Wachstum U	$I < S$	Wachstum
w2	Wachstum BISU	$I < S$	
w3	Wachstum BERGe	$I < S$	
w4	Wachstum v8	$I < S$	
w5	Wachstum v9	$I < S$	
w6	Wachstum v13	$I < S$	
w7	Wachstum v14	$I < S$	
w8	Wachstum v15	$I < S$	
w9	Wachstum v16	$I < S$	
w10	Wachstum v18	$I < S$	
w11	Wachstum v19	$I < S$	
w12	Wachstum v21	$I < S$	
w13	Wachstum v43	$I < S$	
w14	Wachstum v48	$I < S$	
w15	Wachstum v82	$I < S$	
w16	Wachstum v83	$I < S$	
w17	Wachstum v84	$I < S$	
w18	Wachstum v85	$I < S$	
w19	Wachstum v88	$I < S$	
w20	Wachstum v89	$I < S$	
w21	Wachstum v90	$I < S$	
w22	Wachstum v94	$I < S$	
w23	Wachstum v95	$I < S$	
w24	Wachstum v96	$I < S$	
w25	Wachstum v97	$I < S$	

Kenn-zahl	Definition der Kennzahl	Arbeits-hypothese	Informationsbe-reich
w26	Wachstum v104	$I < S$	Wachstum
w27	Wachstum v105	$I < S$	
w28	Wachstum v106	$I < S$	
w29	Wachstum v114	$I < S$	
w30	Wachstum v115	$I < S$	
w31	Wachstum v116	$I < S$	
w32	Wachstum v117	$I < S$	
w33	Wachstum v118	$I < S$	
w34	Wachstum v121	$I < S$	
w35	Wachstum v122	$I < S$	
w36	Wachstum v123	$I < S$	
w37	Wachstum v127	$I < S$	
w38	Wachstum v128	$I < S$	
w39	Wachstum v129	$I < S$	
w40	Wachstum v130	$I < S$	
w41	Wachstum v137	$I < S$	
w42	Wachstum v138	$I < S$	
w43	Wachstum v139	$I < S$	
w44	Wachstum v147	$I < S$	
w45	Wachstum v166	$I < S$	
w46	Wachstum v168	$I < S$	
w47	Wachstum v174	$I < S$	
w48	Wachstum v176	$I < S$	
w49	Wachstum v185	$I > S$	
w50	Wachstum v227	$I < S$	
w51	Wachstum v228	$I < S$	

3.3.3.1 Allgemeine Erläuterungen

Abweichungen zwischen den hier aufgeführten Basiskennzahlen und dem Kennzahlkatalog von Hüls (1995) sind entweder auf ungenaue Definitionen oder auf fehlende Informationen zurückzuführen.[103] So ist z. B. die Variable „flüssige Mittel" (FM) nicht klar erläutert. Sie umfasst entweder nur die Bilanzposition „Schecks, Kassenbestand" oder auch „Wertpapiere des Umlaufvermögens". Um hierdurch potenziell verursachte Probleme zu vermeiden, wurden in den betreffenden sechs Fällen alle in Frage kommenden Variablen gebildet.[104] Des Weiteren wird z. B. auf die Bildung der Kennzahl HAFTV/U verzichtet, da der Wert von Bürgschaften und Garantien bei über 85 % der zur Verfügung stehenden Bilanzen Null beträgt und somit eine aussagekräftige Überprüfung der Linearitätsannahme der logistischen Regression nicht möglich ist.

Durch die Novellierung des HGB im Jahre 1985 besteht für die Unternehmen nach § 268 Abs. 5 HGB bezüglich erhaltener Anzahlung ein Wahlrecht. Diese können entweder von Vorräten abgesetzt werden oder sind unter Verbindlichkeiten gesondert auszuweisen. Während sich die involvierten Bilanzposten bei einer Aktivierung gegenseitig ausgleichen, verlängert eine Passivierung die Bilanzsumme. Da bei einer Vielzahl der verwendeten Kennzahlen die Bilanzsumme im Nenner steht und die Arbeitshypothese $I < S$ lautet, werden passivierende Unternehmen tendenziell schlechter gestellt als aktivierende. Aus diesem Grund und um die Vergleichbarkeit der Unternehmensabschlüsse zu gewährleisten, ist eine Vereinheitlichung unabdingbar. Da die Mehrzahl der im Datensatz vertretenen mittelständischen Unternehmen erhaltene Anzahlungen unter Verbindlichkeiten auswei-

[103] Die Arbeitshypothesen wurden ebenfalls in Anlehnung an Hüls (1995) gebildet. Die einzige Ausnahme bildet hierbei die Kennzahl v260 (FO/UV), bei der nach Gesprächen mit Kreditsachbearbeitern und Ratingspezialisten die Arbeitshypothese in $I > S$ verändert wurde. Diese sind zwar übereinstimmend der Meinung, dass gefährdete Unternehmen stets versuchen ihre Forderungen zu senken, dies aber in der heutigen Zeit immer schwieriger wird. Finanziell angeschlagene Unternehmen werden von ihren Geschäftspartnern oft zusätzlich unter Druck gesetzt, indem Lieferanten nur noch gegen Vorkasse liefern und Kunden die Zahlung ausstehender Rechnungen hinauszögern. Letzteres führt zu einer Erhöhung der Forderungen und somit zu der Arbeitshypothese $I > S$.

[104] Es handelt sich hierbei um die Definitionen von: Geleistete Anzahlungen (ANZa/ANZb/ANZc/ANZd), flüssige Mittel (FMa/FMb), immaterielle Vermögensgegenstände (IVGa/IVGb), kurzfristige Forderungen (KFa/KFb), langfristige Forderungen (LFa/LFab) und wirtschaftliches Eigenkapital (WEKa/WEKb).

sen, werden in Absprache mit der BW-Bank alle Jahresabschlüsse mit aktivierten erhaltenen Anzahlungen entsprechend modifiziert.

Neben dem hier angeführten Bilanzierungswahlrecht nach § 268 Abs. 5 HGB verfügt ein Unternehmen über weitere Wahlrechte, wie z. B.:[105]

- Bildung von Rückstellungen (§ 249 Abs. 2 HGB),
- Abschreibung auf den nahen Zukunftswert bei Vermögensgegenständen des Umlaufvermögens (§ 253 Abs. 3 Satz 3 HGB),
- Aktivierung des Geschäfts- oder Firmenwertes nach einer Übernahme und dessen Abschreibung (§ 255 Abs. 4 HGB),
- Aktivierung der Aufwendungen für die Ingangsetzung des Geschäftsbetriebs und dessen Erweiterung (§ 269 HGB) oder
- Wertaufholungsgebot (§ 280 HGB).

Da diese Wahlrechte jedoch weder aus der Bilanz bzw. GuV ersichtlich sind noch in allen Jahresabschlüssen erläutert werden, ist eine Vereinheitlichung aller Jahresabschlüsse bezüglich dieser Wahlrechte nicht möglich. Auf Grund der guten Klassifikationsergebnisse anderer Studien zu deutschen Unternehmen, ist jedoch zu erwarten, dass der Einfluss dieser Bilanzierungsspielräume im Rahmen der Insolvenzprognose vernachlässigbar ist.[106]

Nach § 277 Abs. 4 HGB müssen die in § 275 Abs. 2 Nr. 15 bzw. 16 HGB aufgeführten Positionen „außerordentlich Aufwendungen" bzw. „Erträge" Aufwendungen und Erträge umfassen, die außerhalb der gewöhnlichen Geschäftstätigkeit einer Kapitalgesellschaft anfallen. Des Weiteren sind beide Positionen im Anhang näher zu erläutern, soweit die ausgewiesenen Beträge für die Beurteilung der Ertragslage von Bedeutung sind. Hierbei erfolgt jedoch keine genaue Abgrenzung zur Position „sonstige betriebliche Erträge und Aufwendung" (§ 275 Abs. 2 Nr. 4 bzw. 8 HGB), wodurch diese Positionen sehr manipulationsanfällig sind. Aus diesem Grund untergliedert die BW-Bank „sonstige betriebliche Erträge und Aufwendungen" in weitere Positionen und weist diese mit den außerordentlichen Erträgen

[105] Vgl. Küting (1995), S. 272-274.

[106] Vgl. z. B. Niehaus (1987); Köllhofer (1989); Leker (1994); Hüls (1995); Blochwitz und Eigermann (2000); Jacobs und Weinrich (2002).

und Aufwendungen aus.[107] Eine solche detaillierte Aufschlüsselung ist dem Kreditsachbearbeiter jedoch nur möglich, wenn ihm weiterführende Informationen zur Verfügung stehen. Da im Rahmen dieser Arbeit auch Jahresabschlüsse aus der DAFNE Datenbank verwendet wurden, zu denen weder eine so detaillierte Untergliederung noch zusätzliche Informationen verfügbar waren, wurden diese Positionen entsprechend konsolidiert.[108]

3.3.3.2 Beschreibung wichtiger Bestandteile der Basiskennzahlen

Auf eine umfassende Erläuterung der meisten aufgeführten Kennzahlen und ihrer Bestandteile wird an dieser Stelle verzichtet, da ihre Herleitung und Interpretation in der zugrundeliegenden Literatur bereits ausführlich dargelegt wurde.[109] Im Folgenden werden jedoch drei wichtige Bestandteile bei der Bildung der Basiskennzahlen beschrieben:

- wirtschaftliches Eigenkapital,
- ertragswirtschaftlicher Cash Flow,
- finanzwirtschaftlicher Cash Flow.

Da die Basiskennzahlen dieser Untersuchung auf der Arbeit von Hüls (1995) beruhen und diese Positionen dort bereits ausführlich erläutert wurden, sind die anschließenden Ausführungen kurz gehalten.[110]

Wie bereits in Kapitel 3.2.1 beschrieben, hat das Eigenkapital sowohl eine Haftungs- als auch eine Verlustausgleichsfunktion. Aus diesem Grund spielt es oft eine zentrale Rolle bei der Bonitätsberurteilung von Unternehmen, was auch durch die Ergebnisse empirischer Untersuchungen immer wieder bestätigt wird.[111]

---

107 Es handelt sich hierbei um die Positionen: 341 „Erträge aus Auflösung von Rückstellungen, Wertberichtigungen", 342 „Erträge aus Anlagenabgang", 343 „Zuschreibungen", 344 „Erträge aus der Auflösung von Sonderposten", 345 „sonstige aperiodische Erträge", 349 „Sonderabschreibungen auf das Anlagevermögen", 350 „Verlust aus Anlagenabgang", 351 „Einstellung in Sonderposten mit Rücklagenanteil" und 352 „sonstiger aperiodischer Aufwand".

108 Die von der Neuberechnung betroffenen Variablen zur Kennzahlberechnung sind durch ein kleines e am Ende der Abkürzungen gekennzeichnet.

109 Vgl. Coenenberg (1997); Küting und Weber (2000); Baetge et al. (2004); Groll (2004); Lachnit (2004).

110 Für eine ausführliche Erläuterung vgl. Hüls (1995), S. 94 und 100-108.

111 Vgl. Fitzpatrick (1932), S. 600; Perlitz (1972), S. 842 und Hundt et al. (2003), S. 99.

Da Hüls (1995) das wirtschaftliche Eigenkapital einerseits als Summe der eigenkapitalähnlichen Mittel und des haftenden Eigenkapitals definiert (WEKb)[112] und andererseits als

Tab. 3.8 Berechnung des wirtschaftlichen Eigenkapitals

Gezeichnetes Kapital
- Ausstehende Einlagen
+ Rücklagen
+ Bilanzgewinn/-verlust
+ Sonderposten 50 %
+ Darlehen nicht haftender Gesellschafter
- Forderungen an nicht haftende Gesellschafter
= Wirtschaftliches Eigenkapital (WEKa)

berechnet[113] und beide als Eigenkapitaldefintion geeignet sind, werden Kennzahlen sowohl auf Grundlage von WEKa als auch WEKb gebildet.[114]

Neben dem Eigenkapital wird sowohl von Kreditinstituten als auch in empirischen Studien häufig der Cash Flow bei der Überprüfung der Kreditwürdigkeit eines Unternehmens herangezogen.[115] Ziel ist es, die finanzwirtschaftliche und/oder

[112] Vgl. Hüls (1995), S. 306; zur Berechnung vgl. PASSIVA 5.7.

[113] Vgl. Hüls (1995), S. 101-102.

[114] Es ist zu erwähnen, dass bei beiden Eigenkapitaldefinitionen 50 % des Sonderpostens mit Rücklageanteil enthalten sind. Ein Sonderposten mit Rücklageanteil darf auf Grundlage des § 247 Abs 3 HGB gebildet werden, wenn er in der Steuerbilanz aufgrund steuerrechtlicher Vorschriften zulässig ist. Hierbei handelt es sich jedoch nur um eine zeitliche Verschiebung eines zu versteuernden Gewinns. Der Anteil der Steuerschuld besitzt hierdurch Fremdkapitalcharakter, weswegen dieser Bilanzierungsposten im Rahmen der Bilanzanalyse meist geteilt wird und 50 % dem Fremdkapital sowie 50 % dem Eigenkapital zugerechnet werden. Vgl. Wöhe (1996), S. 1115; Wöhe (1997), S. 67-68; Rehkugler und Poddig (1998), S. 45 und Küting und Weber (2000), S. 68.

[115] Vgl. Beaver (1966), S. 79 und Hundt et al. (2003), S. 101. Sowohl in der wissenschaftlichen Literatur als auch in praxisorientierten Publikationen gibt es jedoch keine einheitliche Cash-Flow-Definition, wodurch der direkte Vergleich von Ergebnissen und Studien nicht möglich ist; vgl. Drukarczyk (1999), S. 69 und Mills et al. (2003). Einen Versuch zur Vereinheitlichung der unterschiedlichen Cash-Flow-Berechnung unternahm die Kommission für Methodik der Finanzanalyse der Deutschen Vereinigung für Finanzanalyse und Anlageberatung (DVFA) und der Arbeitskreis Externe Unternehmensrechnung der Schmalenbach-Gesellschaft-Deutsche Gesellschaft für Betriebswirtschaft (SG) (1993). Allerdings sind zur Berechnung dieses spezifischen Cash Flows umfassende Bilanzinformationen nötig, die einem externen Bilanzanalysten auf Basis von Jahresabschlussdaten nicht zur Verfügung stehen (vgl. Bieg und Hossfeld (1996), S. 1430-1431). Aus diesem Grund wird der DVFA/SG Cash Flow in dieser Untersuchung nicht berücksichtigt.

die ertragswirtschaftliche Lage eines Unternehmens zu analysieren, wobei bilanzpolitische Gestaltungsmöglichkeiten ausgeschaltet werden sollen.[116] Der ertragswirtschaftliche Cash Flow soll hierbei Informationen bezüglich der Entwicklung der nachhaltigen Ertragskraft eines Unternehmens

- in den vergangenen Perioden (retrospektiver Erfolgsmaßstab) und
- in der Zukunft (prospektiver Erfolgsmaßstab)

generieren. Um Verzerrungen durch einmalige, außerordentliche Erträge bzw. Aufwendungen zu vermeiden, wird der Cash Flow meist auf Basis des Betriebsergebnisses berechnet. Diese Position wird dann um zahlungsunwirksame Komponenten bereinigt, indem finanzunwirksame Aufwendungen addiert und finanzunwirksame Erträge subtrahiert werden:[117]

Tab. 3.9 Berechnung des ertragswirtschaftlichen Cash Flows

Betriebsergebnis
+ Abschreibung
[+ Zuführung zu Pensionsrückstellungen (P)]
= ertragswirtschaftlicher Cash Flow (CF Ie[P])

Im Gegensatz zum ertragswirtschaftlichen Cash Flow steht beim finanzwirtschaftlichen Cash Flow die Ermittlung

- der Selbstfinanzierungskraft,
- der finanziellen Unabhängigkeit und
- der Elastizität

eines Unternehmens im Mittelpunkt.[118] Daher wird auch das für die Beurteilung der Ertragskraft eines Unternehmens unbedeutende Beteiligungsergebnis berücksichtigt. Des Weiteren werden sonstige außerordentliche Erträge und Aufwendungen imparitätisch behandelt, d. h. während außerordentliche Erträge als

[116] Vgl. Coenenberg et al. (1995), S. 376.
[117] Vgl. Coenenberg (1997), S. 679-683.
[118] Vgl. Coenenberg et al. (1995), S. 378.

finanzunwirksam erachtet werden, fließen die Aufwendungen in die Kalkulation mit ein:[119]

Tab. 3.10 Berechnung des finanzwirtschaftlichen Cash Flows

CF Ie[P]
- Bestandsveränderungen
- aktivierte Eigenleistung
+ Beteiligungsergebnis
- außerordentliche Aufwendungen
- Steuern vom Einkommen und Ertrag
= finanzwirtschaftlicher Cash Flow (CF IIe[P])

3.3.4 *Modifizierte Kennzahlen*

Auf der Grundlage der Untersuchung von Lev (1969) wurde der Kennzahlkatalog von Hüls (1995) um neue Kennzahlen erweitert.

Wird auf Basis der Incoming-Smoothing-Hypothese[120] angenommen, dass Manager ihren Nutzen maximieren, indem sie starke Geschäftsschwankungen vermeiden und eine kontinuierliche Unternehmensentwicklung verfolgen, wird sich diese Unternehmenspolitik auch in den Jahresabschlüssen widerspiegeln.[121] D. h. bilanzpolitische Spielräume werden genutzt, um z. B. einen außerordentlich hohen bzw. niedrigen Jahresüberschuss zu vermeiden.[122] Hierbei kann eine Kennzahl jedoch nur im Vergleich zu anderen als hoch oder niedrig eingestuft werden, was Lev (1969) dazu führte, die Existenz eines Ziel- bzw. quasi-optimalen Industriestandards anzunehmen. Kommt es nun zu positiven oder negativen Abweichungen von diesem Standard, so sind diese im Rahmen der Argumentation von Lev (1969) auf zu starke Schwankungen zurückzuführen, die mit den Instrumenten der Bilanzpolitik nicht mehr bereinigbar sind. Diese Argumentation wird weiter unterstützt durch den sowohl von Empirikern als auch Theoretikern häufig angeführten Umstand, dass gute Bilanzen in Wahrheit oft besser und schlechte meistens schlechter

[119] Vgl. Hüls (1995), S. 107.
[120] Gordon (1964) und Gordon et al. (1966).
[121] Vgl. Küting (1995), S. 267-268.
[122] Vgl. Gordon (1964), S. 261-262.

sind, als sie auf den ersten Blick erscheinen.[123] Wird eine Kennzahl demnach zum Industriestandard relativiert, resultiert dies nicht nur in einer objektiveren Beurteilung der Unternehmenskennzahl im Branchenkontext, sondern auch zu einer objektiven, kardinalskalierte Einstufung des Unternehmens über die Branchengrenzen hinweg.

Dieser Argumentation folgend, analysierten Platt und Platt (1990) und Platt und Platt (1991) im Rahmen von Insolvenzprognosemodellen die Eigenschaften von Variablen, die durch den Industriedurchschnitt geteilt werden. Ihre Modifikation führte zu im Zeitverlauf:

- stabileren Variablen,
- stabileren Koeffizentenschätzungen und
- stabileren und höheren Klassifikationserfolgen.

Dem Autor ist jedoch keine Publikation bekannt, die sich mit der Herleitung des Industriestandards befasst. Die Publikationen von Gordon et al. (1966) und Lev (1969) sowie die wenigen Insolvenz- bzw. Ratingstudien,[124] die ähnlich modifizierte Kennzahlen verwenden, basieren alle auf Industriedurchschnitten. Aus diesem Grund und da die Ergebnisse dieser Studien durchweg positive sind, wird auch in dieser Arbeit der Industriedurchschnitt als Näherung für den Industriestandard zur Modifikation der Kennzahlen verwendet.

Jede Kennzahl wird zunächst um den Industriedurchschnitt des Bilanzjahres verringert[125] und dann durch dessen Betrag geteilt.

$$vxdiy = \frac{vx - diy}{|diy|} \tag{3.1}$$

[123] Vgl. Küting und Kaiser (1994), S. 15-16, Weber (2005), S. 1
[124] Dem Autor sind nur drei vergleichbare Studien bekannt: Edmister (1972), Platt und Platt (1990), Platt und Platt (1991).
[125] Hierdurch erreicht man, dass Kennzahlen, die kleiner (größer) als der Industriedurchschnitt sind, negative (positive) Vorzeichen aufweisen, was die spätere Interpretation erleichtert.

mit:

x = Kennzahlnummer

diy = Jahresindustriedurchschnitt der Kennzahl vx

Der Industriedurchschnitt[126] wird hierbei für das Jahr berechnet, aus dem auch der Jahresabschluss der Kennzahl stammt. Diese Vorgehensweise ist jedoch nur aufgrund des Mindest- bzw. Maximalabstandes zulässig. Hierdurch wird sichergestellt, dass stets genügend Zeit zur Ermittlung von Vergleichsdaten und zur Berechnung eines aussagekräftigen Industriedurchschnitts zur Verfügung steht.[127] Wird kein Mindestabstand eingehalten, müssen Ratingmodelle (zumindest theoretisch) in der Lage sein, eine Insolvenz am Tag nach dem Bilanzstichtag anzuzeigen. Hierbei ist nicht nur die Verfügbarkeit des Jahresabschlusses fraglich, sondern auch das Vorhandensein einer ausreichenden Anzahl von Kennzahlen aus dem gleichen Wirtschaftszweig und Jahr.

Trotz der angeführten Vorteile und den durchweg positiven Ergebnissen bisheriger Studien gibt es nur wenige Insolvenzstudien zu den USA und keine Studie zu Deutschland, die eine vergleichbare Modifikation der Kennzahlen durchgeführt haben. Dies ist in den meisten Fällen entweder auf fehlende Informationen bezüglich der Industriezugehörigkeit der Unternehmen zurückzuführen oder darauf, dass der Datensatz zu klein war, um aussagekräftige Industriedurchschnitte zu kalkulieren.[128]

Am Ende der Ergebnispräsentation stellte Lev (1969) auch einige potenzielle Modellerweiterungen vor. Hierbei verwies er u. a. auf die Untersuchung möglicher Entwicklungstrends der Industriedurchschnitte, wobei zufällige Fluktuationen eliminiert werden müssten. Um eine Verzerrung der Kennzahlen aufgrund vergleichbarer Schwankungen zu vermeiden, wird neben dem 1-Jahres- auch der

[126] Um Verzerrungen durch junge Unternehmen zu vermeiden, mussten entweder mindestens 3 Jahresabschlüsse einer Firma verfügbar oder ihr Alter bekannt sein und 3 Jahre überschreiten, vgl. Kapitel 3.1.1.

[127] Für die vorliegende Arbeit stehen durchschnittlich über 115 Unternehmen zur Ermittlung der relevanten Industriedurchschnitte für die Entwicklungsdatensätze zur Verfügung. Nur für 4 dieser insgesamt 434 Unternehmen liegen weniger als 10 Vergleichspositionen vor.

[128] Während in den USA die benötigten Informationen z. B. von der Risk Managment Association angeboten werden; vgl. Association (2005), sind vergleichbare Daten in Deutschland öffentlich nicht verfügbar.

3-Jahres-Industriedurchschnitt gebildet und zur Modifikation der Kennzahlen verwendet.[129]

$$vxdi = \frac{vx - di}{|di|} \tag{3.2}$$

mit:

di = gleitender 3-Jahres-Industriedurchschnitt der Kennzahl vx

Eine weitere Besonderheit stellt die Division der zentrierten Kennzahl durch den Betrag des Industriedurchschnitts dar. Hierdurch wird sichergestellt, dass die Arbeitshypothesen der Basiskennzahlen ohne Anpassungen auf die neuen Kennzahlen übertragbar sind. Würde nicht durch den Betrag, sondern durch den absoluten Wert des Durchschnitts geteilt, könnte aufgrund negativer Mittelwertausprägungen die Arbeitshypothese umgekehrt werden.

Neben den zu Beginn dieses Abschnitts beschriebenen Vorteilen führt die Relativierung der Kennzahlen mit Hilfe des Industriedurchschnitts dazu, dass potenzielle Verzerrungen durch Brancheneinflüsse weitestgehend eliminiert werden. Kommt es z. B. innerhalb einer Industrie zu einem Boom (Abschwung), so schlägt sich diese Entwicklung auch in einem höheren (niedrigeren) Durchschnitt nieder, wodurch die relativierten Kennzahlen um diesen industriespezifischen Effekt bereinigt werden. Diese Eigenschaften der modifizierten Kennzahlen und ihr Einfluss auf den Klassifikationserfolg werden in Kapitel 3.5.5.5 näher untersucht. Wie bei Platt und Platt (1991) werden hierzu Modelle ohne modifizierte Kennzahlen entwickelt und ihr Klassifikationserfolg mit dem Ergebnis der anderen Modelle verglichen.[130]

---

[129] Da keine Vergleichsdaten aus den Jahren 1995 und 1996 verfügbar sind, werden im Rahmen der Modellentwicklung die 3-Jahres-Durchschnitte für 1997 und 1998 unter Einbeziehung der Jahre 1997-1999 errechnet.

[130] Vgl. Platt und Platt (1991), S. 1184 und 1192-1193.

3.4 Vorbereitende statistische Untersuchungen

3.4.1 *Ausreißer*

Ausreißer sind Kennzahlen mit extrem hohen oder niedrigen Ausprägungen innerhalb einer Gruppe üblicher mäßig unterschiedlicher Messwerte.[131] Bei Verhältniszahlen können sie entstehen, wenn durch eine Zahl nahe Null dividiert wird oder der Zähler außergewöhnlich groß ist. Ausreißer können dazu führen, dass z. B. Mittelwerte oder Kennzahlverteilungen verfälscht werden, oder dass Test- und Untersuchungsergebnisse infolge von Verzerrungen in Frage gestellt werden müssen. Deshalb argumentieren einige Statistiker, dass mutmaßliche Ausreißer eliminiert werden sollten.

„Mutmaßlich" ist hierbei sehr wichtig, da es niemals möglich ist, abschließend zu beurteilen, ob es sich bei einem außergewöhnlichen Wert um einen inhärenten Ausreißer handelt oder nicht.[132] Zur Identifikation von Ausreißern wurden deshalb verschiedenste Tests entwickelt und in der Literatur beschrieben. Die Vorschläge reichen von pauschaler Elimination eines gewissen Prozentsatzes der höchsten und kleinsten Werte einer Kennzahl,[133] über die Definition des 4-Sigma-Bereichs, im dem alle normalen Werte liegen,[134] bis zu speziellen Testverfahren, wie z. B. Mahalanobis Distance.[135] Wegen der Vielzahl unterschiedlicher Testverfahren werden hier nur einige wenige aufgelistet. Jede dieser Methoden hat spezifische Vor- und Nachteile, die in spezifischen Fachartikeln der allgemeinen statistischen Literatur umfassend dargestellt werden.[136]

---

[131] Vgl. Sachs (2004), S. 365.

[132] Hierbei wird natürlich vorausgesetzt, dass die Daten überprüft sind und Fehler bei der Datenerhebung oder -eingabe ausgeschlossen sind. Des Weiteren muss sichergestellt sein, dass die Daten aus der zu untersuchenden Population stammen.

[133] Vgl. Hüls (1995), S. 110.

[134] D. h. in Abhängigkeit von der Stichprobengröße (>25) darf ein oder dürfen mehrere Werte als Ausreißer verworfen werden, wenn sie mehr als vier Standardabweichungen vom Mittelwert entfernt sind, wobei die Verteilungsparameter ohne die mutmaßlichen Ausreißer zu berechnen sind; vgl. Sachs (2004), S. 365-366.

[135] Vgl. Tabachnick und Fidell (2001), S. 68-69.

[136] Für eine umfassende Darstellung mehrerer Methoden vgl. Rasmussen (1988); Millar und Hamilton (1999) oder Penny und Jolliffe (2001).

Nach der Identifikation der Ausreißer muss man sich entscheiden, wie man diese behandelt. Auch hier gibt es wieder verschiedene Möglichkeiten, wobei zwei unterschiedliche Strategien verfolgt werden können:

- Fälle bzw. Variablen mit Ausreißer werden eliminiert oder
- Ausreißer werden durch andere Werte ersetzt.

Da sich im ersten Fall jedoch der Stichprobenumfang verringert, wird diese Option selten durchgeführt. Im zweiten Fall muss der Nutzer entscheiden, wie er den neuen Wert herleiten möchte. Extremwerte können pauschal durch den bereinigten Mittelwert, die benachbarten Werte (Winsoring) oder den Median des Gesamtdatensatzes, der Industrie, der Unternehmensgrößenklasse usw. ersetzt werden.[137] Neben den hier angeführten Optionen gibt es wiederum eine Vielzahl weiterer Möglichkeiten, die in der betreffenden Literatur umfassend erläutert werden.[138]

Kritiker dieser Methode führen vor allem an, dass sowohl die Verfahren zur Identifikation als auch zur Behandlung von Ausreißern weder objektiv noch vollständig zuverlässig sind.[139] Sie sprechen deshalb oft von der „Auswahl brauchbarer“ Daten, von „Weglassen zu extremer“ Werte oder vom „Erfinden“ von Daten.

Da es valide Argumente für und wider eine Ausreißerbereinigung gibt, wird im Rahmen dieser Arbeit der Mittelweg von Sachs (2004) verfolgt. Er empfiehlt, die statistische Analyse einmal mit und einmal ohne Ausreißer durchzuführen und die Ergebnisse miteinander zu vergleichen.[140]

Aus diesem Grund wurden in Anlehnung an Hüls (1995) die jeweils kleinsten 1,25 % und größten 1,25 % der Kennzahlwerte der 1-Jahres-Entwicklungsgruppe durch den Mittelwert ersetzt und die so modifizierten Daten zur Modellentwicklung verwendet. Dies führte jedoch nicht zu nennenswerten Unterschieden,[141] weswegen für die weitere Modellentwicklung auf eine Ausreißerbereinigung verzichtet wurde.

---

[137] Vgl. Sachs (2004), S. 372-373; Tabachnick und Fidell (2001), S. 71.
[138] vgl. Orr und Sackett (1991); Clarke und Lewis (1998); Langford und Lewis (1998).
[139] Vgl. Rousseeuw und C. (1990); Hadi und Simonoff (1993); Egan und Morgan (1998).
[140] Vgl. Sachs (2004), S. 366.
[141] Es wurden dieselben Variablen wie im Finalmodell ausgewählt und die Fläche unter der ROC Kurve steigt um weniger als 0,7 % an.

3.4.2 *Nicht definierte Werte*

Eine Sonderform der Ausreißer sind die nicht definierten Kennzahlwerte, die so genannten Missings. Im Gegensatz zu den sonstigen Ausreißern sind Missings jedoch eineindeutig bestimmt und somit objektiv zu identifizieren. Sie treten auf, wenn Informationen nicht vorhanden sind oder eine Kennzahl im Nenner eine Null aufweist und somit mathematisch nicht definiert ist.

Der erste Fall tritt im Rahmen der Insolvenzprognose meist nur bei der Bildung der Wachstumskennzahlen beim ersten verfügbaren Jahresabschluss auf. Da jedoch sehr junge Unternehmen wegen der in Kapitel 3.1.1 angeführten Gründe ausgeschlossen sind, sind diese Missings für die vorliegende Untersuchung nur von untergeordneter Bedeutung.[142]

Der zweite Grund sollte zwar, wie in Kapitel 3.3.2 angeführt, weitestgehend vermieden werden, in der Praxis treten aber immer wieder solche Konstellationen auf. Solange der Anteil der nicht definierten Werte jedoch nicht mehr als 5 % beträgt, stellen sie für die Untersuchung und ihre Validität kein ernst zu nehmendes Problem dar.[143] Da dieser Maximalwert in der Grundgesamtheit von ca. 4 % der Variablen und von keiner Kennzahl in den Entwicklungsdatensätzen überschritten wird, kann davon ausgegangen werden, dass die vorliegende Untersuchung und ihre Ergebnisse nicht von Missings beeinflusst werden.[144]

Außerdem hat dieser geringe Anteil zur Folge, dass beinahe jede Bereinigungsmethode zum gleichen Ergebnis führt. Im Unterschied zu den sonstigen Ausreißern sollten Missings auf jeden Fall bereinigt werden, da sonst das verwendete statistische Programm entweder diese Fälle automatisch ausschließt, wodurch sich die Anzahl der verfügbaren Observationen von Variable zu Variable verändert, oder die fehlenden Werte selbstständig ersetzt. Hierzu gibt es wie bei den sonstigen Ausreißern eine Vielzahl von Möglichkeiten, deren Vor- und Nachteile in Fachar-

---

142 Bei der Bildung der Entwicklungsdatensätze wurde darauf geachtet, dass von jedem einbezogenen Unternehmen der Jahresabschluss des vorangegangenen Jahres verfügbar war, um sicherzustellen, dass bei der Bildung der Wachstumsvariablen keine Verzerrungen auftreten.

143 Hierzu ist außerdem anzumerken, dass die Verteilung der Missings keine Regelmäßigkeiten aufzeigt und der Gesamtdatensatz als ausreichend groß eingestuft werden kann; vgl. Tabachnick und Fidell (2001), S. 59.

144 Es wurden sowohl der Gesamtanteil der Missings je Variable als auch der Anteil der nicht definierten Werte je Variable pro Jahr untersucht.

tikeln und der dieser Arbeit zugrundeliegenden Literatur umfassend dargestellt werden.[145] In Anlehnung an die in Kapitel 3.3.4 angeführte Literatur und durchgeführte Kennzahlmodifikation, werden Missings[146] in dieser Untersuchung durch den Mittelwert der Industrie des betreffenden Jahres ersetzt.[147]

3.4.3 *Mittelwertvergleich*

Univariate Analysen von Unternehmensausfällen verwenden Mittelwertvergleiche dazu, die Trennfähigkeit von Variablen und die postulierten Arbeitshypothesen zu untersuchen.[148] Variablen, die sich hierbei nicht als sehr trennfähig erweisen oder die Arbeitshypothese nicht erfüllen, werden von der Untersuchung ausgeschlossen. Bei multivariaten Systemen ist eine solche Vorgehensweise jedoch nicht sinnvoll, da Kennzahlen, die univariat nicht sehr trennfähig sind, in Kombination mit anderen Variablen den Klassifikationserfolg eines Ratingsystems signifikant erhöhen können.[149] Aus diesem Grund wird der Mittelwertvergleich in der vorliegenden Untersuchung nur zur Überprüfung der Arbeitshypothesen eingesetzt. Zusätzlich wird hierdurch sichergestellt, dass die generierten Modelle ökonomisch interpretierbar sind. Denn nur wenn die Vorzeichen der Koeffizienten mit den Arbeitshypothesen übereinstimmen, kann eine Kennzahl im wirtschaftlichen Kontext interpretiert werden.[150] Lautet die Arbeitshypothese also $I > S$ ($I < S$), so muss das Vorzeichen des entsprechenden Koeffizienten positiv (negativ) sein, damit die Variablen die Ausfallwahrscheinlichkeit eines Unternehmens in ökonomischem Sinne interpretierbar beeinflussen. Treten trotz eines signifikanten Mittelwertunterschieds widersprüchliche Vorzeichen auf, so ist dies meist auf eine hohe Korrela-

---

145 Vgl. neben der bereits in Kapitel 3.4.1 zur Bereinigung von Ausreißern aufgeführten Literatur Maddala (1977), S. 201-207; Rathouz (2003); Fichman und Cummings (2003); Collis und Kocaram (2004); Longford (2004) sowie Winkler und McCarthy (2005).

146 Inklusive der nicht definierten Werte der Wachstumsvariablen.

147 Hierdurch verringern sich zwar Standardabweichung und Korrelation mit anderen Variablen, aber der Durchschnitt der Gruppe bleibt gleich und es werden keine zusätzlichen Informationen vorausgesetzt, weswegen diese Vorgehensweise oft als Mittelweg beschrieben wird; vgl. Tabachnick und Fidell (2001), S. 62.

148 Vgl. z. B. Merwin (1942), S. 92-106; Beaver (1966), S. 81-83 und Beaver (1968), S. 184-191.

149 Vgl. Altman (1968), S. 597 und Eisenbeis et al. (1973), S. 216.

150 Vgl. Niehaus (1987), S. 92 und Hüls (1995), S. 123.

tion der Kennzahlen zurückzuführen.[151] Um dies zu vermeiden, wird durch die in Kapitel 3.4.4 beschriebene Vorgehensweise sichergestellt, dass nur unabhängige Kennzahlen in die Modelle einfließen.

Außerdem wird der Mittelwertvergleich von manchen Autoren dazu benutzt, die Entwicklung der einzelnen Kennzahlen im Zeitverlauf zu untersuchen.[152] Variablen, deren Mittelwerte sich hierbei im Verlauf des betrachteten Zeitrahmens angleichen oder die Arbeitshypothese nicht erfüllen, werden von der Analyse ausgeschlossen. Auf diese Weise soll erreicht werden, dass die Modelle auch auf andere Zeithorizonte übertragbar sind. Allerdings werden hierdurch womöglich besonders trennscharfe Früh- oder Spätindikatoren von Kreditausfällen nicht berücksichtigt, weswegen die Mittelwerte der Kennzahlen in der vorliegenden Untersuchung jeweils nur für den spezifischen Zeithorizont untersucht werden.[153]

Zur Feststellung von Mittelwertunterschieden gibt es mehrere Verfahren. Beim grafischen Mittelwertvergleich werden die Mittelwerte einer Kennzahl für solvente und für insolvente Unternehmen für die einzelnen Jahre berechnet und in einer Grafik gegenübergestellt. Für Variablen, die univariat sehr trennscharf sind, ergeben sich hierdurch sogenannte Trompetenbilder,[154] die vor allem zu Beginn der wissenschaftlichen Untersuchung von Unternehmensinsolvenzen häufig eingesetzt wurden.[155] Allerdings liefert dieses Verfahren keine Informationen über das Signifikanzniveau des Mittelwertunterschieds, weswegen es in der vorliegenden Untersuchung nicht angewandt wird. Der analytische Mittelwertvergleich weist diese Limitation nicht auf. Er basiert auf dem t-Test und berücksichtigt neben den Mittelwerten der beiden Gruppen deren Varianz und den Stichprobenumfang. Allerdings setzt der t-Test normalverteilte Variablen voraus.[156] Diese Normalverteilung ist jedoch, wie die Tests nach Schiefe und Exzesse sowie Kolmogorov-Smirnov

[151] Vgl. Weinrich (1978), S. 89.

[152] Vgl. Niehaus (1987), S. 95 und Hüls (1995), S. 124-125.

[153] Des Weiteren kommt es durch die Anwendung eines traditionellen Ratingsystems auf verschiedene Zeithorizonte zum Verlust der Zeitdimension, d. h. es ist unklar, ob das Ratingergebnis die Ausfallwahrscheinlichkeit eines Unternehmens innerhalb des nächsten oder der nächsten 2 bzw. 3 Jahre widerspiegelt, wodurch wiederum die Vorgaben von Basel II nicht erfüllt werden.

[154] Vgl. Baetge (1980), S. 654.

[155] Vgl. z. B. Merwin (1942), S. 94-98; Beaver (1966), S. 82 und Beaver (1968), S. 185.

[156] Vgl. Sachs (2004), S. 352.

ergeben, selbst für sehr kleine Signifikanzniveaus für fast alle Variablen nicht gegeben.[157] Indes gilt der t-Test als sehr robust, weswegen seine Anwendung vertretbar erscheint.[158]

Um einerseits die Übertragbarkeit der Ergebnisse des Mittelwertvergleichs auf die Gesamtdaten sicherzustellen und andererseits die Mittelwerte der Entwicklungsgruppe zu überprüfen, werden die Tests sowohl für die Entwicklungsgruppen als auch für Daten, die nicht bei der Modellvalidierung eingesetzt werden, durchgeführt.

Hierdurch muss die Prüfgröße $\hat{t}$ u. a. für Gruppen unterschiedlicher Größe und mit verschiedener Varianz berechnet werden:[159]

(3.3) $$\hat{t} = \frac{|\bar{x}_1 - \bar{x}_2|}{\sqrt{\frac{\sigma_1^2}{n_1} + \frac{\sigma_2^2}{n_2}}} \text{ und } v = \frac{\left(\frac{\sigma_1^2}{n_1} + \frac{\sigma_2^2}{n_2}\right)^2}{\frac{\frac{\sigma_1^2}{n_1}}{n_1 - 1} + \frac{\frac{\sigma_2^2}{n_2}}{n_2 - 1}} \text{ Freiheitsgraden}$$

mit:

$\bar{x}_1$ = Mittelwert der Stichprobe 1

$\bar{x}_2$ = Mittelwert der Stichprobe 2

σ_1^2 = Varianz von $\bar{x}_1$

σ_2^2 = Varianz von $\bar{x}_2$

n_1 = Umfang der Stichprobe 1

n_2 = Umfang der Stichprobe 2

Beim Mittelwertvergleich steigt somit der Wert der Prüfgröße $\hat{t}$ mit zunehmender Differenz der Mittelwerte der untersuchten Gruppen und mit abnehmender Varianz in Abhängigkeit vom Stichprobenumfang.[160]

---

[157] Diese Ergebnisse stimmen mit den Resultaten einer Vielzahl von Untersuchungen zur Insolvenzprognose überein (vgl. z. B. Weibel (1973), S. 188-189; Gebhardt (1980), S.191-192; Niehaus (1987), S. 92-94 oder Hüls (1995), S. 119-121) und führten in Kapitel 2.4 dazu, dass eine logistische Regression anstelle einer Diskriminanzanalyse verwendet wird.

[158] Vgl. Hartung et al. (1993), S. 143-144.

[159] Vgl. Sachs (2004), S. 356. Bei Gruppen gleicher Größe ($n_1 = n_2$) vereinfacht sich die angegeben Formel entsprechend.

[160] Da bei einem Stichprobenumfang mit mehr als 30 Observationen $\hat{t}$ annähernd standardnormalverteilt ist, wird in manchen Publikationen die Variable z der Standardnormalverteilung anstelle von $\hat{t}$ verwendet.

Die Ergebnisse des Mittelwertvergleichs sind in Anhang 5.8 dargestellt.[161] Da die Daten nicht um Ausreißer bereinigt wurden und Mittelwerte nicht robust gegen Verzerrungen durch Ausreißer sind,[162] müssen Ergebnisse mit geringen Signifikanzniveau oder solche, bei denen es zu Abweichungen von der Arbeitshypothese kommt, zusätzlich auf Einflüsse durch mutmaßliche Ausreißer untersucht werden.[163]

Um hierbei jedoch subjektive Entscheidungen zu vermeiden, wird der Mittelwertvergleich durch den Median-Test ergänzt. Er gilt als robust gegen Ausreißer und setzt keine Normalverteilung der Variablen voraus.[164] Der Median-Test vernachlässigt indes zahlreiche Informationen und wird mit steigendem Stichprobenumfang ineffizienter, weswegen zur Überprüfung der Arbeitshypothesen stets beide Tests verwendet werden sollten.[165]

Beim Median-Test werden die Werte der Stichprobe 1 und 2 der Größe nach geordnet und der Median $\tilde{x}$ ermittelt. Anschließend werden die Werte danach geordnet, ob sie kleiner oder größer $\tilde{x}$ sind:[166]

	Anzahl der Werte		
	$<\tilde{x}$	$>\tilde{x}$	$\sum$
Stichprobe 1	a	b	n_1
Stichprobe 2	c	d	n_2
$\sum$	$a+c$	$b+d$	n

mit:

$a(b)$ = Zahl der Observationen in Stichprobe 1 kleiner (größer) $\tilde{x}$

$c(d)$ = Zahl der Observationen in Stichprobe 2 kleiner (größer) $\tilde{x}$

[161] Da eine Darstellung von über 1000 Kennzahlen für 3 Zeithorizonte und mehrere Gruppen sehr umfassend ist, werden nur die Ergebnisse der in den Modellen verwendeten Kennzahlen erläutert.

[162] McClave et al. (1998), S. 56.

[163] Kennzahlen, bei denen es aufgrund von Ausreißern zu Verzerrungen kommt, sind mit einem * gekennzeichnet und die bereinigten Ergebnisse in Klammern aufgeführt. Die Bereinigung folgte hierbei der in Kapitel 3.4.1 beschriebenen Vorgehensweise.

[164] Vgl. Sachs (2004), S. 391.

[165] So z. B. auch bei Niehaus (1987), S. 100-102 und Hüls (1995), S. 134-143.

[166] Vgl. Sachs (2004), S. 391.

Sind die Mediane der Gruppen gleich (Nullhypothese des Median-Tests), so werden jeweils 50 % der solventen und der insolventen Unternehmen kleiner bzw. größer als der Gesamtmedian sein. Für unterschiedliche Gruppengröße berechnet sich die Prüfgröße $\hat{\chi}^2$ des Median-Tests als:[167]

$$\hat{\chi}^2 = \frac{n(ad - bc)^2}{(a+b)(c+d)(a+c)(b+d)} \tag{3.4}$$

Wie beim Mittelwertvergleich gilt beim Median-Test: je höher der Wert der Prüfgröße $\hat{\chi}^2$, desto größer ist der Unterschied zwischen den Gruppen. Hierbei hat die Prüfgröße $\hat{\chi}^2$ generell nur einen Freiheitsgrad, da aufgrund der gegebenen Randsumme nur eine der vier Häufigkeiten frei ausgewählt werden kann.[168]

Auf Basis des Mittelwertvergleichs und des Median-Tests werden Variablen mit einer Irrtumswahrscheinlichkeit von $\alpha > 0{,}1$ in einem der beiden Tests von der Untersuchung ausgeschlossen. Hierbei werden Variablen, die die Vorgaben des Mittelwertvergleichs nicht erfüllen vor einer Ablehnung zunächst bereinigt und erst bei wiederholter Verletzung des Signifikanzniveaus aus dem Kennzahlkatalog entfernt.

Die Ergebnisse des Mittelwertvergleichs und des Median-Tests sind für alle Variablen signifikant. Somit ist nicht nur die Validität der Arbeitshypothesen sichergestellt, sondern auch, die Eignung die verwendeten Variablen zur Erkennung von Bonitätsrisiken nachgewiesen. Des Weiteren zeigen die Tests, dass sich die Werte der Prüfgrößen mit Abstand zum Insolvenzzeitpunkt tendenziell verringern. Dies ist vor allem darauf zurückzuführen, dass Unternehmen aus verschiedenen Gründen ausfallen und sich diese zu unterschiedlichen Zeitpunkten unterschiedlich stark in den Kennzahlen niederschlagen. So kann z. B. ein ansonsten gesundes Unternehmen aufgrund eines einzelnen Großauftrags kurzfristig Insolvenz beantragen müssen, während andere drohenden Ausfall jahrelang nur knapp verhindern können.[169]

[167] Vgl. Sachs (2004), S. 452.
[168] Die Ergebnisse des Median-Tests sind in Anhang 5.9 beschrieben.
[169] Vgl. Luoma und Laitinen (1991), S. 677.

3.4.4 *Ermittlung und Auswahl weitgehend unabhängiger Kennzahlen*

Eine weitere Voraussetzung zur Ermittlung trennscharfer Ratingmodelle ist die Ermittlung und Auswahl weitgehend unabhängiger Kennzahlen. Variablen gelten hierbei als abhängig, multikollinear bzw. korreliert, wenn sie durch Linearkombination einer oder mehrerer anderer Kennzahlen dargestellt werden können.[170] Werden somit korrelierte Kennzahlen in ein Modell aufgenommen, so führt dies auf Grund von Überschneidungen zur Abbildung gleicher oder ähnlicher Sachverhalte, was zu einem geringeren Klassifikationserfolg führen kann.

Im Kontext des Unternehmensratings wurde das Problem korrelierter Kennzahlen bereits zu Beginn der Entwicklung multivariater Modelle angeführt und innerhalb der wissenschaftlichen Gemeinschaft kontrovers diskutiert.[171] Während der eine Teil der Autoren Multikollinearität nicht als Problem erachtete, solange die Inversion der Streuungsmatrix möglich ist, vertraten andere die Ansicht, dass dies Verzerrungen verursacht. Letztere Meinung setzte sich in der Literatur weitgehend durch: Die meisten jüngeren Publikationen adressieren das Problem korrelierter Jahresabschlusskennzahlen.[172] Schließlich weisen die meisten Variablen ähnliche Zähler und Nenner auf, die außerdem über Aktiva und Passiva sowie Soll und Haben miteinander verbunden sind. Aus diesem Grund und mangels einer zugrundeliegenden Theorie zur Insolvenzprognose, kann Multikollinearität speziell bei Ratingmodellen zu schwerwiegenden Problemen führen.

Wichtige Kennzahlen können infolge von Korrelationen ausgeschlossen werden, da die Standardfehler der Koeffizienten hierdurch steigen und somit die Teststatistiken verfälschen.[173] Dies kann auch zu Berechnungsfehlern und zu Schwierigkeiten bei der Bestimmung der relativen Bedeutung der unabhängigen Variablen führen.[174] In Extremfällen verursacht Multikollinearität trotz positiver Ergebnisse des Mittelwertvergleichs und des Median-Tests auch eine Abweichung der Koeffizientenvorzeichen von der Arbeitshypothese, wodurch die Ergebnisse nicht mehr

[170] Vgl. Bortz (1999), S. 438.
[171] Vgl. Edmister (1972), S. 1984; Eisenbeis (1977), S. 883; Altman und Eisenbeis (1978), S. 188-190; Joy und Tollefson (1978), S. 198.
[172] Vgl. beispielsweise Hayden (2002), S. 43 oder Frerichs und Wahrenburg (2003), S. 12.
[173] Vgl. Lipovetsky und Conklin (2004), S. 266.
[174] Vgl. Wang (1996), S. 24.

ökonomisch interpretiert werden können.[175] Des Weiteren sind Ratingmodelle, die korrelierte Kennzahlen enthalten, instabil,[176] sie eignen sich also nur zur Klassifikation von Daten, die eine gleiche bzw. ähnliche Korrelation aufweisen.[177] Vor allem bei der für die Praxis wichtigen Out-of-time-Validierung kann dieses Problem zu einer drastischen Reduktion des Klassifikationserfolgs führen.

Aus den angeführten Gründen ist es bei der Entwicklung von Ratingmodellen essenziell unabhängige Kennzahlen zu ermitteln und auszuwählen, ohne den Informationsgehalt der Variablen bezüglich der Trennung der solventen und insolventen Unternehmen zu verringern. Hierbei kann die gegenseitige Abhängigkeit der Kennzahlen mit der Cluster-, Faktoren- oder Korrelationsanalyse analysiert werden.

Ziel der Clusteranalyse ist es, aus einer heterogenen Grundgesamtheit Objekte mit ähnlichen Eigenschaften zu homogenen Gruppen zusammenzufassen, wobei zwischen den Clustern möglichst keine oder nur geringe Ähnlichkeiten bestehen sollten.[178] Hierzu wird zunächst ein Ähnlichkeits- oder Distanzmaß berechnet, auf dessen Grundlage die Gruppen mit Hilfe eines Fusionsalgorithmuses gebildet werden.[179]

Von der Vielzahl möglicher Maße zur Bestimmung der Ähnlichkeit wird sowohl in der Wissenschaft als auch in der Praxis das quadrierte euklidische Distanzmaß am häufigsten verwendet, da es anschaulich und einfach zu berechnen ist.[180] Bei den Algorithmen unterscheidet man grob zwischen partitionierenden und hierarchischen Verfahren, welche zusätzlich in agglomerative und divisive Algorithmen unterteilt werden können. Während partitionierende Verfahren von einer gegebenen Gruppierung ausgehen und Objekte so lange zwischen den Gruppen umordnen, bis eine Zielfunktion ein Optimum erreicht hat, beginnen hierarchische Verfahren entweder mit der feinsten (agglomerative) oder gröbsten (divisive) Par-

---

175 Vgl. Grapentine (1997), S. 12.

176 Vgl. Gebhardt (1980), S. 251; Wang (1996), S. 24.

177 Vgl. Edmister (1972), S. 1491.

178 Vgl. Backhaus et al. (2003), S. 480-481.

179 Vgl. Schulze (1998), S. 209.

180 Vgl. Donoghue (1995), S. 228. Weitere Verfahren zur Berechnung der Ähnlichkeit bzw. der Distanz sind z. B. die Mahalanobis-, Manhattan-, Minkowski- oder Canberra-Distanz.

tition, um die Objekte sukzessive in Gruppen zu bündeln. Je nach Vorgehensweise stehen wiederum mehrere spezifische Verfahren zur Verfügung.[181]

Im Rahmen von Ratingmodellen sind hierbei jedoch vor allem das Single-Linkage-Verfahren und das Verfahren von Ward zu erwähnen. Das Single-Linkage-Verfahren tendiert generell zur Bildung vieler kleiner und nur weniger großer Gruppen. Hierdurch eignet es sich zwar sehr gut zur Identifikation von Ausreißern, neigt jedoch aufgrund der großen Gruppen zur Kettenbildung, wodurch wiederum schlecht getrennte Gruppen oft nicht aufgedeckt werden.[182] Dieses Problem vermeidet das Verfahren von Ward. Untersuchungen zeigen, dass es in vielen Fällen sehr gute Partitionierungen vornimmt und andere Algorithmen beim Klassifikationserfolg übertrifft.[183] Indes ist das Verfahren von Ward nicht robust gegen Ausreißer und die Daten sollten vor seiner Anwendung dementsprechend bereinigt werden.[184] Es bietet sich also die Kombination beider Verfahren an. Zunächst sollten Ausreißer mit Hilfe des Single-Linkage-Verfahren identifiziert und eliminiert werden, damit anschließend aus den restlichen Kennzahlen die korrelierten Variablen mit Hilfe des Verfahrens von Ward zu Gruppen zusammengeschlossen werden können.[185]

Mit der Korrelationsanalyse wird die Stärke des Zusammenhangs bzw. des Grades der Beziehung zwischen zwei Variablen bestimmt.[186] Die Richtung und Stärke des Zusammenhangs wird hierbei durch den Korrelationskoeffizienten wiedergegeben.[187] Er kann Werte zwischen -1 und 1 annehmen. Bei 0 besteht kein Zusammenhang zwischen den analysierten Kennzahlen, wohingegen 1 (-1) eine perfekte positive (negative) Korrelation anzeigt, d. h. erhöht sich eine Kennzahl um den Betrag x, vergrößert (verringert) sich die andere Variable um denselben Wert.[188]

[181] Vgl. Klemm (1995), S. 17-33. Weitere Verfahren sind z. B. das Complete-, Group- oder Average-Linkage-Verfahren.
[182] Vgl. Backhaus et al. (2003), S. 509.
[183] Vgl. Bergs (1981), S. 96-97.
[184] Vgl. Backhaus et al. (2003), S. 517.
[185] Diese Vorgehensweise wurde z. B. bei Hüls (1995) angewandt, S. 157-158.
[186] Vgl. Schulze (1998), S. 116.
[187] Vgl. Sachs (2004), S. 493.
[188] Vgl. McClave et al. (1998), S. 462.

Zur Berechnung der Korrelation kann wiederum zwischen einer Vielzahl von Verfahren gewählt werden.[189] Unabhängig von der verwendeten Methode ist jedoch in der Literatur umstritten, welche Korrelationen bei statistischen Untersuchungen zulässig sind und welche zu Verzerrungen der Ergebnisse führen. Dementsprechend werden die Korrelationskoeffizienten und ihre Stärken unterschiedlich eingestuft:

Beispiel 1[190]	Beispiel 2[191]	
Korrelation	Korrelation	Stärke des Zusammenhangs
0 < |0,2|		sehr schwach
|0,2| < |0,5|	0 < |0,3|	schwach
|0,5| < |0,7|	|0,3| < |0,5|	mittel
|0,7| < |0,9|	|0,5| < |1|	stark
|0,9| < |1|		sehr stark

Eine solche Definition wird in der statistischen Literatur jedoch meist vermieden und darauf verwiesen, dass die Ergebnisse am besten im Kontext bisheriger Untersuchungswerte zu interpretieren sind.[192]

Auch in der Ratingliteratur herrscht keine übereinstimmende Meinung bezüglich der maximal zulässigen Korrelation. So vermeiden es manche Autoren sogar, die gewählten Maximalkorrelation anzugeben[193] oder wählen subjektiv einen maximalen Korrelationwert, wobei die Werte zwischen |0,3| und |0,7| schwanken.[194]

Neben den bereits angeführten Verfahren kann auch die Faktorenanalyse zur Identifikation von Korrelationen eingesetzt werden. Sie basiert auf der Korrelationsanalyse und versucht die Komplexität, die in wissenschaftlichen Untersuchun-

189 Weitere Verfahren zur Bestimmung der Korrelation sind z. B. die Korrelationsanalyse nach Pearson, Spearman oder Kendall; vgl. Guo (2003), Wilcox (2004).
190 Vgl. Bühl und Zöfel (2000), S. 320.
191 Vgl. Bauer (1987), S. 161.
192 Vgl. Diehl und Kohr (1999), S.161.
193 Vgl. z. B. Hayden (2002).
194 Edmister (1972), S. 1484 wählte |0,3|, Bilderbeek (1979), S. 397 den Wert |0,7|.

gen oft durch die Vielzahl möglicher Variablen verursacht wird, zu reduzieren. Hierbei wird unterstellt, dass die Kennzahlen als lineare Funktion weniger, voneinander unabhängiger Faktoren, die nicht beobachtbar und somit hypothetischer Natur sind, dargestellt werden können:[195]

$$z_{xi} = a_{x1}p_{i1} + a_{x2}p_{i2} + \ldots + a_{xr}p_{ir} + u_x p_{r+1,i} \tag{3.5}$$

mit:

z_{xi}	=	standardisierter Beobachtungswert der Variable x
a_{xr}	=	Faktorladung des gemeinsamen Faktors p bezüglich Variable x
p_{ir}	=	Wert des Faktors p beim Objekt i
u_x	=	Faktorladung des Einzelfaktors der Variable x
$u_x p_{r+1,i}$	=	Wert des Einzelfaktors

Sind die Variablen standardisiert, entspricht die Faktorladung dem Korrelationskoeffizient zwischen Faktor und Variable.[196] Ähnlich wie bei der Korrelationsanalyse ist das Minimum der Faktorladung in der Literatur umstritten. Die wahrscheinlich am häufigsten eingesetzten Grenzwerte sind:[197]

Faktorladung	Signifikanz
$\lvert 0{,}3\rvert < \lvert 0{,}4\rvert$	minimal
$\lvert 0{,}4\rvert < \lvert 0{,}5\rvert$	schwach
$\lvert 0{,}5\rvert < \lvert 1\rvert$	signifikant

Basierend auf der Faktorenanalyse könnte nun der Faktor oder aus jedem Faktor die Kennzahl mit der größten Faktorladung ausgewählt werden und in das Ratingmodell einfließen. Da Faktoren jedoch durch die Linearkombination verschiedener Kennzahlen gebildet werden, können sie nicht ökonomisch interpretiert

195 Vgl. Schulze (1998), S. 194-206.
196 Vgl. Hammann (1990), S. 202.
197 Vgl. Hair et al. (1998), S. 111.

werden.[198] Bei der zweiten Vorgehensweise wird angenommen, dass die Kennzahl mit dem größten Erklärungsgehalt bezüglich der Faktoren auch die größte Trennschärfe besitzt. Diese Annahme ist bei multivariaten Verfahren jedoch nicht valide,[199] da u. a. durch die Kombination mehrerer Variablen zunächst scheinbar unwichtige Kennzahlen den Klassifikationserfolg des Modells oft entscheidend verbessern.

Aus diesen Gründen sollte die Faktoranalyse zur Identifikation unabhängiger Kennzahlen im Rahmen der Entwicklung von Ratingmodellen wie folgt eingesetzt werden:[200] Zunächst wird die trennschärfste Kennzahl bestimmt und der zugehörige Faktor ermittelt. Anschließend werden alle Variablen dieses Faktors von der weiteren Entwicklung ausgeschlossen. Dann wird die zweite Kennzahl determiniert usw.[201]

Sowohl bei der Cluster- als auch der Korrelations- und der Faktorenanalyse fließen immer subjektive Entscheidungen mit ein. Eine rein objektive Auswahl unabhängiger Kennzahlen ist somit nicht möglich.

Bei der Clusteranalyse muss neben dem Distanzmaß auch die zu optimierende Zielfunktion gewählt werden. Hierbei ist entweder zu bestimmen, wie viele Cluster gebildet werden sollen[202] oder die maximale bzw. minimale Distanz zwischen den Variablen festzulegen.

Bei der Korrelations- und Faktorenanalyse müssen subjektive Entscheidungen erst bei der Interpretation der Ergebnisse bzw. bei der Extraktion der Faktoren getroffen werden. In beiden Fällen sind die Ergebnisse objektiv, ihre Interpretation und die daraus resultierenden Konsequenzen unterliegen jedoch dem Einfluss des Anwenders.

In der Literatur wird zur Vermeidung von Multikollinearität am häufigsten auf die Korrelations- und die Faktorenanalyse verwiesen. Ihre Ergebnisse werden oft zur Identifikation korrelierter Variablen genutzt und es ist somit zu erwarten, dass

---

198 Vgl. Niehaus (1987), S. 113.
199 Vgl. Denk (1979), S. 68.
200 Vgl. Kayser (1983), S. 170-173; Niehaus (1987), S. 113.
201 Vgl. auch Ausführungen im Kapitel 3.5.2.1.
202 Vgl. Hüls (1995), S. 158-159.

sie trotz der voneinander abweichenden Grenzwerte zu verlässlichen Entscheidungen führen.

Da die Literaturangaben bezüglich der Grenzwerte bei der Korrelationsanalyse voneinander abweichen, wird in der vorliegenden Untersuchung die Faktoranalyse in der zuvor beschriebenen Weise verwendet. Somit beträgt die maximale Korrelation zwischen den Kennzahlen 0,09. Sie ergibt sich aus der häufig verwendeten minimalen Faktorladung von 0,3.[203] Wie bereits angeführt, gibt die Faktorladung die Korrelation zwischen einer standardisierten Variable und dem zugrundeliegenden Faktor wieder. Sind somit zwei Variablen auf denselben Faktor zurückzuführen, beträgt die minimale Korrelation zwischen der Kennzahlen 0,09. Werden also Kennzahlen mit demselben Faktor aus der Untersuchung ausgeschlossen, sobald eine von ihnen in das Modell aufgenommen wird, beträgt die maximale Korrelation zwischen den Modellvariablen 0,09. Dieser Wert liegt signifikant unterhalb der bisher zur Entwicklung von Ratingmodellen verwendeten Grenzwerte und auch unter den angeführten Grenzwerten aus den statistischen Standardwerken. Er ist somit als sehr konservativ einzustufen und stellt sicher, dass nur unabhängige Kennzahlen ausgewählt werden.

Zur Beschränkung der Korrelationen auf das vorgegebene Maximum wird die iterative Faktorenanalyse verwendet. Das generelle Problem der Faktorenanalyse ist die Bestimmung der Kommunalität, d. h. des Anteils der erklärten Varianz einer Variablen durch die gemeinsamen Faktoren.[204] Eine subjektive Festlegung der Kommunalität lässt sich hierbei mit verschiedenen Methoden vermeiden.[205] Die iterative Faktorenanalyse basiert auf dem Minres-Verfahren und ist somit im Gegensatz zu den anderen Methoden verteilungsfrei, d. h. es wird keine bestimmte Verteilungen der Variablen vorausgesetzt.[206] Zu Darstellungszwecken wird die Korrelation der Variablen zusätzlich mit der Korrelationsanalyse nach Pearson berechnet. Allerdings basiert sie u. a. auf der Annahme normalverteilter Variablen,

---

[203] So hat z. B. das Statistikprogamm Stata bei der Faktorenanalyse die Voreinstellung Faktoren ab einer Faktorladung von 0,3 anzuzeigen.
[204] Vgl. Backhaus et al. (2003), S. 289-292.
[205] Z. B. das Maximum Likelihood- und das Minres-Verfahren; vgl. Derflinger (1969).
[206] Vgl. Briggs und MacCallum (2003), S. 28.

welche in der vorliegenden Untersuchung nicht erfüllt ist.[207] Sie gilt indes als sehr robust gegen eine Verletzung dieser Annahme, wodurch wahrscheinlich auch die Ähnlichkeit der Ergebnisse der beiden Verfahren begründet ist.

3.4.5 *Overfitting und Überparametrisierung*

Das Phänomen des Overfitting beruht auf einer Überanpassung eines Modells an einen vorgegebenen Datensatz. Das Modell erfasst hierbei nicht nur die Varianz des untersuchten Prozesses sondern auch kleine, zufällige Schwankungen in den Daten (noise). Insbesonders bei Modellen mit einer Vielzahl unabhängiger Variablen treten die hiermit assoziierten Probleme auf, weswegen manche Autoren dieses Phänomen auch als Überparametrisierung beschreiben. Im Allgemeinen ist ein Modell mit einer Vielzahl unabhängiger Parameter nicht notwendigerweise als schlecht einzustufen, da es aufgrund der Anzahl erklärender Variablen sehr flexibel ist und somit auch im Rahmen anderer Analysen eingesetzt werden kann. Bildet es jedoch, wie in der linken Grafik von Abbildung 3.7 dargestellt, auch die idiosynkratischen Fehler in den zugrundeliegenden Daten ab, so sinkt seine Generalisierbarkeit.[208]

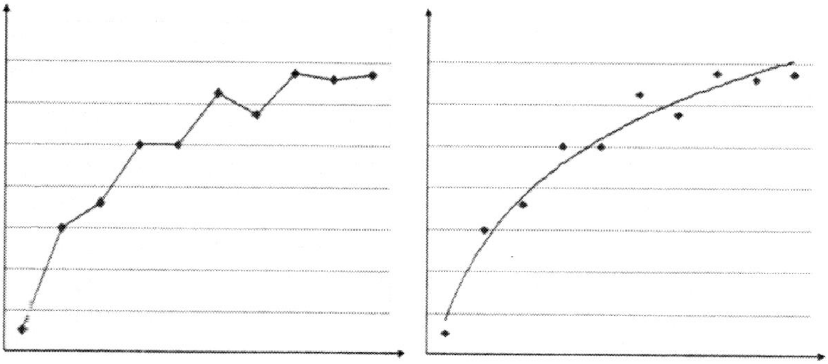

Abb. 3.7 Vergleich eines Overfitting-Modells mit einem generalisierbaren Modell

[207] Vgl Sachs (2004), S. 496. Da die Darstellung der Korrelationen zwischen allen Kennzahlen zu unübersichtlich ist, sind in Anhang 5.10 nur die Korrelation zwischen den Kennzahlen der einzelnen Modelle dargestellt.

[208] Vgl. Pitt et al. (2002), S. 473-474.

Generalisierbarkeit bezeichnet hierbei die Übertragbarkeit eines Modells auf Datensätze, die im selben Kontext wie der Entwicklungsdatensatz gebildet werden. Sie bildet somit den Gegensatz zu den Gütemaßen, die die Passform eines Modells in Bezug auf einen bestimmten Datensatz abbilden. Anwender statistischer Verfahren müssen dementsprechend zwischen der Güte des Modells in Bezug auf den Entwicklungsdatensatz und der Generalisierbarkeit des Modells abwägen. Jede sinnvolle, unabhängige Variable, die in ein Modell aufgenommen wird, erhöht die Güte der In-sample-Test-Statistiken, schränkt jedoch ab einem gewissen Punkt dessen Generalisierbarkeit bzw. Übertragbarkeit auf andere Datensätze ein.[209]

Zur Vermeidung des Overfitting bzw. der Überparameterisierung von Modellen werden in der Literatur mehrere Verfahren angeführt. Die wahrscheinlich bekanntesten Methoden sind:[210]

Methode	Berechnung
Akaike Information Criterion (AIC)	$\text{AIC} = -2\ln f(z\|\hat{\Theta}) + 2l$
Bayesian Information Criterion (BIC)	$\text{BIC} = -2\ln f(z\|\hat{\Theta}) + l\ln n$
Root Mean Square Deviation (RMSD)	$\text{RMSD} = \sqrt{\text{SSE}/(N-l)}$
Informational Complexity Criterion (ICOMP)	$\text{ICOMP} = (l\ \ln\ (\text{trace}\ [\Omega(\hat{\Theta})]/l) -(\ln\det[\Omega(\hat{\Theta})]))/2 - \ln f(z\|\hat{\Theta})$
Cross-Validation (CV)	$\text{CV} = -\ln f(z_{val}\|\hat{\Theta}_{cal})$
Bayesian Model Selection (BMS)	$\text{BMS} = -\ln \int f(z\|\Theta)\pi(\Theta)d(\Theta)$

mit: z = Stichprobe der Größe n; $\hat{\Theta}$ = Parameterwert, der die Likelihood-Funktion $f(y|\hat{\Theta})$ maximiert; SSE = Summe der Abweichungsquadrate; N = Anzahl der Datenpunkte; Ω = Kovarianzmatrix der Parameterschätzung; y_{Val} = Validierungsdatensatz; $\hat{\Theta}_{cal}$ = Maximum-Likelihood-Parameterschätzung des Entwicklungsdatensatzes; ln = natürlicher Logarithmus zur Basis e; $\pi(\Theta)$ = A-priori-Wahrscheinlichkeitsdichtefunktion der Variablen.

209 Vgl. Olsson et al. (2004), S. 937.
210 Vgl. Pitt et al. (2002), S. 475-476.

Neben diesen Methoden kann noch eine Vielzahl weiterer Verfahren zur Vermeidung des Overfittings bzw. der Überparametrisierung eingesetzt werden. Auf eine umfassende Darstellung und Beurteilung der unterschiedlichen Verfahren wird jedoch an dieser Stelle aus Platzgründen verzichtet.[211]

Das älteste und wahrscheinlich am häufigsten verwendete Verfahren ist das Informationskriterium nach Akaike.[212] Es basiert auf dem informationstheoretischen Konzept der Entropie und der Methode der Maximum-Likelihood-Schätzung. Das Akaike-Informationskriterium ist indes nicht genormt, d. h. die Interpretation eines einzelnen AIC-Wertes ist nicht möglich. Anwender dieses Verfahrens müssen somit zunächst alle in Frage kommenden Modelle entwickeln und deren AIC-Werte berechnen. Das Modell mit dem kleinsten AIC-Wert sollte dann für die weitere Analyse verwendet werden. Es ist zu betonen, dass das Verfahren von Akaike kein Signifikanztest ist, sondern nur zur Auswahl eines Modells aus mehreren Modellen dient.[213]

Neben diesen Verfahren werden in der Literatur noch einige Faustregeln aufgeführt. Es hat sich gezeigt, dass ein Overfitting meist dann auftritt, wenn je unabhängiger Variable nur eine geringe Anzahl von Datenpunkten zur Verfügung steht. Manche Autoren setzten deshalb diese beiden Werte zueinander ins Verhältnis und legen somit eine Mindestzahl von Datenpunkten je erklärender Variable fest. Ein oft festgelegtes Minimum ist hierbei 15 Observationen je unabhängiger Variable.[214] Diese Vorgehensweise vernachlässigt jedoch weitere Informationen und basiert nur auf Erfahrungswerten, ist also wissenschaftlich nicht abgesichert. Dennoch sollte diese Mindestzahl bei der Entwicklung von Ratingmodellen als zusätzlicher Richtwert dienen und nicht unterschritten werden.

Aufgrund der fehlenden Theorie und der schlechten Datenverfügbarkeit ist Overfitting bzw. eine Überparametrisierung im Rahmen statistischer Insolvenzprognose- bzw. Ratingmodelle als ein ernst zu nehmendes Problem einzustufen. Dem Autor ist indes keine Studie zur Prognose von Ausfallwahrscheinlichkeit von

211 Einen sehr guten Überblick gibt Myung et al. (2000).

212 Vgl. Lindsey (1999), S. 402, Akaike (1973).

213 Vgl. Schermelleh-Engel et al. (2003), S. 46.

214 Vgl. Pedhazur (1997), S. 207.

Unternehmen bekannt, die dieses Problem addressiert und explizit bei der Modellentwicklung berücksichtigt.

Um ein Overfitting bei der Modellentwicklung in der vorliegenden Untersuchung zu vermeiden, wird das Informationskriterium nach Akaike eingesetzt. Bevor eine Variable in das Modell aufgenommen wird, werden die korrespondierenden AIC-Werte berechnet und miteinander verglichen. Nur wenn der neue AIC-Wert kleiner ist als der des vorherigen Modells, fließt die Kennzahl in die Berechnung ein.[215]

[215] Die Ergebnisse der Akaike-Informationskrierien sind in Anhang 5.11 aufgeführt.

3.5 Entwicklung und Beurteilung der Logit-Modelle

3.5.1 *Überprüfung der Linearitätsannahme*

Nachdem die Einhaltung aller in Kapitel 2.4.1 aufgeführten Annahmen der logistischen Regression entweder durch die in den vorangegangenen Kapitel beschriebenen Verfahren oder durch die Methode der Datenerhebung sichergestellt wurde, muss im folgenden Abschnitt nur noch die Linearitätsannahme

$$\text{(3.6)} \qquad \text{Log Odd} = \log\left(\frac{P(Y|X\beta)}{(1-P(Y|X\beta))}\right) = \beta_0 + \sum_{i=1}^{n} \beta_i x_{jc}$$

überprüft werden, bevor das Logit-Modell zur Prognose der Ausfallwahrscheinlichkeit mittelständischer Unternehmen entwickelt werden kann. Die Linearitätsannahme der logistischen Regression impliziert einen linearen Zusammenhang zwischen den unabhängigen Variablen und der logarithmierten Chance eines Unternehmensausfalls.[216] Wie bereits dargestellt folgt ihre funktionale Form somit dem in Abbildung 3.8 beschriebenen positiven oder negativen S-förmigen Verlauf.[217]

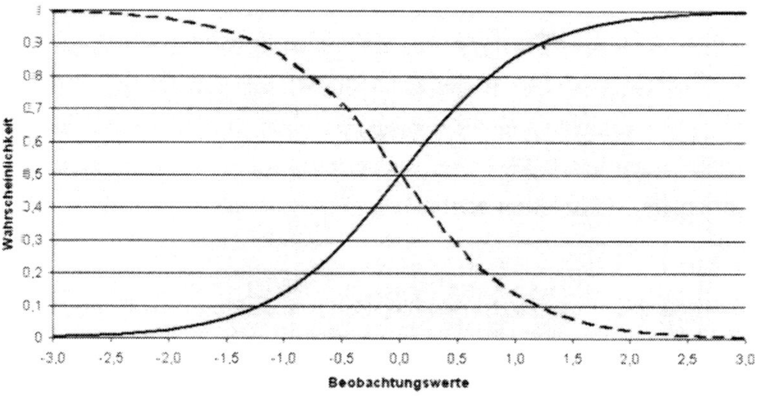

Abb. 3.8 Positiver und negativer S-förmiger Verlauf einer logistischen Regression

[216] Vgl. Hosmer und Lemeshow (2000), S. 63.
[217] Vgl. Backhaus et al. (2003), S. 433.

Um sicherzustellen, dass die Koeffizienten einer logistischen Regression die Wirklichkeit sinnvoll abbilden, ist die Erfüllung dieser Annahme unabdingbar.[218] Zur Überprüfung dieser Voraussetzung bieten sich verschiedene graphische und statistische Verfahren an.[219]

Die am häufigsten eingesetzte Methode zur Überprüfung der Linearitätsannahme ist das „Smoothed Scatterplot“, welches mit einem „Locally Weighted Scatterplot-Smoother“ (LOWESS) kombiniert wird.[220] Wie in Abbildung 3.8 wird hierbei die Ausfallwahrscheinlichkeit den durchschnittlichen Beobachtungswerten der unabhängigen Variablen gegenübergestellt. Zu diesem Zweck werden die Beobachtungswerte in Gruppen zusammengefasst und deren Mittelwerte errechnet.[221] Da die Mittelwerte jedoch durch Ausreißer beeinflusst werden und in dieser Untersuchung nicht um Ausreißer bereinigt wurde,[222] kann es auch bei den Grafiken zu Verzerrungen kommen. Um diese zu vermeiden, werden die jeweils 2,5 % der kleinsten und größten Werte von den Analyse ausgeschlossen.[223] Die zu erwartende Form der aus dieser nicht-parametrischen Regression hervorgehenden Grafik sollte einer der beiden in Abbildungen 3.8 dargestellten S-förmigen Kurven ähneln. Ein perfekter, S-förmiger Verlauf wird jedoch nur selten auftreten, da die Grafiken oft nur einen kleinen Teil des Kurvenverlaufs beschreiben. Treten in einer Abbildung z. B. nur Mittelwerte zwischen 0,8 und 0,2 auf, wird die Kurve nahezu linear verlaufen.[224] Die Kurve kann somit unterschiedliche Formen annehmen. Solange diese einen stetigen Zusammenhang widerspiegeln, sind sie nicht als problematisch einzustufen. Variablen mit U-förmigen, wellen-förmigen oder anderen nicht-stetigen Kurvenverläufen sind indes zu vermeiden.[225]

---

218 Vgl. Kohler und Kreuter (2001), S. 276-277.

219 Neben den hier beschriebenen z. B. noch die „Box-Tidwell“-Methode oder fraktionale Polynome; vgl. Tabachnik und Fidell (1996), S. 522; Hosmer und Lemeshow (2000), S. 100-103.

220 Vgl. Hosmer und Lemeshow (2000), S. 93-95; Schnell (1994), S. 251

221 Vgl. Kohler und Kreuter (2001), S. 278. In Anlehnung an Kohler und Kreuter (2001) werden je Variable 15 Gruppen generiert.

222 Vgl. die Ausführungen in Kapitel 3.4.1.

223 Eine Verdopplung des Anteils der in Kapitel 3.4.1 angeführten Ausreißer ist notwendig, da die Extremwerte einen sehr großen Anteil an der kleinsten und der größten Gruppe ausmachen und somit die Mittelwerte dieser beiden Gruppen sehr stark verzerren würden, wodurch wiederum der Kurvenverlauf an den Enden verfälscht werden würde.

224 Vgl. Kohler und Kreuter (2001), S. 277.

225 Vgl. Hosmer und Lemeshow (2000), S. 97-98.

Der Nachteil dieses Verfahrens ist jedoch, dass sich die Beurteilung der Ergebnisse nicht automatisieren lässt und dass es somit bei einer großen Anzahl potenzieller Variablen sehr aufwändig ist. Daher wird zunächst das empirische Log Odd der historischen Ausfallwahrscheinlichkeit kalkuliert und eine lineare Regression des Log Odds und der Mittelwerte der Variablengruppen durchgeführt.[226] Da dieses Verfahren jedoch nur sehr selten angewendet wird, im Gegensatz zum nicht-parametrischen grafischen Verfahren die Annahmen der linearen Regression voraussetzt und keinerlei Informationen über die Interpretation der Ergebnisse verfügbar sind, wird es in der vorliegenden Untersuchung nur zur Identifikation und Eliminierung von Kennzahlen, die die Linearitätsannahme offensichtlich nicht erfüllen, verwendet. Variablen, deren Regression mit der Log Odd der historischen Ausfallwahrscheinlichkeit ein R^2 von weniger als 0,3 aufweisen, werden von der weiteren Untersuchung ausgeschlossen. Durch diese Vorgehensweise wird ca. 1/3 der gebildeten Kennzahlen eliminiert. Auffällig hierbei ist, dass dieser Anteil bei den Wachstumskennzahlen über 40 % beträgt, während er bei den restlichen Kennzahlen weniger als 30 % ausmacht.

[226] Vgl. Hayden (2002), S. 33.

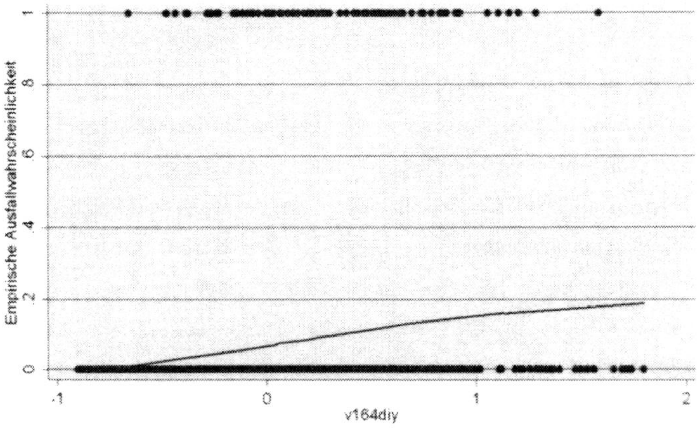

Abb. 3.9 Überprüfung der Linearität der Variablen v164diy für den 1-Jahres-Zeithorizont

Kennzahlen, deren Regression ein R^2 von über 0,3 aufweisen, werden anschließend grafisch, wie in Abbildung 5.10 dargestellt, aufgearbeitet. Natürlich muss hierbei wieder auf eine strikte Trennung der Entwicklungsdatensätze von den Kontrollgruppen geachtet werden, da sonst unzulässige Rückschlüsse gezogen werden können.[227]

Neben der Überprüfung der Linearität können mit diesen Grafiken zusätzlich zu dem in Kapitel 5.8 beschriebenen Mittelwertvergleich die Arbeitshypothesen der Variablen überprüft werden.[228] Lautet die Arbeitshypothese $I < S$ ($I > S$), so muss die Steigung der Kurve negativ (positiv) sein. Weicht eine Kennzahl hierbei von der Arbeitshypothese ab, ist sie von der weiteren Untersuchung auszuschließen.

[227] Da eine Darstellung aller Variablen für die verschiedenen Zeithorizonte ca. 1.000 Seiten umfassen würde, wurden in Anhang 5.12 nur die Grafiken der unabhängigen Variablen der Logit-Modellen abgebildet.

[228] Vgl. Backhaus et al. (2003), S. 433.

3.5.2 *Entwicklung der Logit-Modelle*

3.5.2.1 Selektion trennscharfer Kennzahlen

Wegen des Fehlens einer theoretischen Fundierung[229] müssen die unabhängigen Variablen eines Ratingmodells mit Hilfe statistischer Kriterien ausgewählt werden. Hierbei können Wissenschaftler und Praktiker theoretisch zwischen zwei Vorgehensweisen wählen. Das finale Modell könnte dementsprechend determiniert werden, indem entweder diejenigen

- Variablen oder
- Funktionen,

die nicht zur Trennung der solventen von den insolventen Unternehmen beitragen, eliminiert werden.[230] Von diesen beiden Methoden wäre die zweite klar zu präferieren, da sie sicherstellt, dass das Ratingmodell mit dem höchsten Klassifikationserfolg entwickelt und ausgewählt würde. In der Praxis ist diese Vorgehensweise jedoch (noch) nicht durchführbar. Geht man davon aus, dass ein Ratingmodell bis zu 8 Variablen enthält[231] und 50 Kennzahlen[232] zur Auswahl stehen, müssten über 22 Billionen Modelle berechnet werden. Bei einer Rechenleistung von 10.000 Modellen in der Sekunde wäre ein Computer somit über 600.000 Stunden oder 65 Jahre mit der Kalkulation beschäftigt.[233]

Aus diesem Grund wird sowohl in der Praxis als auch in der Wissenschaft die erstgenannte Vorgehensweise angewendet. Hierzu muss zunächst ein zu maximierendes Gütemaß gewählt werden, das entweder das Gesamtmodell beurteilt oder

229 Vgl. Kapitel 3.3.1.

230 Vgl. Altman et al. (1981), S. 144.

231 Die Anzahl der Variablen eines Ratingmodells schwankt u. a. aufgrund der gewählten Maximalkorrelation oder des gewählten Verfahrens und seiner Annahmen. In der Literatur schwankt die Anzahl der Variablen dementsprechend. Die meisten Studien weisen 5-7 Variablen auf, wobei auch Modelle mit drei (vgl. Laitinen (1992), S. 332) und zwölf Kennzahlen (vgl. Hayden (2002), S. 75) publiziert wurden. Um also zu gewährleisten, dass alle potenziell relevanten Kombinationen berechnet werden, sollten alle Modelle mit bis zu 8 Variablen aufgestellt und analysiert werden.

232 Auch die Anzahl der zur Verfügung stehenden Kennzahlen schwankt zwischen den Studien in Abhängigkeit von den zur Verfügung stehenden Daten.

233 Vgl. Altman et al. (1981), S. 146.

den Beitrag der einzelnen Variablen zur Güte des Modells.[234] Anschließend können drei verschiedene Methoden zur Selektion der Modellvariablen angewendet werden. Die Variablen können durch:[235]

1. schrittweise Forward Selection,
2. schrittweise Backward Selection oder
3. eine Kombination der beiden Verfahren

determiniert werden. Alle Verfahren sind hierbei konditionale Methoden, d. h. der Einfluss der anderen unabhängigen Variablen des Modells wird bei der Selektion der neuen Modellparameter berücksichtigt. Somit sind sie von der in Kapitel 5.8 geäußerten Kritik an den univariaten Auswahlkriterien nicht betroffen.

Bei der Methode der schrittweisen Selektion wird der relative Beitrag jeder Kennzahl zur Güte des Modells gegenüber den bereits (noch) vorhandenen unabhängigen Variablen gemessen und beurteilt. Das schrittweise Forward-Selection-Verfahren beginnt mit der Auswahl der Variable, bei der das gewählte Gütemaß unvariat am höchsten ist. Anschließend wird das Modell für jede Kombination dieser ersten Kennzahl mit jeder anderen berechnet und evaluiert. Das Paar mit der höchsten Modellgüte wird ausgewählt. Diese Schritte werden so lange wiederholt, bis entweder alle Variablen ausgewählt wurden oder die verbleibenden Kennzahlen keinen zusätzlichen bzw. nur noch einen marginalen Beitrag zum Modell leisten.[236] Der Nachteil dieses Verfahrens ist, dass eine Variable, die einmal in das Modell aufgenommen wurde, nicht mehr eliminiert wird, auch wenn sich hierdurch der Klassifikationserfolg verbessern würde.[237]

Im Gegensatz zur schrittweisen Forward Selection beginnt das schrittweise Backward-Selection -Verfahren mit allen verfügbaren Kennzahlen. Bei jedem Durchgang wird hierbei die Variable, die am wenigsten zur Güte des Modells beiträgt,

---

234 Vgl. Kapitel 3.5.2.3.

235 Vgl. Eisenbeis (1977), S. 883. Eisenbeis (1977) listet insgesamt sieben verschiedene Verfahren für die Diskriminanzanalyse auf. Hier werden jedoch nur diejenigen Verfahren dargestellt, die universell bei allen statistischen Verfahren anwendbar sind. Des Weiteren wird auf die Darstellung univariater Verfahren unter Verweis auf die in Kapitel 5.8 angeführten Gründe verzichtet.

236 Vgl. Hosmer und Lemeshow (2000), S. 116-128.

237 Vgl. Reunanen (2003), S. 1373.

von der weiteren Untersuchung ausgeschlossen. Diese Vorgehensweise wird fortgesetzt, bis sich das gewählte Gütemaß signifikant verschlechtert. Die zuletzt entfernte Kennzahl wird dann wieder zu den verbliebenen unabhängigen Variablen des Modells hinzugefügt.[238]

Die schrittweise Backward Selection erlaubt es dem Anwender indes nicht, kollineare Kennzahlen bei der Auswahl der Modellvariablen aktiv zu vermeiden.[239] Stattdessen muss die Korrelation der Variablen schon bereits vor der Nutzung des Verfahrens auf das gewählte Maximum beschränkt d. h. eine Vorauswahl getroffen werden. Da bis zu diesem Punkt der Modellentwicklung jedoch noch keine multivariaten Ergebnisse generiert wurden, muss diese Vorauswahl auf Basis univariater Statistiken getroffen werden. Diese Vorgehensweise wird jedoch wegen der in Kapitel 5.8 angeführten Gründe von den meisten Wissenschaftlern und Praktikern abgelehnt und stattdessen einem der beiden anderen Verfahren der Vorzug gewährt.

Die Kombination der beiden Verfahren beginnt mit der schrittweisen Forward Selection. Zunächst wird wieder die univariat trennschärfste Variable ausgewählt und um die Variable, mit der das gewählte Gütemaß optimiert wird, ergänzt. Im Gegensatz zur reinen Forward Selection wird nun jedoch mit der Backward Selection überprüft, ob es eine Kombination der zweiten Variablen mit einer der restlichen Kennzahlen gibt, die den bisherigen Wert des Gütemaßes der erste Kombination verbessert. Unabhängig davon, ob hierbei eine bessere Kennzahl gefunden wird, beginnt im nächsten Schritt wieder eine Forward Selection. Die Basis hierzu bildet entweder das Kennzahlpaar, das im ersten Schritt der Untersuchung determiniert wurde oder die Variable, die durch die Backward Selection neu bestimmt wurde. Wie bei der schrittweisen Forward Selection wird das Verfahren eingestellt, wenn entweder alle Kennzahlen ausgewählt wurden oder die verbleibenden Kennzahlen keinen zusätzlichen bzw. nur noch einen unzureichenden Beitrag zum Modell leisten.[240]

---

[238] Vgl. Eisenbeis (1977), S. 884.
[239] Vgl Hayden (2002), S. 64-65.
[240] Vgl. Pudil et al. (1994), Somol et al. (1999).

Die zuletzt beschriebene Vorgehensweise ist der Berechnung und Evaluierung aller möglichen Funktionen sehr ähnlich. Während diese jedoch sehr einfach ist und die optimale Funktion durch reine Rechenleistung zu determinieren versucht, ist eine Kombination der Forward und Backward Selection sehr komplex. Kennzahlen werden als unabhängige Variablen in ein Modell aufgenommen und wieder eliminiert, die Ergebnisse der bereits berechneten Kombinationen müssen immer wieder mit den Ergebnissen neuer Kombinationen verglichen werden und es muss sichergestellt sein, dass der verwendete Algorithmus Endlosschleifen verhindert, da eine Modellberechnung in manchen Fällen sonst unmöglich ist. Im Gegensatz zur Berechnung aller möglichen Funktionen benötigt die Kombination der schrittweisen Auswahlverfahren weniger Rechenleistung und ist deshalb bei einer begrenzten Anzahl von Variablen eine sehr gute Alternative.[241] In der vorliegenden Untersuchung ist ihr Einsatz aufgrund der Vielzahl von Kennzahlen jedoch nicht praktikabel, weswegen wie in den meisten Studien zur Insolvenzprognose von Unternehmen die schrittweise Forward Selection eingesetzt wurde.[242]

3.5.2.2 Auswahl signifikanter Kennzahlen

Bei der Auswahl der unabhängigen Modellvariablen sollte neben den bisher angeführten Kriterien auch darauf geachtet werden, dass der Beitrag der Kennzahl zur Trennung solventer und insolventer Unternehmen signifikant ist. Um dies sicherzustellen, muss untersucht werden, ob sich der Kennzahlkoeffizient von Null unterscheidet. Da sich der Einfluss der einzelnen Variable im Laufe der Modellentwicklung aufgrund neuer Modellkennzahlen verändert,[243] ist diese Analyse hierbei nicht nur auf die neuen Modellvariablen zu beschränken, sondern ist bei jedem Entwicklungsschritt auch für die bereits ausgewählten Kennzahlen zu berechnen. Variablen, deren Koeffizienten sich dabei nicht signifikant von Null unterscheiden, sind im Rahmen des jeweiligen Entwicklungsschritts zu vernachlässigen.

---

241 Vgl. Reunanen (2003), S. 1380.

242 Schrittweise Forward Selection wird z. B. in Altman und Levalee (1981); Izan (1984); Niehaus (1987); Hüls (1995) und Back et al. (1996) verwendet.

243 Vgl. Ausführungen in Kapitel 5.8.

Der wahrscheinlich bekannteste und am häufigsten eingesetzte Test zur Überprüfung der Variablenkoeffizienten ist der Wald-Test. Seine Test-Statistik w ist asymptotisch χ^2-verteilt, mit einem Freiheitsgrad von eins und errechnet sich als:[244]

(3.7) $$w = \left(\frac{\beta_j}{s_{\beta_j}}\right)^2$$

mit:

s_{β_j} = Standardabweichung des Koeffizienten β_j

Die Nullhypothese lautet hierbei H_0: $\beta_j = 0$. Auf Basis dieser Informationen kann wiederum die Irrtumswahrscheinlichkeit, mit der die Nullhypothese abgelehnt wird, obgleich sie richtig ist, abgeleitet werden.[245]

Im Rahmen der Entwicklung der einzelnen Ratingmodelle wird in dieser Untersuchung ebenfalls die Signifikanz der Variablenkoeffizienten mit dem Wald-Test bestimmt. Da die vorliegenden Daten nicht um Ausreißer bereinigt wurden, wird die maximal zulässige Irrtumswahrscheinlichkeit auf 15 % für die Variablenkoeffizienten des Modells für den 1-Jahres-Zeithorizont gesetzt. Diese Vorgabe wird des Weiteren um jeweils 5 % pro Jahr erhöht, da sich bei der Analyse der Mittelwerte in Kapitel 5.8 zeigte, dass der Betrag und die Signifikanz der Mittelwertunterschiede mit zunehmendem Abstand zum Insolvenzzeitpunkt abnehmen. Somit ergibt sich für das Modell mit dem 2-Jahres-Zeithorizont eine maximale Irrtumswahrscheinlichkeit von 20 % und für den 3-Jahres-Zeithorizont von 25 %.

[244] Vgl. Tabachnick und Fidell (2001), S. 524-525.
[245] Vgl. Backhaus et al. (2003), S. 452.

3.5.2.3 Selektion des Kriteriums zur Maximierung der Modellgüte

Bei der Modellierung statistischer Ratingverfahren muss aufgrund der fehlenden Theorie ein Kriterium zur Maximierung der Modellgüte gewählt werden. Grundsätzlich können hierbei modellspezifische Kriterien und modellunspezifische Kriterien unterschieden werden. Theoretisch sollten zwischen den Ergebnissen dieser beiden Gütemaßgruppen und den einzelnen Kriterien keine Unterschiede bestehen. Trotzdem sollten im Rahmen der Modellentwicklung zumindest die gängigsten Verfahren aus beiden Gruppen berücksichtigt werden.

Das wahrscheinlich am häufigsten verwendete modellspezifische Gütemaß im Rahmen der logistischen Regression ist das McFaddens R^2.[246] Es ergibt sich aus folgender Gleichung:[247]

$$R^2 = \frac{LL_v}{LL_0} \tag{3.8}$$

mit:

LL_v = LogLikelihood des endgültigen Modells

LL_0 = LogLikelihood des Null-Modells

Hierbei ist anzumerken, dass McFaddens R^2 grundsätzlich niedrigere Werte als das R^2 der linearen Regressionsanalyse aufweist, da die Observationen nur die Werte 0 oder 1 annehmen, während die geschätzten Wahrscheinlichkeiten zwischen 0 und 1 liegen.[248] Aus diesem Grund werden Modelle, deren McFadden R^2 zwischen 0,2 und 0,4 liegt, bereits als gut eingeschätzt.[249]

Neben dem McFadden R^2 wird bei der Entwicklung von Ratingmodellen auch oft der In-sample-Klassifikationserfolg als Gütemaß eingesetzt. Es handelt sich

[246] Auf eine umfassende Darstellung und Beurteilung der unterschiedlichen Gütemaße für die logistische Regression wird an dieser Stelle aus Platzgründen verzichtet. Einen sehr guten Überblick gibt Krafft (1997), S. 629-634.

[247] Vgl. Backhaus et al. (2003), S. 440-441. Neben dem McFaddens R^2 gibt es noch eine Reihe weitere R^2; vgl. Aldrich und Nelson (1984), S. 57-59.

[248] Vgl. Krafft (1997), S. 631.

[249] Vgl. Urban (1993), S. 62.

hierbei um ein modellunspezifisches Kriterium, das vor allem in den letzten Jahren an Popularität gewonnen hat.[250]

Im Rahmen der vorliegenden Untersuchung werden sowohl das McFadden R^2 als auch der In-sample-Klassifikationserfolg als Kriterium zur Selektion der Variablen und zur Maximierung der Modellgüte eingesetzt. Wie zu Beginn des Kapitels erläutert, gibt es jedoch in der Regel zwischen den nach verschiedenen Kriterien determinierten Modellen keine Unterschiede. So werden in der vorliegenden Untersuchung mit beiden Kriterien dieselben unabhängigen Variablen ausgewählt und sowohl das McFadden R^2 der Modelle als auch ihr Klassifikationserfolg unterscheiden sich nicht.

3.5.2.4 Ergebnisse der Modellentwicklung

Das Ergebnis der in den vorangegangenen Kapiteln beschriebenen Vorgehensweise bilden drei Modelle, die die Ausfallwahrscheinlichkeit von Unternehmen für verschiedene Zeithorizonte prognostizieren. Die finalen Modelle sind

für einen Zeithorizont von einem Jahr:

$$z_l = 0,39 - 9,45 * v28 + 1,90 * v164diy - 0,14 * v230di + 0,63 * v236di$$

mit:

v28	=	Ertragswirtschaftlicher Cash Flow (CFIe) /(Fremdkapital (FK) - Flüssige Mittel b (FMb))
v164diy	=	Verbindlichkeiten (VB) / Bilanzsumme (BISU) modifiziert mit dem Jahresindustriedurchschnitt

[250] Für eine umfassende Darstellung der einzelnen Möglichkeiten zur Bestimmung und Beurteilung des Klassifikationserfolg vergleiche Ausführungen in Kapitel 3.5.5.

v230di	=	Finanzwirtschaftlicher Cash Flow (CFIIe) / Bilanzsumme (BISU) modifiziert mit dem 3-Jahres-Industriedurchschnitt
v236di	=	(Verbindlichkeiten aus Lieferungen und Leistungen (VLL) + Akzepte (AKZ))*12) / Materialaufwand (MAUF) modifiziert mit dem 3-Jahres-Industriedurchschnitt

für einen Zeithorizont von zwei Jahren:

$$z_l = 0,57 - 4,99 * v228 - 1,36 * w24diy - 0,73 * v81diy$$

mit:

v228	=	Ertragswirtschaftlicher Cash Flow zuzüglich Zuführung zu Pensionsrückstellungen (CFIeP) / Gesamtverschuldung (GEVER)
w24diy	=	Wachstum v96diy (Wirtschaftliches Eigenkapital (WEKa) - Immaterielle Vermögensgegenstände a (IVGa)) / (Bilanzsumme (BISU) - Immaterielle Vermögensgegenstände a (IVGa) - Flüssige Mittel a (FMa) - Grundstücke und Bauten (GB))
v81diy	=	(Verbindlichkeiten aus Lieferungen und Leistungen (VLL) + Akzepte (AKZ) + Bankverbindlichkeiten (BANK)) / Fremdkapital abzüglich erhaltene Anzahlungen (FKIa) modifiziert mit dem Jahresindustriedurchschnitt

für einen Zeithorizont von drei Jahren:

$$z_l = -1\ 76 + 3,18 * v81 - 0,21 * v47di - 2,04 * v176$$

mit:

v81	=	(Verbindlichkeiten aus Lieferungen und Leistungen (VLL) + Akzepte (AKZ) + Bankverbindlichkeiten (BANK)) / Fremdkapital abzüglich erhaltene Anzahlungen (FKIa)
v47di	=	Ertragswirtschaftlicher Cash Flow zuzüglich Zuführung zu Pensionsrückstellungen (CFIeP) / (kurzfristiges Fremdkapital (KFK) + mittelfristige Verbindlichkeiten (1-5 Jahre)(MFK)) modifiziert mit dem 3-Jahres-Industriedurchschnitt
v176	=	Wirtschaftliches Eigenkapital b zuzüglich 0,5 Sonderposten mit Rücklagenanteil (WEKbI) / Bilanzsumme (BISU)

Die individuelle Ausfallwahrscheinlichkeit p_l der Unternehmen berechnet sich anschließend als:[251]

$$p_l(y = 1) = \frac{e^{z_l}}{1 + e^{z_l}}$$

Es ist anzumerken, dass bei der Entwicklung der Modelle oft gleiche oder sehr ähnliche Kennzahlen zu Beginn des schrittweisen Selektionsprozesses identifiziert wurden. Indes mussten diese Variablen bei manchen Modellen aufgrund der Nichterfüllung der Linearitätsannahme oder anderer statistischer Vorgaben von den weiteren Entwicklungsschritten ausgeschlossen werden.

Es fällt auf, dass die Modelle mindestens eine um den Industriedurchschnitt modifizierte Kennzahl umfassen, wobei der Anteil dieser Variablen bei den meisten Modellen über 60 % beträgt. Es ist also zu erwarten, dass sich die in Kapitel 3.3.4 beschriebenen Modifikationen positiv auf den Modellerfolg auswirken.

[251] Vgl. Kohler und Kreuter (2001), S. 259.

Außerdem ist hervorzuheben, dass es bei den Kennzahl des 1-Jahres-Zeithorizont-Modells bezüglich des Informationsbereichs keinerlei Überschneidungen gibt. Bei den beiden anderen Ratingmodellen ist indes der Bereich Kapitalstruktur mit jeweils zwei von drei Variablen klar dominierend,[252] so dass zu vermuten ist, dass sich Insolvenzen kleiner und mittelständischer Unternehmen frühzeitig in diesem Bereich niederschlagen.[253]

Außerdem fällt auf, dass die Modelle aus maximal vier unabhängigen Variablen bestehen. Sie sind daher im Vergleich zu anderen Publikationen als sehr effizient einzustufen,[254] wenn die folgenden statistischen und ökonomischen Analysen zufriedenstellend ausfallen. Zunächst werden hierzu die im Rahmen der Modellentwicklung verwendeten statistischen Vorgaben untersucht und anschließend um weiterführende statistische Tests ergänzt. Den Abschluss bilden die ökonomische Analyse, die sowohl eine allgemeine Interpretation der Modelle, als auch die Untersuchung des Einflusses unternehmensindividueller Kenngrößen auf das Unternehmensrating umfasst, sowie die Untersuchung der Klassifikationserfolge.

3.5.3 *Statistische Analyse der Logit-Modelle*

3.5.3.1 Überprüfung der im Rahmen der Modellentwicklung verwendeten statistischen Vorgaben

Das wahrscheinlich in den meisten wissenschaftlichen Publikationen, denen eine logistische Regression zugrunde liegt, angegebene statistische Gütemaß ist das McFadden R^2. In der vorliegenden Untersuchung wurde es im Rahmen der Auswahl möglichst trennscharfer Variablen zur Maximierung der Modellgüte verwendet.[255] Aufgrund des abnehmenden Unterschieds zwischen Kennzahlen solventer und insolventer Unternehmen im Zeitverlauf[256] ist zu erwarten, dass sich

[252] Die der Variablen w24diy zugrundeliegende Kennzahl v96diy stammt ebenfalls aus dem Bereich Kapitalstruktur.

[253] Für eine weiterführende ökonomische Interpretation der Kennzahlen und der Informationsbereiche vgl. Kapitel 3.5.4.

[254] Vgl. z. B. Edmister (1972), S. 1487; Stein von und Ziegler (1984), S. 257; Kaiser und Szczesny (2003), S. 799.

[255] Vgl. Ausführungen in Kapitel 3.5.2.3.

[256] Vgl. die Ausführungen in Kapitel 5.8.

das McFadden R^2 mit zunehmendem Zeithorizont ebenfalls verringert. Dies wird durch die vorliegenden Untersuchungsergebnisse bestätigt:

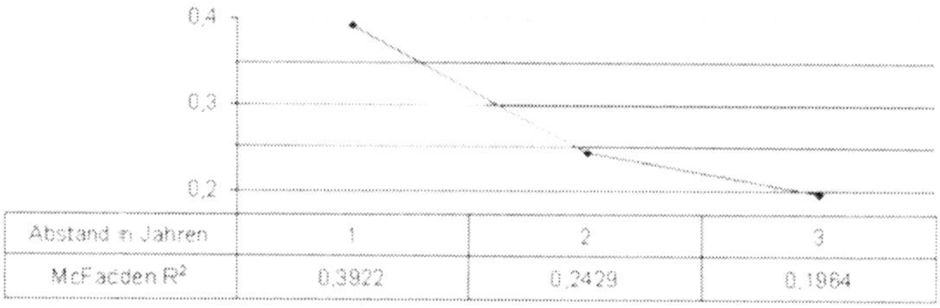

Abb. 3.10 Entwicklung des McFadden R^2 für die verschiedene Zeithorizonte

Basierend auf den Angaben von Urban (1993) sind somit die McFadden R^2 für den 1- und 2-Jahres-Zeithorizont als gut einzustufen.[257] Das McFadden R^2 für das 3-Jahre-Zeithorizont-Modell liegt mit 0,196 nur knapp unter dem in Kapitel 3.5.2.3 angeführten Minimum von 0,2, so dass es als zufriedenstellend zu beurteilen ist. Das 1-Jahres-Zeithorizont-Modell dominiert hierbei mit einem McFadden R^2 von 0,3922 klar die beiden anderen und liegt über den Ergebnissen vergleichbarer Studien zur Insolvenzprognose von Unternehmen.[258] Eine Beurteilung der McFadden R^2 der beiden anderen Modelle im Vergleich zu anderen Publikationen ist wegen mangelnder internationaler bzw. deutscher Vergleichsstudien nicht möglich.[259]

Beim Vergleich der McFadden R^2 zwischen den Modellen mit den unterschiedlichen Zeithorizonten ist auffällig, dass die Differenz zwischen dem 1-Jahres- und dem 2-Jahres-Modell größer ist, als zwischen dem 2-Jahres- und dem 3-Jahres-

[257] Vgl. die Ausführungen in Kapitel 3.5.2.3.

[258] Vgl. z. B. Hayden (2002), S. 76; Grunert et al. (2005), S. 519-526; Grunert et al. (2005) untersuchen den Einfluss qualitativer Informationen auf den Klassifikationserfolg von Ratingmodellen. Ihr höchstes R^2 für Modelle, die nur auf quantitativen Informationen beruhten, beträgt 0,2842. Für Modelle, die beide Informationsbereiche kombinieren, ergibt sich ein maximales McFadden R^2 von 0,3926. Das vorliegende Modell für den 1-Jahres-Zeithorizont ist somit auf Basis des McFadden R^2 als sehr gut einzustufen.

[259] Neben der vorliegenden Studie gibt es nur eine geringe Anzahl von Publikationen, die Modelle für verschiedene Zeithorizonte berechnen. Diese basieren jedoch entweder auf anderen Verfahren oder veröffentlichen keine vergleichbaren Statistiken.

Modell. Dieser Unterschied ist wahrscheinlich u. a. auf die geringere Anzahl unabhängiger Variablen der beiden letzten Modelle zurückzuführen. Ferner dürfte diese Entwicklung jedoch auch durch den bereits angeführten abnehmenden Unterschied zwischen Kennzahlen solventer und insolventer Unternehmen im Zeitverlauf begründet sein, da zu erwarten ist, dass die Differenz zwischen den Unterschieden der Kennzahlen mit zunehmendem Abstand zum Insolvenzzeitpunkt abnimmt.

Wie in Kapitel 3.5.2.2 beschrieben, durften die Koeffizienten der Modellkennzahlen im Rahmen des Wald-Tests eine maximale Irrtumswahrscheinlichkeit von 15 % respektive 20 % bzw. 25 % nicht überschreiten. Im Laufe der Modellentwicklung zeigte sich jedoch, dass die meisten der ausgewählten unabhängigen Variablen eine signifikant geringere Irrtumswahrscheinlichkeit aufweisen:

Tab. 3.11 Wald-Test-Statistiken für die Variablen des 1-Jahres-Logit-Modells

	Koeffizient	Standard-abweichung	Wald	Irrtums-Wahrscheinlichkeit
v28	-9,45	2,05	21,21	0 %
v164diy	1,90	0,53	12,81	0,03 %
v230di	-0,14	0,05	7,95	0,48 %
v236di	0,63	0,33	3,70	5,45 %

Tab. 3.12 Wald-Test-Statistiken für die Variablen des 2-Jahres-Logit-Modells

	Koeffizient	Standard-abweichung	Wald	Irrtums-Wahrscheinlichkeit
v228	-4,99	1,21	17,02	0 %
w24diy	-1,36	0,55	6,23	1,25 %
v81diy	0,73	0,41	3,19	7,40 %

Tab. 3.13 Wald-Test-Statistiken für die Variablen des 3-Jahres-Logit-Modells

	Koeffizient	Standard-abweichung	Wald	Irrtums-Wahrscheinlichkeit
v81	3,18	1,01	10,01	0,16 %
v47di	-0,21	0,18	1,35	24,59 %
v176	-2,04	1,19	2,96	8,53 %

Wie aus den vorangegangenen Tabellen ersichtlich, liegt die Irrtumswahrscheinlichkeit der meisten Kennzahlkoeffizienten über alle Modelle hinweg bei unter 10 %. Nur der Koeffizient der Variable v47di des 3-Jahres-Zeithorizont-Modells liegt über dieser Marke, aber mit 24,59 % noch unter der Vorgabe von 25 %. Niedrigere Vorgaben bezüglich der maximal zulässigen Irrtumswahrscheinlichkeit hätten somit keine oder vorraussichtlich nur geringe Einflüsse auf die Modelle.

Wie bereits beim zuvor beschriebenen McFadden R^2 spiegelt sich auch im Wald-Test eine Verringerung der Kennzahlunterschiede zwischen den solventen und den insolventen Unternehmen im Zeitverlauf wider. Im vorliegenden Fall schlägt sie sich in einer Zunahme der durchschnittlichen Irrtumswahrscheinlichkeiten nieder. Aufgrund der mit zunehmendem Abstand zum Insolvenzzeitpunkt kleiner werdenden Unterschiede der Kennzahlen zwischen den beiden Unternehmensgruppen nähern sich die Koeffizienten an Null an, was auf Grund der beinahe konstanten Standardabweichung[260] der Variable zu geringeren Werten der Wald-Statistik führt und somit zu einer Zunahme der durchschnittlichen Irrtumswahrscheinlichkeit.[261]

Es ist anzumerken, dass die Reihenfolge der Kennzahlen mit der Auswahlreihenfolge im Rahmen der Modellentwicklung übereinstimmt. Somit weisen die jeweils als erste ausgewählten Kennzahlen auch die geringste Irrtumswahrschein-

[260] Die durchschnittliche Standardabweichung der Modellkennzahlen schwankt zwischen 0,72 und 0,74.

[261] Die durchschnittliche Irrtumswahrscheinlichkeit verdoppelt sich von 1,44 % auf 2,88 % zwischen den ersten beiden Modellen und steigt auf 11,09 % (bzw. 4,34 %, wenn v47di als Ausreißer von der Berechnung des Mittelwerts ausgeschlossen wird) für das 3-Jahres-Zeithorizont-Modell an.

lichkeit je Modell auf. Der Einfluss der anderen Kennzahl auf diese Variable muss entweder somit positiv oder nur sehr gering sein, was wahrscheinlich auf den Auswahlmodus unabhängiger Kennzahlen und die hierdurch bedingte geringe Korrelation zurückzuführen ist.

3.5.3.2 Der Hosmer-Lemeshow-Test

Der Hosmer-Lemeshow-Test ist eine Weiterentwicklung des Pearson-χ_p^2, das die Anzahl der korrekt vorhergesagten Observationen $m_j \pi_j$ mit ihrer tatsächlichen Zahl y_j innerhalb eines Kovariaten-Musters[262] j vergleicht:[263]

(3.9) $$\chi_p^2 = \sum_{j=1}^{J} \left(\frac{y_j - m_j \pi_j}{\sqrt{m_j \pi_j (1 - \pi_j)}} \right)^2$$

mit:

π_j = vorhergesagte Wahrscheinlichkeit

Liegt jedoch die Zahl der Kovariaten-Muster nahe an der Anzahl der zur Modellierung eingesetzten Beobachtungen, so ist das Pearson-χ^2 als Gütemaß nicht geeignet, da in diesem Fall eine χ^2-Verteilung der Teststatistiken abgelehnt werden muss.[264]

Um dieses Problem zu beseitigen, ordnen Hosmer und Lemeshow die Daten zunächst auf Basis der vorhergesagten Wahrscheinlichkeit und unterteilen sie anschließend in g Gruppen.[265] Hierdurch werden die Observationen entweder in g gleich große Gruppen unterteilt oder jede Gruppe umfasst diejenigen Beobachtungen, deren vorhergesagte Wahrscheinlichkeit zwischen (100 %/g)*(Anzahl der vorangegangenen Gruppen) und (100 %/g)*(Anzahl der vorangegangenen Grup-

[262] Ein Kovariaten-Muster besteht aus jeder möglichen Kombination der erklärenden Modellvariablen, wobei jedes Muster m_j-mal auftritt und j alle auftretenden Kovariaten-Muster durchnummeriert; vgl. Kohler und Kreuter (2001), S. 275.

[263] Neben dem Pearson-χ^2 wird in manchen Publikationen auch die Devianz angegeben. Beide Gütemaße sind indes sehr ähnlich, weswegen die Devianz in der vorliegenden Untersuchung nicht eigens erläutert wird; vgl. Hosmer und Lemeshow (2000), S. 145-146.

[264] Vgl. Kohler und Kreuter (2001), S. 276.

[265] Vgl. Backhaus et al. (2003), S. 446-447.

pen + 1) liegen. In beiden Fällen berechnet sich die Hosmer und Lemeshow Test-Statistik $\hat{C}$ als:[266]

$$(3.10) \qquad \hat{C} = \sum_{q=1}^{g} \frac{(o_q - \acute{n}_q \bar{\pi}_q)^2}{\acute{n}_q \bar{\pi}_q (1 - \bar{\pi}_q)}$$

mit:

$\acute{n}_q$ = Anzahl der Subjekte in der q-ten Gruppe

o_q = Summe aller Insolvenzen je Kovariaten-Muster

$\bar{\pi}_q$ = vorhergesagte Durchschnittswahrscheinlichkeit

Dabei ist $\hat{C}$ näherungsweise χ^2-verteilt mit g-2 Freiheitsgraden. Die Nullhypothese lautet hierbei: Die vorhergesagten und die beobachteten Häufigkeiten stimmen innerhalb der Gruppen überein. Je geringer somit $\hat{C}$, desto geringer die Irrtumswahrscheinlichkeit und desto besser bildet das Modell die beobachteten Daten ab.[267]

Hosmer und Lemeshow verwenden in ihren Publikationen meist 10 Gruppen, worauf es wahrscheinlich zurückzuführen ist, dass sich diese Anzahl in vielen Forschungsfeldern als Standard etabliert hat. Hayden (2002), die einzige Studie zur Prognose von Unternehmensinsolvenzen, die Resultate zum Hosmer-Lemeshow-Anpassungstests publiziert, weicht indes von diesem Standard ab. Um einen Vergleich zwischen den generierten Ergebnissen und den Resultaten der anderen Publikation zu ermöglichen, werden zunächst 20 (ungefähr) gleich große Gruppen gebildet und die Test-Statistiken berechnet.[268] Auf eine Ergänzung dieser Ergebnisse durch einen Anpassungstest mit ungleichen Gruppen wird in der vorliegenden Untersuchung verzichtet, da sich in mehreren Studien gezeigt hat, dass durch die beschriebene Vorgehensweise eine bessere Anpassung der Resultate an

266 Vgl. Hosmer und Lemeshow (2000), S. 148-149.

267 Vgl. Kohler und Kreuter (2001), S. 276.

268 Aufgrund der Anzahl zur Verfügung stehender Observationen kann es bei der Bildung der Gruppen zu leichten Abweichungen zwischen den Gruppen kommen. Liegen z. B. 170 Beobachtungen vor und werden 20 Gruppen gebildet, so werden 10 Gruppen mit jeweils 8 und 10 Gruppen mit jeweils 9 Observationen gebildet.

die χ^2-Verteilung erreicht wird und die Ergebnisse somit verlässlicher und besser interpretierbar sind.[269]

Tab. 3.14 Hosmer-Lemeshow-Anpassungstest

Zeithorizont	Freiheitsgrad	$\hat{C}$	Wahrscheinlichkeit
1 Jahr	18	16,47	0,56
2 Jahre	18	17,12	0,51
3 Jahre	18	14,92	0,67

Die Vertrauenswahrscheinlichkeit aller Testergebnisse liegt über 50 % und ist somit als befriedigend einzustufen. Sie ähneln den Resultaten von Hayden (2002), die Vertrauenswahrscheinlichkeiten zwischen 52 % und 83 % aufweisen.[270] Der niedrigere Durchschnitt ist u. a. auf die geringere Größe der verwendeten Datensätze zurückzuführen.[271] Während Hayden (2002) für jedes Modell über 1.000 Insolvenzen zur Verfügung stehen, umfassen die Entwicklungsdatensätze der vorliegenden Untersuchung jeweils weniger als 100 Unternehmensausfälle. Des Weiteren entwickelt Hayden (2002) für jede Ausfallart - Einleitung eines gesetzlichen Insolvenzverfahrens, Restrukturierung oder Zahlungsverzug - ein eigenes Modell, was ebenfalls eine Ursache für die tendenziell besseren Testergebnisse sein dürfte.

3.5.3.3 Identifikation einflussreicher Fälle

Einflussreiche Fälle können die Koeffizienten der Ratingmodelle verzerren. Diese Beobachtungen weisen sowohl ungewöhnliche Kombinationen der unabhängigen Variablen auf (Leverage) als auch ungewöhnliche Ausprägungen der abhängigen Variablen in Bezug auf die Modellkennzahlen (Diskrepanz). Durch Multiplikation dieser beiden Werte kann bei der linearen Regression die Cook's-Distanz berechnet werden. Da Diskrepanz im Rahmen der logistischen Regression jedoch nur näherungsweise bestimmt werden kann, ist diese Maßzahl in diesem Kontext

[269] Vgl. Hosmer und Lemeshow (2000), S. 149.
[270] Vgl. Hayden (2002), S. 50, 53, 54, 63, 64, 66, 76.
[271] Vgl. Hosmer und Lemeshow (2000), S. 155-156.

nur bedingt anwendbar.[272] Stattdessen werden die Pearson Residuen r_p definiert als:[273]

$$r_p = \frac{y_j - m_j \pi_j}{\sqrt{m_j \pi_j (1 - \pi_j)}} \tag{3.11}$$

als Näherung für die Diskrepanz den Leverage-Werten in einer Grafik gegenübergestellt. Die Leverage-Werte berechnen sich hierbei aus dem Abstand zwischen der Observation und dem Schwerpunkt der erklärenden Variablen, wobei ihre Korrelation und Varianz berücksichtigt wird.[274] Beobachtungen, die dabei ein Pearson Residuum größer 2 bzw. kleiner -2 aufweisen oder deren Leverage 2 bzw. 3 mal größer als der Durchschnitt ist, werden hierbei in der Literatur als auffällige Fälle erachtet.[275]

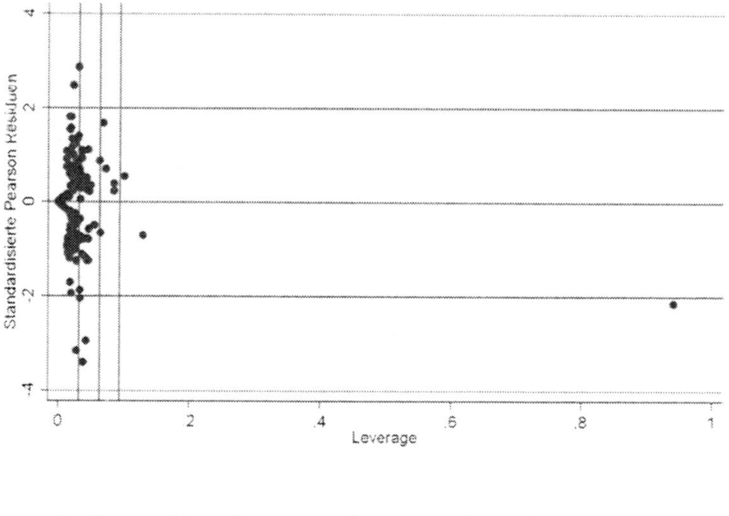

Abb. 3.11 Grafik zur Identifikation einflussreicher Fälle für das Modell mit dem 1-Jahres-Zeithorizont

[272] Vgl. Fox (1997), S. 459.
[273] Vgl. Hosmer und Lemeshow (2000), S. 145.
[274] Vgl. Fox (1997), S. 271.
[275] Vgl. Kohler und Kreuter (2001), S. 282-283. Die Grafiken für die anderen Zeithorizonte sind in Anhang 5.13 aufgeführt.

Abbildung 3.11 weist mehrere auffällige Beobachtungen auf, bei denen es sich um einflussreiche Fälle handeln könnte. Um diese näher zu untersuchen, wird analog zur Cook's-Distanz die Differenz[276]

$$\Delta\beta = \underbrace{\frac{r_p 2}{(1-h_j)^2}}_{Diskrepanz} * \underbrace{h_j}_{Leverage} \tag{3.12}$$

mit:

h_j = Werte für den Leverage

berechnet. Die Ergebnisse werden ähnlich wie die Cook's-Distanz interpretiert. Generell gelten Beobachtungen, die $\Delta\beta$ Werte größer 1 aufweisen, als potenziell einflussreiche Fälle.[277] Im vorliegenden Fall trifft dies nur für eine einzige Beobachtung zu.[278] Um den Einfluss dieser Observation auf die Ergebnisse des Modells zu untersuchen, wird das Modell mit und ohne diesen Fall berechnet, anschließend werden die Ergebnisse miteinander verglichen. Wie erwartet verändern sich zwei der vier Koeffizienten des Modells signifikant, d. h. um mehr als 20 %. Dies hat jedoch auf die zur Modellentwicklung verwendeten Statistiken nur geringfügige Auswirkungen. Während sich das McFadden R^2 des Modells leicht erhöht, verschlechtern sich der In-sample-Klassifikationserfolg und die Wald-Statistiken der Koeffizienten marginal. Aus diesem Grund wird von einer Entfernung dieser Observation aus dem Entwicklungsdatensatz abgesehen.

Auch die Grafiken zur Identifikation einflussreicher Fälle für die Entwicklungsdatensätze des 2- und 3-Jahres Modells weisen auf einflussreiche Beobachtungen hin.[279] Die korrespondierenden $\Delta\beta$ sind jedoch alle kleiner 1, so dass keine Verzerrung der Modelle aufgrund außergewöhnlicher Fälle zu erwarten ist.[280]

[276] Vgl. Kohler und Kreuter (2001), S. 284-285.
[277] Vgl. Hosmer und Lemeshow (2000), S. 180.
[278] Alle anderen $\Delta\beta$ liegen unter 0,5.
[279] Vgl. Abbildungen in Anhang 5.13.
[280] Alle $\Delta\beta$ Werte für den 2-Jahres-Zeithorizont sind kleiner als 0,5. Für den 3-Jahres-Zeithorizont liegt ein Wert mit 0,87 über dem sonstigen Maximum von 0,18. Die Untersuchung dieses Falls resultiert in vergleichbaren Ergebnissen wie für den 1-Jahres-Zeithorizont, weswegen diese Beobachtung ebenfalls nicht eliminiert wird.

3.5.3.4 Zusammenfassung und Beurteilung der statistischen Analysen

Generell sollten zur Analyse logistischer Regressionen mehrere Tests durchgeführt werden. Vor allem bei kleineren Datensätzen kann andernfalls ein Modell aufgrund eines Fehlers II. Art abgelehnt werden.[281]

Des Weiteren ist zu beachten, dass Test-Statistiken Informationen immer verdichtet wiedergeben. Dies ist einerseits der große Vorteil statistischer Gütezahlen, andererseits gehen durch diese Vorgehensweise immer auch Informationen verloren. Deshalb sollte bei der Auswahl der durchgeführten Tests darauf geachtet werden, dass möglichst alle überprüfbaren Aspekte eines Modells abgedeckt sind. Hierzu stellt die Literatur eine Vielzahl von Möglichkeiten zur Verfügung, aus denen man die zuverlässigsten auswählen sollte. Außerdem ist es ratsam, die in einem Forschungsfeld gängigen Tests durchzuführen, um aussagekräftige Vergleichsmöglichkeiten zu haben und eventuelle Besonderheiten zu berücksichtigen.

Dem Autor sind nur wenige Studien zur Prognose von Unternehmensausfällen bekannt, die außer dem Klassifikationserfolg der Modelle weiterführende statistische Tests durchführen. Hierdurch ist die Vergleichbarkeit der Ergebnisse innerhalb des Forschungsfeldes eingeschränkt. Sind jedoch Resultate von Studien zu Unternehmensinsolvenzen vorhanden, so sind die generierten Testergebnisse entweder signifikant besser oder sind mit diesen vergleichbar.

Insgesamt sind die Ergebnisse der durchgeführten statistischen Tests im Vergleich zu allgemeinen Gütekriterien der logistischen Regression als gut bis sehr gut zu bewerten. Einzig der Hosmer-Lemeshow-Test resultiert in als befriedigend einzustufenden Ergebnissen. Im Vergleich zu der Untersuchung von Hayden (2002), die nach Kenntnis des Autors die bisher einzige vergleichbare Studie ist, die diese Test-Statisktiken publiziert, sind die generierten Ergebnisse jedoch zumindest ähnlich gut und können somit als akzeptabel eingestuft werden.

Die Ergebnisse der in diesem Abschnitt durchgeführten Tests werden in den folgenden Kapiteln durch ökonomische Analysen und weiterführende Statistiken ergänzt. Diese umfassen nicht nur wie bisher In-sample-Untersuchungen sondern auch Out-of-sample- und Out-of-time-Analysen.

[281] Vgl. Hosmer und Lemeshow (2000), S. 155-156.

3.5.4 *Ökonomische Analyse der Logit-Modelle*

3.5.4.1 Allgemeine Analyse der Modelle

Zur Analyse der Modelle werden zunächst die Vorzeichen der Koeffizienten mit den in Kapitel 3.7 beschriebenen Arbeitshypothesen der Kennzahlen verglichen.

Tab. 3.15 Überprüfung der Koeffizienten des 1-Jahres-Logit-Modells

Kennzahl	Koeffizient	Arbeitshypothese	Informationsbereich
v28	-9,45	$I < S$	Finanzkraft
v164diy	1,90	$I > S$	Kapitalstruktur
v230di	-0,14	$I < S$	Rentabilität
v236di	0,63	$I > S$	Kapitalbindungskennzahl

Tab. 3.16 Überprüfung der Koeffizienten des 2-Jahres-Logit-Modells

Kennzahl	Koeffizient	Arbeitshypothese	Informationsbereich
v228	-4,99	$I < S$	Rentabilität
w24diy	-1,36	$I < S$	Kapitalstruktur
v81diy	0,73	$I > S$	Kapitalstruktur

Tab. 3.17 Überprüfung der Koeffizienten des 3-Jahres-Logit-Modells

Kennzahl	Koeffizient	Arbeitshypothese	Informationsbereich
v81	3,18	$I > S$	Kapitalstruktur
v47di	-0,21	$I < S$	Finanzkraft
v176	-2,04	$I < S$	Kapitalstruktur

Wie den Tabellen 3.15-3.17 dargestellt, stimmen die Vorzeichen aller Koeffizienten mit den Arbeitshypothesen überein. Kennzahlen mit $I < S$ ($I > S$) weisen negative (positive) Koeffizienten auf, d. h. Variablen, deren Werte bei gefährdeten Unternehmen tendenziell niedriger (größer) sind als für gesunde Firmen, beeinflussen die Ausfallwahrscheinlichkeit negativ (positiv). Die Überprüfung der Mittelwerte in Kapitel 5.8 führte folglich trotz Ausreißern zum angestrebten Ergebnis.

Wie bereits in Kapitel 3.5.2.4 angemerkt, gibt es bei den Kennzahlen des 1-Jahres-Zeithorizont-Modells bezüglich des Informationsbereichs keine Überschneidungen. Es fällt hierbei auf, dass die Variablen die vier Dimensionen des in wissenschaftlichen Publikationen zur Insolvenzprognose mit Expertensystemen oft verwendeten CAEL-Systems sehr gut wiedergeben. Diese Expertensysteme versuchen den Entscheidungsprozess von Kreditsachbearbeitern mit jahrelanger Erfahrung und/oder einem sehr guten Klassifikationserfolg digital nachzubilden. Hierzu werden diese Ratingexperten entweder über einen Fragebogen oder direkt in einem Gespräch befragt.[282] Da bei einer Vielzahl von Kreditsachbearbeitern eine Strukturierung des Entscheidungsprozesses in die Bereiche Kapital (Capital C), Vermögensgegenstände (Assets, A), Ertrag (Earnings, E) und Liquidität (Liquidity, L) beobachtet wurde, werden die Interviews wissenschaftlicher Studien zu diesem Thema oft nach dem CAEL-System gegliedert.[283] Die aufgrund statistischer Überlegungen und Vorgaben ausgewählten Kennzahlen des Ratingmodells umfassen somit alle Bereiche, die auch von den meisten Experten im Rahmen der Kreditvergabe berücksichtigt werden. Es ist daher anzunehmen, dass die Informationen, die diese Bereiche widerspiegeln, unterschiedliche Aspekte der verschiedenen Insolvenzprozesse abdecken und somit den Klassifikationserfolg von Ratingmodellen positiv beeinflussen. Andererseits könnte die Exklusivität der Informationsbereiche auch auf den sehr konservativen maximal zulässigen Korrelationswert von 0,09 zurückzuführen sein. Kennzahlen eines Informationsbereichs enthalten die gleichen bzw. ähnliche Informationen und korrelieren somit sowohl aufgrund

282 Diese Vorgehensweise von Quinlan (1983) basiert auf dem Konzept des Lernenden Systems, das von Hunt et al. (1966) entwickelt wurde.

283 Das CAEL-System ist eine verkürzte Form des CAMEL-Systems, das zusätzlich die Komponente Management umfasst. Da hierzu jedoch nur selten Informationen zur Verfügung stehen, wird in wissenschaftliche Publikationen meist das CAEL-System angewendet; vgl. Elmer und Borowski (1988), S. 68-71.

gleicher zugrundeliegender Faktoren als auch von Entwicklungstendenzen stärker miteinander als Kennzahlen unterschiedlicher Bereiche. Allerdings stand am Ende der Modellentwicklung noch eine Vielzahl von Variablen zur Auswahl, die nicht mit den unabhängigen Variablen des Modells korrelierten. Demnach kann die Korrelation als Ursache für die Exklusivität der Informationsbereiche verworfen werden.

Ein direkter Vergleich der vorliegenden Kennzahlen mit den Ergebnissen anderer Untersuchungen ist wegen der unterschiedlichen Definitionen der Variablen, der differenten Untersuchungszeiträume, betrachteten Unternehmen und angewendeten Verfahren sehr schwierig. Es ist jedoch festzuhalten, dass sich in vielen nationalen und internationalen Studien Kennzahlen basierend auf Cash Flow, Bilanzsumme und Verbindlichkeiten oder ähnlichen Bilanzpositionen für den 1-Jahres-Zeithorizont als sehr trennscharf erweisen und oft in Ratingmodelle aufgenommen werden.[284] Des Weiteren fällt beim Vergleich des 1-Jahres-Modells mit den anderen beiden Modellen auf, dass alle drei Modelle Verbindlichkeiten aus Lieferungen und Leistungen, Akzeptverbindlichkeiten und Cash Flow enthalten, wobei letztere bei den langfristigen Modellen Zuführungen zu Pensionsrückstellungen berücksichtigen. Es scheint, dass es sich bei diesen Komponenten um Indikatoren handelt, die im Zeitverlauf stabil sind und eine frühzeitige Prognose eines Unternehmensausfalls ermöglichen.

Im Gegensatz zu den Variablen des 1-Jahres-Modells stammen bei den Modellen mit dem 2- und 3-Jahres-Zeithorizont zwei der jeweils drei unabhängigen Kennzahlen aus dem Informationsbereich Kapitalstruktur. Es ist also anzunehmen, dass dieser Bereich besonders gut zur frühzeitigen Prognose von Unternehmensausfällen geeignet ist. Allerdings handelt es sich bei diesem Bereich mit 103 Kennzahlen auch um den größten Informationsbereich der vorliegenden Untersuchung.

Es gibt nur eine geringe Anzahl von Publikationen, die vergleichbare Modelle für unterschiedliche Zeithorizonte veröffentlichen. Hüls (1995), auf Basis deren

[284] Vgl. z. B. Altman et al. (1977), S. 34-35; Lincoln (1984), S. 330-331; Takahashi et al. (1984), S. 241; Baetge (1989), S. 801-802; Leker (1994), S. 741; Mossman et al. (1998), S. 52; Blochwitz und Eigermann (2000), S. 68; Grunert et al. (2005), S. 525.

Publikation der Kennzahlkatalog konzipiert wurde, entwickelt ihr Ratingmodell basierend auf Unternehmensdaten, die drei Jahre vor dem Insolvenzzeitpunkt erhoben wurden.[285] Hierdurch sind sie zwar für einen Vergleich mit den Variablen des 1-Jahres-Modells nur bedingt geeignet, können jedoch wichtige Informationen für das 2- und 3-Jahres-Modell liefern. Es zeigt sich, dass bei Hüls (1995) ebenfalls Variablen des Informationsbereichs Kapitalstruktur die Modelle dominieren. Des Weiteren fällt auf, dass ihre Modelle ebenfalls Verbindlichkeiten aus Lieferungen und Leistungen, Akzeptverbindlichkeiten und Cash Flow unter Berücksichtigung der Pensionsrückstellungen enthalten. Außerdem umfassen alle ihre finalen Modelle, wie das 2- und das 3-Jahres-Modell, die Variable v81.[286] Die zuvor geäußerte Vermutung, dass sich diese Kennzahl besonders für die langfristige Prognose von Unternehmensausfälle eignet, wird damit untermauert.

3.5.4.2 Untersuchung des Einflusses einzelner Variablen auf das individuelle Unternehmensrating

Zur Untersuchung des Einflusses einzelner Variablen auf das individuelle Unternehmensrating kann zwischen zwei Interpretationsmöglichkeiten gewählt werden:[287]

- Odds-Ratio oder
- Wahrscheinlichkeit

Auf Basis der in Kapitel 3.5.2.4 beschriebenen Modelle können zunächst die logarithmierte Chancen kalkuliert werden. Da diese jedoch sehr schwer zu interpretieren und nur wenig informativ sind, werden sie meist in Chancen (Odds) umgerechnet:

$$\text{Odd} = e^{\beta_0 + \beta_1 x_1 \ldots + \beta_i x_i} \tag{3.13}$$

285 Vgl. Hüls (1995), S. 182.
286 Vgl. Hüls (1995), S. 237.
287 Vgl. Backhaus et al. (2003), S. 431-437.

So ergibt sich z. B. aus dem 1-Jahres-Modell für ein durchschnittliches Unternehmen der Entwicklungsgruppe eine Ausfallchance 0,6.[288] Indes ist die Chance zur Untersuchung des Einflusses von Variablenveränderungen δ kaum geeignet. Zu diesem Zweck wird stattdessen die Odds-Ratio kalkuliert, die definiert ist als das Verhältnis zweier Chancen zueinander:[289]

$$\text{Odds-Ratio} = \frac{e^{\beta_0+\beta_1(X+\delta)}}{e^{\beta_0+\beta_1 X}} \tag{3.14}$$

Beträgt hierbei die Veränderung 1, so gleicht die Odds-Ration e^{β_1}. Ist also β_1 größer (kleiner) Null und wächst die Variable x_1 um δ Einheiten, so vergrößert (verringert) sich die Chance einer Unternehmensinsolvenz um das $e^{\delta\beta_1}$-fache. Da sich die Chance mit jeder zusätzlichen Einheit um das e^{β_1}-fache verändert, sprechen manche Autoren auch vom multiplikativen Einheitseffekt.[290] Für die Variablen des 1-Jahres-Modells ergeben sich für eine Veränderung um eine Einheit folgende Odds-Ratios:[291]

Kennzahl	Odds-Ratio	Standardabweichung	95 % Konfidenzintervall	
v28	$7,88 * 10^{-5}$	$1,62 * 10^{-4}$	$1,41 * 10^{-6}$	$4,39 * 10^{-3}$
v164diy	6,67	3,54	2,36	18,87
v230di	0,87	0,044	0,79	0,96
v236di	1,88	0,61	0,99	3,59

Wie in Tabelle 3.5.4.2 haben betraglich gleiche Veränderungen der Kennzahlen einen unterschiedlich starken Einfluss auf den Ausfall eines Unternehmens. Tendenziell sind hierbei Schwankungen modifizierter Variablen stärker als die traditioneller Kennzahlen. Dies ist darin begründet, dass diese Kennzahlen zum Industriedurchschnitt normiert sind und folglich die Veränderung einer Variable um

288 Die Chancen bei den anderen beiden Modellen sind 0,725 bzw. 0,871.

289 Vgl. Hosmer und Lemeshow (2000), S. 63.

290 Vgl. Kohler und Kreuter (2001), S. 268.

291 Die Odds-Ratios der unabhängigen Variablen der übrigen Modelle sind in Anhang 5.14 aufgeführt.

eine Einheit eine Reduktion oder Erhöhung der betroffenen Kennzahl um 100 % des Industriedurchschnitts bedeutet. Durch diese Modifizierung können die Auswirkungen dieser Kennzahlen auf den Ausfall eines Unternehmens sehr gut untersucht und interpretiert werden. Erhöht sich z. B. bei einem durchschnittlichen Unternehmen die Kennzahl v236di (VLL+AKZ)*12/MAUF um 10 %, da das Unternehmen in kurzfristige Zahlungsschwierigkeiten gekommen ist, steigt hierdurch die Chance eines Ausfalles um $e^{0,1*0,63} = 1,065$ oder 6,5 %. Eine solche Interpretation der Auswirkungen von Kennzahlschwankungen ist allerdings nur bei den modifizierten Variablen möglich, weswegen die Odd-Ratios in den Tabellen um die Standardabweichung und das 95 % Konfidenzintervall ergänzt wurden. Bei den traditionellen Kennzahlen liegt es, wie bei den meisten logistischen Untersuchungen, im Ermessen des Anwenders, welche Bandbreite an Schwankungen er für realistisch hält bzw. welche er näher analysieren möchte.[292]

Neben den Odd-Ratios kann auch die Auswirkung von Kennzahlschwankungen auf die Ausfallwahrscheinlichkeit analysiert werden. Wie bereits in Kapitel 3.5.2.4 angeführt, ergibt sich die Ausfallwahrscheinlichkeit eines Unternehmens als:

$$p_l(y=1) = \frac{e^{z_l}}{1+e^{z_l}}$$

mit:

$$z_l = \beta_0 + \beta_1 x_1 ... + \beta_i x_i$$

Verändert sich somit eine Variable um eine Einheit, während die Werte aller anderen Variablen konstant bleiben, erhöht oder verringert sich die Ausfallwahrscheinlichkeit eines Unternehmens um

$$p_l(y=1) = \frac{e^{z_l \pm \beta_i}}{1+e^{z_l \pm \beta_i}} \tag{3.15}$$

292 Vgl. Hosmer und Lemeshow (2000), S. 63-64.

Wie aus dieser Formel ersichtlich, führt eine Variation der Variablen nicht zu einer gleich bleibenden Veränderung der Ausfallwahrscheinlichkeit. Aus diesem Grund werden zur Darstellung des Einflusses einer Kennzahl auf ein Unternehmensrating Grafiken genutzt.[293]

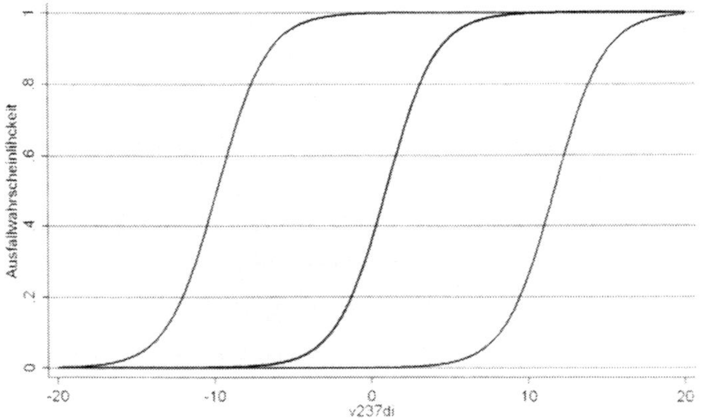

Abb. 3.12 Einfluss einer Veränderung der Variable v236di auf die Ausfallwahrscheinlichkeit eines durchschnittlichen Unternehmens

Die mittlere Kurve in Abbildung 3.12 beschreibt die Ausfallwahrscheinlichkeit eines durchschnittlichen Unternehmens der Entwicklungsgruppe für die Veränderung der Kennzahl v236di. Je kleiner (größer) ihr Wert, desto geringer (größer) ist die Ausfallwahrscheinlichkeit, was mit der Arbeitshypothese $I > S$ übereinstimmt. Für Werte kleiner -9 und größer 10 wird ein Unternehmen mit sonst durchschnittlichen Kennzahlwerten als gesund bzw. gefährdet eingestuft, d. h. es ergibt sich eine Ausfallwahrscheinlichkeit nahe Null oder 1 für den Zeithorizont von einem Jahr. Entspricht der Wert der Kennzahl v237 hierbei dem 3-Jahres-Industriedurchschnitt, so ergibt sich eine Ausfallwahrscheinlichkeit von 37,48 %.

Die beiden anderen Kurven beschreiben den Entwicklungsverlauf der Ausfallwahrscheinlichkeit für Unternehmen der Entwicklungsgruppe, deren Kennzahlen

[293] Vgl. Kohler und Kreuter (2001), S. 269-270.

um jeweils eine viertel Standardabweichung über oder unter dem Durchschnitt liegen. Es zeigt sich, dass schon geringe Unterschiede zu einer klaren Trennung der Unternehmen führen und es ist dementsprechend zu erwarten, dass der Klassifkationserfolg des Modells signifikant sein wird.

Bei der Untersuchung einzelner Firmen und des Einflusses einzelner Variablenänderungen muss im Rahmen quantitativer Unternehmensratings berücksichtigt werden, dass aufgrund der Verbundenheit der einzelnen Kennzahlkomponenten durch Bilanz und GuV eine Modifikation meist mehrere Kennzahlen bzw. deren Komponenten beeinflusst. Für das 1-Jahres-Modell führt z. B. die Erhöhung der Akzeptverbindlichkeiten nicht nur zu einer Erhöhung der Kennzahl v237, sondern auch zu einem Anstieg der Gesamtverbindlichkeiten und der Bilanzsumme, was sich wiederum direkt auf die Variablen v164diy und v236di auswirkt. Die Veränderung einzelner Jahresabschlusspositionen hat also nicht nur wie in den meisten anderen Analysen Einfluss auf eine einzelnen Variable, sondern führt oft zu komplexen Wechselwirkungen zwischen den Kennzahlen, was auf individueller Unternehmensebene berücksichtigt werden sollte. Für Banken indes sind diese Interaktionen und ihre Auswirkungen nur von untergeordneter Bedeutung. Für diese Interessengruppe ist wichtig, dass die Kennzahlen sowohl um Wahlrechte bereinigt werden als auch kurzfristige Umschichtungen keinen Einfluss auf die Kennzahlen haben. Letzteres kann entweder durch die Nutzung konsolidierter Positionen, wie z. B. der Bilanzsumme, sichergestellt werden oder durch die Berücksichtigung der kurzfristigen Umstrukturierungsmöglichkeiten bei der Kennzahlbildung. In der vorliegenden Untersuchung werden beide Möglichkeiten angewendet und spiegeln sich in den Modellen wider. Erstere Vorgehensweise z. B. in der Kennzahl v164diy des 1-Jahres-Modells, welche auf den konsolidierten Posten Verbindlichkeiten und Bilanzsumme basiert, letztere z. B. bei der unabhängigen Variable v81 des 2- und 3-Jahres-Modells, in der Verbindlichkeiten aus Lieferungen und Leistungen sowie Akzept- und Bankverbindlichkeiten summiert werden, so dass eine Umschichtung zwischen diesen Positionen keine Auswirkungen auf das Unternehmensrating hat.

Diese aus Sicht der Banken sehr wichtigen Kennzahleigenschaften weisen alle unabhängigen Variablen der drei Modelle auf. Es ist dementsprechend zu erwarten, dass die Systeme für bilanzpolitische Maßnahmen wenig anfällig sind und gut zwischen solventen und insolventen Unternehmen trennen.

3.5.5 *Analyse des Klassifikationserfolgs der Logit-Modelle*

3.5.5.1 Verfahren zur Ermittlung und Beurteilung des Klassifikationserfolgs

Das in der Praxis wahrscheinlich wichtigste Kriterium zur Beurteilung eines Ratingsystems ist der durch ihn erzielte Klassifikationserfolg. Ältere Publikationen legen hierzu einen kritischen Trennwert fest, klassifizieren anschließend die Unternehmen mit einer kleineren (größeren) Ausfallwahrscheinlichkeit als (in)solvent und berechnen den Klassifikationserfolg. Die Bestimmung des kritischen Trennwerts erfolgt hierbei mit dem Ziel entweder:[294]

- den Gesamtfehler,
- den β-Fehler bei zuvor festgesetztem α-Fehler[295] oder
- die Kosten der Fehlklassifikationen

zu minimieren. Allerdings ist diese Vorgehensweise aufgrund des Trennwertes stets mit Nachteilen verbunden.

Die Kosten einer Unternehmeninsolvenz für eine Bank sind in der wissenschaftlichen Literatur nur selten berücksichtigt worden.[296] Die vorhandenen Angaben beziehen sich bisher ausschließlich auf Kosten für eine Bank, wenn ein gesetzliches Insolvenzverfahren eröffnet wird. Untersuchungen, die die Kosten eines Unternehmensausfalls nach der Definition von Basel II beziffern, sind dem Autor nicht bekannt. Dies ist wahrscheinlich nicht nur auf die strikte Geheimhaltung solcher Daten seitens der Banken zurückzuführen, sondern auch auf die Komplexität der Definition und der Quantifizierung der Kosten unterschiedlicher Ausfallarten.[297]

294 Vgl. Hüls (1995), S. 171.

295 α-Fehler: Ein insolventes Unternehmen wird fälschlicherweise als solvent eingestuft; β-Fehler: Ein gesundes Unternehmen wird als insolvent klassifiziert. Eine Minimierung des α-Fehler nach Festlegung des β-Fehler ist natürlich ebenfalls möglich. Ein solche Vorgehensweise ist indes aufgrund der höheren Kosten eines α-Fehlers und dem Untersuchungsschwerpunkt in der Ratingliteratur unüblich.

296 Für Deutschland sind entsprechende Angaben nur in Baetge (1998), S. 14-15 zu finden. International u. a. in Altman et al. (1977), S. 46.

297 Für eine ausführliche Darstellung dieses Aspekts eines Unternehmensratings vgl. Basler Ausschuss für Bankenaufsicht (2005b), S. 60-94.

Die anderen beiden Vorgehensweisen setzen entweder subjektive Entscheidungen voraus, indem z. B. der maximal zulässige α-Fehler vorgegeben wird oder Kenntnis der A-priori-Wahrscheinlichkeiten für die beiden Unternehmensgruppen.

Aus diesem Grund publizierten manche Autoren die Klassifiaktionsergebnisse ihrer Modelle für mehrere Trennwerte oder stuften die Unternehmen in mehr als 2 Gruppen ein.[298]

Neuere Publikationen verwenden Weiterentwicklungen dieser Vorgehensweise. Die wahrscheinlich am häufigsten in der Literatur angeführten Verfahren sind die miteinander verwandten, nicht-parametrische Konzepte der[299]

- CAP- (Cumulative Accuracy Profile) und
- ROC-Kurve (Receiver Operating Characteristics)

Die CAP-Kurve ist auch bekannt als Gini-, Lorenz- oder Power-Kurve. Es ist ein grafisches Verfahren, wobei zur Veranschaulichung meist unterstellt wird, dass ein hoher Wert eine gute Bonität widerspiegelt.[300] Zunächst werden die Kreditnehmer nach ihrer prognostizierten Bonität von gefährdet nach gesund geordnet. Dann wird die CAP-Kurve gebildet, indem der Prozentsatz der ausgefallenen Unternehmen berechnet wird, deren Ratingscore gleich oder kleiner dem maximalen Ratingwert des jeweiligen kumulativen Anteils aller untersuchten Unternehmen ist. Wenn z. B. unter den 20 % der Kreditnehmer mit dem niedrigsten Ratingscore 80 % aller ausgefallenen Unternehmen enthalten sind, geht die CAP-Kurve durch den Punkt (0,2|0,8). Idealerweise werden den insolventen Unternehmen also die niedrigsten Ratingscores zugeordnet, d. h. die Kurve würde zu Beginn steil ansteigen und anschließend horizontal verlaufen. Das andere Extrem wäre ein zufälliges Verfahren. Hier würde die CAP-Kurve mit der ersten Winkelhalbierenden übereinstimmen und nichts zur Unterscheidung der insolventen von den solventen

298 Die Ergebnisse unterschiedlicher Trennwerte sind z. B. in Altman (1968), S. 607, Edmister (1972), S. 1488 oder Doumpos und Zopounidis (1999), S. 91 veröffentlicht. Eine Unterteilung der Unternehmen in die Gruppen „weiß", „grau" und „schwarz" nehmen z. B. Niehaus (1987), S. 132 und Baetge (1989), S. 805 vor.

299 Vgl. Basler Ausschuss für Bankenaufsicht (2005b), S. 32.

300 Bei der vorliegenden Untersuchung wird hingegen die Ausfallwahrscheinlichkeit prognostiziert, d. h. ein hoher Wert steht für eine schlechte Bonität. Um diese dennoch wie beschrieben zu verwenden, kann z. B. 1 - individuelle Ausfallwahrscheinlichkeit berechnet werden.

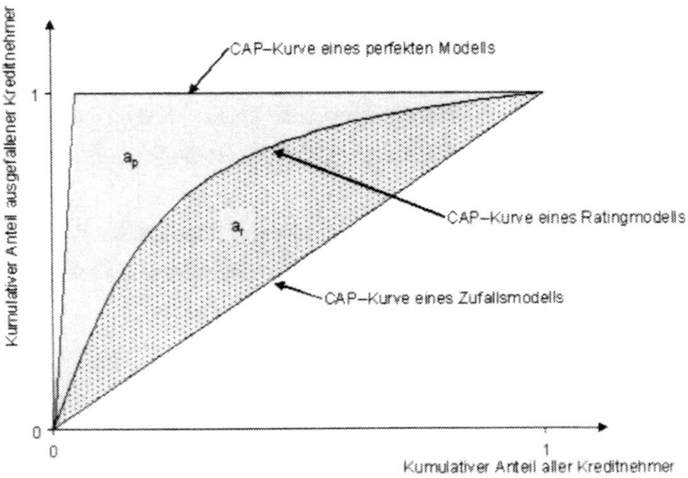

Abb. 3.13 CAP-Kurve

Unternehmen beitragen. Dementsprechend muss die CAP-Kurve eines nützlichen Ratingmodells oberhalb der Diagonalen verlaufen. Hierbei ist es umso besser und trennschärfer, je steiler die CAP-Kurve zu Beginn ansteigt. Zur Beurteilung eines Ratingsystems wird dann die Accuracy Ratio (AR), auch bekannt als der Gini-Koeffizient, definiert als:[301]

$$AR = \frac{a_r}{a_p} \tag{3.16}$$

mit:

a_r = Fläche zwischen untersuchtem und zufälligen Ratingmodell

a_p = Fläche zwischen perfektem und zufälligen Ratingmodell

berechnet. Die Accuracy Ratio liegt stets zwischen -1 und 1, wobei ein Modell umso trennschärfer ist, je näher sie bei 1 liegt.[302]

[301] Vgl. Deutsche Bundesbank (2003a), S. 71.
[302] Vgl. Hayden (2002), S. 81.

Der Verlauf der CAP-Kurve hängt jedoch u. a. vom Anteil der insolventen Unternehmen an der Grundgesamtheit ab. Aus diesem Grund kann ein visueller Vergleich der CAP-Kurven zweier Portfolios mit unterschiedlicher Ausfallquote irreführend sein.[303]

Das mit der CAP-Kurve verwandte Konzept der ROC-Kurve beseitigt dieses Problem.

Wie in Abbildung 3.14 dargestellt, überlappen sich die Ratingscores von solventen und insolventen Unternehmen in der Praxis. Bei einem perfekten Ratingsystem wären die Werte dieser beiden Gruppen strikt voneinander getrennt und es käme zu keinen Überschneidungen.[304]

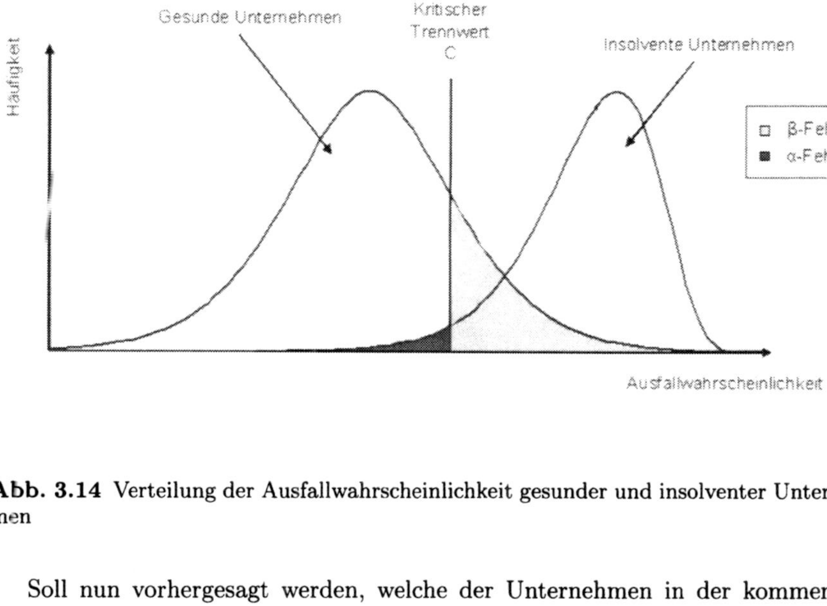

Abb. 3.14 Verteilung der Ausfallwahrscheinlichkeit gesunder und insolventer Unternehmen

Soll nun vorhergesagt werden, welche der Unternehmen in der kommenden Periode ausfallen, so kann wie zuvor beschrieben ein kritischer Trennwert C vorgegeben werden. Alle Unternehmen mit einer Ausfallwahrscheinlichkeit größer als C werden dann als insolvent klassifiziert und Firmen mit einem Wert kleiner C

303 Vgl. Basler Ausschuss für Bankenaufsicht (2005b), S. 30.
304 Vgl. Hayden (2002), S. 82.

als gesund eingestuft. Hierdurch ergeben sich, außer für die Extremwerte von C, vier Ergebnisse:[305]

		solvent	insolvent
Ratingscore	kleiner C	korrekt	β-Fehler
	größer C	α-Fehler	korrekt

Basierend auf dieser Klassifikation kann die Treffer- (Hit Rate (HR(C)) und die Fehlalarmquote (False Alarm Rate (FAR(C)) für die jeweiligen kritischen Trennwerte C als:[306]

$$HR(C) = \frac{H(C)}{N_D} \quad \text{und} \quad FAR(D) = \frac{F(C)}{N_{ND}}, \tag{3.17}$$

mit:

$H(C)$ = Anzahl der korrekt prognostizierten Unternehmensausfälle
N_D = Anzahl aller Unternehmensausfälle
$F(C)$ = Anzahl der falsch klassifizierten, gesunden Unternehmen
N_{ND} = Anzahl aller gesunden Unternehmen

berechnet werden. Zur Ermittlung der ROC-Kurve wird, wie in Abbildung 3.15 dargestellt, anschließend die Trefferquote der Fehlalarmquote für die unterschiedlichen kritischen Trennwerte gegenübergestellt. Ähnlich wie bei der CAP-Kurve würde die ROC-Kurve eines perfekten Ratingsystems zunächst steil linear ansteigen und anschließend horizontal verlaufen.[307] Bei einem rein zufälligen Verfahren entspräche die ROC-Kurve wiederum der ersten Winkelhalbierenden. In der Praxis wird ein einsetzbares Ratingsystem stets zwischen diesen beiden Extremen verlaufen.

Zur Beurteilung des Klassifikationserfolgs eines Ratingsystems kann einerseits der Verlauf der ROC-Kurve analysiert oder die Fläche (Area Under Curve (AUC)),

[305] Vgl. Hosmer und Lemeshow (2000), S. 160-162.
[306] Vgl. Basler Ausschuss für Bankenaufsicht (2005b), S. 37-38.
[307] Sie würde das Dreieck durch die Punkte (0|0), (0|1) und (1|1) bilden.

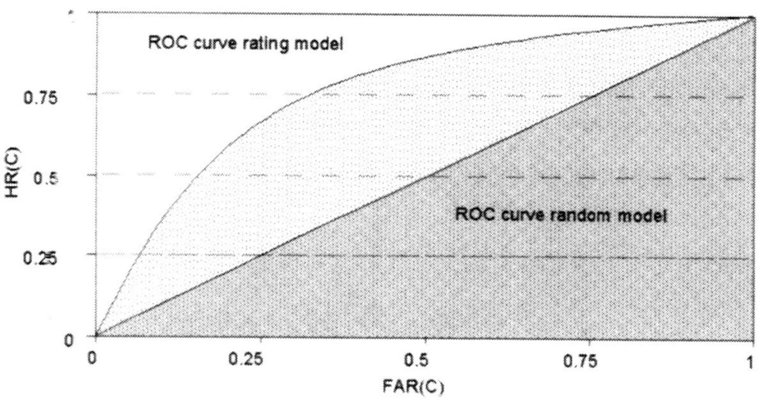

Abb. 3.15 ROC-Kurve

die sie umschließt, berechnet werden. Wie aus Abbildung 3.15 ersichtlich, beträgt die Fläche unter einem Zufallsmodell 0,5 oder 50 %. Die ROC-Kurven trennscharfer Ratingsysteme müssen also mindesten eine Fläche größer 0,5 aufweisen, wobei ihr Klassifikationserfolg umso höher ist, je näher sich ihr AUC-Wert 1 annähert.

Neben der ökonomischen Relevanz des Klassifikationserfolgs ist er auch ein statistisches Gütemaß zur Beurteilung logistischer Regressionen. Ein Vorteil der ROC-Kurve ist hierbei, dass ihr AUC-Wert direkt mit dem Mann-Whitney U-Test zusammenhängt.[308] Die Mann-Whitney-Statistik ist definiert als:[309]

(3.13) $$\hat{U}(a,b,c) = \frac{1}{N_D N_{ND}} \sum_{(U,ND)} u_{D,ND} \quad \text{mit}$$

$$u_{D,ND} = \begin{cases} a, \text{falls } PoD_D > PoD_{ND} \\ b, \text{falls } PoD_D = PoD_{ND} \\ c, \text{falls } PoD_D < PoD_{ND} \end{cases}$$

[308] Vgl. Basler Ausschuss für Bankenaufsicht (2005b), S. 30.
[309] Vgl. Deutsche Bundesbank (2003a), S. 73.

und:

PoD_D	=	Ausfallwahrscheinlichkeit eines insolventen Unternehmens
PoD_{ND}	=	Ausfallwahrscheinlichkeit eines solventen Unternehmens
(U, ND)	=	Anzahl aller Paare solventer und insolventer Unternehmen

Für die Fläche unter der ROC-Kurve gilt dann:[310]

$$\begin{aligned} AUC &= E(\hat{U}(1;0,5;0)) \\ &= P(PoD_{ND} > PoD_{ND}) + \frac{1}{2}P(PoD_{ND} = PoD_{ND}) \end{aligned} \tag{3.19}$$

Auf Basis dieser Gleichung lässt sich der AUC-Wert eines Ratingsystems anschaulich interpretieren. Werden aus der Grundgesamtheit der Unternehmen ein ausgefallenes und ein solventes Unternehmen gezogen, so ist zu vermuten, dass dasjenige Unternehmen mit der niedrigeren Ausfallwahrscheinlichkeit der solvente Kreditnehmer ist. Weisen beide Unternehmen dieselbe Ausfallwahrscheinlichkeit auf, so entscheidet das Los. Die Wahrscheinlichkeit, durch diese Vorgehensweise den solventen bzw. insolventen Kreditnehmer zu identifizieren, beträgt $P(PoD_{ND} > PoD_{ND}) + 0,5P(PoD_{ND} = PoD_{ND})$ und entspricht exakt der Fläche unter der ROC-Kurve oder dem AUC-Wert des Ratingsystems.[311]

Durch den Zusammenhang der beiden Statistiken lassen sich auf Basis der Mann-Whitney-Statistik für die ROC-Kurven und die AUC-Werte Konfidenzintervalle berechnen.[312] Hierbei wird ausgenutzt, dass die Mann-Whitney-Statistik asymptotisch normalverteilt ist, so dass Varianzen und Kovarianzen aus den empirischen Beobachtungen errechenbar sind.

Neben den Konfidenzintervallen gibt es weitere Test-Statistiken, um die die Ergebnisse der ROC-Kurven ergänzt werden können. Der wahrscheinlich bekannteste ist der Pietra Index. Er ist definiert als das Doppelte des größten Dreiecks, das zwi-

[310] Vgl. Engelmann et al. (2003), S. 10.

[311] Vgl. Deutsche Bundesbank (2003a), S. 73-74.

[312] Zur Berechnung der Konfidenzintervalle stehen mehrere Methoden zur Verfügung. In der vorliegenden Untersuchung wird die in Stata als Standard implementierte Vorgehensweise beschrieben in DeLong et al. (1988) verwendet. Von einer ausführlichen Erläuterung der einzelnen Methoden wird in der vorliegenden Untersuchung aus Platzgründen abgesehen. Für einen Überblick über die einzelnen Verfahren vgl. Cleves (2002).

schen die Winkelhalbierende und die ROC-Kurve passt. Ist diese konkav, errechnet sich diese Gütezahl als $\sqrt{2}$ mal den größten Abstand zwischen der ROC-Kurve und der Winkelhalbierenden. Der Pietra-Index nimmt somit ebenfalls Werte zwischen 0 und 1 an, wobei hier der Wert 0 einem zufälligen Ratingsystem entspricht. Des Weiteren kann er als Maximum der Differenz zwischen den kumulierten Häufigkeitsverteilungen für die Ausfallwahrscheinlichkeiten solventer und insolventer Unternehmen dargestellt werden, was die Durchführung des Kolmogoroff-Smirnov-Tests auf Unterschiede zwischen diesen Verteilungen erlaubt. Dieser Test ist jedoch sehr unpräzise und lediglich eine Ergänzung der Ergebnisse der ROC-Kurve, weswegen er in Publikationen nur sehr selten angewendet wird.[313]

Der generelle Nachteil der unterschiedlichen Verfahren zur Analyse des Klassifikationserfolgs liegt darin, dass ihre Ergebnisse neben der zu ermittelnden Trennschärfe des Ratingsystems auch von der Struktur des zugrundeliegenden Portfolios beeinflusst werden. Aus diesem Grund können die AUC-Werte zweier Systeme nur uneingeschränkt miteinander verglichen werden, wenn diese für dasselbe Portfolio und für denselben Zeitraum ermittelt wurden.[314] Allerdings wäre ein Vergleich der generierten Ergebnisse mit den Resultaten anderer Publikationen auch ohne diese Einschränkung kaum möglich. Zwar wurden in den letzten Jahren einige Untersuchungen zu nicht-börsennotierten, deutschen Unternehmen publiziert, jedoch entspricht keiner der analysierten Datensätze der untersuchten Grundgesamtheit. Wie in Tabelle 3.18 dargestellt, weichen die meisten Veröffentlichungen bereits bezüglich der zugrundeliegenden Ausfalldefinition ab. Hierbei ist generell davon auszugehen, dass die Eröffnung eines Insolvenzverfahrens leichter zu prognostizieren ist als ein 90-tägiger Zahlungsverzug. Außerdem weichen die Untersuchungen bezüglich der Umsatzgröße der analysierten Unternehmen voneinander ab. Einzig Hayden (2002) weist in dieser Hinsicht Parallelen auf, wobei sie keine obere Umsatzgrenze zieht (knapp 10 % der Unternehmen der Entwicklungsgruppe weist einen Umsatz von mehr als 50 Mio. Euro auf). Zusätzlich erwirtschaften in der vor-

313 Vgl. Österreichische Nationalbank und Finanzmarktaufsicht (2004b), S. 112-113.

314 Vgl. Hamerle et al. (2003), S. 13. In der vorliegenden Untersuchung wurde auf diesem Grund darauf geachtet, dass die Validierungsdatensätze für alle Analysen identisch und somit vergleichbar sind.

liegenden Untersuchung knapp 50 % der Unternehmen einen Umsatz von maximal 2 Mio. Euro, während bei Hayden (2002) nur 50 % der Firmen einen Umsatz von weniger als einer Mio. Euro bzw. 38 % von weniger als 5 Mio. Euro generieren, so dass bezüglich der Größenverteilung von signifikanten Abweichungen auszugehen ist.

Tab. 3.18 Aktuelle Studien zu nicht-börsennotierten deutschen Unternehmen

Studie	Ausfall-definition	Unternehmensgröße (Umsatz)	AUC-Wert
Hayden (2002)	gesetzliche Insolvenz	$\geq$ 0,36 Mio. Euro	0,84
Frerichs und Wahrenburg (2003)	gesetzliche Insolvenz	> 6.875 Mio. Euro	0,87
Lehmann (2003)	Wertberichtigung	k.A.	0,79
Kaiser und Szczesny (2003)	nach Basel II von 2001	25 - 250 Mio. Euro	0,78

Trotz des beschriebenen Nachteils können einige Bewertungsregeln für die Fläche unter der ROC-Kurve angeführt werden:

$AUC = 0$	vollständig falsche Zuordnung der Unternehmen
$0 < AUC < 0{,}5$	negativer Trennbeitrag
$AUC = 0{,}5$	Zufallsmodell, keine Trennung zwischen den Gruppen
$0{,}5 < AUC < 1$	positiver Trennbeitrag
$AUC = 1$	perfekte Trennung zwischen den Gruppen

Ein System, das einen AUC-Wert kleiner 0,5 generiert, ist somit für die Trennung solventer von insolventen Unternehmen ungeeignet. In der Praxis dürften solche Werte allerdings selten vorkommen und zudem wahrscheinlich auf Fehler bei der Modellentwicklung zurückzuführen sein. Aus diesem Grund sind nur Werte über 0,5 relevant.

Trotz der zuvor angeführten Limitationen veröffentlichen Hosmer und Lemeshow (2000) einige Bewertungskriterien für logistischen Regressionen basierend auf den generierten AUC-Werten:[315]

AUC = 0,5	Zufallsmodell, keine Trennung zwischen den Gruppen
0,7 ≤ AUC < 0,8	akzeptable Trennung zwischen den Gruppen
0,8 ≤ AUC < 0,9	exzellente Trennung zwischen den Gruppen
0,9 ≤ AUC	hervorragende Trennung zwischen den Gruppen

Zudem merken Hosmer und Lemeshow (2000) an, dass in der Praxis AUC-Werte über 0,9 sehr ungewöhnlich sind, da diese Werte eine fast vollständige Trennung der solventen und der insolventen Unternehmen vorfaussetzen. Außerdem handelt es sich bei den in Tabelle 3.5.5.1 aufgelisteten Angaben um AUC-Werte für In-sample-Analysen. Es ist somit zu erwarten, dass diese Werte bei einer Anwendung der ROC-Kurve auf korrespondierende Out-of-sample- und Out-of-time-Daten unterschritten werden. Wie bereits angeführt ist hierbei darauf zu achten, dass die Validierungsdatensätze die Struktur und Zusammensetzung des Gesamtdatensatzes widerspriegeln, damit zumindest bedingt Rückschlüsse gezogen werden können.

Wie bereits zu Beginn dieses Kapitels angeführt, besteht zwischen dem CAP- und dem ROC-Konzept bzw. ihren Test-Statistiken AUC und AR ein Zusammenhang. Die AR einer CAP-Kurve ergibt sich als:[316]

$$AR = 2 * AUC - 1. \qquad (3.20)$$

315 Vgl. Hosmer und Lemeshow (2000), S. 162.

316 Vgl. Deutsche Bundesbank (2003a), S. 73.

Neben den hier vorgestellten CAP- und ROC-Kurven gibt es noch eine Vielzahl weiterer Konzepte zur Bestimmung des Klassifikationserfolgs von Ratingsystemen.[317]

Jedes dieser Gütemaße hat jedoch im Vergleich zur CAP- und ROC-Kurve und ihren Test-Statistiken einige Nachteile. Des Weiteren weisen auch sie die bereits angeführte negative Eigenschaft auf, dass ein Vergleich der Ergebnisse mit den Resultaten anderer Publikationen oder anderer Kontrollstichproben nur bedingt möglich ist.[318] Zwar werden in der Literatur verschiedene Verfahren angeführt, um die generierten Ergebnisse vergleichbar zu machen, sie sind jedoch nicht besonders zuverlässig und führen nicht immer zu der angestrebten Vergleichbarkeit.[319] Außerdem ist es nicht möglich, für die Ergebnisse der meisten Verfahren Konfidenzintervalle zu berechnen.

Wie bereits angeführt berechnen historisch bedingt die meisten Studien einen kritischen Trennwert und ermitteln für diesen den Klassifikationserfolg ihres Ratingsystems. In den letzten Jahren wurde diese Vorgehensweise aus den bereits genannten Gründen jedoch vollständig aus der wissenschaftlichen Literatur verdrängt und durch die CAP- oder die ROC-Kurve ersetzt, wobei die ROC-Kurve bzw. die Fläche unter dieser Kurve (AUC) in der aktuellen Literatur klar dominiert.

In der vorliegenden Untersuchung wird der Klassifikationserfolg der Ratingsysteme aus den angegebenen Gründen ebenfalls mit der ROC-Kurve im folgenden Abschnitt ermittelt und analysiert.

[317] Einen sehr guten Überblick über die einzelnen Verfahren gibt Basler Ausschuss für Bankenaufsicht (2005b).

[318] Theoretisch wäre es auch möglich die Ratingsysteme anderer Publikationen auf die vorhandenen Validierungsdatensätze anzuwenden und so den Klassifikationserfolg zu vergleichen. Diese Vorgehensweise setzt indes voraus, dass zumindest die zugrundeliegende Ausfalldefinition und die untersuchte Grundgesamtheit übereinstimmt. Ist dies nicht der Fall, so sind die generierten Ergebnisse wiederum nur bedingt vergleichbar. Da eine solche Übereinstimmung mit einer anderen Studie dem Autor nicht bekannt ist (am ehesten vergleichbar dürfte Hüls (1995) sein, die jedoch u. a. eine andere Ausfalldefinition zugrundelegt und keine Umsatzobergrenze vorgibt), wurde ein solcher Vergleich nicht vorgenommen.

[319] Vgl. Winkler (1994), S. 1405.

3.5.5.2 Ermittlung des Klassifikationserfolgs

Wie in Kapitel 3.1.3 beschrieben, stehen je Zeithorizont zwei Kontrolldatensätze zur Verfügung. Es handelt sich hierbei um Unternehmen, die weder direkt über den Entwicklungsdatensatz noch indirekt, z. B. bei der Überprüfung der Mittelwerte oder der Linearitätsannahme, in der Entwicklung der Modelle berücksichtigt werden. Diese Datensätze umfassen einerseits alle Firmen, deren letzter verfügbarer Jahresabschluss aus dem Jahre 2002 stammt und Unternehmen, die das in Kapitel 3.1.1 erläuterte Alterskriterium nicht erfüllen. Letztere bilden somit die Out-of-sample-Kontrollgruppen, während erstere in die Out-of-time-Kontrolldatensätze einfließen. Da für die vorliegende Untersuchung nur Insolvenzinformationen bis Ende 2003 zur Verfügung standen, umfassen die Out-of-time-Datensätze alle solventen und insolventen Unternehmen der zweiten Jahreshälfte von 2003.

Ergänzt werden die AUC-Werte der Modelle für die Validierungsdatensätze mit den In-sample-Klassifikationserfolgen. Für die Validierung der Ratingmodelle stehen somit insgesamt über 1.400 Unternehmen je Zeithorizont zur Verfügung. Tabelle 3.5.5.3 beschreibt die einzelnen Datensätze ihre Größe, Zusammensetzung und Ausfallquote.

Tab. 3.19 Beschreibung der Datensätze

Zeit-horizont	Datensatz	Anzahl	insolvente Firmen	solvente Firmen	Ausfall-quote
1 Jahr	in-sample	160	80	80	50 %
	out-of-time	946	13	933	1,37 %
	out-of-sample	557	10	547	1,8 %
2 Jahre	in-sample	168	84	84	50 %
	out-of-time	943	16	927	1,69 %
	out-of-sample	406	15	391	3,69 %
3 Jahre	in-sample	106	53	53	50 %
	out-of-time	937	17	920	1,81 %
	out-of-sample	415	24	391	5,78 %

Um sicherzustellen, dass die generierten Ergebnisse auch auf andere Daten übertragbar sind und dass bei der Überprüfung der Ratingmodelle nicht aufgrund von Unterschieden zwischen der untersuchten Grundgesamtheit und der einzelnen Datensätze Verzerrungen auftreten, sollte, wie in Kapitel 3.1.4 für die Entwicklungsdatensätze geschehen, eine Repräsentativitätsuntersuchung durchgeführt werden. Da es sich allerdings bei den Out-of-time-Kontrollgruppen jeweils um eine Vollerhebung der zur Verfügung stehenden Daten handelt und dementsprechend die Repräsentativität gewährleistet ist, wird für diese Datensätze auf eine solche Untersuchung verzichtet. Vielmehr sind sie geeignet, mögliche Verzerrungen bei der Zusammensetzung der Entwicklungsdatensätze aufzudecken.

Auch bezüglich der Ausfallquote können die Out-of-time-Kontrollgruppen als repräsentativ eingestuft werden. So meldeten im Jahr 2002 insgesamt 37.579 Unternehmen Insolvenz an,[320] was bei einem Gesamtbestand in Deutschland von 2.926.570 steuerpflichtigen Unternehmen zu einer Ausfallquote von 1,28 % führt.[321] Ein ähnliches Bild ergibt sich bei den Daten des Verbandes der Vereine Creditreform e.V. Hier meldeten 130 von 10.000 Unternehmen in Deutschland im Jahre 2002 Insolvenz an, was einer Ausfallquote von 1,3 % entspricht.[322] Diese Statistiken umfassen jedoch nur gesetzliche Unternehmensinsolvenzen. Geht man davon aus, dass ein Teil der anderen, nach Basel II definierten Ausfälle zur Erholung eines Unternehmens führt, so muss die reale Anzahl über diesen 1,28 % und unter 2,56 % liegen.[323] Da bei Unternehmensinsolvenzen oft ein Kreditverlust bzw. Zahlungsverzug der Eröffnung des gesetzlichen Insolvenzverfahrens vorangeht, ist anzunehmen, dass die bankinterne Ausfallquote signifikant unter dem Maximum von 2,56 % liegt. Die Wertberichtigung von Banken für Netto-Kreditausfälle beträgt ca. 0,77 %.[324] Geht man davon aus, dass der durchschnittliche Verlust pro Ausfall bei 50 % liegt, so ergibt sich hierdurch eine Ausfallquote von 1,54 %.

[320] Vgl. Statistisches Bundesamt Deutschland (2004a), S. 11.
[321] Vgl. Statistisches Bundesamt Deutschland (2004b), S. 4.
[322] Vgl. Verband der Vereine Creditreform e.V. (2002), S. 4.
[323] Wie in Kapitel 3.2.1 beschrieben, bilden gesetzliche Insolvenzen ca. 50 % der Unternehmensausfälle in der vorliegenden Untersuchung. Somit würde, wenn alle anderen Unternehmen nach dem Ausfall von Basel II ebenfalls Insolvenz anmelden müssten, die Gesamtquote doppelt so hoch liegen.
[324] Vgl. Moody's KMV Company (2001), S. 7.

Basierend auf diesen Daten wird im Ratingsystem von Moody's nach weiteren Anpassungen und Kalibrierungen die mittlere 1-Jahres-Ausfallrate auf 1,6 % geschätzt.[325] Es kann dementsprechend angenommen werden, dass die Ausfallquoten der Out-of-time-Datensätze näherungsweise der Realität entsprechen.

Bei den Out-of-sample-Daten wird ebenfalls auf eine Repräsentativitätsanalyse verzichtet. Hier kann aufgrund der Nichterfüllung des Alterskriteriums davon ausgegangen werden, dass diese Unternehmen infolge der in Kapitel 3.1.1 angeführten Punkte nicht als repräsentativ zu erachten sind. Deshalb dienen sie in der vorliegenden Untersuchung nur dazu, die Out-of-time-Ergebnisse zu ergänzen und eventuelle Einflüsse konjunktureller Schwankungen auf die Resultate festzustellen.[326]

Es fällt auf, dass die Out-of-sample-Datensätze stets eine höhere Ausfallquote aufweisen als die vergleichbaren Out-of-time-Kontrollgruppen. Dies ist u. a. auf die in Kapitel 3.1.1 beschriebene höhere Ausfallwahrscheinlichkeit junger Unternehmen zurückzuführen. Des Weiteren fällt auf, dass die Ausfallquoten mit wachsendem Abstand zum Insolvenzzeitpunkt ansteigen, was wahrscheinlich auf die professionelle Kreditvergabepolitik der BW-Bank zurückzuführen ist. Diese Schwankungen der Ausfallquoten beeinflussen hingegen, wie im vorangegangenen

325 Vgl. Moody's KMV Company (2001), S. 8.

326 Bei den solventen Unternehmen des 3- und 2-Jahres-Zeithorizonts handelt es sich um die gleichen Firmen, weswegen ihre Anzahl in Tabelle 3.20 auch fast identisch ist. Durch das Alterskriterium steht für den 1- und 2-Jahres-Zeithorizont eine ausreichende Anzahl von Firmen zur Verfügung, für den 3-Jahres-Zeithorizont sinkt ihre Zahl jedoch auf weniger als 1 % des Gesamtdatensatzes. Da zu vermuten ist, dass zwischen den Jahresabschlüssen der solventen Unternehmen kein signifikanter Unterschied besteht und sich diese Annahme beim Vergleich der Klassifikationserfolge mit anderen Daten bestätigte (die Ergebnisse weichen um weniger als 0,05 % voneinander ab), wurden die solventen Firmen der 2-Jahres-Kontrollgruppe auch bei der Analyse des 3-Jahres-Modells verwendet, um eine strikte Trennung zwischen Entwicklungs- und Kontrolldaten sicherzustellen. Bei den insolventen Unternehmen ist eine solche Vorgehensweise jedoch nicht möglich. Aus diesem Grund wurden einerseits diejenigen Unternehmen, von denen weniger als zwei Datenpunkte verfügbar waren, in die Kontrollgruppe aufgenommen und diese um Unternehmen ergänzt, bei denen die Herleitung der Wachstumskennzahlen nicht möglich war. Bei der Erstellung der Entwicklungsdatensätze wurde darauf geachtet, dass die Wachstumskennzahlen durch die Jahresabschlüsse des Unternehmens gebildet werden können, da sonst der Einfluss dieser Kennzahlgruppe bei der Auswahl der unabhängigen Variablen verzerrt werden könnte. Aus diesem Grund wurden Firmen, für die der vorangegangene Jahresabschluss nicht verfügbar war, bei der Bildung der Entwicklungsdatensätze nicht berücksichtigt und standen zur Überprüfung der Modellannahmen oder für die Kontrollgruppe zur Verfügung.

Kapitel dargestellt, die Vergleichbarkeit der Klassifikationsergebnisse auf Basis der ROC-Kurve zwischen den Gruppen nicht.

Insgesamt umfassen die Datensätze über 50 % der zur Verfügung stehenden Unternehmen. Es ist dementsprechend davon auszugehen, dass die Ergebnisse sehr aussagekräftig und zuverlässig sind. Bei einem zufriedenstellenden Klassifikationsergebnis sollten die Modelle im Rahmen der Kreditvergabe an mittelständische Firmen uneingeschränkt einsetzbar sein.

Für die einzelnen Datensätze ergeben sich folgenden AUC-Werte mit den jeweiligen Standard-Fehlern und 95 % Konfidenzintervallen:

Tab. 3.20 AUC-Werte der Logit-Modelle für die verschiedenen Zeithorizonte

Zeithorizont	Datensatz	AUC	Std.-Fehler	95 % Konfidenzintervall	
1 Jahr	in-sample	0,882	0,026	0,831	0,933
	out-of-time	0,875	0,030	0,817	0,933
	out-of-sample	0,852	0,048	0,758	0,945
2 Jahre	in-sample	0,810	0,033	0,745	0,876
	out-of-time	0,788	0,048	0,695	0,881
	out-of-sample	0,787	0,053	0,684	0,890
3 Jahre	in-sample	0,779	0,046	0,689	0,869
	out-of-time	0,753	0,045	0,664	0,841
	out-of-sample	0,675	0,047	0,584	0,766

Wie in Tabelle 3.20 ersichtlich, liegen die AUC-Werte für die Modelle sehr dicht beieinander. Die maximale Abweichung beträgt hierbei außer für den Out-of-sample-Validierungsdatensatz für das 3-Jahres-Modell bei 0,03 und ist somit als gering einzustufen. Die Ratingmodelle generieren dementsprechend sehr stabile Ergebnisse. [327]

[327] Nähere Untersuchungen des 3-Jahres-Out-of-sample-Validierungsdatensatzes ergaben keine Auffälligkeiten bezüglich der Zusammensetzung des Datensatzes oder Unregelmäßigkeiten bei einzelner Unternehmen bzw. deren Variablen (vgl. Ausführungen in Kapitel 4.2.8.3), die den AUC-Wert von 0,675 begründen könnten.

Wie zu erwarten war, liegt der In-sample-Klassifiaktionserfolg stets über den Resultaten der beiden anderen Kontrollgruppen und das Ergebnis der Out-of-time-Analyse über den der Out-of-sample-Datensätze. Die Standardfehler bewegen sich zwischen 0,026 und 0,053 bzw. zwischen 2,6 % und 5,3 % und sind vor dem Hintergrund der Datensatzgröße als gering einzustufen. Auffällig ist hierbei, dass die Standardfehler und dementsprechend auch das Konfidenzintervall der Modelle mit dem Abstand zum Insolvenzzeitpunkt tendenziell steigen, wobei sie bei Daten des Out-of-sample-Datensatzes auf relativ hohem Niveau verhältnismäßig konstant bleiben. Während ersteres aufgrund der unterschiedlichen Insolvenzprozesse zu erwarten ist, wird letzteres wahrscheinlich durch die gleichbleibend hohe Ausfallwahrscheinlichkeit junger Unternehmen verursacht.

3.5.5.3 Entwicklung des Klassifikationserfolgs im Zeitverlauf

Zur Überprüfung der Plausibilität der Klassifikationsergebnisse wird zunächst ihre Entwicklung im Zeitverlauf analysiert und mit den Resultaten anderer Studien verglichen.

Wie aus Abbildung 3.5.5.3 ersichtlich ist der Out-of-sample-Klassifikationserfolg des 3-Jahres-Modells sowohl im Vergleich zu den Ergebnissen der In-sample- und Out-of-time-Kontrollgruppen als auch zu den Out-of-sample-Resultaten für die anderen Modelle niedrig. Dies kann einerseits auf die am Ende des vorangegangen Kapitels angeführten Gründe zurückgeführt werden. Andererseits ist eine Unterscheidung zwischen solventen und insolventen Firmen bei oder kurz nach der Unternehmensgründung vermutlich schwieriger, als wenn die Unternehmen eine Zeitlang existierten. Eine weitere Ursache für diese auffällige Abweichung können zufällige Schwankungen bei den Jahresabschlüssen der Kontrollgruppe sein. Wahrscheinlich handelt es sich jedoch um ein Zusammenspiel mehrerer Gründe, das im Endeffekt zu dem beobachteten Phänomen führt.

Im Gegensatz hierzu zeigt sich bei den In-sample- und Out-of-time-Daten ein sehr starker Zusammenhang. Die Out-of-time-Klassifikationserfolge entwickeln sich beinahe parallel zu den In-sample-Ergebnissen. Zwar steigt die Differenz zwischen den AUC-Werten von 0,007 auf 0,024 mit zunehmendem Abstand der zur

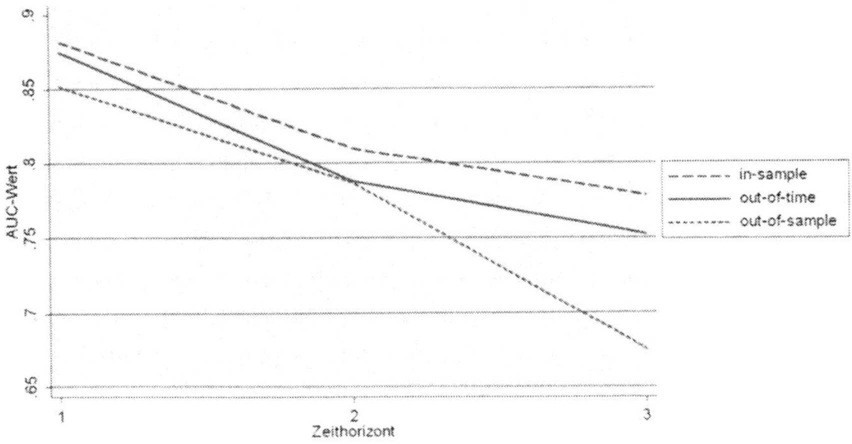

Abb. 3.16 Veränderung des Klassifikationserfolgs der Modelle im Zeitverlauf

Vorhersage der Ausfallwahrscheinlichkeit verwendeten Jahresabschlüsse zum Insolvenszeitpunkt. Diese Zunahme ist indes nur marginal und aufgrund der zunehmenden Prognoseschwierigkeit zu erwarten. Die Ergebnisse zeigen außerdem, dass die Entwicklungsgruppen trotz des geschichteten Auswahlverfahrens hoch repräsentativ in Bezug auf die Out-of-time-Kontrolldaten sind. Wäre dies nicht der Fall, wäre die gleichmäßige Entwicklung der Klassifikationsergebnisse höchst unwahrscheinlich. Dasselbe gilt für den Einfluss konjunktureller Schwankungen. Würden konjunkturelle Schwankungen in die Modellentwicklung mit einfließen, so würden sich diese durch Fluktuationen bei der Klassifikation von Out-of-time-Daten niederschlagen. Da diese jedoch über den gesamten Zeitverlauf nicht auftreten, ist davon auszugehen, dass sie bei der Modellentwicklung entweder durch die um den Industriedurchschnitt modifizierten Kennzahlen oder/und die Gegenüberstellung von Jahresabschlüssen solventer und insolventer Unternehmen der gleichen Jahre ausgeschaltet wurden. Dies wird durch die Out-of-time-Klassifiaktionsergebnisse für den 1- und 2-Jahres-Zeithorizont erhärtet. Nur das Out-of-sample-Resultat für den 3-Jahres-Zeithorizont untermauert, wahrscheinlich infolge der bereits angeführten Gründe, diese Schlussfolgerung für das 3-Jahres-Modell nicht.

Ein Vergleich der Entwicklung der Klassifikationsergebnisse im Zeitverlauf ist nur bedingt möglich, da es nur wenige Publikationen gibt, die neben dem 1-Jahres-Zeithorizont noch weitere Prognosezeiträume untersuchen. Außerdem handelt es sich hierbei stets um internationale Studien.

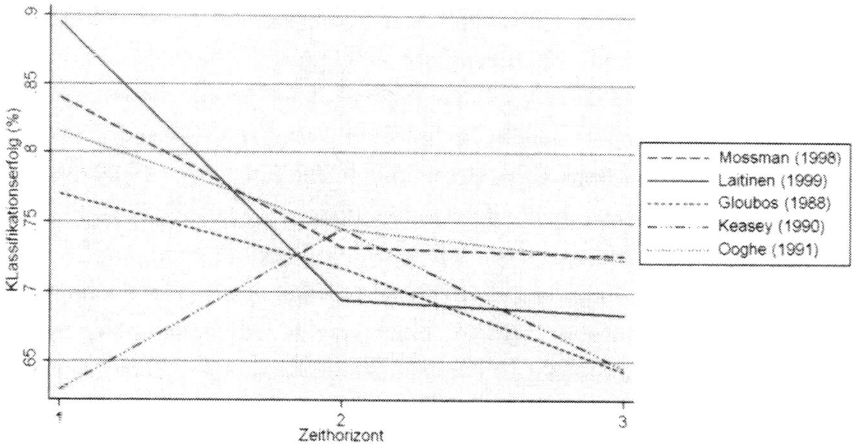

Abb. 3.17 Veränderung des Klassifikationserfolgs der Modelle vergleichbarer Publikationen

Insgesamt können fünf Studien zu Vergleichszwecken herangezogen werden.[328] Alle untersuchten mindestens drei Zeithorizonte und verwendeten ein Ratingmodell basierend auf der logistischen Regression. Allerdings verwenden nur Gloubos und Grammatikos (1988) einen Out-of-time-Datensatz zur Validierung ihres Modells. Alle anderen Ergebnisse beruhen auf Out-of-sample-Kontrollgruppen. Außerdem handelt es sich bei den meisten um ein einziges Modell, das für ver-

[328] Die in Abbildung 3.5.5.3 verwendeten Abkürzungen verweisen auf Mossman et al. (1998), Laitinen und Kankaanpää (1999), Gloubos und Grammatikos (1988), Keasey und McGuinness (1990) und Ooghe et al. (1991).

schiedene Zeithorizonte getestet wird. Nur Keasey und McGuinness (1990) entwickeln verschiedene Modelle für die unterschiedlichen Prognosezeiträume. Auch beim Herkunftsland der untersuchten Unternehmen gibt es keine Übereinstimmungen. Mossman et al. (1998) analysieren Unternehmen aus den USA, Laitinen und Kankaanpää (1999) solche aus Finnland, Gloubos und Grammatikos (1988) hingegen untersuchen Unternehmen aus Griechenland und Keasey und McGuinness (1990) wiederum solche aus dem UK. Des Weiteren ist anzumerken, dass alle Studien einen kritischen Trennwert bestimmen, um den Klassifikationserfolg festzustellen. Da sich die Validierungsdatensätze sowohl bezüglich ihrer Größe als auch ihrer Zusammensetzung (sehr) unterscheiden, ist ein direkter Vergleich der Studien sowohl untereinander als auch mit den Ergebnissen der vorliegenden Analyse nicht möglich. Allerdings ist aus Abbildung 3.5.5.3 ersichtlich, dass die in der Untersuchung vorgefundene Entwicklung des Klassifikationserfolgs den Resultaten anderer Studien ähnelt. Vor allem die Resultate von Mossman et al. (1998), Laitinen und Kankaanpää (1999) und Ooghe et al. (1991) weisen einen fast identischen Verlauf auf. Zunächst nimmt der Klassifikationserfolg zwischen dem 1- und dem 2-Jahres-Modell ebenfalls stark ab, um dann auf einem beinahe konstanten Niveau zu verbleiben. Ein leicht abweichendes Bild ergibt sich bei den Ergebnissen von Gloubos und Grammatikos (1988). Hier ist die Kurve fast eine Gerade, d. h. die Differenz zwischen den Klassifikationserfolgen für die einzelnen Zeithorizonte ist beinahe Null. Nur die Modelle von Keasey und McGuinness (1990) führen zu anderen Resultaten. Hier ist der Klassifikationserfolg des Modells mit dem 1-Jahres-Zeithorizont sehr niedrig, während er für das 2-Jahres-Modell am höchsten ist und beim 3-Jahres-Modell wiederum abnimmt. Dieses Phänomen wird von den Autoren nicht adressiert. Allerdings untersuchen Ooghe und Balcaen (2002) mehrere publizierte Modelle und ihre Klassifikationsergebnisse für mehrere Zeithorizonte. U. a. analysieren sie auch die Modelle von Keasey und McGuinness (1990). Hierzu schätzen sie bei Beibehaltung der unabhängigen Variablen die Koeffizienten neu und vergleichen die Resultate der Modelle untereinander. Die Ergebnisse des Modells von Keasey und McGuinness (1990) folgen nach dieser Modifikation ebenfalls dem für die anderen Modelle beschriebenen Verlauf.[329] Der niedrige Klassifikationserfolg des Modells kann somit wahrscheinlich entweder auf zufällige Schwankungen oder auf die Verwendung nicht repräsentativer Daten bei der Modellentwicklung zurückgeführt werden. Allerdings sind dies ohne weitere Informationen nur Vermutungen, die nicht erhärtet werden können.

Beim Vergleich dieser Studien mit den in der vorliegenden Arbeit generierten Ergebnissen ist festzuhalten, dass sowohl die In-sample- als auch die Out-of-time-Klassifikation einen fast identischen Verlauf aufweisen. Auch beim Großteil der Out-of-sample-Resultate ist dies der Fall. Nur der 3-Jahres-Zeithorizont zeigt Abweichungen, wodurch sich die bereits erläuterte Annahme weiter erhärtet.

3.5.5.4 Bereinigung der Validierungsdatensätze um solvente Unternehmen mit negativem Eigenkapital

Manche Publikationen schließen aus den in Kapitel 3.2.1 angeführten Gründen solvente Unternehmen mit negativem Eigenkapital von ihren Untersuchungen aus.[330] Nach der Überzeugung einiger Ratinganalysten sind Unternehmen, die kein positives Eigenkapital aufweisen, als „realiter" insolvent bzw. als kurz vor der Insolvenz stehend zu betrachten, auch wenn sie bisher nicht ausgefallen sind und dementsprechend als „legaliter" solvent im Datensatz geführt werden. Trennscharfe Ratingmodelle klassifizieren in Folge dessen gewöhnlicherweise viele dieser Unternehmen als insolvent, wodurch sich auf Grund der beschriebenen Diskrepanz der AUC-Wert fälschlicherweise verringert.[331]

Durch diese Vorgehensweise reduziert sich natürlich auch die Anzahl der zur Verfügung stehenden solventen Unternehmen in den Validierungsdatensätzen. So weisen durchschnittlich 14,0 % aller Unternehmen der Out-of-time-Datensätze negatives Eigenkapital auf (maximale Abweichung 0,5 %) und 15,5 % der Out-of-sample-Unternehmen (maximale Abweichung 2,2 %). Hierbei fällt auf, dass der Anteil der Firmen, die negatives Eigenkapital bilanzieren, bei den Out-of-time-Datensätzen tendenziell größer ist als bei den Out-of-time-Unternehmen. Dies

[329] Vgl. Ooghe und Balcaen (2002), S. 20.
[330] Vgl. z. B. Niehaus (1987), S. 62 oder Hüls (1995), S. 49.
[331] Vgl. Moody's KMV Company (2001), S. 19.

dürfte vor allem auf junge Unternehmen zurückzuführen sein, die bei Gründung nur über eine dünne Eigenkapitaldecke verfügen und demgemäß auch eine höhere Ausfallrate aufweisen.

Tab. 3.21 AUC-Werte der Logit-Modelle für die um solvente Unternehmen mit negativem Eigenkapital bereinigten Datensätze

Zeithorizont	Datensatz	AUC	Std.-Fehler	95 % Konfidenzintervall	
1 Jahr	out-of-time	0,905	0,027	0,852	0,958
	out-of-sample	0,882	0,041	0,801	0,962
2 Jahre	out-of-time	0,821	0,044	0,734	0,907
	out-of-sample	0,816	0,050	0,719	0.914
3 Jahre	out-of-time	0,813	0,043	0,729	0,897
	out-of-sample	0,745	0,046	0,654	0,835

Wie aus Tabelle 3.21 ersichtlich, steigen die AUC-Werte für alle Validierungsdatensätze auf Grund der durchgeführten Modifikation. Hierbei übersteigt der AUC-Wert für den Out-of-time-Datensatz sogar 0,9, während die restlichen Werte fast alle über 0,8 liegen. Nur für den 3-Jahres Out-of-sample-Datensatz erreicht das korrespondierende Ratingmodell einen AUC-Wert von 0,74. Ein ähnliches Bild ergibt sich auch bei den Standardfehlern und dementsprechend bei den Konfidenzintervallen. Die Standardfehler der AUC-Werte für alle Datensätze werden kleiner und folglich verringern sich die 95 % Konfidentintervalle. Auffällig an den Ergebnissen in Tabelle 3.21 ist, dass ,während die AUC-Werte für die 1- bzw. 2-Jahres-Validierungsdatensätze um ca. 0,03 steigen, die Werte für den 3-Jahres-Zeithorizont um 0,06 anwachsen. Diese starke Zunahme des Klassifikationserfolgs ist auf die Kennzahl v176, definiert als WEKbI/BISU, zurückzuführen. Hierbei weist erwartungsgemäß vor allem das wirtschaftliche Eigenkapital (WEKbI) starke Abweichungen zwischen der Gruppe der solventen Unternehmen mit negativem und positivem Eigenkapital auf, so dass durchgeführte Modifikation der Datensätze zu dieser signifikanten Verbesserung der Resultate führt.

Es ist jedoch anzumerken, dass negatives Eigenkapital nicht immer zwingend zu einer Insolvenz führt. So führten Kreditanalysten unterschiedlicher Banken im Rahmen verschiedener Gespräche immer wieder an, dass negatives Eigenkapital stets ein negativer Indikator ist, aber speziell beim Mittelstand mit der tendenziell dünnen Eigenkapitaldecke auch auf andere Ursachen, wie z. B. einmalige Sonderabschreibungen aus steuerlichen Gründen, zurückzuführen ist. Aus diesem Grund sollte bei solchen Unternehmen die prognostizierte Ausfallwahrscheinlichkeit immer um eine weiterführende Prüfung ergänzt werden.

3.5.5.5 Untersuchung des Einflusses der modifizierten Kennzahlen auf den Klassifikationserfolg

Um den Einfluss der modifizierten Kennzahlen auf den Klassifikationserfolg zu untersuchen, werden drei neue Ratingmodelle entwickelt, wobei jedoch nur die Basiskennzahlen berücksichtigt werden:

Für einen Zeithorizont von einem Jahr:

$$z_k = -1,27 - 8,06 * v28 + 2,62 * v164 - 0,74 * v61$$

mit:

v28	=	Ertragswirtschaftlicher Cash Flow (CFIe) / (Fremdkapital (FK) - Flüssige Mittel b (FMb))
v164	=	Verbindlichkeiten (VB) / Bilanzsumme (BISU)
v61	=	Finanzwirtschaftlicher Cash Flow (CFIIe) / Fremdkapital (FK)

Für einen Zeithorizont von zwei Jahren:

$$z_k = 0,84 - 4,38 * v228 - 1,35 * v116$$

mit:

v228	=	Ertragswirtschaftlicher Cash Flow zuzüglich Zuführung zu Pensionsrückstellungen (CFIeP) / Gesamtverschuldung (GEVER)

v118 = (Wirtschaftliches Eigenkapital b (WEKb)
+ (Rückstellungen für Pensionen (PRST) / 2) /
Bilanzsumme (BISU)

Für einen Zeithorizont von drei Jahren:

$$z_k = -1,74 + 3,23 * v81 - 2,17 * v176$$

mit:

v81 = (Verbindlichkeiten aus Lieferungen und Leistungen (VLL)
+ Akzepte (AKZ) + Bankverbindlichkeiten (BANK)) /
Fremdkapital abzüglich erhaltene Anzahlungen (FKIa)

v176 = Wirtschaftliches Eigenkapital b zuzüglich 0,5 Sonderposten
mit Rücklagenanteil (WEKbI) / Bilanzsumme (BISU)

Es fällt auf, dass beinahe identische Kennzahlen ausgewählt werden. So stimmen z. B. alle Kennzahlen des 3-Jahres-Modells mit den unabhängigen Variablen des korrespondierenden Modells mit modifizierten Kennzahlen überein und die beiden neuen Kennzahlen des 1- und 2-Jahres-Modells weisen große Ähnlichkeiten mit den modifizierten Kennzahlen der entsprechenden Modelle auf. Dies war zu erwarten, da bei der Selektion der erklärenden Variablen wiederum die in Kapitel 3.5.2 beschriebe Vorgehensweise verwendet wurde und die Basiskennzahlen die gleichen fundamentalen Informationen bezüglich der Ausfallwahrscheinlichkeit eines Unternehmens widerspiegeln wie die korrespondierenden modifizierten Kennzahlen. Die durchgehend geringere Anzahl unabhängiger Variablen ist vor allem auf die Verletzung der Linearitätsannahme zurückzuführen. Eine Berücksichtigung dieser Variablen würde dementsprechend zu keiner Verbesserung der Modell-Statistiken führen und auch den Klassifikationserfolg nur marginal beeinflussen.

Wie zu erwarten war, sinken die McFadden R^2 bei allen Modellen. Für das 1-Jahres-Modell von 0,3922 auf 0,3270, für das 2-Jahres-Modell von 0,2429 auf 0,2233 und für das 3-Jahres-Modell von 0,1964 auf 0,1659. Die 1- und 2-Jahres Modelle sind folglich weiterhin als gut einzustufen, während sich das 3-Jahres-Modell weiter verschlechtert. Alle anderen Statistiken bleiben annähernd konstant.[332]

Wie in Tabelle 3.22 ersichtlich, verringern sich die Klassifikationserfolge der Modelle bei allen Datensätzen. Hierbei sinkt der AUC-Wert bei den Out-of-sample-Kontrollgruppen tendenziell am stärksten.[333] Außerdem steigt der Standardfehler bei allen Datensätzen, wodurch auch die Konfidenzintervalle größer werden. Beide Entwicklungen sind wahrscheinlich auf die Instabilität der unabhängigen Kennzahlen im Zeitverlauf und auf branchenspezifische Einflüsse zurückzuführen. Diese Tendenzen führen zu Verzerrungen in den Kennzahlausprägungen, die sich wiederum in einem geringeren Klassifikationserfolg niederschlagen.

Tab. 3.22 AUC-Werte der Logit-Modelle ohne modifizierte Kennzahlen für die verschiedenen Zeithorizonte

Zeithorizont	Datensatz	AUC	Std.-Fehler	95 % Konfidenzintervall	
1 Jahr	in-sample	0,846	0,031	0,786	0,905
	out-of-time	0,836	0,040	0,758	0,914
	out-of-sample	0,810	0,059	0,694	0,925
2 Jahre	in-sample	0,794	0,034	0,727	0,861
	out-of-time	0,748	0,056	0,637	0,858
	out-of-sample	0,752	0,056	0,642	0,862
3 Jahre	in-sample	0,760	0,047	0,667	0,852
	out-of-time	0,725	0,049	0,630	0,820
	out-of-sample	0,637	0,052	0,536	0,738

Bereinigt man die Daten um solvente Unternehmen mit negativem Eigenkapitalwert, so ergeben sich die in Tabelle 3.23 dargestellten Klassifikationserfolge.

[332] Es wurden dieselben Tests durchgeführt wie bei den anderen Modellen. Die Ergebnisse sind in Anhang 5.15 aufgeführt. Da die Modelle ohne die modifizierten Kennzahlen auf der Grundlage der gleichen Datensätzen entwickelt wurden wie die anderen Modelle, wurde auf die Identifikation einflussreicher Fälle verzichtet.

[333] Im Durchschnitt sinkt der AUC-Wert für die Out-of-sample-Daten um 0,04, während er für die out-of-time Unternehmen um 0,035 und für die In-sample-Observationen um 0,025 sinkt.

Hier liegen die AUC-Werte für die modifizierten Datensätze ebenfalls stets über den Werten für die Validierunsgdatensätze inklusive Unternehmen mit negativem Eigenkapital, und auch bei den sonstigen Parametern ähneln die generierten Resultate den in Kapitel 3.5.5.5 beschriebenen Ergebnisse. Auffällig ist hierbei jedoch, dass neben den AUC-Werten für die 3-Jahres-Datensätze auch die Werte für die 2-Jahres-Datensätze signifikante Steigerungen verzeichnen. Dies ist indes auf die Kennzahlen v118 (WEKb+PRST/2)/BISU und v176 (WEKbI/BISU) des 2- bzw. 3-Jahres-Modells zurückzuführen. Beide basieren auf dem wirtschaftlichen Eigenkapital eines Unternehmens, in dem sich das negative Eigenkapital widerspiegelt.

Tab. 3.23 AUC-Werte der einzelnen Logit-Modelle ohne modifizierte Kennzahlen für die um solvente Unternehmen mit negativem Eigenkapital bereinigten Datensätze

Zeithorizont	Datensatz	AUC	Std.-Fehler	95 % Konfidenzintervall	
1 Jahr	out-of-time	0,878	0,036	0,808	0,948
	out-of-sample	0,848	0,051	0,748	0,947
2 Jahre	out-of-time	0,794	0,054	0,689	0,899
	out-of-sample	0,823	0,051	0,722	0,924
3 Jahre	out-of-time	0,787	0,046	0,696	0,878
	out-of-sample	0,711	0,052	0,609	0,812

Insgesamt zeigt sich, dass die um den Industriedurchschnitt modifizierten Kennzahlen einen signifikanten Beitrag zur Trennung von solventen und insolventen Unternehmen leisten. Für die Out-of-sample- und Out-of-time-Daten erhöht ihr Einsatz den Klassifikationserfolg um durchschnittlich 0,037 bzw. 3,7%. Dem Autor ist keine Studie bekannt, die eine vergleichbare Kennzahlmodifikation durchführt und die AUC-Werte veröffentlicht. Nur Edmister (1972), Platt und Platt (1990) und Platt und Platt (1991) verwenden ähnliche Kennzahlen. Allerdings vergleicht Edmister (1972) die Resultate nicht mit dem Klassifikationsergbenis eines Modells ohne modifizierte Kennzahlen, wodurch keine Rückschlüsse auf die vorliegenden Ergebnisse gezogen werden können. Platt und Platt (1990) und Platt und Platt (1991) hingegen entwickeln zwar Logit-Modelle mit modifizierten und unmodifizierten Kennzahlen und ermitteln die Klassifikationserfolge auf Basis von Out-of-time-Daten. Sie untersuchen jedoch amerikanische Unternehmen aus dem Zeitraum 1972 - 1987 und stellen in ihrem Kontrolldatensatz jeder insolventen Firma ein solventes Unternehmen mit ähnlichen Eigenschaften gegenüber, weshalb die Ergebnisse nur bedingt vergleichbar sind. Wie in der vorliegenden Untersuchung verbesserte sich allerdings in beiden Publikationen das Klassifikationsergebnis durch die Berücksichtigung der modifizierten Kennzahlen signifikant.[334]

Insgesamt kann dementsprechend davon ausgegangen werden, dass die in Kapitel 3.3.4 getroffenen Annahmen und Vermutungen zumindest teilweise auch in dieser Untersuchung zutreffen und die Modifikationen nicht nur zu im Zeitverlauf stabileren Kennzahlen führen, sondern auch branchenspezifische Einflüsse verringern, wodurch wiederum der Klassifikationserfolg der Modelle erhöht wird.

3.5.5.6 Ermittlung der Rating-Stufen und Klassifikation der Unternehmen

Nach den Vorgaben von Basel II müssen die Ratingsysteme der Banken mindestens acht Klassen umfassen. Hierbei werden die Unternehmen, die in die schlechtesten beiden Ratingklassen eingestuft werden, als insolvent und alle anderen als solvent klassifiziert.[335] Wendet man dies auf die Ergebnisse der vorliegenden Untersuchung an, so ergibt sich für die Out-of-time-Daten folgende Verteilung:

Wie aus Tabelle 3.24 ersichtlich, werden die insolventen und die solventen Unternehmen des Out-of-time-Datensatzes durch das 1-Jahres-Modell sehr gut voneinander getrennt. Hierbei werden über 83 % der solventen Unternehmen in die besten sechs Ratingklassen eingestuft, wobei hiervon über 35 % in die beste Klasse fallen. Von den insolventen Unternehmen hingegen werden über 92 % in die beiden schlechtesten Ratingklasssen eingestuft, d. h. über 83 % der verfügbaren Unternehmen werden nach den Vorgaben von Basel II richtig klassifiziert. Hierbei ist hervorzuheben, dass bis auf ein einziges Unternehmen alle Insolvenzen richtig erkannt und klassifiziert werden, d. h. die volkswirtschaftlichen Verluste durch Unternehmensausfälle wären fast alle bis zu 12 Monate im voraus vermeidbar

334 Vgl. Platt und Platt (1990), S. 49-51 und Platt und Platt (1991), S. 1192-1193.
335 Vgl. Basler Ausschuss für Bankenaufsicht (2001b), S. 46.

gewesen. Insgesamt werden zwei Insolvenzen, acht Kreditverluste, ein Zahlungsverzug und ein wahrscheinlicher Kreditverlust richtig klassifiziert.

Tab. 3.24 Klassifikation der Out-of-time-Daten in die einzelnen Ratingklassen nach den Vorgaben von Basel II

Rating-klasse	Ausfallwahr-scheinlichkeit (p)	solvente Firmen		insolvente Firmen	
		absolut	relativ	absolut	relativ
1	0 % ≤ p ≤ 12,5 %	330	35,37 %	0	0 %
2	12,5 % < p ≤ 25 %	107	11,47 %	0	0 %
3	25 % < p ≤ 37,5 %	98	10,50 %	1	7,69 %
4	37,5 % <p ≤ 50 %	86	9,22 %	0	0 %
5	50% < p ≤ 62,5 %	94	10,08%	0	0%
6	62,5 % < p ≤ 75 %	62	6,65 %	0	0 %
7	75% < p ≤ 87,5 %	63	6,75 %	7	53,85 %
8	87,5 % < p ≤ 100 %	93	9,97 %	5	38,46 %
	gesamt	933	100%	13	100%

Bei dem fälschlicherweise als solvent eingestuften insolventen Unternehmen handelt es sich um eine Firma, bei der zunächst ein Zahlungsverzug auftrat und anschließend ein Kreditverlust realisiert wurde. Wenn es sich hierbei um ein an sich gesundes Unternehmen gehandelt hätte, das z. B. durch einen Forderungsausfall eines oder mehrerer Kunden in temporäre Schwierigkeiten geraden ist, wäre dieser Ausfall sowohl als ökonomischer als auch nicht vorhersagbarer Ausreißer zu betrachten. In diesem Fall würden sich die AUC-Werte wie folgt verändern:

Tab. 3.25 AUC-Werte des 1-Jahres-Modells für die Out-of-time-Daten mit und ohne den potenziellen Ausreißer

Out-of-time-Datensatz	AUC	Std.-Fehler	95 % Konfidenzintervall	
mit potenziellem Ausreißer	0,875	0,030	0,817	0,933
ohne potenziellen Ausreißer	0,900	0,015	0,870	0,930

Der Klassifikationserfolg erhöht sich auf 0,9004. Es tritt, wie bei Hosmer und Lemeshow (2000) angemerkt[336] und aus Grafik 3.5.5.6 ersichtlich, eine fast vollständige Trennung der solventen und der insolventen Unternehmen ein. Nur ca. 16 % aller Unternehmen werden falsch klassifiziert. Der Standardfehler halbiert sich und das Konfidenzintervall verringert sich entsprechend. Mit diesem AUC-Wert und den anderen beschriebenen Eigenschaften wäre das Modell somit als hervorragend einzustufen.[337]

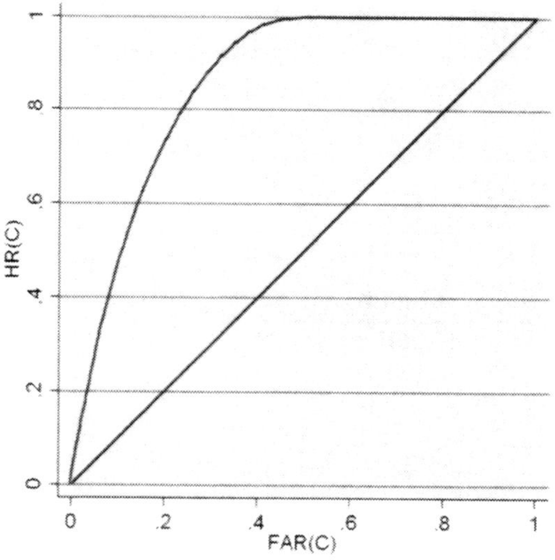

Abb. 3.18 ROC-Kurve des 1-Jahres-Modells für die Out-of-time-Daten ohne den potenziellen Ausreißer

Jedoch standen zu diesem falsch klassifizierten Unternehmen keine weiterführenden Informationen zur Verfügung, weswegen diesbezüglich nur Vermutungen geäußert werden können.

336 Vgl. Hosmer und Lemeshow (2000), S. 162.
337 Bereinigt man zusätzlich um solvente Unternehmen, die einen negativen Eigenkapitalwert aufweisen, so erhöht sich der AUC-Wert auf 0,929 und die Fehlklassifikation verringetr sich auf ca. 12 %.

Ein ähnliches Bild ergibt sich bei der Klassifikation der Out-of-sample-Daten in die einzelnen Ratingklassen. Auch hier werden über 80 % der solventen Unternehmen in die besten sechs Klassen eingestuft, wobei wiederum über 30 % der solventen Firmen in die beste Ratingklasse eingeordnet werden. Ebenso gelten 70% der insolventen Unternehmen als gefährdet. Sie werden in die beiden schlechtesten Ratingklassen eingestuft. Trotz der Nichterfüllung der Altersvorgaben und der damit wahrscheinlich höheren Ausfallwahrscheinlichkeit trennt das 1-Jahres-Modell auch die solventen und insolventen Unternehmen des Out-of-sample-Datensatzes sehr gut. Nur drei insolvente Unternehmen werden fälschlicherweise als solvent klassifiziert, wobei die Ausfallwahrscheinlichkeit einer dieser Firmen weniger als 5 % unter der Mindestvorgabe von 75 % der 7. Ratingklasse liegt.

Tab. 3.26 Klassifikation der Out-of-sample-Daten in die einzelnen Ratingklassen nach den Vorgaben von Basel II

Rating-	solvente Firmen		insolvente Firmen	
klasse	absolut	relativ	absolut	relativ
1	174	31,81 %	0	0%
2	64	11,70 %	0	0%
3	49	8,96 %	0	0 %
4	58	10,60 %	2	20 %
5	48	8,78 %	0	0 %
6	47	8,59 %	1	10 %
7	35	6,40 %	1	10 %
8	72	13,16 %	6	60 %
gesamt	547	100 %	10	100 %

Auch bei den anderen Zeithorizonten ähnelt die Verteilung der solventen Unternehmen den Ergebnissen in Tabelle 3.24 und 3.26.[338] Hier werden sogar stets über 85 % der gesunden Unternehmen in die besten sechs Ratingklassen eingestuft. Nur bei den insolventen Unternehmen verlagert sich die Klassifikation et-

[338] Die Resultate sind in Anhang 5.16 aufgeführt.

was. Hier verteilen sich die Unternehmensausfälle verstärkt auf die schlechtesten vier Ratingklassen. Allerdings liegt der Anteil der insolventen Unternehmen in den besten vier Ratingklassen nie über 25 %, wobei nur das 3-Jahres-Modell bei den Out-of-sample-Daten einen Ausfall in die zweitbeste Ratingklasse einstuft. Alle anderen klassifizieren kein insolventes Unternehmen in eine der beiden besten Ratingklassen.

Die Klassifikation der Unternehmen in die von Basel II vorgegeben Ratingklassen spiegelt die bereits bei der Analyse und dem Vergleich der AUC-Werte mit anderen Ratingmodellen gezogenen positiven Schlussfolgerungen wider. Vor allem das 1-Jahres-Modell erweist sich bei den Out-of-sample- und Out-of-time-Daten als sehr trennscharf, wobei es die insolventen Unternehmen des zweiten Halbjahres 2003 beinahe vollständig als gefährdet einstuft.

Die meisten Ratingagenturen und Banken weichen indes von den Mindestvorgaben von Basel II ab, da ihre Ratingsysteme mehr als acht Klassen aufweisen.[339] So bestehen die Ratingsysteme des Bundesverbands der deutschen Volksbanken und Raiffeisenbanken und des Deutschen Sparkassen- und Giroverbandes (DSGV) aus 20 bzw. 18 Ratingklassen, von denen jeweils die letzten fünf bzw. drei diejenigen Unternehmen umfassen, für die ein Ausfall in den nächsten 12 Monaten prognostiziert wurde. Des Weiteren stellte sich bei einer näheren Analyse heraus, dass diese Ratingklassen unterschiedlich groß sind. Jede Bank hat hierbei ein eigenes Schema, wobei generell die Größe der Ratingklasse mit steigender Ausfallwahrscheinlichkeit wächst.

Das DSGV-Rating basiert z. B. auf der in Tabelle 3.27 dargestellten Masterskala.[340] Es zeigt sich das zuvor beschriebene Schema der größer werdenden Ratingklassen. Dem DSGV-Rating ist hierbei eine logarithmische Funktion hinterlegt, so dass die Ratingklassen in etwa mit dem Faktor 1,5 wachsen. So steigt z. B. die Wahrscheinlichkeit, dass in den kommenden 12 Monaten von 100 Unternehmen der Ratingklasse neun zwei ausfallen auf drei Ausfälle in Ratingklasse

339 Vgl. Europressedienst (2004), S. 33-59.

340 Vgl. Hinxlage (2005), S. 20. Das Ratingsystem der BW-Bank umfasste 19 Ratingklassen mit vier für gefährdete Unternehmen. Allerdings wurde die Baden-Württembergische Bank AG 2005 von der Landesbank Baden-Württemberg übernommen, so dass das DSGV-Rating wahrscheinlich bald auch die Basis beim Kreditvergabeprozess der BW-Bank bildet.

10. Da jedoch keine Informationen bezüglich der zugrundeliegenden Verteilung zur Verfügung stehen, ist die minimale bzw. maximale unternehmensindividuelle Ausfallwahrscheinlichkeit je Ratingklasse nicht exakt berechenbar. In Gesprächen mit Ratinganalysten verschiedener Banken und Beratungen wurde in diesem Kontext häufig ein kritischer Trennwert von unter 20 % angeführt. Dies ist einerseits auf die steigende Größe der Ratingklassen zurückzuführen, andererseits auch auf die unterschiedliche Kalibrierung der Ratingsysteme. Deshalb sind die generierten Ausfallwahrscheinlichkeiten zweier Systeme auch nur bedingt miteinander vergleichbar und werden von den Banken nicht veröffentlicht.[341]

Tab. 3.27 Masterskala des DSGV-Ratings

Rating-klasse	Ausfallwahrscheinlichkeit innerhalb der Klasse	Rating-klasse	Ausfallwahrscheinlichkeit innerhalb der Klasse
	0,01 %	8	1,30 %
	0,02 %	9	2,00 %
	0,03 %	10	3,00 %
1	0,04 %	11	4,40 %
	0,05 %	12	6,70 %
	0,07 %	13	10,00 %
	0,08 %	14	15,00 %
2	0,12 %	15	20,00 %
3	0,17 %	16	90-Tage Verzug, Wertberichtigung
4	0,30 %		
5	0,40 %	17	Abgabe Rechtsabteilung, Kündigung
6	0,60 %		
7	0,90 %	18	Eröffnung des Insolvenzverfahren

[341] Aus diesem Grund sind die mit dem beschriebenen Ratingverfahren generierten Ausfallwahrscheinlichkeiten und die in Tabelle 3.24 dargestellten Ausfallwahrscheinlichkeiten auch nicht auf die Praxis übertragbar. Die Trennschärfe der Systeme wird von diesen Unterschieden in des nicht beeinflusst.

Wird der kritische Trennwert verwendet, um die Unternehmen auf Basis der von den entwickelten Logit-Modellen generierten Resultate zu klassifizieren, so verringern sich zwar insgesamt die Anzahl der falsch klassifizierten insolventen Unternehmen, gleichzeitig steigt jedoch auch die Zahl der als gefährdet eingestuften solventen Unternehmen.

Eine abschließende Beurteilung bzw. die Erstellung eines Ratingsystems, das eine vergleichbare Klassifikation wie die Systeme der Banken vornimmt, ist dementsprechend nicht möglich. Hierzu wären u. a. auch Informationen bezüglich der Kosten einer falschen Klassifikation nötig.[342] Des Weiteren ist die Kreditvergabe nur eine von mehreren Dienstleistungen einer Bank, so dass auch die Produktpolitik bei der Kalibrierung eines Ratingsystems berücksichtigt werden muss. Informationen zu diesen Bereichen sind jedoch im Rahmen der meisten wissenschaftlichen Studien wie auch in der vorliegenden Arbeit nicht verfügbar. Aus diesem Grund lässt sich nur festhalten, dass die Analyse der publizierten bankinternen Ratingsysteme das positive Fazit der vorangegangenen Kapitel bestätigt und sich die Modelle durchgehend als sehr trennscharf erweisen.

3.6 Verwendung der generierten Ergebnisse in der Praxis

Natürlich ist im Rahmen eines Kreditvergabeprozesses vorab nicht bekannt, ob ein Unternehmen in einem, zwei oder drei Jahren ausfallen wird. Dementsprechend sind die entwickelten Modelle mit den verschiedenen Zeithorizonten gemeinsam im Rahmen des Kreditvergabeprozesses einzusetzen und ihre Ergebnisse zu beurteilen

Tabelle 3.28 listet exemplarisch die prognostizierten Ausfallwahrscheinlichkeiten der verschiedenen Modelle für ein insolventes Unternehmen auf. Auf Basis dieser Informationen kann im Rahmen des Kreditvergabeprozesses[343] nicht nur die Entwicklung der 1-Jahres-Ausfallwahrscheinlichkeit des Unternehmens untersucht

[342] Für eine Darstellung unterschiedlicher Preismodelle im Rahmen der Kreditvergabe von Banken auf Basis von Ratingsysteme vgl. Stein (2005).

[343] Nach Auskunft mehrerer Banken werden bei der Kreditvergabe an Firmenkunden heutzutage 2-3 Jahresabschlüsse analysiert, wobei jedoch meist nur der letzte durch ein Ratingsystem ausgewertet wird.

werden, sondern können auch seine 2- und 3-Jahres Insolvenzwahrscheinlichkeit bei der Entscheidung berücksichtigt werden.

Tab. 3.28 Prognostizierte Ausfallwahrscheinlichkeiten der verschiedenen Modelle für ein insolventes Unternehmen

Jahre bis zum Unternehmensausfall	Prognostizierte Ausfallwahrscheinlichkeit 1-Jahres-Modell	2-Jahres-Modell	3-Jahres-Modell
1	0,977 %	0,931 %	0,819 %
2	0,817 %	0,817 %	0,830 %
3	0,032 %	0,264 %	0,533 %

Besonders Abweichungen bei den Vorhersagen, wie z. B. in Tabelle 3.28 drei Jahre vor dem Insolvenzzeitpunkt, können wichtige Informationen liefern. Hier beträgt die Differenz zwischen der Prognose des 1-Jahres- und des 3-Jahres-Modells ca. 50 %. Unternehmen mit einer solchen Diskrepanz sollten seitens der Bank angesprochen und auf eine bankinterne „Watchlist" gesetzt werden. In einem solchen Fall kann die Bank dann einerseits versuchen, den Verlust bei einem Kreditausfall aktiv zu vermindern und andererseits frühzeitig das Unternehmen beraten, um negativen Entwicklungen entgegenzuwirken.

3.7 Zusammenfassung der Ergebnisse der Logit-Modelle

Ziel dieses Kapitels war die Erstellung statistisch fundierter, ökonomisch interpretierbarer, möglichst trennscharfer und objektiver Ratingsysteme auf Basis der Bilanz- und GuV-Daten mittelständischer Unternehmen aus Deutschland. Erstmals wurden hierbei in Deutschland die Kennzahlen um den Industriedurchschnitt modifiziert. Hierdurch sollten einerseits die Einflüsse branchenspezifischer Faktoren möglichst eliminiert und andererseits im Zeitverlauf stabilere Kennzahlen generiert und somit der Klassifikationserfolg erhöht werden.

Wie zu erwarten war, verschlechtern sich die Test-Statistiken mit zunehmendem Abstand zum Insolvenzzeitpunkt. Allerdings sind die Ergebnisse aller durchgeführten statistischen Tests durchweg positiv. Die Ergebnisse für das McFadden

R^2, den Wald-Test und die Resultate des Hosmer-Lemeshow-Tests entsprechen entweder den Vorgaben statistischer Lehrbücher oder den Ergebnissen vergleichbarer wissenschaftlicher Studien.

Auch bei der Untersuchung der Modelle unter ökonomischen Gesichtspunkten konnten keine Fehler festgestellt werden. Die Vorzeichen der Koeffizienten stimmen mit den in Kapitel 3.7 beschriebenen Arbeitshypothesen überein und sind somit ökonomisch interpretierbar. Der Einfluss einzelner Variablen konnte für die modifizierten Kennzahlen sehr anschaulich dargestellt werden und es wurde beschrieben, wie der Einfluss von Kennzahlveränderungen für einzelne Unternehmen analysiert werden kann.

Die für die praktische Anwendung und aus volkswirtschaftlicher Sicht wahrscheinlich wichtigste Analyse war die Untersuchung des Klassifikationserfolgs der Modelle. Hier zeigt sich, dass alle Ratingmodelle für die In-sample- und Out-of-time-Daten gute bis sehr gute Trennergebnisse generierten. Nur das 3-Jahres-Modell lag für die Out-of-sample-Daten unter einem AUC-Wert von 0,7. Bereinigt man die Validierungsdatensätze um solvente Unternehmen mit negativem Eigenkapital, so steigen die AUC-Werte für alle Datensätze. Vor allem für die 3-Jahres-Daten führte diese Modifikation zu einer großen Verbesserung. Wie sich in einer weiterführenden Analyse herausstellte, ist davon auszugehen, dass der durchweg hohe Klassifikationserfolg der Modelle größtenteils auf die modifizierten Kennzahlen zurückzuführen ist. Die Untersuchung bestätigt somit die in Kapitel 3.3.4 postulierten Annahmen und zeigt, dass sich mit den durchgeführten Modifikationen der Klassifikationserfolg von Ratingsystemen signifikant verbessern lässt.

Im Rahmen informeller Gespräche mit mehreren Kreditanalysten verschiedener Banken stießen diese Modifikationen und die generierten Ergebnisse auf reges Interesse. Einerseits bekundeten sie Interesse bezüglich der Verbesserung des Klassifikationserfolges, andererseits erhoffen sich manche auch eine Vereinfachung der bestehenden Ratingsysteme, da sie in der Regel mit mehreren branchenspezifischen Ratingsystemen arbeiten. Durch die Modifikation sehen sie neben Kostenersparnissen bei der Entwicklung und Instandhaltung der Ratingsysteme auch eine Verbesserung der Datenlage, da nun die Insolvenzen mehrere Branchen für die Entwicklung eines Systems verwendet werden können.

Des Weiteren stellen die entwickelten Systeme für mittelständische Unternehmen eine Möglichkeit dar, potentielle Unternehmenskrisen frühzeitig zu identifizieren. Wie sich bei der Analyse der entwickelten Modelle zeigt ist zu vermuten, dass sich der Ausfall von Unternehmen zunächst in der Kapitalstruktur der Jahresabschlüsse niederschlägt. Dementsprechend sollten die Geschäftsführer mittelständischer Unternehmen diesen Bereich besonders beachten und auf negative Veränderungen umgehend reagieren. Im Falle einer Unternehmenskrise können die entwickelten Systeme außerdem genutzt werden die Ausgangslage zu analysieren und die Auswirkungen von Restrukturierungsmaßnahmen auf die Ausfallwahrscheinlichkeit zu simulieren. Gerade für mittelständische Unternehmen sind sie hierbei oft die einzigen Hilfsmittel, die zur Verfügung stehen,[344] da die Kosten für professionelle Unternehmensberater für die meisten kleinen und mittleren Unternehmen zu hoch sein dürften. Unter volkswirtschaftlichen Gesichtspunkten bilden Ratingsysteme somit einen sehr wichtigen Beitrag zum Erhalt und zur Stärkung mittelständischer Unternehmen, die das Rückgrat der deutschen Wirtschaft bilden.

Vor diesem Hintergrund wäre es auch wünschenswert, wenn sich die betriebswirtschaftliche Forschung im Rahmen der Restrukturierung verstärkt diesen Unternehmen zuwenden würde und speziell auf die Bedürfnisse des Mittelstandes eingehen würde. Darüber hinaus ist jedoch auch die Volkswirtschaftslehre gefordert die gängigen Theorien auf kleine und mittlere Unternehmen anzupassen. Es handelt sich somit um ein interdisziplinäres Forschungsfeld und nur durch übergreifende Analysen dürfte es möglich sein bestehende Forschungslücken wie die fehlende Theorie zur Bestimmung der Kennzahlen zu schließen bzw. umfassende Empfehlungen für mittelständische Firmen abzuleiten.

[344] Da ein Industriedurchschnitt durch die Unternehmen meist nicht errechenbar ist, muss auf die Systeme ohne modifizierte Kennzahlen zurückgegriffen werden. Es ist jedoch zu erwarten, dass in solchen Fällen auch die kreditgebenden Banken zu einem beratenden Gespräch bereit sind, denen solche Informationen zugänglich sind.

Insgesamt sind die entwickelten Systeme als sehr gut zu bewerten. Alle Modelle erfüllen die statistischen Tests zufriedenstellend bis sehr gut, sie sind ökonomisch interpretierbar, trennen solvente von insolventen Unternehmen und liefern eine objektive Maßzahl für den Entscheidungsprozess bei der Kreditvergabe.

Dennoch schließt sich an diese Untersuchung eine Erweiterung der Modelle an. Sie soll zusätzliche Informationen liefern und die Trennschärfe der Modelle weiter verbessern.

4 Ergänzung der Ergebnisse der Logit-Modelle mit Hilfe von Cox-Modellen

Nachdem im vorangegangenen Kapitel auf Basis der logistischen Regression Ratingmodelle für unterschiedliche Zeithorizonte entwickelt wurden, wird nun untersucht, inwieweit ihre Ergebnisse mit Hilfe der Proportional-Hazard-Methode nach Cox ergänzt werden können. Neben der Prognose von Ausfallwahrscheinlichkeiten kann sie dazu verwendet werden, Informationen über den zeitlichen Verlauf des Insolvenzprozesses und den Ausfallzeitpunkt zu generieren. Das Cox-Proportional-Hazard-Modell setzt jedoch voraus, dass die Untersuchungsobjekte „at risk", d. h. gefährdet sind.[1] Ferner basiert es auf der Annahme, dass alle Untersuchungsobjekte aus der gleichen Population stammen. Solvente Firmen sind dementsprechend Fälle, bei denen der Ausfall bisher nicht stattgefunden hat.[2] Diese Annahme verletzt jedoch das Going-Concern-Prinzip der Jahresabschlusserstellung,[3] das auch bei den meisten Unternehmensbewertungen vorausgesetzt wird.[4] Es ist somit davon auszugehen, dass diese Annahme bei der Mehrzahl der gesunden Firmen nicht erfüllt ist.

Bei medizinischen Studien werden Patienten und ihre Daten in der Regel erst dann in eine Studie aufgenommen, wenn die zu untersuchende Krankheit diagnostiziert wurde.[5] Ein vergleichbares Vorgehen setzt im Kontext des Unternehmensratings voraus, dass die Unternehmen als gefährdet eingestuft werden. Eine solche Unterscheidung zwischen gesunden und gefährdeten Unternehmen ist jedoch nur mit Hilfe eines bereits existierenden Ratingsystems möglich. Somit sollte ein Cox-Modell nur zur Ergänzung eines schon bestehenden Systems eingesetzt und nicht wie in bisherigen Untersuchungen alleinstehend zur Vorhersage von Insolvenzen

[1] Vgl. Therneau und Grambusch (2000), S. 4-6.
[2] Vgl. Luoma und Laitinen (1991), S. 673.
[3] Vgl. Coenenberg (1997), S. 43.
[4] Vgl. Brealey und Myers (2000), S. 65-66.
[5] Vgl. Hosmer und Lemeshow (1999), S. 2-5.

herangezogen werden.[6] Aus diesem Grund wurden für die Proportional-Hazard-Modelle nur Unternehmen ausgewählt, deren durch die Logit-Modelle prognostizierte Ausfallwahrscheinlichkeit mindestens 50 % beträgt.

Im Folgenden werden ähnlich wie in Kapitel 3 zunächst die Daten aufbereitet. Um unnötige Wiederholungen zu vermeiden, werden hierbei nur Neuerungen beschrieben. Werden also keine neuen Erläuterungen angeführt, so sind die bereits beschriebenen Sachverhalte vorauszusetzen. So werden z. B. die Grundgesamtheit, die Definition des Kreditausfalls oder die Kennzahlen nicht erneut dargestellt. Erstere ändern sich zwar in der Hinsicht, dass, wie bereits angeführt, die Unternehmen eine Ausfallwahrscheinlichkeit größer oder gleich 50 % in den jeweiligen Logit-Ratingmodellen aufweisen müssen, um in die Cox-Modelle einzufließen, alle anderen Eigenschaften bleiben jedoch bestehen. Des Weiteren wird auf eine Beschreibung der Struktur der insolventen Fälle der Entwicklungsgruppen, der Kennzahlen und vorbereitender statistischer Untersuchungen verzichtet. Während letztere unverändert bei der Entwicklung der Überlebenszeitmodelle verwendet werden, weicht erstere geringfügig von der in Kapitel 3.2 beschriebenen Struktur ab, da knapp 80 % der insolventen Unternehmen aus den alten Entwicklungsgruppen in die neuen einfließen.

Im nächsten Abschnitt wird zunächst die Aufstellung der neuen Entwicklungsdatensätze dokumentiert. Da bei den Proportional-Hazard-Modellen nur gefährdete Unternehmen berücksichtigt werden und sich dadurch auch der zur Verfügung stehende Auswahlumfang verringert, muss der Auswahlprozess entsprechend angepasst werden. Da hierbei wieder ein geschichtetes Auswahlverfahren verwendet wird, muss die Repräsentativität der Entwicklungsgruppen überprüft werden.

Im Anschluss wird die Entwicklung der Cox-Modelle beschrieben und die Ergebnisse werden beurteilt. Hierbei wird weitestgehend auf Vorgaben zurückgegriffen, die bereits bei der Entwicklung und Beurteilung der Logit-Modelle verwendet wurden. Dadurch wird die Vergleichbarkeit der Ergebnisse sichergestellt. Ergänzt werden diese Ausführungen durch die Überprüfung der Annahmen der

[6] Vgl. z. B. Lane et al. (1986), Luoma und Laitinen (1991), Whalen (1991) oder Laitinen und Kankaanpää (1999).

Cox-Modelle und durch Anpassungen, die wegen der Unterschiede der statistischen Verfahren vorgenommen werden mussten.

Das Kapitel schließt wiederum mit der Zusammenfassung der Ergebnisse.

4.1 Aufbereitung der Daten für die Cox-Modelle

4.1.1 *Die Entwicklungsdatensätze der Cox-Modelle*

Wie zu Beginn des Kapitels erläutert, werden im Folgenden nur gefährdete Unternehmen weiter untersucht. Im Gegensatz zu den Entwicklungsdatensätzen der logistischen Regressionen werden nun nicht mehr möglichst „gesunde" Unternehmen möglichst „kranken" gegenübergestellt, sondern alle Unternehmen entstammen der gleichen, gefährdeten Grundgesamtheit. Hierdurch verringert sich die Anzahl der zur Verfügung stehenden solventen Unternehmen auf weniger als 40 %, während über 77 % der Insolvenzen dieses Kriterium erfüllen:

Tab. 4.1 Verfügbare Anzahl von Insolvenzen für die Entwicklungsdatensätze der logistischen Regression und der Cox-Überlebenszeitanalyse

Zeithorizont	Logit Modelle	Überlebenszeit-analyse	Anteil
1 Jahr	80	62	77,50 %
2 Jahre	84	66	78,57 %
3 Jahre	53	41	77,36 %

Auf Grund der geringeren Anzahl solventer Unternehmen mussten die in Kapitel 3.1.3 verwendeten Vergleichskriterien wie folgt abgeändert werden:

- ähnlich hohe Ausfallwahrscheinlichkeit wie das gegenübergestellte insolvente Unternehmen, mindestens 50 %,
- Jahr des Jahresabschlusses,
- Branchenzugehörigkeit und
- Rechtsform

Wie die Aufstellung zeigt, konnte der Umsatz als Vergleichsmerkmal nicht beibehalten werden. Zwischen den nach den anderen Vergleichskriterien verfügbaren solventen und insolventen Firmen ist die Diskrepanz zwischen den Umsätzen zu groß. Dies sollte jedoch dank der verwendeten Verhältniskennzahlen keine signifikanten Auswirkungen auf die Güte des Modells haben. Bei der Auswahl der solventen Firmen wurde somit wiederum das geschichtete Auswahlverfahren verwendet, wodurch konjunkturelle und branchenspezifische Einflüsse weitgehend eliminiert werden sollten.

Bei der Erstellung der Entwicklungsdatensätze wurde außerdem darauf geachtet, dass es keine Überschneidungen mit den Kontrollgruppen der Logit-Modelle gibt. Hierdurch wird sichergestellt, dass die Modelle mit den gleichen Unternehmen getestet werden und somit die Vergleichbarkeit der Ergebnisse gewährleistet ist.

4.1.2 *Repräsentativität der Entwicklungsgruppen der Cox-Modelle*

Da die Unternehmen zur Entwicklung der auf der Überlebenszeitanalyse nach Cox basierenden Modelle ebenfalls nicht zufällig ausgewählt werden, wurde ihre Repräsentativität überprüft. Wie in Kapitel 3.1.4 wurden hierfür die relative Häufigkeit der Branche, der Rechtsform und der Größe der Unternehmen der Entwicklungsgruppe mit den entsprechenden Merkmalen aller Unternehmen des korrespondierenden Gesamtdatensatzes verglichen. Der Gesamtdatensatz entspricht hierbei allen Unternehmen, die für den jeweiligen Zeithorizont eine Ausfallwahrscheinlichkeit von mindestens 50 % aufweisen.

Tab. 4.2 Relative Häufigkeit der Branchen bei den insolventen Unternehmen der Entwicklungsgruppe der Überlebenszeitanalyse nach Cox und des Gesamtdatensatz

	verarbeitendes Gewerbe	Baugewerbe	Handel	Sonstige
Entwicklungsgruppe	50,00 %	11,29 %	19,35 %	19,35 %
Gesamtdatensatz	50,57 %	8,05 %	19,54 %	21,84 %
Differenz	0,57%	-3,24 %	0,19 %	2,48 %

Wie aus Tabelle 4.2 ersichtlich, ist das Baugewerbe im Entwicklungsdatensatz für den 1-Jahres-Zeithorizont der Cox-Modelle leicht überrepräsentiert, während sonstige Branchen leicht unterrepräsentiert sind. Die Anteile der beiden anderen Branchen weichen nur marginal zwischen den insolventen Unternehmen der beiden Gruppen ab. Insgesamt sind die Abweichungen zwischen der Entwicklungsgruppe und der Unternehmen des Datensatzes sehr gering, wodurch die Repräsentativität der insolventen Unternehmen, die zur Entwicklung des 1-Jahres Überlebenszeit-Modells eingesetzt werden, als hoch einzustufen ist.

Tab. 4.3 Relative Häufigkeit der Branchen bei den solventen Unternehmen der Entwicklungsgruppe der Überlebenszeitanalyse nach Cox und des Gesamtdatensatzes

	verarbeitendes Gewerbe	Baugewerbe	Handel	Sonstige
Entwicklungsgruppe	50,00 %	11,29 %	19,35 %	19,35 %
Gesamtdatensatz	43,20 %	6,74 %	21,06 %	29,00 %
Differenz	-6,80 %	-4,55 %	1,70 %	9,65 %

Im Gegensatz zu den insolventen Unternehmen weisen die solventen Unternehmen bezüglich der Branchen verarbeitendes Gewerbe und Baugewerbe sowie sonstige Branchen der beiden Gruppen signifikante Unterschiede auf. Vergleicht man die Ergebnisse mit den Werten in Tabelle 3.1.4, so fällt auf, dass sie für die Unternehmen der sonstigen Branchen weitestgehend konstant sind. Die Ursache für die vorliegende Differenz zwischen den Unternehmen der beiden Gruppen liegt somit wahrscheinlich - wie bisher vermutet - in der geringen Ausfallquote. Bei den beiden anderen Branchen ist die Diskrepanz wahrscheinlich u. a. auf branchenspezifische Gegebenheiten und die Größenstruktur der verfügbaren Unternehmen in den einzelnen Branchen zurückzuführen. Während sich z. B. die insolventen Unternehmen des verarbeitenden Gewerbes fast gleichmäßig über die Größenklassen kleinst, klein und mittel verteilen,[7] weisen die ausgefallenen Firmen des Baugewerbes zu über 70 % einen Jahresumsatz oder eine Bilanzsumme von höchstens 2 Millionen Euro auf. Hierdurch ist das Baugewerbe, wie in Kapitel 3.1.4 beschrieben, tendenziell anfälliger für kurzfristige, exogene Einflussfaktoren, die sich nicht in der Bilanz niederschlagen. Des Weiteren hängen kleine Baufirmen oft vom Er-

[7] 21 Kleinst-, 20 Klein- und 12 mittlere Unternehmen.

folg einzelner Großaufträge ab. Kommt es hierbei zu Zahlungsverzögerungen seitens des Auftraggebers oder zu Problemen bei baulichen Maßnahmen, kann dies schnell zum Ausfall einer sonst gesunden Firma führen. Es ist in der vorliegenden Studie dementsprechend schwieriger, die Insolvenz eines Unternehmens des Baugewerbes zu prognostizieren, als die eines Unternehmens des verarbeitenden Gewerbes. Aus diesem Grund nimmt beim Baugewerbe zwischen den solventen Unternehmen des Gesamtdatensatzes und den Firmen der Entwicklungsgruppe trotz weiterhin hoher Ausfallquote im Vergleich zu den Ergebnissen in Tabelle 3.1.4 die Differenz ab. Andererseits vergrößert sich aus denselben Gründen der Unterschied beim verarbeitenden Gewerbe. Hier schlägt sich ein Unternehmensausfall frühzeitig in den Jahresabschlussdaten nieder und ermöglicht so eine sehr gute und scharfe Trennung zwischen den solventen und insolventen Firmen.[8] Dennoch sind die solventen Unternehmen der Entwicklungsgruppe im Vergleich zu den gesunden Firmen des Gesamtdatensatzes als repräsentativ einzustufen. Die maximale Abweichung beträgt 9,65 % und liegt somit unter dem Maximum für die Repräsentativitätsuntersuchung der 1-Jahres-Logit-Entwicklungsgruppe.

Tab. 4.4 Relative Häufigkeit der Rechtsformen bei den insolventen Unternehmen der Entwicklungsgruppe der Überlebenszeitanalyse nach Cox und des Gesamtdatensatzes

	Kapitalgesellschaft	Nicht-Kapitalgesellschaft
Entwicklungsgruppe	90,32 %	9,68 %
Gesamtdatensatz	90,80 %	9,20 %
Differenz	0,48 %	-0,48 %

Beim Merkmal der Rechtsform ist die Gruppe der insolventen Unternehmen des Entwicklungsdatensatzes ebenfalls hoch repräsentativ. Ein Vergleich mit den korrespondierenden Ergebnissen des Kapitels 3.1.4 zeigt, dass es nur marginale Unterschiede gibt, die einerseits auf die kleine Gruppengröße und andererseits auf zufällige Schwankungen zurückzuführen sind.

[8] Banken sollten dementsprechend neben quantitativen auch qualitative Informationen wie z. B. die Kundenstruktur in ihr Rating einfließen lassen. Solche Daten standen für die vorliegende Untersuchung jedoch nicht zur Verfügung.

Tab. 4.5 Relative Häufigkeit der Rechtsformen bei den solventen Unternehmen der Entwicklungsgruppe der Überlebenszeitanalyse nach Cox und des Gesamtdatensatzes

	Kapitalgesellschaft	Nicht-Kapitalgesellschaft
Entwicklungsgruppe	85,48 %	14,52 %
Gesamtdatensatz	84,36 %	15,64 %
Differenz	-1,13 %	1,13 %

Dasselbe gilt für die solventen Unternehmen der beiden Gruppen. Hier hat sich die Differenz sogar von 6,6 % auf 1,13 % verringert, was u. a. durch den geringeren Auswahlumfang begründet ist. Hierdurch konnte bei der Gegenüberstellung der solventen und der insolventen Unternehmen das Rechtsformkriterium nicht mehr durchgehend erfüllt werden. Ansonsten ergeben sich die gleichen Ergebnisse wie in Kapitel 3.1.4.

Tab. 4.6 Relative Häufigkeit der Unternehmensgröße bei den insolventen Unternehmen der Entwicklungsgruppe der Überlebenszeitanalyse nach Cox und des Gesamtdatensatzes

	kleinst	klein	mittel
Entwicklungsgruppe	51,61 %	33,87 %	14,52 %
Gesamtdatensatz	48,28 %	35,63 %	16,09 %
Differenz	-3,34 %	1,76 %	1,58 %

Auch für das Größenmerkmal der Repräsentativitätsuntersuchung kann die Verteilung der relativen Häufigkeit der solventen und der insolventen Unternehmen als hoch repräsentativ eingestuft werden. Die maximale Abweichung beträgt -3,34 % für die Kleinstunternehmen und ist damit in etwa so groß wie bei den korrespondierenden Ergebnissen des Repräsentativitätstest der Logit-Entwicklungsgruppe von -2,78 %. Bei den solventen Firmen beträgt sie jedoch 7,27 %. Obwohl bei der Auswahl der Unternehmen die Größe auf Grund der eingeschränkten Verfügbarkeit von Daten nicht als Kriterium berücksichtigt wurde, ist anzunehmen, dass die Differenzen auf die anderen Vergleichskriterien zurückzuführen sind. Bei der näheren Analyse ergab sich, dass der Anteil der Kleinstunternehmen sich direkt proportional zur Ausfallwahrscheinlichkeit verhält.[9] Da, wie in Kapitel 3.5.5.6 beschrieben, die Anzahl der insolventen Unternehmen in der gleichen Weise zunimmt und bei der Auswahl der Firmen auf eine vergleichbare Ausfallwahrscheinlichkeit geachtet wurde, sind die Unternehmen mittlerer Größe in der Entwicklungsgruppe leicht unterrepräsentiert.

Tab. 4.7 Relative Häufigkeit der Unternehmensgröße in der Gruppe der solventen Unternehmen der Entwicklungsgruppe der Überlebenszeitanalyse nach Cox und in des Gesamtdatensatzes

	kleinst	klein	mittel
Entwicklungsgruppe	58,06 %	35,48 %	6,45 %
Gesamtdatensatz	53,67 %	32,61 %	13,72 %
Differenz	-4,39 %	-2,87 %	7,27 %

Insgesamt ist demnach die Repräsentativität der Entwicklungsgruppe für die Überlebenszeitanalyse nach Cox als sehr gut zu bewerten. Trotz des geschichteten Auswahlverfahrens weist kein Vergleichskriterium eine Differenz von mehr als 10 % auf. Es ist also zu erwarten, dass die Proportional-Hazard-Modelle einen signifikanten Beitrag zur Trennung von solventen und insolventen Unternehmen liefern und die Ergebnisse der logistischen Regression sinnvoll ergänzen.

Die Ergebnisse der Repräsentativitätsuntersuchung für die Entwicklungsgruppen der beiden anderen Zeithorizonte werden wie zuvor nicht im Einzelnen erläutert, sondern werden in den Tabellen im Anhang 5.17 zusammenfassend dargestellt. Für den 2-Jahres-Zeithorizont betragen die größten Abweichungen 10,89 % für das verarbeitende Gewerbe und -10,55 % bei Kleinstunternehmen. Alle anderen Differenzen liegen unter 8 %. Es fällt auf, dass diese Unterschiede den Ergebnissen für den 1-Jahres-Zeithorizont ähneln. Weiterführende Analysen ergeben, dass diese Diskrepanzen wahrscheinlich auf die bereits erläuterten Ursachen zurückzuführen sind. Die Entwicklungsgruppe des 3-Jahres-Zeithorizontes weist bezüglich des Vergleichskriteriums der Unternehmensgrößen die größten Unterschiede auf.

9 So beträgt ihr Anteil an solventen Firmen mit einer Ausfallwahrscheinlichkeit von mindestens 75 % z. B. über 62 %.

Hier weichen die Anteile der Kleinst- und Kleinunternehmen bei den insolventen Unternehmen der beiden Gruppen um 14,58 % bzw. -10,07 % voneinander ab. Außerdem sind die mittleren Unternehmen bei den solventen Unternehmen in der Entwicklungsgruppe um 11,56 % überrepräsentiert. Alle anderen Repräsentativitätsuntersuchungen unterscheiden sich um weniger als 8,5 %. Einerseits begründen sich diese Abweichungen wahrscheinlich durch die bereits angeführten Ursachen, andererseits weist die 3-Jahres-Entwicklungsgruppe den kleinsten Umfang auf, so dass schon kleine Schwankungen zu signifikanten Unterschieden zwischen den Gruppen führen. Vor diesem Hintergrund sind die Resultate der Repräsentativitätsanalyse als sehr gut zu beurteilen und es ist anzunehmen, dass alle wesentlichen Aspekte des Gesamtdatensatzes in den Entwicklungsgruppen abgebildet werden, weswegen aussagekräftige und zuverlässige Ratingergebnisse zu erwarten sind.

4.2 Entwicklung und Beurteilung der Cox-Modelle

4.2.1 *Handhabung von „ties“*

Wie bereits in Kapitel 2.5 erläutert, werden Cox-Modelle ermittelt, indem die Partial Likelihood maximiert wird. Sie ist definiert als:[10]

$$l_p(\beta) = \prod_{i=1}^{n} \frac{e^{x_{(i)}\beta}}{\sum\limits_{j \in R(t_{(i)})} e^{x_{(j)}\beta}} \tag{4.1}$$

mit:

$R(t_{(i)})$ = Menge aller Untersuchungsobjekte, die bis zum Zeitpunkt t_i noch ni ausgefallen sind

n = Anzahl der Ereigniszeiten

Dabei wird angenommen, dass die Zeitpunkte an denen die Ereignisse eintreten im Zeitverlauf sind, d. h. $t_1 < t_2 < t_3 ... < t_n$.[11] Infolge von Ungenauigkeiten

[10] Vgl. Cox und Oakes (1984), S. 93.

[11] Kiefer (1988), S. 667.

bei der Datenverfügbarkeit ist es in der Praxis jedoch meist nicht möglich die Zeitpunkte der Ausfälle exakt zu bestimmen. Es kann zwar davon ausgegangen werden, dass Unternehmensausfälle einen zeitstetigen Verlauf besitzen, aber es ist in der Realität meist nur möglich, Zeitintervalle anzugeben.[12] Das Phänomen, dass auf Basis der verfügbaren Informationen zwei oder mehrere Unternehmen zum gleichen Zeitpunkt ausfallen, nennt man „ties". Sie verletzen die Stetigkeitsannahme der Partial Likelihood und müssen folglich behandelt werden. In der Literatur werden in der Regel vier Verfahren beschrieben:[13]

- Breslow Approximation
- Efron Approximation
- Exact Partial Likelihood
- Durchschnittliche Likelihood

Aus Formel 4.1 geht hervor, dass die Partial Likelihood für Daten ohne „ties" ein Produkt über die Ausfallzeiten ist. Falls nun die Unternehmen $i = 1$ und 2 zum gleichen Zeitpunkt t aus der gefährdeten Firmengruppe $i = 1, 2, 3, 4$ ausfallen, so ist der Beitrag von t zu Likelihood:[14]

$$(4.2) \qquad \frac{r_1}{r_1 + r_2 + r_3 + r_4} \, \frac{r_2}{r_2 + r_3 + r_4} + \frac{r_2}{r_1 + r_2 + r_3 + r_4} \, \frac{r_1}{r_2 + r_3 + r_4}$$

mit:

r_i = Ausfallrisiko des Unternehmens i zum Zeitpunkt t

Bedauerlicherweise können diese Summen nicht vereinfacht werden, wodurch es sehr aufwändig und kompliziert ist, die korrespondierende Log-Likelihood, als Summe der Logarithmen ähnlicher Terme, zu berechnen. Die Komplexität steigt dabei mit der Größe des Datensatzes und mit der Anzahl der Unternehmen, die zu den gleichen Zeitpunkten ausfallen.

---

12 Vgl. Fuentelsaz et al. (2002), S. 253.

13 Vgl. Therneau und Grambusch (2000), S. 48.

14 Vgl. Cox und Oakes (1984), S. 102.

Unabhängig voneinander schlugen Breslow (1972) und Peto (1972) deshalb vor, anstelle der Teilsummen die komplette Summe $r_1 + r_2 + r_3 + r_4$ für die Nenner zu verwenden. Hierdurch vereinfacht sich das Beispiel in Formel 4.2 zu:

$$\frac{2r_1r_2}{(r_1 + r_2 + r_3 + r_4)^2} \tag{4.3}$$

oder allgemeiner zu:[15]

$$l_p(\beta) = \prod_{i=1}^{n} \frac{e^{x_{(i)+}\beta}}{\left[\sum_{j \in R(t_{(i)})} e^{x_{(j)}\beta}\right]^{d_i}} \tag{4.4}$$

mit:

d_i	=	Anzahl der Unternehmen, die zum Zeitpunkt t_i ausfallen
$x_{(i)+}\beta$	=	Summe aller Kovariaten der d_i Unternehmen

Allerdings ist diese die ungenaueste Approximation. Im Besonderen werden Unternehmensausfälle mehr als einmal im Nenner berücksichtigt, was dazu führt, dass die geschätzten β Koeffizienten zu nahe bei Null liegen.[16]

Eine Erweiterung dieses Verfahrens publizierte Efron (1977). Im beschriebenen Beispiel würde bei dieser Approximation ein durchschnittlicher Nenner $0,5r_1 + 0,5r_2 + r_3 + r_4$ für den zweiten Term verwendet. Treten nun drei Ausfälle zum gleichen Zeitpunkt auf, so hätten die Nenner ein Gewicht von 1, 2/3 und 1/3.[17] Die allgemeine Formel lautet somit:[18]

$$l_p(\beta) = \prod_{i=1}^{m} \frac{e^{x_{(i)+}\beta}}{\prod_{k=1}^{d_i}\left[\sum_{j \in R(t_{(i)})} e^{x_{(j)}\beta} - \frac{k-1}{d_i} \sum_{j \in D(t_{(i)})} e^{x_{(j)}\beta}\right]} \tag{4.5}$$

[15] Vgl. Hosmer und Lemeshow (1999), S. 106.
[16] Vgl. Cox und Oakes (1984), S. 103.
[17] Vgl. Therneau und Grambusch (2000), S. 49.
[18] Vgl. Hosmer und Lemeshow (1999), S. 107.

Liegen keine ties vor, gilt also d_i=1, so sind Zähler und Nenner aller drei Formeln 4.1, 4.4 und 4.5 identisch.

Bei der Exact Partial Likelihood werden alle möglichen Kombinationen berücksichtigt. Für das Beispiel ergibt sich folgende Gleichung:[19]

(4.6)
$$\frac{r_1 r_2}{r_1 r_2 + r_1 r_3 + r_1 r_4 + r_2 r_3 + r_2 r_4 + r_3 r_4}$$

Die Exact Partial Likelihood lautet somit:[20]

(4.7)
$$l_p(\beta) = \prod_{i=1}^{m} \frac{e^{x(i)+\beta}}{\sum_{j \in Q_i} e^{x_q^* \beta}}$$

mit:

Q_i = Menge aller möglichen d_i Tupel von Unternehmen aus R(t)

$x_q^* = \sum_{j=1}^{d_i} x_{qj}$

Zum Zeitpunkt t_i gibt es somit d_i! mögliche Reihenfolgen. Wie aus Formel 4.7 ersichtlich, steigt somit der Rechenaufwand mit Anzahl der Ausfallzeitpunkte mit ties und der Unternehmen „at risk" sehr schnell an.[21]

Ein weiteres Verfahren wurde von DeLong et al. (1994) vorgeschlagen. Hierbei wird die durchschnittliche Likelihood berechnet. Das beschriebene Zahlenbeispiel lautet dann:[22]

(4.8)
$$\int_0^\infty \left[1 - e^{\left(-\frac{r_1 t}{r_3+r_4}\right)}\right] \left[1 - e^{\left(-\frac{r_2 t}{r_3+r_4}\right)}\right] e^{-t} dt$$

---

19 Vgl. Therneau und Grambusch (2000), S. 50.
20 Vgl. Chalita et al. (2002), S. 1218.
21 Vgl. Cox und Oakes (1984), S. 102.
22 Vgl. Therneau und Grambusch (2000), S. 49.

Die durchschnittliche Likelihood ergibt sich demnach als:[23]

$$l_p(\beta) = \prod_{i=1}^{m} \left\{ \int_0^\infty \prod_{k=1}^{d_i} \left[1 - e^{\left(- \frac{e^{x(i)+\beta} t}{\sum_{j \in R(t_{(i)})} e^{x(j)\beta}} \right)} \right] e^{-t} dt \right\} \tag{4.9}$$

Auch hier ist der Rechenaufwand schon bei einer relativ geringen Anzahl von „ties" und Unternehmen „at risk" sehr groß.[24] Für die beiden letzten Verfahren gilt natürlich wie für die von Breslow und Efron, dass sie die gleichen Ergebnisse generieren wie die Partial Likelihood, wenn keine „ties" vorhanden sind.

Auf Grund der großen Anzahl zu berechnender Modelle wird, wie bei Hosmer und Lemeshow (1999) angeregt, die Efron-Approximation verwendet. Ihre Ergebnisse weichen in der Regel nur marginal von der Exact Partial Likelihood ab und ihre Berechnung erfordert eine wesentlich geringere Rechenleistung.[25]

4.2.2 *Überprüfung der Proportional-Hazard-Annahme*

Eine weitere Annahme des Cox-Modells ist, dass das Ausfallrisiko über den Beobachtungszeitraum konstant ist.[26] Es wird also angenommen, dass sich der Effekt der Kovariablen auf die Ausfall- bzw. Überlebenswahrscheinlichkeit im Zeitverlauf nicht verändert. In medizinischen Studien ist dies jedoch nicht immer der Fall. So sind z. B. bestimmte Behandlungen zeitabhängig und können mit zunehmender Behandlungsdauer zu einer höheren Überlebenswahrscheinlichkeit der Patienten führen.[27] Im Kontext von Studien, die auf einem Cox-Modell basieren und die Ausfallwahrscheinlichkeit von Unternehmen prognostizieren, wird somit unterstellt, dass der Einfluss der Kennzahlen für den untersuchten Zeithorizont proportional ist. Das bedeutet, dass die unabhängigen Variablen der Modelle frei von konjunkturellen und sonstigen zeitabhängigen Schwankungen sein müssen.

[23] Vgl. DeLong et al. (1994), S. 608.
[24] Vgl. Therneau und Grambusch (2000), S. 49.
[25] Vgl. Hosmer und Lemeshow (1999), S. 107-108.
[26] Vgl. Kapitel 2.5.
[27] Vgl. Therneau und Grambusch (2000), S. 130.

Zur Überprüfung der Proportional-Hazard-Annahme der Cox-Modelle werden oft die Schoenfeld-Residuen verwendet. Sie basieren auf dem individuellen Beitrag zur Ableitung der Log Partial Likelihood. Für die k-te Kovariate ist diese Ableitung definiert als:[28]

$$(4.10) \qquad \frac{\partial L_p(\beta)}{\partial \beta_k} = \sum_{i=1}^{n} c_i \left\{ x_{ik} - \frac{\sum\limits_{j \in \mathbb{R}(t_i)} x_{jk} e^{x_j' \beta}}{\sum\limits_{j \in \mathbb{R}(t_i)} e^{x_j' \beta}} \right\} = \sum_{i=1}^{n} c_i \{ x_{ik} - \overline{x}_{w_i k} \}$$

mit:

$$\overline{x}_{w_i k} = \frac{\sum\limits_{j \in \mathbb{R}(t_i)} x_{jk} e^{x_j' \beta}}{\sum\limits_{j \in \mathbb{R}(t_i)} e^{x_j' \beta}}$$

Ersetzt man nun β durch $\hat{\beta}$, so erhält man das Schoenfeld-Residuum für das i-te Subjekt und die k-te Kovariate als:[29]

$$(4.11) \qquad \hat{r}_{ik} = c_i (x_{ik} - \hat{\overline{x}}_{w_i k})$$

Skaliert man die Schoenfled-Residuen um ihre geschätzte Varianz, so verbessern sich ihre diagnostischen Eigenschaften:[30]

$$(4.12) \qquad \hat{r}_i^* = [V\hat{a}r(\hat{r}_i)]^{-1} \hat{r}_i$$

mit:

$V\hat{a}r(\hat{r}_i) \quad = \quad p$ x p Kovarianz-Matrix

[28] Vgl. Hosmer und Lemeshow (1999), S. 198.
[29] Vgl. Schoenfeld (1982), S. 240.
[30] Vgl. Grambsch und Therneau (1994), S. 516.

Die Elemente der Kovarianz-Matrix werden hierbei auf Basis der zur Verfügung stehenden Daten als gewichtete Version der Sum-of-squares-Matrix berechnet. Für das i-te Unternehmen ergeben sich die diagonalen Elemente der Matrix als:[31]

$$\hat{Var}(\hat{r}_i)_{kk} = \sum_{j \in \mathbb{R}(t_i)} \hat{w}_{ij}(x_{jk} - \hat{\bar{x}}_{w_i k})^2 \tag{4.13}$$

und die nicht-diagonalen als:

$$\hat{Var}(\hat{r}_i)_{kl} = \sum_{j \in \mathbb{R}(t_i)} \hat{w}_{ij}(x_{jk} - \hat{\bar{x}}_{w_i k})(x_{jl} - \hat{\bar{x}}_{w_i l}) \tag{4.14}$$

mit:

$$\hat{w}_{ij} = \frac{e^{x'_j \hat{\beta}}}{\sum_{j \in \mathbb{R}(t_i)} e^{x'_l \hat{\beta}}}$$

Da die Matrix $\hat{Var}(\hat{r}_i)$ im Zeitverlauf ziemlich konstant ist, kann ihre Inverse näherungsweise bestimmt werden, indem man die Kovarianz-Matrix der geschätzten Koeffizienten mit der Anzahl m der Unternehmensausfälle multipliziert:[32]

$$[\hat{Var}(\hat{r}_i)] = m\hat{Var}(\hat{\beta}) \tag{4.15}$$

Diese Vorgehensweise wird von den meisten Statistik-Programmen verwendet, so dass die Schoenfeld-Residuen bestimmt werden als:[33]

$$\hat{r}_i^* = m\hat{Var}(\hat{\beta})\hat{r}_i \tag{4.16}$$

Die so berechneten Schoenfeld-Residuen werden zur Überprüfung der Proportional Hazard-Annahme anschließend grafisch der Zeit gegenübergestellt. Erfüllen die

31 Vgl. Hosmer und Lemeshow (1999), S. 199-200.
32 Vgl. Grambsch und Therneau (1994), S. 516-517.
33 Vgl. Hosmer und Lemeshow (1999), S. 200.

Daten diese Annahme, verläuft die geglättete Kurve durch diese Punkte annähernd horizontal, d. h. sie weist eine Steigung von Null auf.

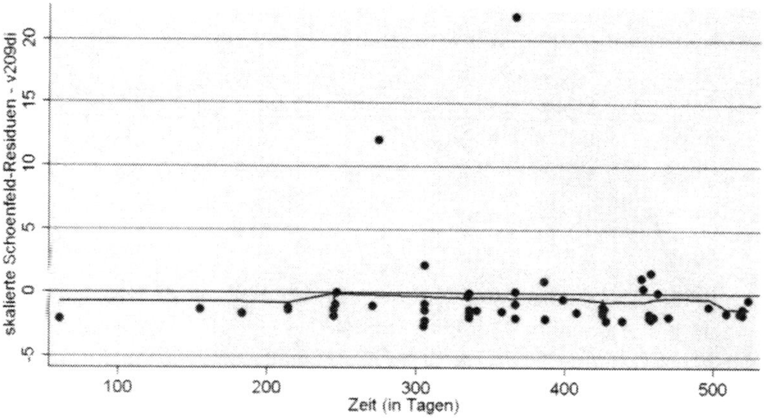

Abb. 4.1 Grafische Überprüfung der Proportional-Hazard-Annahme für die Variable v209di

Diese Voraussetzung erfüllt, wie aus Grafik 4.1 ersichtlich, die unabhängige Variable v209di des Cox-Modells für den 1-Jahres-Zeithorizont.[34] Die geglättete Kurve weist zwar einige kleinere positive bzw. negative Steigungen auf, läuft jedoch fast parallel zur Referenzlinie y=0.

Allerdings setzt die grafische Überprüfung individuelle Interpretation und subjektive Entscheidungen voraus. Objektiver ist das Verfahren von Grambsch und Therneau (1994).[35] Es basiert auf der Tatsache, dass die Schoenfeld-Residuen nicht mit der Zeit korrelieren, wenn die Proportional-Hazard-Annahme erfüllt ist. Dementsprechend kann die Pearson-Produkt-Moment Korrelation (rho) bestimmt werden, deren Test-Statistiken wiederum asymptotisch χ^2-verteilt sind und die Bestimmung von Konfidenzintervallen bzw. Wahrscheinlichkeiten ermöglichten.[36]

34 Die Ergebnisse der grafischen Überprüfung der Proportional-Hazard-Annahme sind für die anderen unabhängigen Variablen und Zeithorizonte in Anhang 5.18 aufgeführt.

35 Vgl. Grambsch und Therneau (1994), S. 516-517.

36 Vgl. Therneau und Grambusch (2000), S. 136.

Des Weiteren lässt sich hierdurch die Proportional-Hazard-Annahme nicht nur für die individuellen, unabhängigen Variablen bestimmen, sondern auch global für das gesamte Modell.[37]

Tab. 4.8 Proportional-Hazard-Test nach Grambsch und Therneau (1994)

Kennzahl	rho	χ^2	Freiheitsgrad	Wahrscheinlichkeit
v209di	-0,052	0,35	1	0,555
w37diy	-0,052	0,15	1	0,702
v107diy	-0,133	0,97	1	0,325
w50diy	0,023	0,05	1	0,830
v79diy	0,067	0,30	1	0,586
v4diy	-0,097	0,18	1	0,668
Global		2,17	6	0,904

Für das 1-Jahres-Modell wurde die minimale Wahrscheinlichkeit auf 0,3 festgelegt.[38] Dieser Wert ist als sehr konservativ einzustufen[39] und stellt in Verbindung mit dem grafischen Verfahren sicher, dass allen Variablen die Proportional-Hazard-Annahme erfüllen.

Allerdings sollte man bei der Überprüfung der Proportional-Hazard-Annahmen stets beide Verfahren verwenden. Zwar ist das Verfahren von Grambsch und Therneau (1994) objektiver und erleichtert die Identifikation von Variablen, die diese Annahme nicht erfüllen. Abweichungstendenzen zu Beginn und vor allem am Ende der Beobachtungsperiode kann es jedoch nicht anzeigen. Diese Limitation vermeidet das grafische Verfahren und ergänzt somit das Verfahren von Grambsch und Therneau (1994).

37 Weitere Verfahren zur Überprüfung der Proportional-Hazard-Annahme werden z. B. in Marubini und Valsecchi (2004), S. 235-247 aufgeführt. Bei dem Verfahren von Grambsch und Therneau (1994) handelt es sich jedoch um das wahrscheinlich am häufigsten eingesetzte Verfahren, das u. a. standardisiert in Stata implementiert ist.

38 Für die anderen Zeithorizonte wurde auf Grund des zunehmenden Abstands zum Zeitpunkt des Unternehmensausfalls die minimale Wahrscheinlichkeit auf 0,25 bzw. 0,2 festgelegt. Die Ergebnisse sind in Anhang 5.19 aufgelistet. Die kleinsten Werte weisen hierbei die Variable v194diy und v233di für das 2- bzw. 3-Jahres-Modell mit 0,447 respektive 0,208 auf.

39 Vgl. Therneau und Grambusch (2000), S. 135-139.

4.2.3 Überprüfung der Linearität der Kennzahlen

Die Hazard-Funktion des Cox-Modells ist definiert als:[40]

(4.17) $$\lambda(t, x, \beta) = \lambda_0(t)e^{x\beta}$$

Wird diese logarithmiert, so ergibt sich für die Variablen ein linearer Verlauf:

(4.18) $$ln(\lambda(t, x, \beta)) = ln(\lambda_0(t)) + x\beta$$

Zur Überprüfung dieser Annahme gibt es mehrere Verfahren. Das wahrscheinlich fortschrittlichste basiert auf der Verwendung fraktionaler Polynome. Für eine stetige Kovariable ergeben sich diese als:[41]

(4.19) $$\Phi_m(x, p) = \beta_0 + \sum_{j=1}^{m} \beta_j x^{(p_j)}$$

mit:

m = Grad des fraktionalen Polynoms mit $m \in \mathbb{N}$

$p_1 ... p_m$ = reelwertige Potenzen

$$(p_j) = \begin{cases} x^{p_j} & \text{wenn } j \neq 0 \\ ln\, x & \text{wenn } j = 0 \end{cases}$$

Fraktionale Polynome ermöglichen somit eine Vielzahl unterschiedlicher Funktionen. Im Kontext der Proportional-Hazard-Modelle werden nun $x\beta$ durch[42]

(4.20) $$\sum_{j=1}^{m} \beta_j x^{(p_j)}$$

ersetzt.

---

[40] Vgl. Kapitel 2.5.
[41] Vgl. Royston und Altman (1994), S. 432.
[42] Vgl. Hosmer und Lemeshow (1999), S. 171-173.

Anschließend wird versucht das Modell durch die Wahl von (p_j) zu optimieren. Royston und Altman (1994) raten, hierbei die Potenzen ρ={-2, -1, -0,5, 0, 0,5 1, 2, 3} zu verwenden.[43] Allerdings erhöht sich hierdurch der Schätzaufwand signifikant. Hosmer und Lemeshow (1999) begrenzen ihre Untersuchungen auf Polynome ersten und zweiten Grades.[44] Für m=1 müssen dementsprechend acht und für m=2 64 Modelle analysiert werden. Das Modell mit der höchsten Log Partial Likelihood ($L(\hat{p}_1)$ bzw. $(L(\hat{p}_1, \hat{p}_2))$ ist hierbei auszuwählen und die Variable entsprechend zu transformieren.

Um zu untersuchen, ob die gefundenen Modelle signifikant besser sind als das Ursprungsmodell, können Likelihood-Ratio-Tests durchgeführt werden. Royston und Altman (1994) verwenden hierbei die Devianz D=-2*Log-Likelihood. Sie ist näherungsweise χ^2-verteilt mit Freiheitsgraden für den Regressionskoeffizienten und die Potenzen.[45] Für die Variable v209di ergibt sich z. B. :[46]

Tab. 4.9 Ergebnis der fraktionalen Polynom-Untersuchung für die Variable v209di

v209di	Freiheitsgrad	Devianz	Wahrscheinlichkeit	Potenz
Ohne v209di	0	541,041	–	–
Linear	1	534,745	0,012	1
m = 1	2	533,595	0,283	0,5
m = 2	4	530,374	0,200	1 1

Wie zu erkennen ist, führen alle Transformationen zu keiner signifikanten Verbesserung, so dass die lineare Funktion beibehalten wurde. Wies auf Basis fraktionaler Polynome die Transformation einer Variablen ein verbessertes Ergebnis auf, so wurde die betroffene Variable entsprechend verändert und der Selektionsprozess mit den bereits zuvor ausgewählten Variablen wiederholt. Hierbei waren jedoch stets andere Variablen trennschärfer, so dass keine transformierten Variablen in den Modellen berücksichtigt wurden.

[43] Vgl. Royston und Altman (1994), S. 434.
[44] Vgl. Hosmer und Lemeshow (1999), S. 171-173.
[45] Vgl. Royston und Altman (1994), S. 435.
[46] Die Ergebnisse für die anderen Variablen sind in Anhang 5.20 aufgeführt.

Ergänzt werden diese Untersuchungen durch ein grafisches Verfahren, bei dem die Variable dem Log Hazard gegenübergestellt wird. Hierbei sollte der Kurvenverlauf ähnlich wie beim grafischen Verfahren zur Überprüfung der Linearitätsannahme der logistischen Regression einen stetigen Verlauf aufweisen.[47]

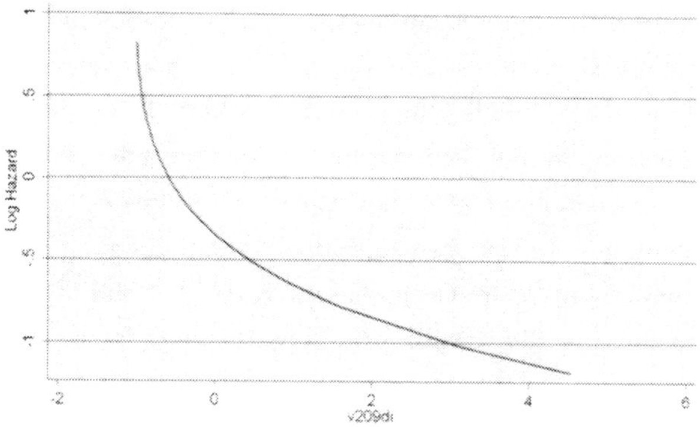

Abb. 4.2 Grafische Überprüfung der Linearität der Variablen v209di

Wie bei der Überprüfung der Proportional-Hazard-Annahme wurden in der vorliegenden Untersuchung die Ergebnisse der fraktionalen Polynome durch grafische Verfahren ergänzt.[48]

4.2.4 *Überprüfung der allgemeinen Modellvorgaben*

Wie bei den Logit-Modellen werden auch bei den Cox-Modellen allgemeine Tests durchgeführt. So werden die Mittelwerte und Mediane der solventen und der insolventen Unternehmen untersucht, die Korrelation der unabhängigen Variablen bestimmt und das Akaike Informationskriterium verwendet, um ein Overfitting bzw. eine Überparametrisierung zu verhindern.

[47] vgl. Hosmer und Lemeshow (1999), S. 169-171.

[48] Die Grafiken für die anderen Variablen sind in Anhang 5.21 dargestellt. Bei einigen wenigen grafischen Untersuchungen kam es durch potenzielle Ausreißer zu Verzerrungen, um welche die dargestellten Grafiken bereinigt wurden.

Da bei den Cox-Modellen nur Unternehmen „at risk" analysiert werden, untersuchen der Mittelwertvergleich und der Median-Test nur Kennzahlen von Unternehmen mit einer Ausfallwahrscheinlichkeit von mindestens 50 %. Wie zu erwarten, nähern sich hierbei die Kennzahlmittelwerte der solventen und der insolventen Unternehmen mit ähnlich werdender Ausfallwahrscheinlichkeit an. Aus diesem Grund wurde die maximal zulässige Irrtumswahrscheinlichkeit auf $\alpha < 0{,}2$ erhöht.[49] Auch beim Median-Test ist diese Entwicklung zu beobachten, weswegen die Kennzahlen der Cox-Modelle nur einen der beiden Tests erfüllen müssen. Es fällt auf, dass sich die meisten Mittelwerte der unabhängigen Variablen der Cox-Modelle ohne Ausreißerbereinigung signifikant unterscheiden und dass nur eine einzige Kennzahl eine Irrtumswahrscheinlichkeit von mehr als 30 % aufweist, was jedoch wahrscheinlich auf Ausreißer zurückzuführen ist. Beim Median-Test hingegen erfüllen nur vier von 13 Variablen die Vorgabe von $\alpha > 0{,}2$, wobei allerdings nur wenige signifikant über dieser Irrtumswahrscheinlichkeit liegen.[50] Dies wird wahrscheinlich durch das bereits beschriebene Phänomen der Annäherung der Mittelwerte und Mediane infolge der Angleichung der Ausfallwahrscheinlichkeiten und der geringeren Größe der Datensätze verursacht.

Bei der Untersuchung der Korrelation wurden ebenfalls nur Kennzahlen von Unternehmen mit einer Ausfallwahrscheinlichkeit von mindestens 50 % berücksichtigt.[51] Hierbei wurden jedoch die Vorgaben, die auch bei der Entwicklung der Logit-Modelle verwendet wurden, beibehalten, da die Beschränkung auf Unternehmen „at risk" keine Auswirkungen auf die Korrelation der Kennzahlen hat.

Auch auf das Akaike-Informationskriterium hat die Beschränkung auf gefährdete Unternehmen keine Auswirkungen, weswegen es unverändert angewendet wurde.[52] Während es jedoch auf die Entwicklung der Logit-Modelle keinen Einfluss hatte, führt es bei den Cox-Modellen des 2- und 3-Jahres-Zeithorizont zum Ausschluss von Variablen aus dem Auswahlprozess, was u. a. auf die geringere Größe der zur Verfügung stehenden Datensätze zurückzuführen ist.

[49] Die Ergebnisse der Mittelwertvergleiche sind in Anhang 5.22 aufgeführt.
[50] Die Resultate des Median-Tests sind in Anhang 5.23 dargestellt.
[51] Die Korrelationen werden in Anhang 5.24 präsentiert.
[52] Die Ergebnisse des Akaike-Informationskriterium sind in Anhang 5.25 dargestellt.

4.2.5 *Entwicklung der Cox-Proportional-Hazard-Modelle*

4.2.5.1 Vorgaben bei der Entwicklung der Cox-Modelle

Auch bei der Entwicklung der Cox-Modelle wurden soweit wie möglich die bereits zuvor verwendeten Vorgaben eingesetzt. So wurden die Kennzahlen erneut mit Hilfe der schrittweise Forward Selection ausgewählt und mussten dieselbe maximal zulässige Irrtumswahrscheinlichkeit der Wald-Tests erfüllen wie zuvor.

Das McFadden R^2, das bei den Logit-Modellen zur Maximierung der Modellgüte genutzt wurde, wurde jedoch nicht bei der Entwicklung der Cox-Modelle eingesetzt, da es nur im Rahmen logistischer Regressionen berechnet werden kann. Stattdessen wird das R^2 definiert als:[53]

$$R^2_{sa} = 1 - e^{\frac{2}{n}(L_0 - L_l)} \tag{4.21}$$

mit:

L_0	=	Log Partial Likelihood des Modells ohne Kovariaten
L_l	=	Log Partial Likelihood des Modells mit l Kovariaten

verwendet. Hierbei ist anzumerken, dass dieses R^2 nicht mit dem McFadden R^2 vergleichbar ist. Vielmehr hängt es sehr stark vom Anteil der zensierten Observationen an der Entwicklungsgruppe ab, wodurch dieses R^2_{sa} nicht nur stets kleiner ist als das McFadden R^2 einer vergleichbaren logistischen Regression, sondern auch einen Vergleich seiner Werte zwischen den Cox-Modellen auf Grund der unterschiedlichen Größe der Datensätze nicht zulässt.[54]

Es ist zu erwarten, dass diese Einschränkungen jedoch keine Auswirkungen auf die Güte der Modelle haben, da das R^2_{sa} wie zuvor durch den In-sample-Klassifikationserfolg ergänzt wurde. Im Rahmen der Modellentwicklung zeigt sich wie bei der logistischen Regression, dass beide Kriterien zur Auswahl derselben unabhängigen Variablen führten und einen gleich großen Klassifikationserfolg erzielen.

[53] Vgl. Hosmer und Lemeshow (1999), S. 229.
[54] Vgl. Schemper und Stare (1996), S. 2009-2011.

4.2.5.2 Ergebnisse der Modellentwicklung

Das Ergebnis der beschriebenen Vorgehensweise führt wie bei der logistischen Regression zur Entwicklung von drei Ratingmodellen. Jedes dieser Modelle prognostiziert hierbei die Ausfallwahrscheinlichkeit von Unternehmen für einen Zeithorizont von ein, zwei oder drei Jahren. Die finalen Proportional-Hazard-Modelle nach Cox sind

für einen Zeithorizont von einem Jahr:

$$z_{sa} = -0,606 * v209di - 0,003 * w37diy - 0,005 * v107diy - 0,015 * w50diy + 0,150 * v79diy - 0,017 * v4diy$$

mit:

v209di	=	Flüssige Mittel b (FMb) / Bilanzsumme (BISU) modifiziert mit dem 3-Jahres-Industriedurchschnitt
w37diy	=	Wachstum v127diy (Wirtschaftliches Eigenkapital b zuzüglich 0,5 Sonderposten mit Rücklagenanteil (WEKbI) - Aufwendungen für die Ingangsetzung und Erweiterung des Geschäftsbetriebs (ING)) / Bilanzsumme abzüglich Aufwendungen für die Ingangsetzung und Erweiterung des Geschäftsbetriebs abzüglich erhaltene Anzahlungen (BISUIa))
v107diy	=	(Wirtschaftliches Eigenkapital (WEKa) - Immaterielle Vermögensgegenstände b (IVGb) + Sonstige langfristige Rückstellungen (RST)) / (Bilanzsumme (BISU) - Flüssige Mittel a (FMa) - Grundstücke und Bauten (GB) - Immaterielle Vermögensgegenstände b (IVGb)) modifiziert mit dem Jahresindustriedurchschnitt
w50diy	=	Wachstum v227diy (Ertragswirtschaftlicher Cash Flow zuzüglich Zuführung zu Pensionsrückstellungen (CFIeP) / Bilanzsumme (BISU))

v79diy = (Verbindlichkeiten aus Lieferungen und Leistungen (VLL)
- Akzepte (AKZ))/ Fremdkapital (FK)
modifiziert mit dem Jahresindustriedurchschnitt

v4diy = Nettoinvestitionen (INV) /(Sachanlagevermögen (SAV)
+ Abgänge Sachanlagevermögen und immaterielle Vermögensgegenstände (ABG) + Abschreibung Sachanlagevermögen und immaterielle Vermögensgegenstände (ABS) - Nettoinvestitionen (INV))
modifiziert mit dem Jahresindustriedurchschnitt

für einen Zeithorizont von zwei Jahren:

$$z_{sa} = -0,224 * v60 - 0,542 * v263diy - 0,145 * v12di - 0,005 * v194diy$$

mit:

v60 = Finanzwirtschaftlicher Cash Flow (CFIIe) /
(kurzfristiges Fremdkapital (KFK)
- (Flüssige Mittel b (FMb))

v263diy = Rohertrag (ROHE) /
Personalaufwand (PERSA)
modifiziert mit dem Jahresindustriedurchschnitt

v12di = ((Wirtschaftliches Eigenkapital b zuzüglich 0,5 Sonderposten mit Rücklagenanteil (WEKbI)
+ mittelfristige Verbindlichkeiten (1-5 Jahre)(MFK)
+ langfristiges Fremdkapital (über 5 Jahre) (LFK)) /
(Anlagevermögen (AV) + langfristige Forderungen b (LFb))
modifiziert mit dem 3-Jahres-Industriedurchschnitt

v194diy = (Flüssige Mittel b (FMb)
+ Forderungen aus Lieferungen und Leistungen (FLL)
- kurzfristiges Fremdkapital (KFK))/(Betriebsaufwand (BAUFe)
- Planmäßige Abschreibungen auf Sachanlagen (AFA))
modifiziert mit dem Jahresindustriedurchschnitt

für einen Zeithorizont von drei Jahren:

$$z_{sa} = -0,004 * v55diy - 0,122 * v233di$$

mit:

v55diy	=	Finanzwirtschaftlicher Cash Flow (CFIIe) / (Fremdkapital (FK) - Flüssige Mittel b (FMb) - Forderungen aus Lieferungen und Leistungen (FLL)) modifiziert mit dem Jahresindustriedurchschnitt
v233di	=	Jahresüberschuss/-fehlbetrag (JE) / Bilanzsumme abzüglich Aufwendungen für die Ingangsetzung und Erweiterung des Geschäftsbetriebs abzüglich erhaltene Anzahlungen (BISUIa) modifiziert mit dem 3-Jahres-Industriedurchschnitt

Die Ausfallwahrscheinlichkeit p_{sa} der Unternehmen berechnet sich als:[55]

$$p_{sa}(y = 1) = 1 - [S_0(t)]^g$$

mit:

g	=	$e^{z_{sa}}$
$S_0(t)$	=	Wert der Baseline-Survivorship-Funktion zum Zeitpunkt t

Diese Vorgehensweise generiert jedoch Ausfallwahrscheinlichkeiten im Intervall [0, 1] und berücksichtigt somit weder die Ergebnisse der logistischen Regression noch, dass die Unternehmen „at risk“ sind. Aus diesem Grund wurde die finale Ausfallwahrscheinlichkeit p_f wie folgt berechnet:

$$p_f(y = 1) = \begin{cases} \dfrac{(p_{sa} * 0,5 + 0,5) + p_l}{2} & \text{wenn } p_l \geq 0,5 \\ p_l & \text{wenn } p_l < 0,5 \end{cases}$$

55 Vgl. Hosmer und Lemeshow (1999), S. 151.

Hierdurch wird sichergestellt, dass die Informationen beider Modelle in die Ausfallwahrscheinlichkeit miteinfließen und dass bei den Resultaten keine Überschneidungen auftreten, die zu Interpretationsproblemen führen könnten.

Vergleicht man den Entwicklungsprozess der Logit-Modelle mit dem der Cox-Modelle, so fällt auf, dass bei den Cox-Modellen stets unterschiedliche Kennzahlen identifiziert und ausgewählt wurden, die nur wenige Gemeinsamkeiten aufzeigen.

Des Weiteren ist der Anteil der um den Industriedurchschnitt modifizierten Kennzahlen sehr hoch. Von insgesamt 12 Variablen handelt es sich nur bei einer einzigen um eine unveränderte Basiskennzahl. Ihr Anteil liegt somit insgesamt unter 10 % bzw. bei 25 % für das 2-Jahres-Modell und somit signifikant unter den vergleichbaren Werten bei den Ratingmodellen der logistischen Regression.

Außerdem ist hervorzuheben, dass es sowohl bei den Kennzahlen des 1-Jahres-Zeithorizont-Modells als auch bei den unabhängigen Variablen des 3-Jahres-Modells bezüglich der Informationsbereiche Überschneidungen gibt. Beim 1-Jahres-Modell stammen hierbei drei der sechs Variablen aus den Informationsbereichen Kapitalstruktur. Das 3-Jahres-Modell wiederum besteht aus zwei Variablen aus den Informationsbereichen Finanzkraft und Entschuldungsgrad. Nur das 2-Jahres Modell weist bezüglich der Informationsbereiche keinerlei Überschneidungen auf. Seine vier unabhängigen Variablen stammen aus den Bereichen Finanzkraft bzw. Entschuldungsgrad, Investitionsverhalten bzw. Anlagedeckung, Liquidität und Wertschöpfung.[56]

Darüber hinaus fällt auf, dass sowohl das Modell mit dem 1-Jahres-Zeithorizont als auch das 2-Jahres-Modell mehr Variablen umfasst als die vergleichbaren Ratingmodelle der logistischen Regression. Allerdings ist hierbei ein Rückschluss auf die Effizienz der Modelle nicht möglich, da es keine Studien gibt, die einen direkten Vergleich zulassen. Die meisten Publikationen, die Ausfallwahrscheinlichkeiten für etablierte Unternehmen mit Hilfe von Cox-Modellen prognostizieren, beschränken sich entweder auf Banken,[57] basieren auf einem vordefinierten Kennzahlensatz, weshalb die unabhängigen Variablen nicht im Rahmen eines Auswahlprozesses

56 Für eine weiterführende ökonomische Interpretation der Kennzahlen und der Informationsbereiche vgl. Kapitel 4.2.7.

57 Vgl. z. B. Lane et al. (1986) oder Henebry (1996).

bestimmt werden,[58] entwickeln ihre Modelle für andere Länder[59] und/oder verwenden Kapitalmarktdaten.[60] Dem Autor sind nur zwei Studien bekannt, die mit der vorliegenden Arbeit bedingt vergleichbar sind. Luoma und Laitinen (1991) konzipieren ein Modell für finnische Unternehmen, in dem sie aus 12 Kennzahlen sieben auswählen und vergleichen ihre Ergebnisse u. a. mit einem Logit-Modell, das aus vier Variablen besteht. Die zweite Studie wurde von der Österreichischen Nationalbank und Finanzmarktaufsicht (2004a) zur Prognose der Ausfallwahrscheinlichkeit Österreichischer Banken publiziert. Hier umfasst das Cox-Modell sechs Variablen. Allerdings limitieren beide Publikationen ihre Analyse nicht auf Unternehmen „at risk", weswegen Rückschlüsse nur bedingt möglich sind. Zumindest scheint hierdurch jedoch die Anzahl der unabhängigen Variablen für den 1-Jahres-Zeithorizont als vergleichbar mit den Ergebnissen anderer Studien.

In diesem Kontext ist anzumerken, dass die Österreichische Nationalbank und Finanzmarktaufsicht angekündigt haben, ihr Cox-Modell weiter zu entwickeln. Unter anderem soll mit Hilfe einer logistischen Regression bestimmt werden, ob eine Bank „at risk" ist und somit mit einem Cox-Modell weiter analysiert wird. Ursprünglich war die Veröffentlichung der Ergebnisse für 2005 geplant. Sie verzögert sich nach Auskunft der Österreichische Nationalbank jedoch, so dass ein Vergleich zum gegenwärtigen Zeitpunkt nicht möglich ist.[61]

4.2.6 *Statistische Analyse der Cox-Modelle*

4.2.6.1 Überprüfung der im Rahmen der Modellentwicklung verwendeten statistischen Vorgaben

Wie zuvor bei der Entwicklung der Logit-Modelle, wurden auch bei den Cox-Modellen einige statistische Tests und Gütekriterien verwendet. Während hierbei die maximal zulässigen Werte beim Wald-Test beibehalten wurden, musste bei der Modellentwicklung ein neu definiertes R^2_{sa} benutzt werden.[62]

58 Vgl. z. B. Whalen (1991).
59 Vgl. z. B. Laitinen und Kankaanpää (1999)
60 Vgl. z. B. Shumway (1999).
61 Österreichische Nationalbank und Finanzmarktaufsicht (2004a), S. 30.
62 Vgl. Kapitel 4.2.5.1.

Im Gegensatz zum McFadden R^2 der logistischen Regression wird dieses R^2_{sa} nur sehr selten publiziert. Außerdem hängt es - wie bereits angeführt - vom Anteil der zensierten Observationen des Datensatzes ab und kann somit für unterschiedliche Cox-Modelle nur bedingt verglichen werden.[63] Demgemäß existieren auch keine allgemeinen Gütewerte für dieses R^2_{sa}, die eine Beurteilung der Modelle ermöglichen würden. Für die einzelnen Cox-Modelle ergeben sich die folgenden R^2_{sa}:

Tab. 4.10 R^2_{sa} für die einzelnen Cox-Modelle

Zeithorizont	R^2_{sa}
1 Jahr	0,178
2 Jahre	0,103
3 Jahre	0,086

Zwar zeigen die R^2_{sa} die gleiche Entwicklung wie die McFadden R^2 der Logit-Modelle, aber es können infolge der angeführten Gründe keine vergleichbaren Rückschlüsse wie im Fall der logistischen Regression gezogen werden. Vor allem der Unterschied zwischen den Werten des 2- und des 3-Jahres-Modells ist zu gering, als dass er allein auf die geringere Anzahl unabhängiger Variablen zurückzuführen wäre. Vielmehr spielt hierbei auch die Größe der Entwicklungsdatensätze und die Anzahl der zensierten Observationen eine signifikante Rolle, so dass eine weiterführende Interpretation der R^2_{sa} nicht zielführend erscheint.

Zusätzlich wurde wie in Kapitel 3.5.3.1 die Signifikanz der Koeffizienten mit Hilfe des Wald-Tests überprüft. Wie im Falle der logistischen Regression durften sie eine maximale Irrtumswahrscheinlichkeit von 15 % (respektive 20 % bzw. 25 %) nicht überschreiten. Es zeigte sich jedoch erneut, dass die meisten Koeffizienten der Variablen eine signifikant geringere Irrtumswahrscheinlichkeit aufweisen. Nur für zwei Koeffizienten des 2-Jahres-Modells und einen des 1-Jahres-Modells liegt die Irrtumswahrscheinlichkeit der Wald-Tests über 10 %, während sie bei 2/3 weniger als 5 % beträgt. Somit hätten - wie bei den Logit-Modellen - niedrigere Vorgaben wahrscheinlich keine oder nur geringe Einflüsse auf die Entwicklungsresultate.

[63] Vgl. Schemper und Stare (1996), S. 2009-2011.

Tab. 4.11 Wald-Test-Statistiken für die Variablen des 1-Jahres-Cox-Modells

	Koeffizient	Standard-abweichung	Wald	Irrtums-wahrscheinlichkeit
v209di	-0,606	0,305	3,94	4,71 %
w37diy	-0,003	0,001	6,85	0,99 %
v107diy	-0,005	0,002	5,89	1,53 %
w50diy	-0,015	0,007	4,85	2,76 %
v79diy	0,150	0,092	2,66	10,27 %
v4diy	-0,017	0,009	3,90	4,82 %

Tab. 4.12 Wald-Test-Statistiken für die Variablen des 2-Jahres-Cox-Modells

	Koeffizient	Standard-abweichung	Wald	Irrtums-wahrscheinlichkeit
v60	-0,224	0,158	2,00	15,73 %
v263diy	-0,542	0,272	3,96	4,67 %
v12di	-0,145	0,099	2,15	14,23 %
v194diy	-0,005	0,003	3,18	7,46 %

Tab. 4.13 Wald-Test-Statistiken für die Variablen des 3-Jahres-Cox-Modells

	Koeffizient	Standard-abweichung	Wald	Irrtums-wahrscheinlichkeit
v55diy	-0,004	0,002	5,96	1,46 %
v233di	-0,122	0,062	3,82	5,08 %

Im Gegensatz zu den Wald-Testergebnissen der logistischen Regression ist bei den Cox-Modellen kein Trend bezüglich der durchschnittlichen Irrtumswahrscheinlichkeit ersichtlich. Zwar nimmt die durchschnittliche Irrtumswahrscheinlichkeit zwischen dem 1- und dem 2-Jahres-Modell zu, sinkt aber anschließend wieder für die Koeffizienten des 3-Jahres-Modells. Die anfängliche Zunahme kann durch die Verringerung der Kennzahlunterschiede begründet sein, wobei sich diese Entwicklung beim 3-Jahres-Modell nicht fortsetzt, da sich hier die Anzahl der unabhängigen Variablen auf zwei verringert. Eine abschließende Beurteilung kann jedoch auf Basis der zur Verfügung stehenden Informationen und der beschriebenen Vermutungen nicht getroffen werden, so dass eine Interpretation dieses Phänomens nicht möglich ist.

4.2.6.2 Identifikation einflussreicher Fälle

Auch bei der Überlebenszeitanalyse kann es, wie bei den Logit-Modellen, infolge einflussreicher Fälle zu Verzerrungen kommen. Folglich werden auch die Cox-Modelle diesbezüglich analysiert. Allerdings gibt es im Gegensatz zur linearen und logistischen Regression kein standardisiertes Verfahren, um einflussreiche Observationen zu identifizieren.[64]

Therneau und Grambusch (2000) und Hosmer und Lemeshow (1999) beschreiben ein Verfahren, das den Einfluss einzelner Untersuchungsobjekte analog zur Cook's Distanz berechnet.[65] Es analysiert die Veränderung der Koeffizienten, wenn eine Observationen von der Untersuchung ausgeschlossen wird:

$$\Delta\hat{\beta}_{ni} = \hat{\beta}_k - \hat{\beta}_{n(-i)} \tag{4.22}$$

mit:

$\hat{\beta}_n$	=	auf Basis des Gesamtdatensatzes geschätzter Koeffizient
$\hat{\beta}_{n(-i)}$	=	Koeffizient, wenn das i-te Objekt im Rahmen der Schätzung nicht berücksichtigt wird

64 Vgl. Nardi und Schemper (1999), S. 523.

65 Vgl. Therneau und Grambusch (2000), S. 154-156 und Hosmer und Lemeshow (1999), S. 219.

Cain und Lange (1984) wiesen nach, dass $\Delta\hat{\beta}_{ni}$, das skalierte Score Residuum, näherungsweise als das k-te Element des Vektors der Koeffizientenänderungen bestimmt werden kann:[66]

$$\Delta\hat{\beta}_n = (\hat{\beta} - \hat{\beta}_{n(-i)}) = \hat{Var}(\hat{\beta})\hat{L}_i \tag{4.23}$$

mit:

$\hat{Var}(\hat{\beta})$ = Kovarianzmatrix der geschätzten Koeffizienten

$\hat{L}_i$ = Vektor der Score-Residuen definiert als:[67]

$$\hat{L}_{in} = c_i(x_{in} - \hat{\bar{x}}_{w_i n}) - x_{in}(-e^{x'\hat{\beta}} ln[\hat{S}_0(t_j)]) + e^{x'_i\hat{\beta}} \sum_{t_j \leq t_i} \hat{\bar{x}}_{w_j n} \frac{c_j}{\sum_{l \in \mathbb{R}} e^{x'_l\hat{\beta}}} \tag{4.24}$$

Werden nun die skalierten Score-Residuen eines Koeffizienten den Kennzahlausprägungen in einer Grafik gegenübergestellt, so können diejenigen Fälle mit unerwartet großen bzw. niedrigen Score-Residuen leicht identifiziert werden.

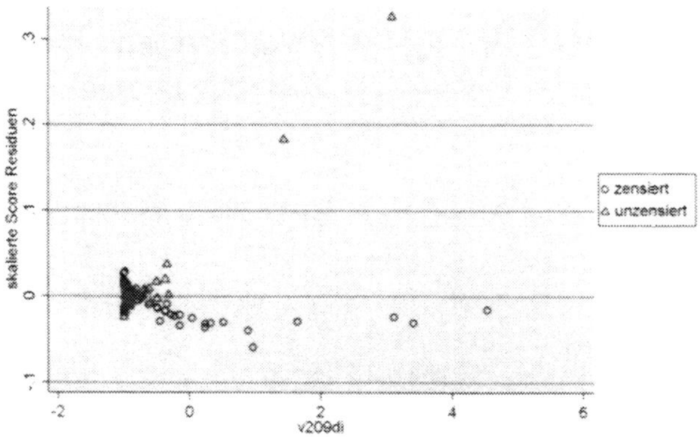

Abb. 4.3 Identifikation einflussreicher Fälle bei der Variablen v209di

[66] Vgl. Cain und Lange (1984), S. 494-497.
[67] Vgl. Hosmer und Lemeshow (1999), S. 204.

Wie aus Grafik 4.3 ersichtlich, sind die Werte zweier unzensierter bzw. ausgefallener Unternehmen für die Variable v209di unerwartet groß.[68] Der Einfluss der so identifizierten Fälle wurde anschließend analysiert, indem die Veränderungen der Modellstatistiken untersucht wurden, wenn diese Observationen von den Entwicklungsdatensätzen ausgeschlossen wurden.[69] Zwar verändert sich der Koeffizient der Variable v209di erwartungsgemäß signifikant,[70] aber die restlichen Modellstatistiken und Gütekriterien zeigen nur leichte Modifikationen auf, so dass von einer Eliminierung dieser und anderer Observationen abgesehen wurde.

Neben diesem Verfahren gibt es noch ein Vielzahl anderer Methoden zur Identifikation einflussreicher Fälle.[71] So wurden die Ergebnisse noch um die grafische Analyse der Martingale-Residuen ergänzt und eine Untersuchung der prognostizierten Überlebenswahrscheinlichkeit der Unternehmen vorgenommen. Beide ergaben jedoch keine neuen Resultate, weswegen von einer Darstellung abgesehen wurde.

Dieselben Berechnungen wurden auch für die Modelle des 2- und 3-Jahres-Zeithorizontes vorgenommen. Die hierbei identifizierten Fälle wurden in der beschriebenen Weise analysiert. Allerdings handelte es sich bei den Fällen der Variable v209di des 1-Jahres-Modells um die Observationen mit dem signifikantesten Einfluss, so dass auch bei diesen Datensätzen von der Elimination einzelner Untersuchungsobjekte abgesehen wurde.

Im Rahmen der statistischen Analyse der Cox-Modelle ist anzumerken, dass es im Gegensatz zur logistischen Regression kaum allgemein gültige Beurteilungsstandards gibt. Des Weiteren ist dem Autor keine auf einer Überlebenszeitanalyse basierende Ratingstudie bekannt, die vergleichbare Statistiken veröffentlicht. Daher konnten in diesem Abschnitt keine Vergleiche gezogen werden und es wird auch von einer abschließenden Zusammenfassung und Beurteilung abgesehen.

[68] Die Grafiken für die anderen Variablen sind in Anhang 5.26 aufgeführt.

[69] Vgl. Hosmer und Lemeshow (1999), S. 223-225.

[70] Wurde das Unternehmen mit dem skalierten Score-Residuum $> 0{,}3$ eliminiert, stieg der Koeffizient der Variable v209di um knapp 90 %.

[71] Vgl. z. B. Marubini und Valsecchi (2004), S. 247-265 oder Therneau und Grambusch (2000), S. 153-168.

4.2.7 *Ökonomische Analyse der Cox-Modelle*

4.2.7.1 Allgemeine Analyse der Modelle

Zunächst werden hierzu wie bei der logistischen Regression die in Kapitel 3.7 beschriebenen Arbeitshypothesen der Kennzahlen mit den Vorzeichen der Koeffizienten verglichen.

Tab. 4.14 Überprüfung der Koeffizienten des 1-Jahres-Cox-Modells

Kennzahl	Koeffizient	Arbeitshypothese	Informationsbereich
v209di	-0,606	$I < S$	Liquidität
w37diy	-0,003	$I < S$	Kapitalstruktur
v107diy	-0,015	$I < S$	Kapitalstruktur
w50diy	-0,015	$I < S$	Rentabilität
v79diy	0,151	$I > S$	Kapitalstruktur
v4diy	-0,017	$I > S$	Investitionsverhalten

Tab. 4.15 Überprüfung der Koeffizienten des 2-Jahres-Cox-Modells

Kennzahl	Koeffizient	Arbeitshypothese	Informationsbereich
v60	-0,224	$I < S$	Finanzkraft
v263diy	-0,542	$I < S$	Wertschöpfung
v12di	-0,145	$I < S$	Investitionsverhalten
v194diy	-0,005	$I < S$	Liquidität

Tab. 4.16 Überprüfung der Koeffizienten des 3-Jahres-Cox-Modells

Kennzahl	Koeffizient	Arbeitshypothese	Informationsbereich
v55diy	-0,004	$I < S$	Finanzkraft
v233di	-0,122	$I < S$	Finanzkraft

Wie bei den Logit-Modellen stimmen die Vorzeichen mit den Arbeitshypothesen überein. Somit führten die in Kapitel 4.2.4 beschriebenen Test der Mittelwerte und des Medians zu dem angestrebten Resultat. Dies war zwar zu erwarten, im Kontext der Kennzahlenannäherung auf Grund der Beschränkung der Untersuchung auf Unternehmen „at risk" und der aus diesem Grund erhöhten maximal zulässigen Irrtumswahrscheinlichkeit bzw. des erhöhten Signifikanzniveaus sowie der Vorgabe, dass nur noch ein einziger Test erfüllt werden musste, ist dieses Ergebnis gleichwohl bemerkenswert.

Bezüglich der Informationsbereiche der einzelnen unabhängigen Variablen lassen sich keine Vergleiche oder Rückschlüsse mit anderen Publikationen bzw. Systemen ziehen, da es bisher keine Veröffentlichung gibt, die ein auch nur annähernd vergleichbares Modell beschreibt und analysiert. Es kann nur festgehalten werden, dass im 1-Jahres-Modell der Informationsbereich Kapitalstruktur und im 3-Jahres-Modell der Bereich Finanzkraft dominiert und somit zu vermuten ist, dass Kennzahlen dieser Bereiche sich ausgesprochen gut zur Vorhersage von Ausfällen gefährdeter Unternehmen für diese beiden Zeithorizonte eignen. Beim Cox-Modell mit dem 2-Jahres-Zeithorizont hingegen stammen alle Kennzahlen aus unterschiedlichen Informationsbereichen, wobei jedoch keine Parallelen zu anderen Systemen wie z. B. dem CAEL-System identifizierbar sind.

4.2.7.2 Einfluss einzelner Variablen auf die prognostizierte Ausfallwahrscheinlichkeit eines Unternehmens

Um den Einfluss unterschiedlicher Faktoren auf die Überlebenswahrscheinlichkeit von Patienten zu untersuchen, gibt es eine Vielzahl von Methoden.[72] Die wahrscheinlich am häufigsten verwendete Maßzahl ist die Hazard Ratio. Für zwei Untersuchungsobjekte mit Kovariatwerten x_1 und x_0 ist sie definiert als:[73]

$$HR(t, x_1, x_0) = \frac{h_0(t)r(x_1, \beta)}{h_0(t)r(x_0, \beta)} = \frac{r(x_1, \beta)}{r(x_0, \beta)} \qquad (4.25)$$

72 Vgl. Marubini und Valsecchi (2004), S. 315-326.

73 Vgl. Hosmer und Lemeshow (1999), S. 91.

Verändert sich dementsprechend eine Variable von $x = a$ zu $x = b$, während alle anderen Werte konstant bleiben, so ergibt sich:[74]

$$\begin{aligned} ln[HR(t,x)] &= \{ln[h_0(t)] + a\beta + z\} - \{ln[h_0(t)] + b\beta + z\} \\ &= a\beta - b\beta = (a-b) * \beta \\ &\text{und:} \\ HR(t,x) &= e^{(a-b)*\beta} \\ &\text{mit:} \\ z &= \beta_1 x_1 ... + \beta_i x_i \end{aligned}$$

Der Vorteil hierbei ist, dass die Baseline-Hazard-Funktion, $h_0(t)$ in beiden Gleichungen enthalten ist und sich dementsprechend wie die konstant gehaltenen Variablen z kürzen lässt. Für das 1-Jahres-Modell ergeben sich somit für die Änderung der Variablen um eine Einheit:

Tab. 4.17 Hazard Ratios für die Variablen des 1-Jahres-Cox-Modells

Kennzahl	Hazard Ratio	Standardfehler	95 % Konfidenzintervall	
v209di	0,545	0,167	0,300	0,992
w37diy	0,997	0,001	0,995	0,999
v107diy	0,995	0,002	0,991	0,999
w50diy	0,985	0,007	0,973	0,998
v79diy	1,162	0,008	0,970	1,392
v4diy	0,983	0,107	0,967	1,000

Da es sich bei allen Variablen um modifizierte Kennzahlen handelt, die zum jeweiligen 1- bzw. 3-Jahres-Industriedurchschnitt zentriert und relativiert sind, geben die Hazard Ratios den Einfluss eines Kennzahlanstiegs um 100 % auf die Ausfallwahrscheinlichkeit eines Unternehmens an.[75] Weist z. B. ein Unternehmen

[74] Vgl. Harrel (2001), S. 419.

[75] Die Hazard Ratios der Variablen der anderen Modelle sind in Anhang 5.27 dargestellt.

eine im Vergleich zum 3-Jahres-Industriedurchschnitt um 100 % höhere Kennzahl v209di auf, so hat es eine um 45,5 % geringere Ausfallwahrscheinlichkeit als ein durchschnittliches Unternehmen des Entwicklungsdatensatzes. Allerdings weist diese Kennzahl auch den höchsten Standardfehler auf, wodurch sich ihr Einfluss wiederum relativiert. Des Weiteren fällt an den Werten in Tabelle 4.17 auf, dass mit Ausnahme des 95 % Konfidenzintervalls der Hazard Ratio der Kennzahl v79diy alle Konfidenzintervalle unterhalb 1,0 liegen,[76] d. h. ihr Einfluss auf die Prognose von Ausfallwahrscheinlichkeit der Unternehmen ist signifikant.

Betrachtet man die Hazard Ratios für die anderen Zeithorizonte, so ist dies nur noch für zwei der sechs unabhängigen Kennzahlen der Fall. Inwieweit sich dies indes auf den Klassifikationserfolg der Modelle auswirkt, ist unklar, da sich auch der Standardfehler erhöht, während sich die Hazard Ratios verringern, wodurch wiederum der Einfluss der Variablen tendenziell zunimmt.

Betrachtet man die Hazard Ratios der Cox-Proportional-Hazard-Modelle, so fallen einige Parallelen zu den Odds-Ratios der logistischen Regression auf. So geben beide z. B. an, wie sich die Veränderung einer Variable auf die Überlebens- bzw. auf die Ausfallwahrscheinlichkeit eines Unternehmens auswirkt. Unter anderem aus diesem Grund kommt nach Meinung mancher Autoren dem Hazard Ratio im Rahmen der Cox-Proportional-Hazard-Modelle die gleiche Bedeutung zu wie der Odds-Ratio bei dem logistischen Regression.[77]

Wie im Falle der logistischen Regression kann sie ergänzt werden, indem die Auswirkungen von Variablenveränderungen auf die Ausfallwahrscheinlichkeit von Unternehmen analysiert werden. Die Ausfallwahrscheinlichkeit ergibt sich als:[78]

$$p_{sa}(y=1) = 1 - [S_0(t)]^g$$

mit:

$$g = e^{\beta_1 x_1 \ldots + \beta_i x_i} = e^{z_{sa}}$$

76 Der Wert 1,000 des oberen Endes des 95 %-Konfidenzintervalls der Kennzahl v4diy ist auf Rundung zurückzuführen.

77 Vgl. Hosmer und Lemeshow (1999), S. 114-115.

78 Vgl. Kapitel 4.2.5.2.

Da sich $S_0(t)$, die Baseline-Survivorship-Funktion, jedoch im Zeitverlauf verändert, können Überlebens- bzw. Ausfallwahrscheinlichkeiten nur für einen bestimmten Zeitpunkt t verglichen werden. Steigt oder sinkt somit der Wert einer Variable um eine Einheit und bleiben die anderen Kennzahlen konstant, erhöht oder verringert sich die Ausfallwahrscheinlichkeit eines Unternehmens zum Zeitpunkt t um:

$$p_{sa}(y = 1) = 1 - [S_0(t)]^{g^*}$$

mit:

$$g^* = e^{z_{sa} \pm \beta_i}$$

Ein Vergleich ist also nur möglich, wenn zuvor entweder ein bestimmter Zeitpunkt festgelegt wurde oder die Ergebnisse tabellarisch dargestellt werden. Eine weitere Möglichkeit bietet die Abbildung der Überlebens- oder Ausfallwahrscheinlichkeit eines Unternehmens mit durchschnittlichen Kennzahlen und eines Unternehmens mit den zu analysierenden Werten.

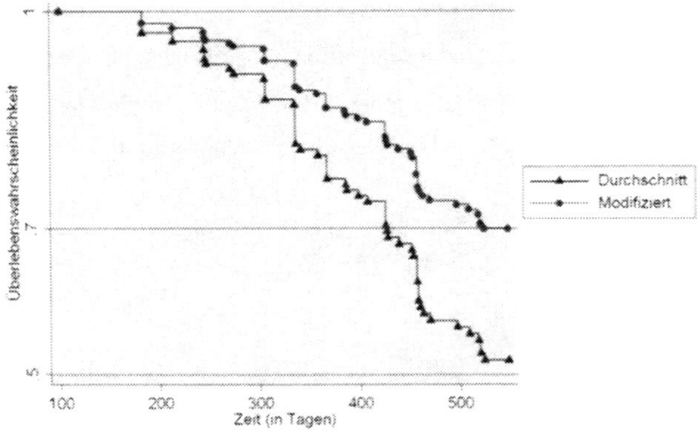

Abb. 4.4 Entwicklung der Überlebenswahrscheinlichkeit zweier Unternehmen

Abbildung 4.4 stellt z. B. die Entwicklung der Überlebenswahrscheinlichkeit zweier durchschnittlicher Unternehmen dar, wobei bei einem die Kennzahl v209di um eine Einheit erhöht wurde. Wie zu erwarten, weichen die prognostizierten Überlebenswahrscheinlichkeiten mit zunehmender Untersuchungsdauer immer weiter voneinander ab und weisen am Ende des Betrachtungszeitraums eine Differenz von ca. 20 % auf.

Es ist jedoch wie in Kapitel 3.5.4.2 anzumerken, dass die Veränderungen einer Kennzahl bzw. derer Komponenten in den meisten Fällen auch zu einer Modifikation anderer unabhängiger Modellvariablen führt. Die Analyse der Einflüsse von Kennzahlveränderungen auf die Ausfallwahrscheinlichkeit kann somit auf Grund der Komplexität am ehesten für individuelle Unternehmen eingesetzt werden, um z. B. Stärken oder Schwächen aufzudecken oder unterschiedliche Szenarien und deren Auswirkungen auf den Fortbestand des Unternehmens zu simulieren. Für Banken ist dies jedoch von untergeordneter Bedeutung. Es könnte jedoch versucht werden, makroökonomische Faktoren zu identifizieren und deren Einfluss auf das Portfolio der Firmenkredite zu untersuchen. Hierdurch könnten eventuelle Schwächen aufgedeckt und so entweder Strategien zur Vermeidung oder Bewältigung unvorteilhafter volkswirtschaftlicher Entwicklungen ausgearbeitet werden.[79]

4.2.8 *Analyse des Klassifikationserfolgs der Cox-Modelle*

4.2.8.1 Ermittlung des Klassifikationserfolgs für die Unternehmen „at risk"

Die Klassifikationserfolge der Cox-Modelle werden ebenfalls mit Hilfe der in Kapitel 3.5.5.1 beschriebenen AUC-Werte ermittelt. Allerdings ist hierbei zu beachten, dass die in Tabelle 4.18 wiedergegebenen Werte nur für die Unternehmen „at risk" gelten und die Ausfallwahrscheinlichkeiten für das gesamte Unternehmensportfolio erst im nächsten Kapitel dargestellt werden. Aus diesem Grund ist auch ein Vergleich dieser Ergebnisse mit den Resultaten der logistischen Regression nicht möglich.

[79] Hierzu standen im Fall der vorliegenden Untersuchung jedoch zu wenige Daten und eine zu geringe Rechenleistung zur Verfügung.

Tab. 4.18 AUC-Werte der Cox-Modelle für die Unternehmen „at risk“

Zeithorizont	Datensatz	AUC	Std.-Fehler	95 % Konfidenzintervall	
1 Jahr	in-sample	0,695	0,053	0,604	0,787
	out-of-time	0,655	0,081	0,496	0,814
	out-of-sample	0,605	0,119	0,372	0,839
2 Jahre	in-sample	0,668	0,047	0,576	0.7760
	out-of-time	0,667	0,081	0,508	0,826
	out-of-sample	0,596	0,093	0,415	0,777
3 Jahre	in-sample	0,584	0,064	0,459	0,709
	out-of-time	0,599	0,091	0,421	0,778
	out-of-sample	0,655	0,075	0,508	0,801

Es fällt auf, dass die AUC-Werte aller Modelle vergleichsweise hohe Standardfehler und dementsprechend große Konfidenzintervalle aufweisen. Dies ist wahrscheinlich u. a. auf die Beschränkung der Untersuchung auf Unternehmen „at risk“ zurückzuführen, deren Kennzahlenwerte für solvente und insolvente Firmen ähnlich sein dürften.

Die Werte der 1- und 2-Jahres-Modelle entwickeln sich erwartungsgemäß. Die In-sample-Klassifikationserfolge sind am größten, die Standardfehler am geringsten und die Konfidenzintervalle am kleinsten. Diese Entwicklung setzt sich auch bei den Out-of-time- und Out-of-sample-AUC-Werten fort, wobei die 95 % Intervalle für die Out-of-time-Datensätze jeweils die In-sample-Konfidenzintervalle umschließen. Nur bei den Werten des 3-Jahres-Modells kommt es zu Abweichungen. Dies ist jedoch wahrscheinlich auf die vergleichsweise geringe Größe der In-sample- und Out-of-sample-Datensätze zurückzuführen, so dass schon geringe Schwankungen einen starken Einfluss auf den Klassifikationserfolg haben.

4.2.8.2 Ermittlung des Klassifikationserfolgs für das Gesamtportfolio

Zur Ermittlung des Klassifikationserfolgs für das Gesamtportfolio wird die Ausfallwahrscheinlichkeit eines Unternehmens mit der in Kapitel 4.2.5.2 beschriebenen Formel ermittelt. Hierdurch wird sichergestellt, dass alle verfügbaren Informationen bei der Klassifikation der Unternehmen berücksichtigt werden.

Des Weiteren wird durch diese Berechnung die wahrscheinlich wichtigste Untersuchungsfrage beantwortet: Liefern die Cox-Modelle komplementäre, also ergänzende oder substitutive Informationen in Bezug auf die Ergebnisse der logistischen Regression. Letzteres würde zu keiner Veränderung des Klassifikationserfolges führen, während sich eine positive (negative) Ergänzung in einer Verbesserung (Verschlechterung) der Klassifikationsergebnisse niederschlagen würde.

Zur Bestimmung des Klassifikationserfolgs wurden bei der Out-of-sample- und Out-of-time-Analyse die gleichen Datensätze wie bei der logistischen Regression verwendet, um die Vergleichbarkeit der Ergebnisse zu gewährleisten. Dies ist bei der In-sample-Klassifikation hingegen nicht möglich, da die Entwicklungsdatensätze bei den Cox-Modellen infolge der Beschränkung auf Unternehmen „at risk" verändert werden mussten. Auf Grund dieser Beschränkung wird auch auf eine Darstellung der In-sample-Klassifikationserfoge verzichtet.

Tab. 4.19 AUC-Werte der Cox-Modelle für das Gesamtportfolio

Zeithorizont	Datensatz	AUC	Std.-Fehler	95 % Konfidenzintervall	
1 Jahr	out-of-time	0,888	0,031	0,827	0,950
	out-of-sample	0,857	0,030	0,816	0,932
2 Jahre	out-of-time	0,796	0,048	0,703	0,889
	out-of-sample	0,779	0,057	0,657	0,880
3 Jahre	out-of-time	0,773	0,047	0,680	0,865
	out-of-sample	0,713	0,048	0,619	0,807

Wie aus Tabelle 4.19 ersichtlich, liegen alle Resultate über 0,7 und über den korrespondierenden Ergebnissen des vorangegangenen Kapitels. Alle Modelle erfüllen somit die Erwartungen und sind bezüglich ihrer Trennschärfe als gut bzw. sehr gut zu bewerten.

Die Standardfehler liegen zwischen 0,03 und 0,057 und sind somit als gering einzustufen. Dementsprechend sind auch die Konfidenzintervalle im Vergleich zu den Resultaten der Cox-Modelle für die Unternehmen „at risk" sehr klein, was wahrscheinlich vor allem durch die Erweiterung der Datensätze um nicht gefährdete Firmen und das Miteinbeziehen der Ergebnisse der logistischen Regression begründet ist.

4.2.8.3 Vergleich des Klassifikationserfolges mit den Ergebnissen der logistischen Regression

Um zu untersuchen, ob die Cox-Modelle weiterführende Ausfallinformationen liefern, wurden ihre Ergebnisse mit denen der logistischen Regression verglichen.

Tab. 4.20 Vergleich der AUC-Werte für die unterschiedlichen Modelle

		AUC-Wert		
Zeithorizont	Datensatz	Logit-Modell	Cox-Modell	Differenz
1 Jahr	out-of-time	0,875	0,888	0,013
	out-of-sample	0,852	0,857	0,005
2 Jahre	out-of-time	0,788	0,796	0,008
	out-of-sample	0,787	0,779	-0,008
3 Jahre	out-of-time	0,753	0,773	0,020
	out-of-sample	0,675	0,713	0,038

Der Vergleich in Tabelle 4.20 zeigt, dass sich der Klassifikationserfolg durch die Einbeziehung der Resultate der Cox-Modelle für alle Datensätze verbessert. Eine Ausnahme bildet nur der 2-Jahres-out-of-sample-Datensatz. Das Klassifikationsergebnis erhöht sich hierbei um durchschnittlich 2,5 %, wobei es für den Out-of-sample-Datensatz des 3-Jahres-Zeithorizonts mit 5,6 % am stärksten zunimmt. Diese Entwicklungstendenz findet sich auch bei der Publikation von Laitinen und

Kankaanpää (1999) wieder. Es ist die einzige dem Autor bekannte Studie, die ein Cox-Proportional-Hazard-Modell für einen 3-Jahres-Zeithorizont entwickelt und die Resultate u. a. mit den Ergebnissen einer logistischen Regression vergleicht.

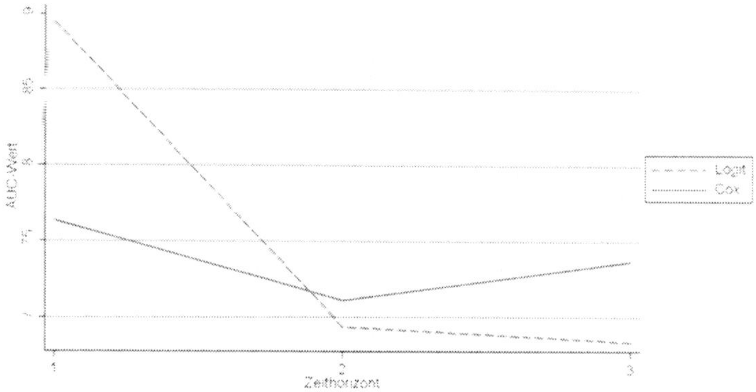

Abb. 4.5 Entwicklung des Klassifikationserfolgs bei Laitinen und Kankaanpää (1999)

Abbildung 4.5 zeigt, dass sich die Differenz zwischen dem Cox- und dem Logit-Modell mit zunehmendem Abstand zum Insolvenzzeitpunkt erhöht und für das 3-Jahres-Modell über 7 % beträgt.[80] Geht man davon aus, dass die prognostizierten Ausfallwahrscheinlichkeiten der Logit- und Cox-Modelle zumindest teilweise komplementäre Informationen enthalten, so waren die generieren Ergebnisse der vorliegenden Untersuchung und ihre Entwicklung zu erwarten.

Allerdings weichen die Ergebnisse für den 2-Jahres-out-of-sample-Datensatz von diesen Resultaten ab. Eine nähere Analyse dieser negativen Entwicklung ergibt jedoch, dass sie im Wesentlichen durch ein einziges, insolventes Unternehmen mit einem ungewöhnlichen Kennzahlwert für die Variable v60 verursacht wird, während seine sonstigen Kennzahlen keine weiteren Besonderheiten aufweisen. Die Variable v60 ist definiert als externer Cash Flow II geteilt durch die Differenz des kurzfristigen Fremdkapitals minus flüssige Mittel in Form von Schecks,

[80] Vgl. Laitinen und Kankaanpää (1999), S. 83.

Kassenbestand und Wertpapieren (CFIIe/(KFK-FMb)) und ergibt sich für das betroffene Unternehmen wie folgt:

Tab. 4.21 Kennzahlwerte des insolventen Unternehmens

v60	CFIIe	KFK	FMb
46,67	-2660	91	148

Für dieses Unternehmen steht indes nur ein einziger Jahresabschluss zur Verfügung, weswegen eine Überprüfung der Werte und ihrer Plausibilität mit Daten desselben Untersuchungsobjekts nicht möglich ist. Beim Vergleich der Werte mit den Bilanz- und GuV-Positionen anderer Unternehmen fällt auf, dass zwar der externe Cash Flow II beinahe dem Durchschnitt insolventer Unternehmen entspricht, aber nur ca. 5,5 % aller Observationen weniger kurzfristiges Fremdkapital als flüssige Mittel in Form von Schecks, Kassenbestand und Wertpapieren des Umlaufvermögens aufweisen.[81] Auf Grund dieser Kennzahlkonstellation wird der Wert von v60 bei dem untersuchten Unternehmen positiv und gehört zu den größten 0,187 % des Datensatzes. Es kann dementsprechend davon ausgegangen werden, dass es sich hierbei um einen eher untypischen Kennzahlwert handelt.

Ersetzt man bei diesem Unternehmen v60 durch den Durchschnitt des Entwicklungsdatensatzes, so ergibt sich für die Klassifikation des 2-Jahres-out-of-sample-Datensatzes folgender AUC-Wert

Tab. 4.22 AUC-Werte für den bereinigten 2-Jahres-out-of-sample-Datensatz

Zeithorizont	Datensatz	AUC	Std.-Fehler	95 % Konfidenzintervall	
2 Jahre	out-of-sample	0,787	0,054	0,682	0,893

[81] Der Anteil insolventer Unternehmen beträgt hierbei 0,41 % und entspricht somit in etwa ihrem Anteil am gesamten Datensatz von 0,46 %.

Der AUC-Wert liegt hierbei knapp über dem korrespondierten Klassifikationserfolg des Logit-Modells für den 2-Jahres-Zeithorizont.[82] Geht man dementsprechend davon aus, dass es sich bei dem betreffenden Kennzahlwert dieses Unternehmens um einen Ausreißer handelt, liegen alle um die Informationen der Cox-Modelle ergänzten Ergebnisse über den Resultaten der logistischen Regression. Des Weiteren untermauert diese Analyse die zuvor gezogenen Schlussfolgerungen, dass sich die durch die entwickelten Modelle generierten Informationen ergänzen und die Kombination der durch sie prognostizierten Ausfallwahrscheinlichkeiten durchweg zu einer Verbesserung der Klassifikationsergebnisse führt.[83]

Die beschrieben Vorgehensweise führt daher zu einer Erhöhung der AUC-Werte und ist somit als zielführend zu beurteilen. Wie bereits angeführt, sind dem Autor keine vergleichbaren Studien bekannt, so dass eine abschließende Beurteilung des Zuwachses bei den Klassifikationsergebnissen nicht möglich ist. Die positive Entwicklung stützt jedoch die angeführten Annahmen und lässt vermuten, dass sich die vorgefundenen Resultate auch in zukünftigen Studien bestätigen werden.

Zusätzlich wurde - wie bei der logistischen Regression - der Einfluss von Unternehmen mit negativem Eigenkapital auf das Klassifikationsergebnis analysiert.

Tab. 4.23 AUC-Werte des 1-Jahres-Modells für die um solvente Unternehmen mit negativem Eigenkapital bereinigten Datensätze

Zeithorizont	Datensatz	AUC	Std.-Fehler	95% Konfidenzintervall	
1 Jahr	out-of-time	0,918	0,029	0,862	0,975
	out-of-sample	0,891	0,042	0,808	0,974

Während hierbei die Differenz bei den Out-of-time-Daten mit 0,029 annähernd konstant bleibt, erhöht sie sich für den Out-of-sample-Validierungsdatensatz von

82 Der anscheinend gleiche AUC-Wert der beiden Modelle ist auf Rundungsungenauigkeiten zurückzuführen.

83 Die ungewöhnlichen Werte für den Klassifikationserfolg des 3-Jahres-out-of-sample-Validierungsdatensatzes und das insolvente Unternehmen des Out-of-time-Datensatzes aus dem Jahr 2003 wurden ebenfalls auf außerordentliche Kennzahlen untersucht. Hier lagen jedoch alle Variablen innerhalb der Norm, so dass anzunehmen ist, dass es hier nicht zu Verzerrungen auf Grund von Ausreißern kommt.

0,03 auf 0,034. Ermittelt man jedoch auch die korrespondierenden Ergebnisse für die anderen Hold-out-Datensätze, so zeigt der Vergleich, dass der zusätzliche Klassifikationserfolg beinahe konstant ist. Es ist dementsprechend davon auszugehen, dass die beiden statistischen Verfahren solvente Unternehmen mit negativem Eigenkapital nahezu identisch einstufen und sich durch die gewählte Vorgehensweise in diesem Kontext keine signifikanten Veränderungen ergeben.

4.2.8.4 Ermittlung der Rating-Stufen und Klassifikation der Unternehmen

In Orientierung an den Vorgaben von Basel II werden hierzu zunächst wieder acht gleich große Ratingklassen gebildet und die Unternehmen entsprechend ihrer prognostizierten Ausfallwahrscheinlichkeit klassifiziert.

Tab. 4.24 Einordnung der Out-of-time-Daten in die einzelnen Ratingklassen nach den Vorgaben von Basel II auf Basis der kombinierten Ergebnisse der Cox- und Logit-Modelle

Rating-klasse	solvente Firmen absolut	solvente Firmen relativ	insolvente Firmen absolut	insolvente Firmen relativ
1	331	35,48 %	0	0 %
2	106	11,36 %	0	0 %
3	98	10,50 %	1	7,69 %
4	86	9,22 %	0	0 %
5	42	4,50 %	0	0 %
6	125	13,40 %	1	7,69 %
7	121	12,97 %	10	76,92 %
8	24	2,57 %	1	7,69 %
gesamt	933	100,00 %	13	100,00 %

Wie sich beim Vergleich der Klassifikationergebnisse zeigt, verschlechtern zwar bei einigen Unternehmen die Bonitätsbeurteilung, insgesamt führt die Berücksichtigung der Cox-Modell-Resultate für den 1-Jahres-Zeithorizont jedoch zu einer Verringerung der prognostizierten Ausfallwahrscheinlichkeit. Dieser Trend findet sich auch bei der Einstufung der Unternehmen in Ratingklassen wieder. Das hierbei fälschlicherweise als solvent klassifizierte insolvente Unternehmen stellt in der Praxis nur bedingt eine Einschränkung des Klassifikationserfolgs dar, da auf Grund der wachsenden Größe der Ratingklassen in der Regel als insolvent eingestuft werden dürfte. Allerdings sollten Banken, die ihr Ratingsystem in der beschriebenen Weise modifizieren die tendenzielle Verringerung der prognostizierten Ausfallwahrscheinlichkeit bei der Kalibrierung ihrer Systeme berücksichtigen.

Für die anderen Validierungsdatensätze ergibt sich ein etwas anderes Bild.[84] Hier führen die Prognosen der Cox-Modelle zu einer tendenziellen Erhöhung der Ausfallwahrscheinlichkeiten, wobei erwartungsgemäß das 3-Jahres-Modell die größten Differenzen aufweist. Wurden z. B. auf Basis der logistischen Regression noch sieben insolvente Unternehmen des Out-of-sample-Datensatzes in die Ratingklasse fünf eingestuft, konnte dieser Fehler mit Hilfe der prognostizierten Ausfallwahrscheinlichkeit der Cox-Modelle vermieden werden.

Im Rahmen der Einstufung von Unternehmen in Ratingklassen auf Basis der kombinierten Ergebnisse der Cox- und Logit-Modelle sollten Banken wahrscheinlich auch eine Neugewichtung der Modellresultate bei der Kombination der prognostizierten Ausfallwahrscheinlichkeiten vornehmen. Allerdings sind hierzu zusätzliche Daten erforderlich, da bereits alle insolventen Unternehmen, die nicht Bestandteil der Hold-out-Datensätze sind, im Rahmen der Entwicklung der Ratingmodelle verwendet wurden.[85]

Tab. 4.25 Neugewichtungsschema

Zeithorizont	Cox	Logit
1 Jahr	<0,5	>0,5
2 Jahre	≈0,5	≈0,5
3 Jahre	>0,5	<0,5

84 Die entsprechenden Tabellen sind in Anhang 5.28 aufgeführt.

85 Da die Cox-Modelle durch die Beschränkung auf Unternehmen „at risk“ auf den Ergebnissen der Logit-Modelle aufbauen, würde eine Kalibrierung auf Grundlage der Entwicklungsdatensätze stets zu einer Dominanz der Ergebnisse der Cox-Modelle führen.

Vor allem für das 3-Jahres-Modell würde eine weitere Verringerung der verfügbaren Daten zu einer signifikanten Einschränkung seiner Übertragbarkeit auf die Hold-out-Daten führen. Orientiert man sich an den Ergebnissen der Logit- und Cox-Modelle von Laitinen und Kankaanpää (1999), die unabhängig voneinander generiert wurden, so ist zu vermuten, dass die Gewichtungen in etwa dem in Tabelle 4.25 aufgeführten Schema entspricht.

In der vorliegenden Untersuchung würde beispielsweise eine Verringerung der Gewichtung der Cox-Modelle auf 40 % bei gleichzeitiger Erhöhung des Einflusses der Logit-Modelle auf 60 % zu einer marginalen Verschlechterung des AUC-Wertes für die Out-of-time-Daten um 0,015 führen und zu einer Erhöhung des Klassifikationserfolgs bei den Out-of-sample-Daten auf 0,859. Bei der Einteilung der Unternehmen in Ratingstufen hingegen werden die insolventen Unternehmen wie bei den Logit-Modellen eingestuft, während sich die Anzahl der richtig klassifizierten solventen Unternehmen um sieben erhöht.[86] Eine korrespondierende Erhöhung der Gewichtung der Cox-Ergebnisse bzw. Verringerung bei den Logit-Resultaten würde beim 3-Jahres-Modell zu einer Verbesserung der AUC-Werte für die Out-of-time-Daten um 0,004 und für die Out-of-sample-Daten auf 0,731 führen. Auch hier ergeben sich bei der Einstufung der Unternehmen in Ratingklassen Verbesserungen. Zwar verändert sich die Zahl der richtig klassifizieren insolventen Unternehmen für die Out-of-time-Daten nicht, aber die Anzahl der richtig klassifizierten gesunden Unternehmen erhöht sich um 23.[87] Aus den angeführten Gründen ist eine Kalibrierung der Gewichtung der Ergebnisse der beiden verwendeten Modelle bei der Kombination der prognostizierten Ausfallwahrscheinlichkeiten jedoch nicht möglich.

Deshalb und aus den bereits in Kapitel 3.5.5.6 erwähnten Gründen ist auch eine abschließende Beurteilung der Klassifikation von Unternehmen in Ratingklassen nicht möglich. Die Verbesserung der AUC-Werte für den 1- und 2-Jahres-Zeithorizont auf Grund der Ergebnisse der Cox-Modelle ist zwar signifikant, schlägt

[86] Eine ähnliches Bild ergibt sich auch für die Out-of-sample-Daten, wobei hier nur ein solventes Unternehmen richtig als ökonomisch gesund eingestuft wird.

[87] Bei den Out-of-sample-Daten verbessert sich der Klassifikationserfolg bei den insolventen Unternehmen um eins und bei den solventen Unternehmen um 16.

sich jedoch wegen der Einstufung von Unternehmen in Ratingklassen nicht zwingend in einem Ratingsystem nieder. Beim 3-Jahres-Modell hingegen sind die Zugewinne bei den AUC-Werten durch das Cox-Proportional-Hazard-Verfahren sehr groß, so dass sie auch bei den angeführten Klassifizierungsschema zu Verbesserungen führen. Die Resultate spiegeln somit die bereits im vorangegangenen Kapitel gezogenen positiven Schlussfolgerungen und die bei Laitinen und Kankaanpää (1999) beschriebene zeitliche Entwicklung der Klassifikationserfolge wider.[88]

4.2.9 *Entwicklung der Ausfallwahrscheinlichkeit einzelner Unternehmen im Zeitverlauf*

Ein häufig angeführter Kritikpunkt in Bezug auf Ratingmodelle, die auf auf einer Diskriminanzanalyse oder auf logistischer Regression basieren, ist, dass sie keinerlei Informationen zum Zeitpunkt des Ausfalls liefern.[89] Sie kalkulieren die Ausfallwahrscheinlichkeit eines Unternehmen nur für einen einzigen, vorher festgelegten Zeitpunkt.

Diesen Nachteil vermeidet - wie in Kapitel 4.2.7.2 bereits beschrieben - das Cox-Proportional-Hazard-Modell. Mit seiner Hilfe kann die Ausfall- bzw. Überlebenswahrscheinlichkeit eines Unternehmens nicht nur für einen bestimmten Zeitpunkt, sondern für eine Periode, z. B. 548 Tage, dargestellt und analysiert werden.

Abbildung 4.6 zeigt exemplarisch die Entwicklung der Überlebenswahrscheinlichkeit eines ausgefallenen Unternehmens (untere Kurve) im Vergleich zur Baseline-Survivorship-Funktion (obere Kurve) für den Zeitraum von 1 1/2 Jahren bzw. den 1-Jahres-Zeithorizont. Die horizontale Linie markiert hier den Wert der Baseline-Survivorship-Funktion am Ende des Beobachtungszeitraums und die vertikale Linie den Zeitpunkt des Unternehmensausfalls.

Hätte eine Bank über diese Informationen verfügt und das Unternehmen als insolvent klassifiziert, sobald dessen vorhergesagte Überlebenswahrscheinlichkeit unter das Minimum der Baseline-Survivorship-Funktion sinkt, so wäre das dargestellte Unternehmen ca. einen Monat vor dem tatsächlichen Ausfall als insolvent

88 Vgl. Kapitel 4.2.8.3 bzw. Laitinen und Kankaanpää (1999), S. 83.
89 Vgl. z. B. Luoma und Laitinen (1991), S. 673.

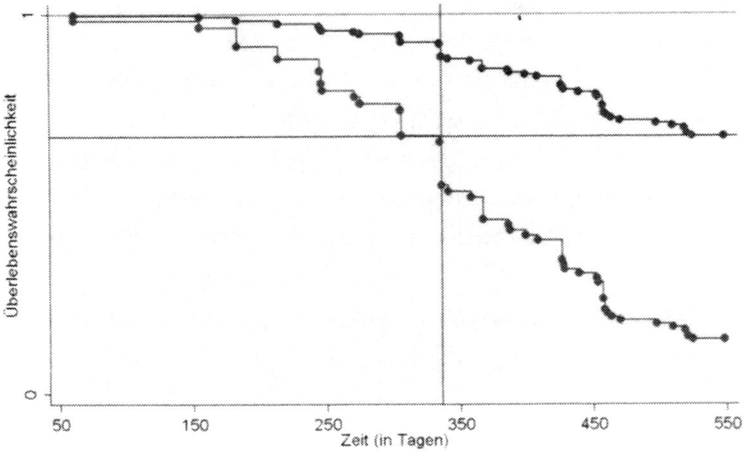

Abb. 4.6 Entwicklung der Überlebenswahrscheinlichkeit eines ausgefallenen Out-of-time-Unternehmens

klassifiziert worden. Es wäre der Bank folglich möglich gewesen, das Unternehmen ca. 10 Monate, bis kurz vor den Unternehmensausfall, zu unterstützen, ausstehende Forderungen zusätzlich abzusichern und potenziellen Auswirkungen auf andere Unternehmen im Portfolio entgegenzuwirken.

Diese Darstellung ist jedoch etwas vereinfacht. Es dürfte in der Praxis kaum möglich sein, das Minimum der Baseline-Survivorship-Funktion als Referenzwert zu verwenden. Sonst würden Unternehmen, deren Überlebenswahrscheinlichkeit am Ende der Beobachtungsperiode nur knapp unter dieser Vorgabe liegen, als insolvent eingestuft und andererseits Unternehmen, die zu Beginn des Prognosezeitraums ausfallen, als solvent eingeschätzt. Eine andere Möglichkeit zur Vorhersage des Insolvenzzeitpunktes eines Unternehmens wäre die Analyse der Entwicklung seiner individuellen Überlebenswahrscheinlichkeit im Vergleich zur Baseline-Survivorship-Funktion. Sobald ein Unternehmen hierbei signifikant von dieser Referenz abweicht, könnte es als insolvent klassifiziert und der Ausfallzeitpunkt festgelegt werden. Eine andere Möglichkeit wäre die Vorgabe von Mindest-Überlebenswahrscheinlichkeiten in Abhängigkeit von Zeitintervallen (z. B. Monate oder Quartale).[90]

Diese Eigenschaft von Cox-Proportional-Hazard-Modellen erweitert dementsprechend das in früheren Publikationen oft verwendete Verfahren des kritischen Trennwertes[91] zur Beurteilung von Unternehmen um die Zeitdimension und liefert mit der Entwicklung der unternehmensindividuellen Ausfall- bzw. Überlebenswahrscheinlichkeit im Zeitverlauf wertvolle zusätzliche Informationen. Im Rahmen des Kreditvergabeprozesses bzw. der -entscheidung können diese nicht nur zu einer verbesserten Strukturierung der Kreditkonditionen führen. Sie können bei einer Unternehmensinsolvenz auch die Verlustquote für ein Kreditinstitut verringern und die Konsequenzen für das Kreditpotfolio der Bank abschwächen. Entscheidend ist hierbei, dass die hierfür erforderlichen Informationen aus bereits vorhandenen Daten gewonnen werden können und das Verfahren dementsprechend eine Verbesserung der Informationsauswertung darstellt.

4.3 Zusammenfassung der Ergebnisse

In Kapitel 3 wurde untersucht, inwieweit sich der Klassifikationserfolg von Ratingmodellen, die auf Bilanz- und GuV-Daten mittelständischer Unternehmen aus Deutschland basieren, durch Kennzahlen, die mit Hilfe des jeweiligen Industriedurchschnitts modifiziert wurden, verbessern lässt. Es stellte sich heraus, dass diese Kennzahlen nicht nur einen überdurchschnittlich hohen Anteil der im Rahmen des Entwicklungsprozess ausgewählten unabhängigen Variablen ausmachten, sondern auch zu sehr guten Klassifikationsergebnissen führen.

Ziel des vorliegenden Kapitels war die Erweiterung der entwickelten Logit-Modelle mit Hilfe der Cox-Proportional-Hazard-Modelle. Die Ergänzung der Logit-

90 Berechnet man beispielsweise für die Entwicklungsdaten die durchschnittliche durch das Cox-Modell prognostizierte Ausfallwahrscheinlichkeit zum Ende des ersten Quartals (ohne Ausreißer) und subtrahiert die Standardabweichung, so weisen alle insolventen Unternehmen des Out-of-sample-Datensatzes, die im ersten Quartal ausgefallenen sind, eine höhere Ausfallwahrscheinlichkeit auf. Für das zweite Quartal werden zwei von fünf richtig eingestuft (der Ausfall der anderen wird bereits für das erste Quartal vorhergesagt). Da jedoch nur 12 Out-of-sample-Ausfälle für diese Untersuchung verfügbar sind, ist eine abschließende Analyse nicht möglich.

91 Vgl. Kapitel 3.5.5.1.

Resultate beschränkt sich hierbei auf Unternehmen „at risk“, definiert als Unternehmen, deren korrespondierende Ausfallwahrscheinlichkeit mindestens 50 % beträgt. Diese Fokussierung entspricht dabei der Annahme der Cox-Modelle, dass die untersuchten Unternehmen derselben Grundgesamtheit angehören, wobei für die zensierten Beobachtungen der Ausfall bisher nicht eingetreten ist.[92] Diese Voraussetzung wurde in bisherigen Publikationen, die auf Überlebenszeit-Modellen zur Prognose von Unternehmensinsolvenzen basieren, jedoch stets vernachlässigt, wodurch ein Vergleich der generierten Ergebnisse mit den Resultaten anderer Studien nicht möglich ist.

Sowohl bei der statistischen als auch bei der ökonomischen Analyse erfüllen die Cox-Modelle die Erwartungen. Die statistischen Vorgaben werden eingehalten, die Vorzeichen der Koeffizienten stimmen mit den postulierten Arbeitshypothesen überein und der Einfluss einzelner Variablen auf die prognostizierte Ausfallwahrscheinlichkeit von Unternehmen stimmt mit den Vorhersagen überein. Dennoch sind diese Ergebnisse nicht mit den Resultaten der logistischen Regression vergleichbar, was nicht nur auf die Beschränkung der Cox-Modelle auf Unternehmen „at risk“ zurückzuführen ist, sondern vielmehr in den statistischen Eigenschaften der Proportional-Hazard-Modelle begründet liegt.

Bei der Analyse des Einflusses der Cox-Modelle auf den Klassifikationserfolg der kombinierten Ergebnisse stellt sich heraus, dass sich der AUC-Wert erhöht. Es ist dementsprechend davon auszugehen, dass es sich bei den Resultaten der Cox-Modelle zumindest teilweise um komplementäre Informationen in Bezug auf die Ergebnisse der Logit-Modelle handelt. Allerdings sind diese Verbesserungen bei den 1- und 2-Jahres-Modellen nur marginal, so dass es bei der Klassifizierung der Unternehmen in Ratingklassen eine Verbesserung der Ergebnisse sehr stark von dem gewählten Ratingsystem und der Kalibrierung seiner Ratingklassen abhängt. Des Weiteren wären für eine abschließende Beurteilung Informationen über die Kosten einer falschen Klassifikation nötig. Für das 3-Jahres-Modell hingegen ergeben sich signifikante Verbesserungen, die sich in allen Untersuchungen widerspiegeln. Diese Ergebnisse stimmen mit den Resultaten von Laitinen und

92 Vgl. Luoma und Laitinen (1991), S. 73.

Kankaanpää (1999) überein und führen dazu, dass die AUC-Werte des 3-Jahres Modells für den out-of-time Validierungsdatensatz so hoch ausfallen.[93] Allerdings standen für das 2- und 3-Jahres Modell nicht genügend Datenpunkte zur Verfügung, so dass die Auswahl der unabhängigen Kennzahlen auf Grund des Akaike-Informationskriterium abgebrochen werden musste, um ein Overfitting zu vermeiden. In wie weit sich diese Datenlimitationen im 2-Jahres-Modell widerspiegeln müssen zukünftige Untersuchungen zeigen. Es ist jedoch zu erwarten, dass der Klassifikationserfolg des 3-Jahres-Modells tendenziell höher ausfällt.

Neben der Erweiterung der Logit-Resultate um die prognostizierten Ausfallwahrscheinlichkeiten liefern die Cox-Proportional-Hazard Modelle zusätzlich Informationen über die Entwicklung der Überlebenswahrscheinlichkeit eines Unternehmens im Zeitverlauf. Sie ergänzen somit die generierten Ergebnisse um Informationen bezüglich des potenziellen Ausfallzeitpunktes und ermöglichen es Banken, die Struktur ihrer Kreditengagements weiter zu verbessern.

Insgesamt sind die Ergebnisse der vorgenommenen Erweiterung vielversprechend. Allerdings handelt es sich bei der vorliegenden Arbeit um die erste Studie, die eine solche Kombination vornimmt und untersucht, so dass eine abschließende Beurteilung der Resultate nicht möglich ist. Eine vergleichbare Studie ist indes von der Österreichischen Nationalbank und Finanzmarktaufsicht angekündigt.[94] Zwar wird sie nur Banken umfassen, aber erste Rückschlüsse und Vergleiche werden vorraussichtlich möglich sein. Wie bereits angeführt, war die Veröffentlichung dieser Studie für 2005 vorgesehen, hat sich jedoch verzögert. Nach Auskunft der Österreichischen Nationalbank weicht der gewählte Ansatz allerdings von dem hier vorgestellten Verfahren ab. Eine Bank wird demnach als gefährdet eingestuft, wenn ihre Ausfallwahrscheinlichkeit erstmalig einen vorgegebenen Wert überschreitet. Anschließend werden alle verfügbaren Daten zur Entwicklung eines Cox-Proportional-Hazard-Modells mit zeitabhängigen Kovariaten verwendet. Hierbei ist anzumerken, dass die Österreichische Nationalbank und Finanzmarktaufsicht ihre Daten quartalsweise analysieren und ihnen dementsprechend

93 Vgl. Laitinen und Kankaanpää (1999), S. 83.

94 Vgl. Österreichische Nationalbank und Finanzmarktaufsicht (2004a), S. 30.

mehr Datenpunkte zur Verfügung stehen. Außerdem ist dieser Datensatz über den gesamten Beobachtungszeitraum von 30 Quartalen weitestgehend konsistent, d. h. ein Untersuchungsobjekt wird aus dem Datensatz in der Regel nur dann gestrichen, wenn die Bank aufhört zu existieren bzw. Insolvenz anmeldet. Der österreichische Ansatz ist sehr vielversprechend, stellt jedoch Anforderungen an das Datenmaterial, die in der vorliegenden Untersuchung nicht zu erfüllen waren. Welcher der beiden Ansätze für welche Untersuchungsobjekte zu besseren Ergebnissen führt, ist bisher nicht zu beantworten und ist in zukünftigen Studien zu analysieren.

Ziel der vorliegenden Arbeit war die Entwicklung eines wissenschaftlich fundierten Ratingsystems für Banken, das auf Bilanz- und GuV-Daten deutscher mittelständischer Unternehmen basiert. Hierbei sollte einerseits eine möglichst hohe Trennschärfe erreicht und andererseits die Informationslage verbessert werden. Aus diesem Grund wurde in Kapitel 3 der Einfluss modifizierter Kennzahlen auf den Klassifikationserfolg untersucht, in Kapitel 4 wurden diese Ergebnisse erweitert und ergänzt. Allerdings sind insbesondere bei den Cox-Proportional-Hazard-Modellen weitere Untersuchungen erforderlich, um die verwendeten Neuerungen umfassend zu überprüfen. Insgesamt bestätigen die generierten Ergebnisse jedoch die angeführten Vermutungen. Die in der Arbeit erfolgreich durchgeführte Kombination von logistischer Regression und Überlebenszeitanalyse verbessert den Klassifikationserfolg und stellt den Banken ein breiteres Informationsspektrum für den Kreditvergabeprozess zur Verfügung. Nutzen die Banken das verbesserte Ratingsystem, ließen sich damit die Kreditkonditionen für mittelständische Unternehmen individueller strukturieren.

5 Appendix

5.1 Anfragen zu den Ratingsystemen deutscher Banken für Mittelständler

5.1.1 *Antwort der Deutschen Bank vom 6.12.2005*

hallo herr schumacher,

hier unsere antworten:

1. Wie definiert die Deutsche Bank Mittelstand (Umsatz)?

Innerhalb der Deutschen Bank wird zwischen Geschäfts- und Firmenkunden unterschieden. Feste Kennziffern wie Umsatz oder Mitarbeiter spielen dabei keine Rolle. Im Bereich Private & Business Clients werden neben Privatkunden auch Selbständige und überwiegend lokal oder regional tätige Familienunternehmen betreut und beraten: Firmenkunden sind hingegen Unternehmen mit einer ausgeprägten europäischen, oder sogar globalen Geschäftsausrichtung. Diese Unternehmen haben, im Gegensatz zu kleineren Firmen, einen hohen und vielfach zunehmenden Bedarf an Investment-Banking-Produkten. Dieser differenzierte Betreuungsansatz ist sinnvoll, da die Bedürfnisse und Erfordernisse dieser Kundengruppen sich zum Teil deutlich unterscheiden. Die Betreuung der komplexen Geschäftsbeziehung der Firmenkunden erfolgt nicht nur über das gesamte Leistungsspektrum der Bank, sondern auch über verschiedene Kontinente hinweg und zwar vom Tagesgeschäft bis hin zu strategischen Entscheidungen.

2. Liegt ein statistisches System dem Mittelstandsrating der Deutschen Bank zugrunde? Wenn ja, um welches Verfahren handelt es sich (logistische Regression, Diskriminantenanalyse)?

Die statistischen Grundlagen der Rating-Systeme der Deutschen Bank - auch im Bereich mittelständischer Unternehmen - gründen sich auf Datenreihen über mehrere Jahrzehnte hinweg, wobei sowohl quantitative als auch qualitative Kriterien umfänglich beobachtet und kardinal skaliert verarbeitet wurden. Validierung und Kalibrierung der Systeme erfolgen dabei kontinuierlich im Wege permanten backtestings. Verfahrensgrundlagen sind dabei ebenso ökonometrische / standardisierte Ansätze (wie klassisches scoring, Diskriminanz-/Regressionsanalysen, evolutionäre Algorithmen, Entscheidungsbäume, nächste Nachbarn-Verfahren, option pricing etc.pp.) wie zugleich (teilweise in Kombination) Expertensystemshells (regel- und fuzzy based systems)und nicht standardisierte Ansätze.

3. Wie werden die quantitativen und qualitativen Komponenten gewichtet?

Moderne Ratingverfahren steuern die Gewichtung einzelner Kriterien anhand ihrer (auch statistischen) Ausprägung. Grundsätzlich läßt sich sagen, dass Standardkreditanalysen heutzutage einen höheren Teil quantitativer Analysen vornehmen, wohingegen bei umfänglicheren Finanzierungsentscheidungen systemseitig der qualitative Analyseumfang steigt. Insofern findet sich hier (ohne Berücksichtigung von Retailgeschäft) in der Praxis häufig eine nahezu gleiche Gewichtung qualitativer und quantitativer Kriterien.

Mit freundlichen Grüßen

Markus Block

Pressesprecher / Communications Germany
Deutsche Bank / Press and Media Relations

5.1.2 *Antwort der HypoVereinsbank vom 7.12.2005*

Sehr geehrter Herr Schumacher,

Vielen Dank für Ihre Nachfrage und Interesse an die in Hypovereinsbank eingesetzten Ratingverfahren. Die Antworten habe ich direkt hinter Ihrer Fragen eingefügt. Da wir unsere Ratingmethodik laufend erweitern, wären wir an den Ergebnissen ihrer Arbeit sehr interessiert und würden uns freuen, wenn Sie mit uns zu diesem Zeitpunkt noch mal Kontakt aufnehmen würden.

Ich wünsche Ihnen Viel erfolg und verbleibe mit freundlichen Grüssen Iwona Hernitscheck

Iwona Hernitscheck

Hypovereinsbank AG
Ratingentwicklung/Statistische Verfahren GRC4RS

Frage: Sehr geehrte Damen und Herren,

ich schreibe zurzeit meine Doktorarbeit über "Rating für den Deutsche Mittelstand basierend auf Bilanz und GuV Daten". Hierzu prognostiziere ich die Ausfallwahrscheinlichkeiten von Unternehmen mit Hilfe der logistischen Regression und erweitere die Ergebnisse durch Cox-Proportional-Hazard-Modelle. Im Rahmen dieser Arbeit habe ich ein paar Fragen bezüglich des Ratings der HypoVereinsbank.

1. Wie definiert die HypoVereinsbank Mittelstand (Umsatz)?

Wir definieren unsere Mittelstandkunden anhand des Brutto-Umsatzes:
5 Mio Euro - 500 Mio Euro für die Branchenbereiche Bau und Dienstleitung
10 Mio Euro - 500 Mio Euro für die Branchenbereiche Produktion und Handel.

2. Liegt ein statistisches System dem Mittelstandsrating der HypoVereinsbank zugrunde? Wenn ja, um welches Verfahren handelt es sich (logistische Regression, Diskriminantenanalyse)?

Das Verfahren wurde anhand der logistischen Regression entwickelt.

3. Wie werden die quantitativen und qualitativen Komponenten gewichtet?

Das Verhältnis beträgt 70 % Hartfacts zu 30 % Softfacts.

Es wäre sehr nett, wenn sie mir diesbezüglich Auskunft geben könnten. Herzlichen Dank für Ihre Hilfe

Marc Schuhmacher

5.1.3 *Antwort des Bundesverbands der Deutschen Volksbanken und Raiffeisenbanken e.V. vom 12.12.2005*

Sehr geehrter Herr Schuhmacher,

es freut uns sehr zu hören, dass auch das BVR-II-Rating des genossenschaftlichen FinanzVerbundes Berücksichtigung im Rahmen Ihrer Dissertation findet. Gerne kommen wir Ihrer Anfrage deshalb nach.

1. Das BVR-II-Rating unterscheidet u. a. die Segmente Mittelstand (Umsatz von EUR 260.000 bis EUR 5 Mio.) und Oberer Mittelstand (Umsatz von EUR 5 Mio. bis EUR 1 Mrd.).

2. Zur Ermittlung des BVR-II-Rating wurde die logistische Regression genutzt.

Wir hoffen Ihnen weitergeholfen zu haben und verbleiben

mit freundlichen Grüßen

i.A.
Arndt Schönowsky

BUNDESVERBAND DER DEUTSCHEN
VOLKSBANKEN UND RAIFFEISENBANKEN e. V. - BVR
Abteilung Banksteuerung
Heussallee 5
53113 Bonn

5.1.4 *Antwort des Deutschen Sparkassen- und Giroverbands vom 13.12.2005*

Sehr geehrter Herr Schuhmacher,

ich komme zurück auf Ihre Anfrage vom 07.12.2005.

1. Wie definiert der DSGV Mittelstand (Umsatz)?

Jahresumsatz mind. 100.000 Euro bis max. 250 Mio Euro bis zu 500 Mitarbeiter

2. Liegt ein statistisches System dem Mittelstandsrating des DSGVs zugrunde? Wenn ja, um welches Verfahren handelt es sich (logistische Regression, Diskriminantenanalyse)?

bei ausreichender Datenmenge - Diskriminanzanalytischer Ansatz (Logistische Regression) bei zu geringer Datenmenge - generischer Ansatz

Mit freundlichen Grüßen

Annett Wappler

Marketing und Kommunikation
S Rating und Risikosysteme GmbH
Friedrichstraße 83
10117 Berlin

5.2 Ratingstudien

Die folgenden Tabellen geben einen kurzen Überblick über empirischen Studien zur Ausfallprognose von Unternehmen und vergleichbaren Untersuchungsobjekten, um potenziell übertragbare Ergebnisse anderer Forschungsfelder miteinzubeziehen.

Erläuterung der verwendeten Abkürzungen
*Datensatz umfasst nur insolvente Unternehmen
**Datensatz umfasst Privatinsolvenzen
***Datensatz besteht aus gescheiterten Brokern
****Datensatz umfasst Problemkredite

Abkürzungen der genutzten Methode

UM	=	Univariate Modelle
LDA	=	Lineare Diskriminanzanalyse
QDA	=	Quadratische Diskriminanzanalyse
SA	=	Überlebenszeitanalyse
ES	=	Expertensystem
NN	=	Neuronales Netz
K-NN	=	k Nearest Neighbor
ID3	=	Entscheidungsbaum
GA	=	Genetischer Algorithmus
AHP	=	Analytischer Hierarchie-Prozess

Länderabkürzungen

A	=	Österreich	IND	=	Indien
AUS	=	Australien	IRL	=	Irland
BE	=	Belgien	J	=	Japan
BR	=	Brasilien	MAL	=	Malaysia
CDN	=	Kanada	NL	=	Niederlande
CH	=	Schweiz	RA	=	Argentinien
D	=	Deutschland	RDU	=	Uruguay
E	=	Spanien	ROK	=	Korea
F	=	Frankreich	SGP	=	Singapore
FIN	=	Finnland	TR	=	Türkei
GR	=	Griechenland	UK	=	Großbritannien
I	=	Italien	USA	=	Vereinigte Staaten von Amerika
IL	=	Israel			

Tab. 5.1: Studien zu Rating und zur Prognose von Unternehmensinsolvenzen

Nr.	Autor (Jahr der Veröff.)	Größe des Datensatzes	Land	Methode	Periode
1	Smith und Winakor (1930)	29*	USA	UM	-
2	Fitzpatrick (1931)	20*	USA	UM	1920-1929
3	Foster und Ramser (1931)	173	USA	UM	-
4	Fitzpatrick (1932)	38	USA	UM	1920-1929
5	Smith und Winakor (1935)	183*	USA	UM	1923-1931
6	Merwin (1942)	939	USA	UM	1926-1936
7	Winakor (1936)	172	USA	UM	1937-1933
8	Tamari (1964)	28*	IL	UM	1956-1960
9	Beaver (1966)	158	USA	UM	1954-1964
10	Beaver (1968)	158	USA	UM	1954-1964
11	Weibel (1973)	72	CH	UM	1960-1971
12	Elam (1975)	96	USA	UM	1966-1972
13	Libby (1975)	60	USA	UM	1964-1970
14	Cahill (1980)	11*	IRL	UM	1970-1980
15	Fernández (1988)	50	E	UM/LDA	1978-1982
16	Laffarga Briones et al. (1988)	50	E	UM/LDA	1978-1983
17	Durand (1941)	7.200**	USA	LDA	-
18	Altman (1968)	66	USA	LDA	1946-1965
19	Perlitz (1972)	90	D	LDA	1966-1969
20	Edmister (1972)	42	USA	LDA	1954-1969

Nr.	Autor (Jahr der Veröff.)	Größe des Datensatzes	Land	Methode	Periode
21	Deakin (1972)	64	USA	LDA	1964-1970
22	Lane (1972)	747**	USA	LDA	1964-1966
23	Altman et al. (1974)	134	F	LDA	1968-1971
24	Blum (1974)	230	USA	LDA	1954-1968
25	Weinrich (1978)	88	D	LDA	1969-1975
26	Taffler und Tisshaw (1977)	92	UK	LDA	1969-1975
27	Santomero und Vinso (1977)	224	USA	LDA	1965-1974
28	Altman et al. (1977)	111	USA	LDA/QDA	1969-1975
29	Deakin (1977)	143	USA	LDA/QDA	1964-1972
30	Frederikslust van (1978)	40	NL	LDA	1954-1974
31	Altman et al. (1979)	58	BR	LDA	1975-1977
32	Gebhardt (1979)	82	D	LDA	1963-1967
33	Bilderbeek (1979)	97	NL	LDA	1950-1974
34	Marais (1979)	91	UK	LDA	1974-1977
35	Dambolena und Khoury (1980)	68	USA	LDA	1969-1975
36	Castagna und Matolcsy (1981)	42	AUS	LDA/QDA	1963-1977
37	Altman und Levalee (1981)	54	CDN	LDA	1970-1979
38	Ta und Seah (1988)	43	SGP	LDA	1975-1983
39	Ko (1982)	82	J	LDA	1960-1980
40	Taffler (1982)	84	UK	LDA	1968-1973

Nr.	Autor (Jahr der Veröff.)	Größe des Datensatzes	Land	Methode	Periode
41	Izan (1984)	100	AUS	LDA	1963-1974
42	Lincoln (1984)	131	AUS	LDA	1969-1978
43	Stein von und Ziegler (1984)	446	D	LDA	1971-1978
44	Micha (1984)	2.200	F	LDA	1972-1979
45	Appetiti (1984)	1.082	I	LDA	1979-1981
46	Takahashi et al. (1984)	72	J	LDA	1962-1976
47	Niehaus (1987)	282	D	LDA	1978-1985
48	Baetge et al. (1988)	282	D	LDA	1978-1985
49	Bhatia (1988)	36	IND	LDA	1976-1985
50	Bidin (1988)	ca. 600	MAL	LDA	1980-1986
51	Pascale (1988)	85	RDU	LDA	1978-1982
52	Unal (1988)	62	TR	LDA	1979-1984
53	Baetge (1989)	180	D	LDA	1982-1985
54	Laitinen (1991)	80	FIN	LDA	1986-1988
55	Laitinen (1992)	40	FIN	LDA/UM	1980-1985
56	Laitinen (1993)	80	FIN	LDA/UM	1986-1988
57	Leker (1994)	216	D	LDA	1970-1990
58	Cybinski (1995)	140	AUS	LDA/Logit	1980-1983
59	Hüls (1995)	262	D	LDA	1987-1993
60	Altman et al. (1995)	68	ROK	LDA	1988-1992

Nr.	Autor (Jahr der Veröff.)	Größe des Datensatzes	Land	Methode	Periode
61	Shirata (1998)	986	J	LDA	1986-1996
62	Her und Choe (1999)	114	AUS/ ROK	LDA/QDA/ Logit/Probit	1992-1998
63	Doumpos und Zopounidis (1999)	118	GR	LDA	1986-1993
64	Blochwitz und Eigermann (2000)	150	D	LDA	1993-1995
65	Altman (2001)	316	USA	LDA/QDA	1969-1999
66	Grice und Ingram (2001)	1.974	USA	LDA	1985-1991
67	Grover und Lavin (2001)	80	USA	LDA/Probit	1987-1996
68	Ooghe und Balcaen (2002)	268.465	BE	LDA/Logit	1994-1999
69	Jacobs und Weinrich (2002)	1010	D	LDA/Logit	1995-1998
70	Frerichs und Wahrenburg (2003)	98.910	D	LDA/Probit	1990-2000
71	Letza et al. (2003)	140	UK	LDA	1997-2001
72	Sinkey (1975)	110	USA	QDA	1972-1973
73	Altman und Loris (1976)	153***	USA	QDA	1971-1973
74	Altman (1977)	212**	USA	QDA	1966-1974
75	Gebhardt (1980)	82	D	QDA	1963-1967
76	Martin (1977)	116	USA	Logit/LDA/ QDA	1970-1976
77	Ohlson (1980)	2.163	USA	Logit	1970-1976
78	Srinivasan und Kim (1987)	215	USA	Logit/LDA/ QDA/ID3/AHP	1985-1986
79	Suominen (1988)	136	FIN	Logit	1981-1982
80	Keasey und McGuinness (1990)	104	UK	Logit	1979-1984

Nr.	Autor (Jahr der Veröff.)	Größe des Datensatzes	Land	Methode	Periode
81	Platt und Platt (1991)	182	USA	Logit	1972-1987
82	Lawrence und Arshadi (1995)	115****	USA	Logit	1978-1989
83	Back et al. (1996)	74	FIN	Logit/LDA/NN	1986-1989
84	Leker und Schewe (1998)	232	D	Logit/LDA/NN	1989-1994
85	Ooghe et al. (1991)	1.002	BE	Logit	1985-1990
86	Ooghe et al. (2001)	279.373	BE	Logit	1992-1998
87	Hayden (2002)	388.415	A/D	Logit	1987-1999
88	Lehmann (2003)	20.000	D	Logit	1999-2000
89	Grunert et al. (2005)	240	D	Logit	1992-1996
90	Kaiser und Szczesny (2003)	947	D	Logit/Probit	1992-1998
91	Hanweck (1977)	209	USA	Probit	1973-1976
92	Swanson und Tybout (1988)	555	RA	Probit	1979-1981
93	Zmijhewski (1984)	1.681	USA	Probit	1972-1978
94	Gloubos und Grammatikos (1988)	60	GR	Probit/Logit/LDA	1977-1981
95	Theodossiou und Papoulias (1988)	101	GR	Probit/Logit/LDA	1973-1983
96	Barr et al. (1994)	-	USA	Probit/Logit	1986-1989
97	Lane et al. (1986)	464	USA	SA/LDA/QDA	1979-1984
98	Luoma und Laitinen (1991)	72	FIN	SA/LDA/Logit	-
99	Whalen (1991)	ca. 20.000	USA	SA	1984-1990
100	Henebry (1996)	713	USA	SA	1984-1990

Nr.	Autor (Jahr der Veröff.)	Größe des Datensatzes	Land	Methode	Periode
101	Henebry (1997)	316	USA	SA	1984-1990
102	Shumway (1999)	3.182	USA	SA	1962-1992
103	Honjo (2000)	2.488	J	SA	1986-1994
104	Messier und Hansen (1988)	23	AUS	ES	-
105	Elmer und Borowski (1988)	über 200	USA	ES	1985-1987
106	Shaw und Gentry (1988)	58	USA	ES	1970-1981
107	Cronan et al. (1991)	750**	USA	ES	-
108	Baetge und Heitmann (2000)	8.763	D	ES	-
109	Coats und Fant (1991)	188	USA	NN/LDA	-
110	Erxleben et al. (1992)	672	D	NN/LDA	1973-1987
111	Tam und Kiang (1992)	236	USA	NN/LDA/Logit/ K-NN/ID3	1985-1987
112	Coats und Fant (1993)	284	USA	NN/LDA	1970-1989
113	Odom und Sharda (1993)	129	USA	NN/LDA	1975-1982
114	Raghupathi et al. (1993)	102	USA	NN	1980-1988
115	Rahimian et al. (1993)	129	USA	NN	1975-1982
116	Altman et al. (1994)	3.465	I	NN/LDA	1982-1992
117	Goss und Ramchandani (1995)	40	GR	NN/LDA/Logit	1976-1985
118	Wilson et al. (1995)	112	UK	NN/Logit	1972-1979
119	Serrano-Cinca (1997)	66	E	NN/LDA	1977-1985
120	Anders und Szczesny (1998)	300	D	NN/Logit	1989-1993

Nr.	Autor (Jahr der Veröff.)	Größe des Datensatzes	Land	Methode	Periode
121	Varetto (1998)	3.840	I	NN/LDA	1982-1995
122	Zurada et al. (1998)	345	USA	NN/Logit	1988-1989
123	Laitinen und Kankaanpää (1999)	76	FIN	NN/LDA/ Logit/SA/ID3	1986-1989
124	Zapranis und Ginoglou (2000)	40	GR	NN/LDA	1981-1985
125	Fritz und Hosemann (2000)	3.599	D	NN/LDA/GA/ K-NN/ID3	-
126	Neophytou et al. (2000)	102	UK	NN/Logit	1988-1997

5.3 Repräsentativitätstest für die Entwicklungsdaten der logistischen Regression

Tab. 5.2 Relative Häufigkeit der Branchen bei den insolventen Unternehmen der Entwicklungsgruppe für den 2-Jahres-Zeithorizont und im Gesamtdatensatz

	verarbeitendes Gewerbe	Baugewerbe	Handel	Sonstige
Entwicklungsgruppe	52,38 %	7,14 %	21,43 %	19,05 %
Gesamtdatensatz	48,41 %	10,32 %	19,84 %	21,43 %
Differenz	-3,97 %	3,17 %	-1,59 %	2,38 %

Tab. 5.3 Relative Häufigkeit der Branchen bei den solventen Unternehmen der Entwicklungsgruppe für den 2-Jahres-Zeithorizont und im Gesamtdatensatz

	verarbeitendes Gewerbe	Baugewerbe	Handel	Sonstige
Entwicklungsgruppe	52,38 %	7,14 %	21,43 %	19,05 %
Gesamtdatensatz	44,98 %	7,09 %	20,55 %	27,38 %
Differenz	-7,40 %	-0,06 %	-0,87 %	8,33 %

Tab. 5.4 Relative Häufigkeit der Branchen bei den insolventen Unternehmen der Entwicklungsgruppe für den 3-Jahres-Zeithorizont und im Gesamtdatensatz

	verarbeitendes Gewerbe	Baugewerbe	Handel	Sonstige
Entwicklungsgruppe	47,17 %	5,66 %	26,42 %	20,75 %
Gesamtdatensatz	50,91 %	7,27 %	21,82 %	20,00 %
Differenz	3,74 %	1,61 %	-4,60 %	-0,75 %

Tab. 5.5 Relative Häufigkeit der Branchen bei den solventen Unternehmen der Entwicklungsgruppe für den 3-Jahres-Zeithorizont und im Gesamtdatensatz

	verarbeitendes Gewerbe	Baugewerbe	Handel	Sonstige
Entwicklungsgruppe	49,06 %	5,66 %	26,42 %	18,87 %
Gesamtdatensatz	44,60 %	6,91 %	21,85 %	26,63 %
Differenz	-4,45 %	1,25 %	-4,57 %	7,77 %

Tab. 5.6 Relative Häufigkeit der Rechtsformen bei den insolventen Unternehmen der Entwicklungsgruppe für den 2-Jahres-Zeithorizont und im Gesamtdatensatz

	Kapitalgesellschaft	Nicht-Kapitalgesellschaft
Entwicklungsgruppe	89,29 %	10,71 %
Gesamtdatensatz	84,44 %	15,56 %
Differenz	4,84 %	-4,84 %

Tab. 5.7 Relative Häufigkeit der Rechtsformen bei den solventen Unternehmen der Entwicklungsgruppe für den 2-Jahres-Zeithorizont und im Gesamtdatensatz

	Kapitalgesellschaft	Nicht-Kapitalgesellschaft
Entwicklungsgruppe	91,67 %	8,33 %
Gesamtdatensatz	86,00 %	14,00 %
Differenz	5,66 %	-5,66 %

Tab. 5.8 Relative Häufigkeit der Rechtsformen bei den insolventen Unternehmen der Entwicklungsgruppe für den 3-Jahres-Zeithorizont und im Gesamtdatensatz

	Kapitalgesellschaft	Nicht-Kapitalgesellschaft
Entwicklungsgruppe	87,04 %	12,96 %
Gesamtdatensatz	87,39 %	12,61 %
Differenz	-0,35 %	0,35 %

Tab. 5.9 Relative Häufigkeit der Rechtsformen bei den solventen Unternehmen der Entwicklungsgruppe für den 3-Jahres-Zeithorizont und im Gesamtdatensatz

	Kapitalgesellschaft	Nicht-Kapitalgesellschaft
Entwicklungsgruppe	90,57 %	9,43 %
Gesamtdatensatz	84,95 %	15,05 %
Differenz	5,61 %	-5,61 %

Tab. 5.10 Relative Häufigkeit der Unternehmensgröße bei den insolventen Unternehmen der Entwicklungsgruppe für den 2-Jahres-Zeithorizont und im Gesamtdatensatz

	kleinst	klein	mittel
Entwicklungsgruppe	45,24 %	36,90 %	17,86 %
Gesamtdatensatz	50,00 %	33,33 %	16,67 %
Differenz	4,76 %	-3,57 %	-1,19 %

Tab. 5.11 Relative Häufigkeit der Unternehmensgröße bei den solventen Unternehmen der Entwicklungsgruppe für den 2-Jahres-Zeithorizont und im Gesamtdatensatz

	kleinst	klein	mittel
Entwicklungsgruppe	48,81 %	40,48 %	10,71 %
Gesamtdatensatz	45,25 %	38,38 %	16,37 %
Differenz	-3,56 %	-2,10 %	5,66 %

Tab. 5.12 Relative Häufigkeit der Unternehmensgröße bei den insolventen Unternehmen der Entwicklungsgruppe für den 3-Jahres-Zeithorizont und im Gesamtdatensatz

	kleinst	klein	mittel
Entwicklungsgruppe	37,74 %	41,51 %	20,75 %
Gesamtdatensatz	52,73 %	31,82 %	15,45 %
Differenz	14,99 %	-9,69 %	-5,30 %

Tab. 5.13 Relative Häufigkeit der Unternehmensgröße bei den solventen Unternehmen der Entwicklungsgruppe für den 3-Jahres-Zeithorizont und im Gesamtdatensatz

	kleinst	klein	mittel
Entwicklungsgruppe	41,51 %	41,51 %	16,98 %
Gesamtdatensatz	46,57 %	38,17 %	15,26 %
Differenz	5,06 %	-3,34 %	-1,72 %

5.4 Distribution der Kreditausfälle

5.4.1 *2-Jahres-Zeithorizont*

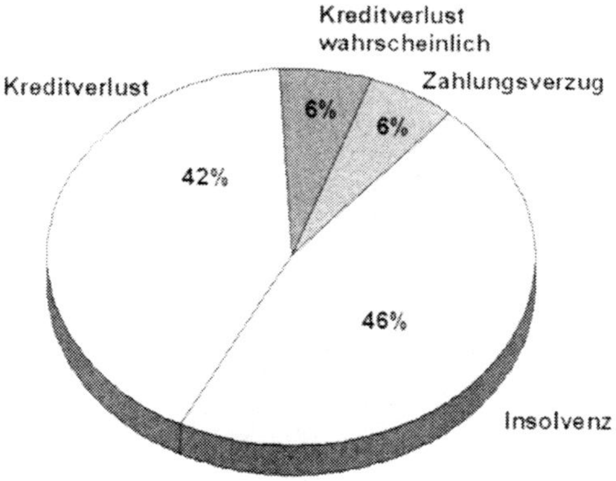

Abb. 5.1 Unternehmenausfälle in der Entwicklungsgruppe für den 2-Jahres-Zeithorizont nach der Insolvenzart

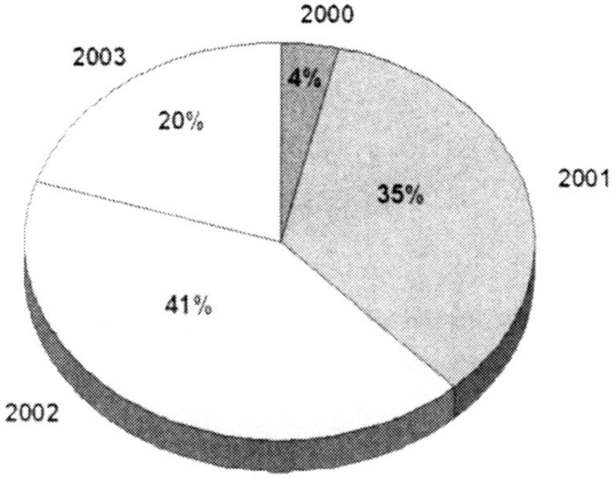

Abb. 5.2 Insolvenzjahr der Unternehmen in der Entwicklungsgruppe für den 2-Jahres-Zeithorizont

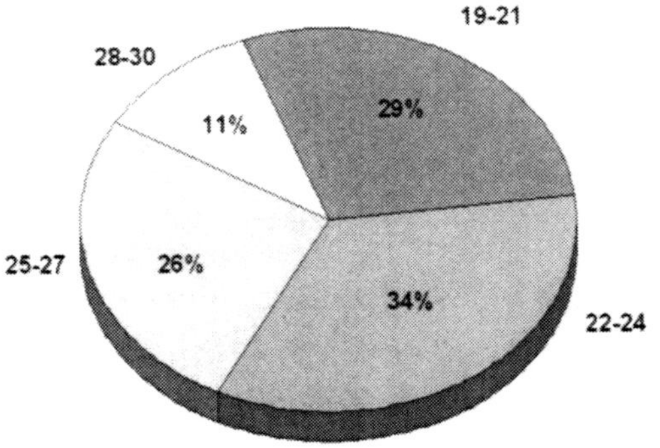

Abb. 5.3 Unternehmenausfälle in der Entwicklungsgruppe für den 2-Jahres-Zeithorizont nach Zeitraum zwischen letzten verwendeten Jahresabschluss und Zeitpunkt der Leistungsstörung

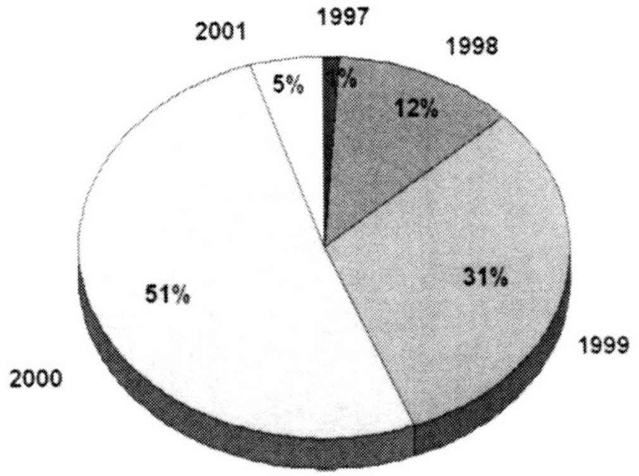

Abb. 5.4 Jahre des jeweils letzten untersuchten Jahresabschlusses der Entwicklungsgruppe für den 2-Jahres-Zeithorizont

5.4.2 *3-Jahres-Zeithorizont*

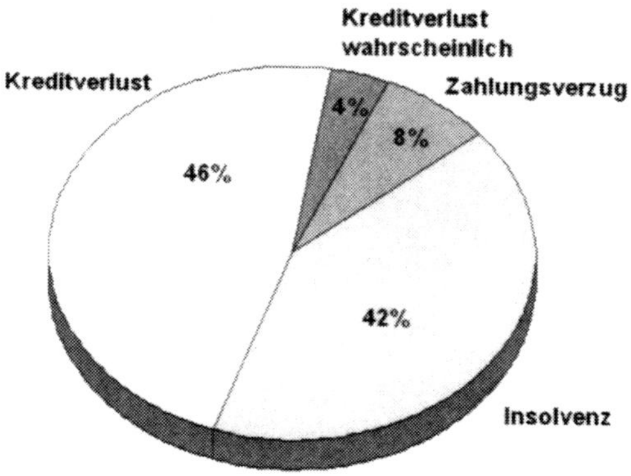

Abb. 5.5 Unternehmenausfälle in der Entwicklungsgruppe für den 3-Jahres-Zeithorizont nach der Insolvenzart

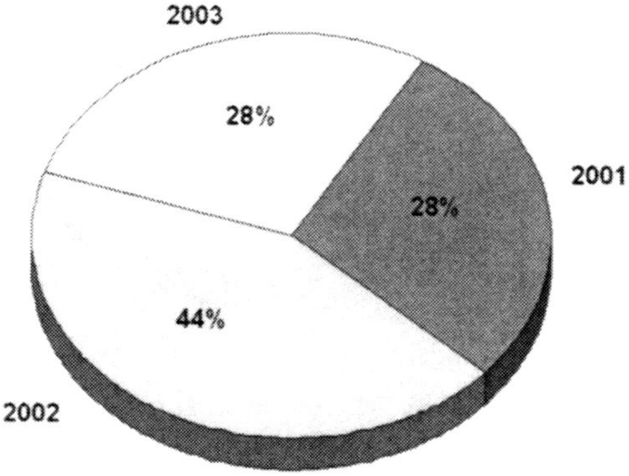

Abb. 5.6 Insolvenzjahr der Unternehmen in der Entwicklungsgruppe für den 3-Jahres-Zeithorizont

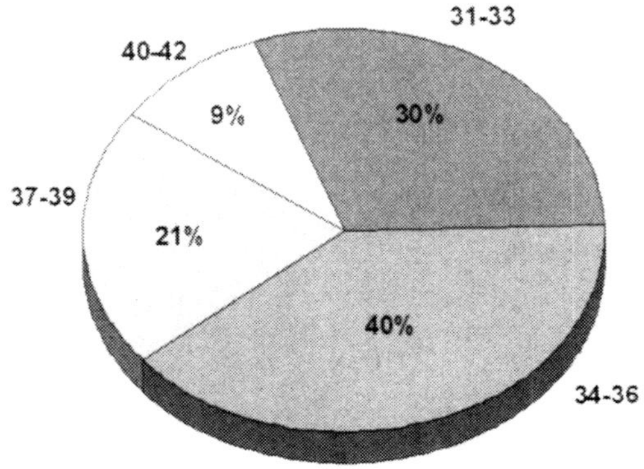

Abb. 5.7 Unternehmenausfälle in der Entwicklungsgruppe für den 3-Jahres-Zeithorizont nach Zeitraum zwischen letzten verwendeten Jahresabschluss und Zeitpunkt der Leistungsstörung

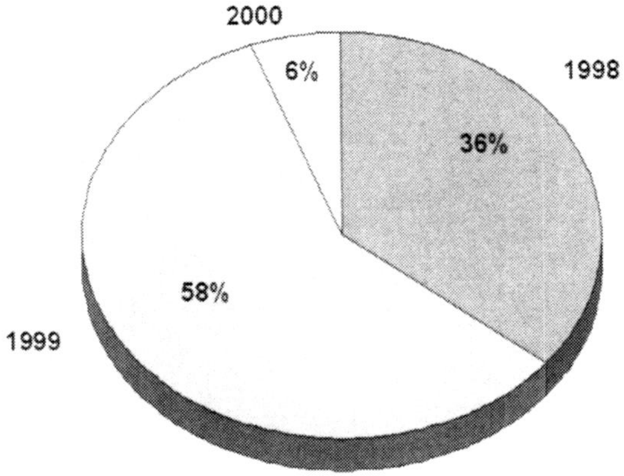

Abb. 5.8 Jahre des jeweils letzten untersuchten Jahresabschlusses der Entwicklungsgruppe für den 3-Jahres-Zeithorizont

5.5 Vergleich der Ausfälle der Entwicklungsgruppe mit allen solventen Firmen

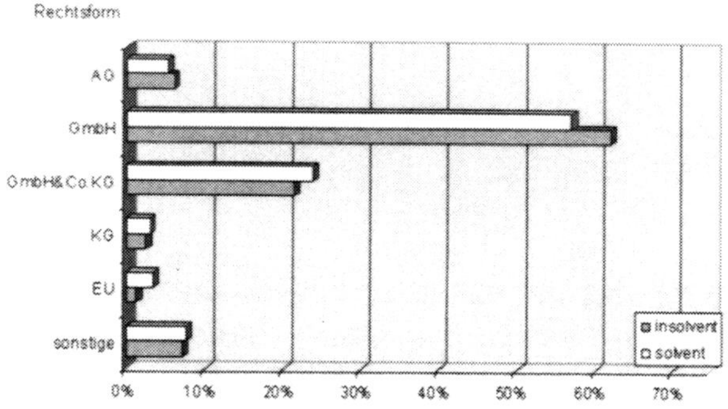

Abb. 5.9 Rechtsformvergleich zwischen den insolventen Unternehmen der Entwicklungsgruppe des 2-Jahres-Zeithorizonts und allen verfügbaren solventen Unternehmen

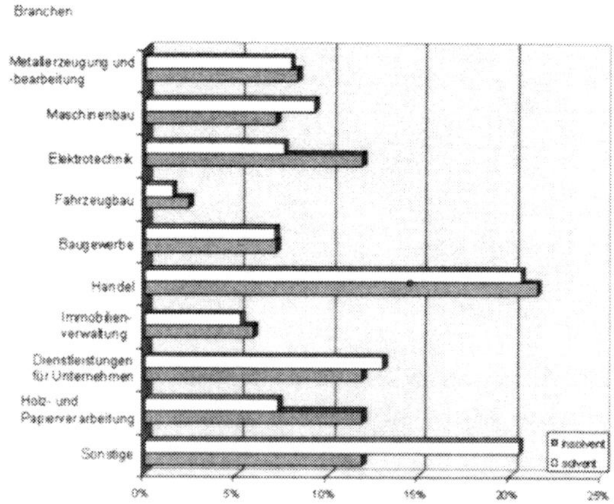

Abb. 5.10 Branchenvergleich zwischen den insolventen Unternehmen der Entwicklungsgruppe des 2-Jahres-Zeithorizonts und allen verfügbaren solventen Unternehmen

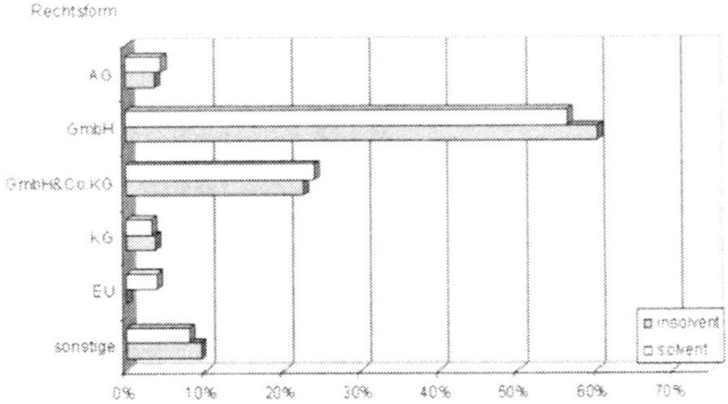

Abb. 5.11 Rechtsformvergleich zwischen den insolventen Unternehmen der Entwicklungsgruppe des 3-Jahres-Zeithorizonts und allen verfügbaren solventen Unternehmen

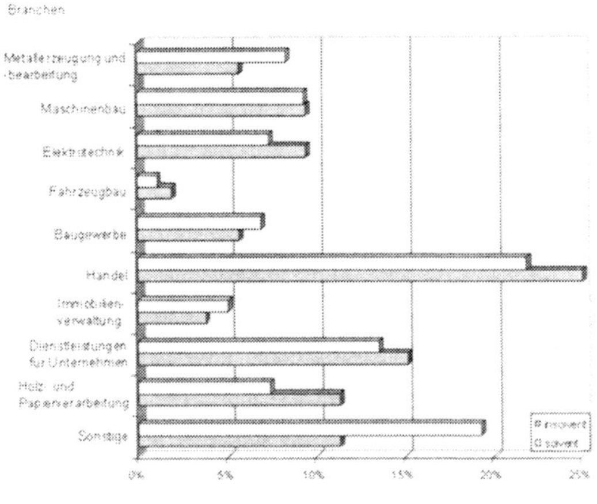

Abb. 5.12 Branchenvergleich zwischen den insolventen Unternehmen der Entwicklungsgruppe des 3-Jahres-Zeithorizonts und allen verfügbaren solventen Unternehmen

5.6 Bei der Kennzahlbildung verwendete Abkürzungen

Abkürzung	Beschreibung der Kennzahlen	Berechnung der Kennzahlen
ABG	Abgänge SAV und IVG	57
ABS	Abschreibungen auf SAV und IVG	58
ABSKUM	Kumulative Abschreibung auf SAV und IVG	Summe Position 58
AFA	Planmäßige Abschreibungen auf Sachanlagen	339
AFAF	Abschreibungen auf Finanzanlagen	334
AKZ	Akzepte	104
ANZa	Geleistete Anzahlungen auf Vorräte	34
ANZb	ANZa + Geleistete Anzahlungen und Anlagen im Bau	34+54
ANZc	ANZa + Geleistete Anzahlungen auf IVG	34+73
ANZd	ANZa + ANZb + ANZc	34+54+73
AOERTe	außerordentliche Erträge	347-341-342-345
APAFA	außerplanmäßige Abschreibung	348+349+350
AV	Anlagevermögen	80
BANK	Bankverbindlichkeiten	116
BAUFe	Betriebsaufwand	323+348+350+351+352
BERGe	Betriebs- und Finanzierungsergebnis	340+341+342+345-348-350-351-352
BETERG	Beteiligungsergebnis	337
BISU	Bilanzsumme	100
BISU Ia	BISU - ING - erhaltene Anzahlungen	100-91-127
BISU IIa	BISU - ING - Abgrenzung für latente Steuern - Disagio - IVG	100-91-92-93-70
BISU IIb	BISU - ING - Abgrenzung für latente Steuern - Disagio - IVG	100-91-92-93-71-72

Abkürzung	Beschreibung der Kennzahlen	Berechnung der Kennzahlen
BISU IIIa	BISU IIa + Indossamentsverbindlichkeiten + Leasing	100-91-92-93-70+792+793
BISU IIIb	BISU IIb + Indossamentsverbindlichkeiten + Leasing	100-91-92-93-71-72+792+793
CF Ie	externer Cash Flow I (= ertragswirtschaftlicher Cash Flow)	340-337-329+341+342+345-348-350-351-352+339
CF IeP	externer Cash Flow I (= ertragswirtschaftlicher Cash Flow + Zuführung zu Pensionsrückstellungen (P))	340-337-329+341+342+345-348-350-351-352+339+P
CF IIe	externer Cash Flow II (= finanzwirtschaftlicher Cash Flow)	340-329+341+342+345-348-350-351-352+339-301-302-353-357
CF IIeP	externer Cash Flow II (= finanzwirtschaftlicher Cash Flow + P)	340-329+341+342+345-348-350-351-352+339-301-302-353-357+P
EANZ	erhaltene Anzahlungen	127
FE	Fertige Erzeugnisse und Waren	33
FK	Fremdkapital	200-180 -170
FK Ia	Fremdkapital - EANZ	200-180 -170 -127
FLL	Forderungen aus Lieferungen und Leistungen gesamt	13
FLL1	Forderungen aus Lieferungen und Leistungen bis 1 Jahr	4
FLL2	Forderungen aus Lieferungen und Leistungen über 1 Jahr	21
FMa	Flüssige Mittel (a) (Schecks, Kassenbestand)	1
FMb	Flüssige Mittel (b)	1+3
FO	Forderungen	13+14+15

Abkürzung	Beschreibung der Kennzahlen	Berechnung der Kennzahlen
GB	Grundstücke und Bauten	51
GEVER	Gesamtverschuldung	101+103+104+105+106+107+121+123+124+125+126+127+151+153+154+156
GEVER I	Gesamtverschuldung - EANZ	101+103+104+105+106+107+121+123+124+125+126+151+153+154+156
GEWRL	Gewinnrücklage	186
GL	Gesamtleistung	303
GoF	Geschäfts- oder Firmenwert	72
HAFTV	Bürgschaften, Garantien	791
HEK	Haftendes Eigenkapital	180
HEK Ia	HEK - ING - Abgrenzung latente Steuern - Disagio - IVG + SOPO (a)	180-91-92-93-70+159+173
HEK Ib	HEK - ING - Abgrenzung latente Steuern - Disagio - IVG + SOPO (b)	180-91-92-93-71-72+159+173
IVGa	immat. Vermögensgegenstände (a)	70
IVGb	immat. Vermögensgegenstände (b)	71+72
ING	Aufwendungen für die Ingangsetzung und Erweiterung des Geschäftsbetriebs	91
INV	Nettoinvestitionen	56-57-58+67+68+69
JE	Jahresüberschuss/-fehlbetrag	358
KFa	kurzfristige Forderungen (a)	10
KFb	kurzfristige Forderungen (b)	4+5+6
KFK	kurzfristiges Fremdkapital	110
KFK Ia	kurzfristiges Fremdkapital - erhaltene Anzahlungen	110-127
KFK II	kurzfristige Verbindlichkeiten gegenüber Banken + kurzfristige Verbindlichkeiten aus Lieferungen und Leistungen + Akzepte + kurzfristige sonstige Verbindlichkeiten	101+103+104+107

Abkürzung	Beschreibung der Kennzahlen	Berechnung der Kennzahlen
LFa	langfristige Forderungen (a)	20
LFb	langfristige Forderungen (b)	21+22+23
LFK	langfristiges Fremdkapital (Verbindlichkeiten über 5 Jahre)	160
LS	Liquiditätssaldo	140
MAUF	Materialaufwand	304
MFK	mittelfristige Verbindlichkeiten (Summe Verbindlichkeiten 1-5 Jahre)	130
MUV	monetäres Umlaufvermögen	10-92-93
PERSA	Personalaufwand	311
PRST	Rückstellungen für Pensionen	157
RHB	Roh-, Hilfs- und Betriebsstoffe	31
ROHE	Rohertrag	307
RST	sonstige langfristige Rückstellungen	158
RSTG	Gesamte Rückstellungen	157-158
SA	Sonstige Aktiva	90
SAUFe	sonstige betriebliche Aufwendungen (ordentliche Aufwendungen)	315+348+350+351+352
SAV	Sachanlagevermögen	50
SOPO	Sonderposten mit Rücklageanteil	159+173
SST	sonstige Steuern	321
ST	Steuern vom Einkommen und Ertrag	357
TBERGe	Teil-Betriebsergebnis	324+341+342+345+348+350-351-352
U	Umsatz	300
UFE	Unfertige Erzeugnisse	32
UV	Umlaufvermögen	40
VB	Verbindlichkeiten	116+118+119+131+132
VLL	Verbindlichkeiten aus Lieferungen und Leistungen	118
VOR	Vorräte	30

Abkürzung	Beschreibung der Kennzahlen	Berechnung der Kennzahlen
WEKa	Wirtschaftliches Eigenkapital	181-182+185+186+188+ 173+171-172
WEKa I	WEKa + 0,5 Sonderposten mit Rücklagenanteil	181-182+185+186+188+ 173+171-172+159
WEKa IIa	WEKa - ING - RAP latente Steuern - RAP Disagio - IVG + SOPO	181-182+185+186+188+ 173+171-172+159-91-92-93-70
WEKa IIb	WEKa - ING - RAP latente Steuern - RAP Disagio - IVG + SOPO	181-182+185+186+188+ 173+171-172+159-91-92-93-71-72
WEKb	Wirtschaftliches Eigenkapital (Haftendes Eigenkapital + eigenkapitalähnliche Mittel)	170+180
WEKb I	WEKb + 0,5 Sonderposten mit Rücklagenanteil	170+180+159
WEKb IIa	WEKb - ING - RAP latente Steuern - RAP Disagio - IVG + SOPO	170+180+159-91-92-93-70
WEKb IIb	WEKb - ING - RAP latente Steuern - RAP Disagio - IVG + SOPO	170+180+159-91-92-93-71-72
ZAUFW	Zinsaufwendungen und ähnliche Aufwendungen	325
ZERG	Zinsergebnis	329
ZUG	Zugänge SAV und IVG	56

5.7 Bilanzierungschema, der von der BW-Bank zur Verfügung gestellten Daten

Nr.	Bilanzposition AKTIVA
1	Schecks, Kassenbestand
3	Wertpapiere des Umlaufvermögens
4	Forderungen aus Lieferungen und Leistungen bis 1 Jahr
5	Forderungen gegen verbundenen Unternehmen bis 1 Jahr
6	Forderungen gegen Unternehmen mit den Beteiligungsverhältnis besteht bis 1 Jahr
7	sonstige Vermögensgegenstände bis 1 Jahr
8	sonstige aktive Rechnungsabgrenzung
10	**Summe Forderungen bis 1 Jahr und liquide Mittel**
21	Forderungen aus Lieferungen und Leistungen über 1 Jahr
22	Forderungen gegen verbundene Unternehmen über 1 Jahr
23	Forderungen gegen Unternehmen mit den Beteiligungsverhältnis besteht über 1 Jahr
24	sonstige Vermögensgegenstände über 1 Jahr
20	**Summe Forderungen und Vermögensgegenstände über 1 Jahr**
13	Forderungen aus Lieferungen und Leistungen gesamt
16	sonstige Vermögensgegenstände gesamt
31	Roh-, Hilfs- und Betriebsstoffe
32	Unfertige Erzeugnisse
33	Fertige Erzeugnisse und Waren
34	Geleistete Anzahlungen auf Vorräte
35	Nicht abgerechnete Arbeiten
30	**Vorräte**
40	**Umlaufvermögen**
51	Grundstück und Bauten
52	Technische Anlagen, Maschinen
53	Andere Anlagen Betriebs- u. Geschäftsausstattung
54	Geleistete Anzahlungen und Anlagen im Bau
55	Besondere Sachanlagen
55	Erläuterung Besondere Sachanlagen Text
50	**Sachanlagen**
61	Anteile an verbundenen Unternehmen
62	Ausleihungen an verbundene Unternehmen
63	Beteiligungen
64	Ausleihungen an Unternehmen, mit denen Beteiligungsverhältnis besteht
65	Wertpapiere des Anlagevermögens
66	sonstige Ausleihungen
60	**Finanzanlage**
71	Konzessionen, Rechte, Lizenzen
72	Geschäfts- oder Firmenwert
73	Geleistete Anzahlungen auf Immaterielle Vermögensgegenstände
70	**Immaterielle Vermögensgegenstände**
80	**Anlagevermögen**
91	Aufwendungen für die Ingangsetzung und Erweiterung des Geschäftsbetriebs
92	Abgrenzung für latente Steuern
93	Disagio
90	**Sonstige Aktiva**
100	**Bilanzsumme**
56	Zugänge Sachanlagevermögen und immaterielle Vermögengegenstände
57	Abgänge Sachanlagevermögen und immaterielle Vermögengegenstände
58	Abschreibungen auf Sachanlagevermögen und immaterielle Vermögengegenstände
67	Zugänge Finanzanlagevermögen
68	Abgänge Finanzanlagevermögen
69	Abschreibungen auf Finanzanlagevermögen

PASSIVA

Nr.	Bilanzposition
101	Bankverbindlichkeiten bis 1 Jahr
103	Verbindlichkeiten aus Lieferungen und Leistungen bis 1 Jahr
104	Akzepte
105	Verbindlichkeiten gegenüber verbundenen Unternehmen bis 1 Jahr
106	Verbindlichkeiten gegenüber Unternehmen mit Beteiligungsverhältnis bis 1 Jahr
107	Sonstige Verbindlichkeiten bis 1 Jahr
111	Steuerrückstellungen
112	sonstige kurzfristige Rückstellungen
113	zur Ausschüttung vorgesehene Dividende (dann in Feld 189 als Entnahme)
114	Verbindlichkeiten nicht haftende Gesellschafter bis 1 Jahr
115	passive Rechnungsabgrenzung
127	erhaltene Anzahlungen
110	Summe Verbindlichkeiten bis 1 Jahr
121	Bankverbindlichkeiten 1 - 5 Jahre
123	Verbindlichkeiten aus Lieferungen und Leistungen über 1 Jahr
124	Verbindlichkeiten gegenüber verbundenen Unternehmen 1 - 5 Jahre
125	Verbindlichkeiten gegenüber Unternehmen mit Beteiligungsverhältnis 1 - 5 Jahre
126	Sonstige Verbindlichkeiten 1 - 5 Jahre
130	Summe Verbindlichkeiten 1-5 Jahre
140	Liquiditätssaldo
151	Bankverbindlichkeiten über 5 Jahre
153	Verbindlichkeiten gegenüber verbundenen Unternehmen über 5 Jahr
154	Verbindlichkeiten gegenüber Unternehmen mit Beteiligungsverhältnis über 5 Jahre
155	Sonstige Verbindlichkeiten über 5 Jahre
156	Anleihen
157	Rückstellungen für Pensionen
158	sonstige langfristige Rückstellungen
159	Sonderposten 50 %
160	Verbindlichkeiten über 5 Jahre
116	Bankverbindlichkeiten gesamt
118	Verbindlichkeiten aus Lieferungen und Leistungen gesamt
119	Verbindlichkeiten gegen verbundundenen Unternehmen gesamt
131	Verbindlichkeiten gegen Unternehmen mit Beteiligungsverhältnis gesamt
132	Sonstige Verbindlichkeiten gesamt
171	Darlehen nicht haftende Gesellschafter
172	Forderungen an nicht haftende Gesellschafter
173	Sonderposten 50 %
170	Eigenkapital ähnliche Mittel
181	Gezeichnetes Kapital
182	Ausstehende Einlagen
183	davon eingefordert
185	Kapitalrücklage
186	Gewinnrücklage
187	Gewinn-/Verlustvortrag
188	Bilanzgewinn/Verlust
189	Entnahmen
192	Einlagen
193	Darlehen haftende Gesellschafter
194	Forderungen an haftende Gesellschafter
195	Ausgleichsposten für Anteile im Fremdbesitz
196	Konsolidierungsausgleichsposten
180	Haftendes Eigenkapital
200	Bilanzsumme
791	Bürgschaften, Garantien
792	Indossamentverbindlichkeiten
793	Leasing
794	sonstige Verpflichtungen
795	nicht passivierte Pensionsverpflichtungen

Nr.	GuV-Position nach dem Gesamtkostenverfahren
300	Umsatz
301	Bestandsveränderungen
302	aktivierte Eigenleistungen
303	**Gesamtleistung**
304	Materialaufwand
305	Aufwendungen für Roh-, Hilfs- und Betriebsstoffe
306	Aufwendungen für bezogene Leistungen
307	**Rohertrag**
308	sonstige betriebliche (ordentliche) Erträge
309	sonstige besonderen (ordentliche) Erträge
309	Erläuterung sonstige besondere (ordentliche) Erträge Text
310	**Betriebsertrag**
311	Personalaufwand
312	Löhne und Gehälter
313	Soziale Abgaben
315	sonstige betriebliche Aufwendungen (ordentliche Aufwendungen)
321	sonstige Steuern
323	Betriebsaufwand
324	**Teilbetriebsergebnis**
325	Zinsaufwendungen und ähnliche Aufwendungen
327	Zinserträge und ähnliche Erträge
329	**Zinsergebnis**
330	Erträge aus Beteiligungen
332	Erträge aus Wertpapieren und Ausleihungen
334	Abschreibungen auf Finanzanlagen
335	Ertäge aus Gewinnübernahmen
336	Aufwendungen aus Verlustübernahme
337	**Beteiligungsergebnis**
339	planmäßige Abschreibungen auf Sachanlagen
340	Betriebs- und Finanzierungsergebnis
341	Erträge aus Auflösung von Rückstellungen, Wertberichtigungen
342	Erträge aus Anlagenabgang
343	Zuschreibungen
344	Erträge aus der Auflösung von Sonderposten
345	sonstige aperiodische Erträge
346	außerordentliche Erträge
347	**außerordentliche Erträge**
348	Abschreibungen auf Umlaufvermögen
349	Sonderabschreibungen auf das Anlagevermögen
350	Verlust aus Anlagenabgang
351	Einstellung in Sonderposten mit Rücklagenanteil
352	sonstiger aperiodischer Aufwand
353	außerordentliche Aufwendungen
354	**außerordentliche Aufwendungen**
355	**außerordentliches Ergebnis**
356	**Einkommen und Ertrag**
357	Steuern vom Einkommen und Ertrag
358	**Jahresüberschuss/-fehlbetrag**
370	sonstige betriebliche Erträge - gemäß GVR -
371	sonstige betriebliche Aufwendungen - gemäß GVR -

5.8 Mittelwertvergleich für die Variablen der Logit-Modelle

Tab. 5.8 1-Jahres-Zeithorizont-Mittelwertvergleich für Variablen des Logit-Modells

	Entwicklungsgruppe			Daten ohne Kontrollgruppe		
Kennzahl	$\hat{t}$	FG	α	$\hat{t}$	FG	α
v28*[1]	6,346	146,992	0,000	1,162	1881	0,123
				(11,771)	(115,571)	(0,000)
v164diy	-5,876	155,221	0,000	-4,236	154,565	0,000
v230di	2,121	146,278	0,018	1,637	64,129	0,053
v236di*	-0,067	96,1677	0,473	-1,580	71,316	0,059
	(-3,241)	(119,869)	(0,001)			

Tab. 5.9 2-Jahres-Zeithorizont-Mittelwertvergleich für Variablen des Logit-Modells

	Entwicklungsgruppe			Daten ohne Kontrollgruppe		
Kennzahl	$\hat{t}$	FG	α	$\hat{t}$	FG	α
v228	4,763	137,762	0,000	7,696	217,569	0,000
w24diy*	3,8842	164,089	0,000	1,067	494,314	0,143
				(3,985)	(84,151)	(0,000)
v81diy	-3,622	155,569	0,000	-6,217	88,049	0,000

Tab. 5.10 3-Jahres-Zeithorizont-Mittelwertvergleich für Variablen des Logit-Modells

	Entwicklungsgruppe			Daten ohne Kontrollgruppe		
Kennzahl	$\hat{t}$	FG	α	$\hat{t}$	FG	α
v81	-4,683	85,527	0,000	-5.136	68,265	0,000
v47di	2.430	53,4132	0,009	5,176	183,982	0,000
v176*	3,3340	103,621	0,001	1,154	75,014	0,126
				(2,585)	(68,417)	(0.006)

[1] Kennzahlen, bei denen es auf Grund potentieller Ausreißern zu Verzerrungen kommt sind mit einem * gekennzeichnet und die bereinigten Ergebnisse in Klammern aufgeführt.

5.9 Ergebnisse der Median-Tests für die Variablen der Logit-Modelle

Tab. 5.11 Medianvergleich für Variablen des 1-Jahres-Logit-Modells

	Entwicklungsgruppe		Daten ohne Kontrollgruppe	
Kennzahl	$\hat{\chi}^2$	α	$\hat{\chi}^2$	α
v28	32,400	0,000	39,388	0,000
v164diy	19,600	0,000	27,576	0,000
v230di	25,600	0,000	30,332	0,000
v236di	4,900	0,027	8,678	0,003

Tab. 5.12 Medianvergleich für Variablen des 2-Jahres-Logit-Modells

	Entwicklungsgruppe		Daten ohne Kontrollgruppe	
Kennzahl	$\hat{\chi}^2$	α	$\hat{\chi}^2$	α
v228	21,429	0,000	32,807	0,000
w24diy	16,095	0,000	8,514	0,004
v81diy	11.524	0,001	23,127	0,000

Tab. 5.13 Medianvergleich für Variablen des 3-Jahres-Logit-Modells

	Entwicklungsgruppe		Daten ohne Kontrollgruppe	
Kennzahl	$\hat{\chi}^2$	α	$\hat{\chi}^2$	α
v81	10,906	0,001	16,431	0,000
v47di	13,623	0,000	16.350	0,000
v176	8,490	0,004	6,132	0,013

5.10 Korrelation der unabhängigen Variablen der Logit-Modelle

Tab. 5.14 Korrelation der Variablen des 1-Jahres-Logit-Modells

	v28	v164diy	v230di	v236di
v28	1,000			
v164diy	0,009	1,000		
v230di	0,089	0,004	1,000	
v236di	0,016	0,022	0,025	1,000

Tab. 5.15 Korrelation der Variablen des 2-Jahres-Logit-Modells

	v228	w24diy	v81diy
v228	1,000		
w24diy	0,009	1,000	
v81diy	-0,081	0,025	1,000

Tab. 5.16 Korrelation der Variablen des 3-Jahres-Logit-Modells

	v81	v47di	v176
v81	1,000		
v47di	-0,002	1,000	
v176	0,0354	0,027	1,000

5.11 Ergebnisse der Akaike-Informationskriterien für die Logit-Modelle

Tab. 5.17 Ergebnis des Akaike-Informationskriteriums für das Modell mit 1-Jahres-Zeithorizont

	$-2\ln f(z\|\hat{\Theta})$	2l	AIC
Null Modell	221,81	1	223,81
v28	170,35	2	174,35
v164diy	150,34	3	156,34
v230di	141,11	4	149,11
v236di	134,81	5	144,81

Tab. 5.18 Ergebnis des Akaike-Informationskriteriums für das Modell mit 2-Jahres-Zeithorizont

	$-2\ln f(z\|\hat{\Theta})$	2l	AIC
Null Modell	232,90	1	234,90
v228	187,76	2	191,76
w24diy	179,63	3	185,63
v81diy	176,33	4	184,33

Tab. 5.19 Ergebnis des Akaike-Informationskriteriums für das Modell mit 3-Jahres-Zeithorizont

	$-2\ln f(z\|\hat{\Theta})$	2l	AIC
Null Modell	146,95	1	148,95
v81	126,86	2	130,86
v47di	121,40	3	127,40
v176	118,09	4	126,09

5.12 Grafiken zur Überprüfung der Linearitätsannahme

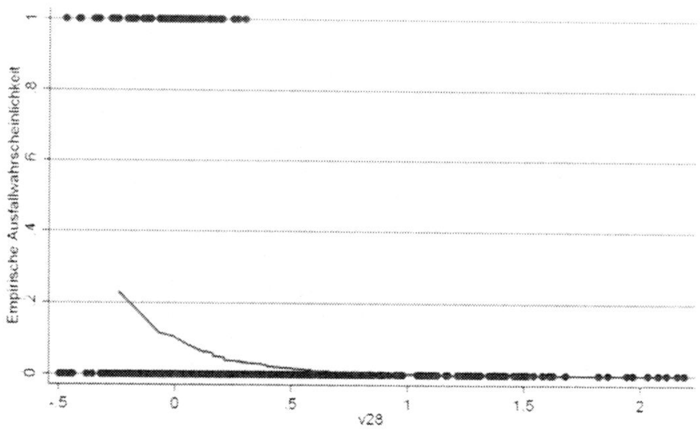

Abb. 5.10 Überprüfung der Linearität der Variablen v28 für den 1-Jahres-Zeithorizont

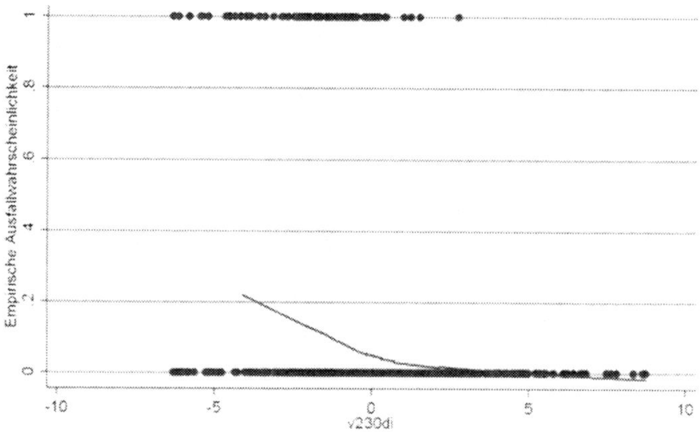

Abb. 5.11 Überprüfung der Linearität der Variablen v230di für den 1-Jahres-Zeithorizont

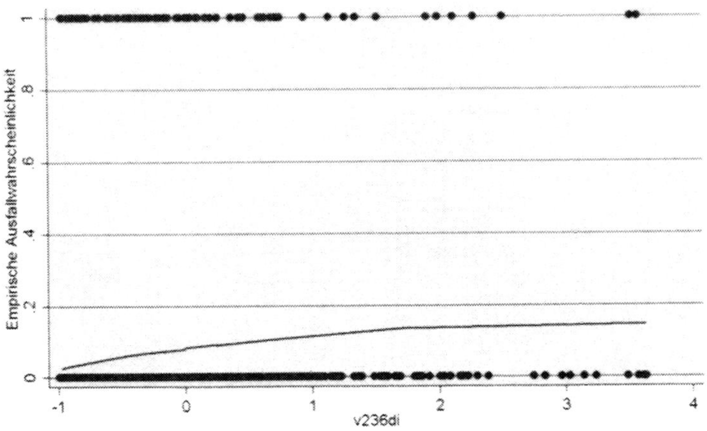

Abb. 5.12 Überprüfung der Linearität der Variablen v236di für den 1-Jahres-Zeithorizont

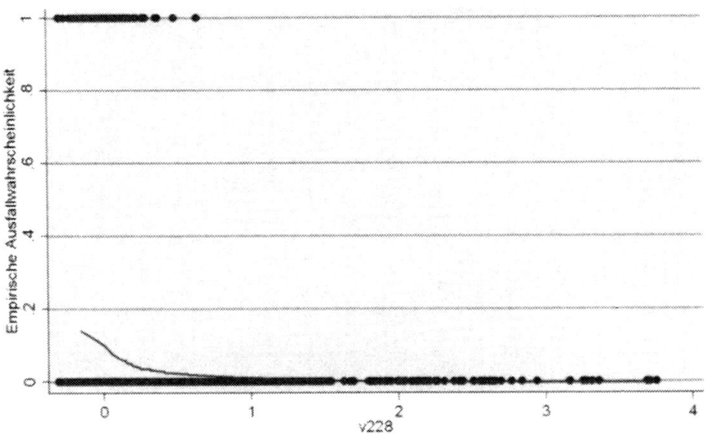

Abb. 5.13 Überprüfung der Linearität der Variablen v228 für den 2-Jahres-Zeithorizont

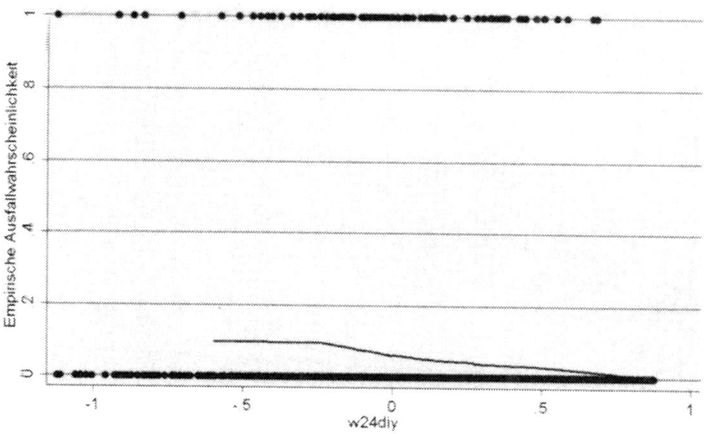

Abb. 5.14 Überprüfung der Linearität der Variablen w24diy für den 2-Jahres-Zeithorizont

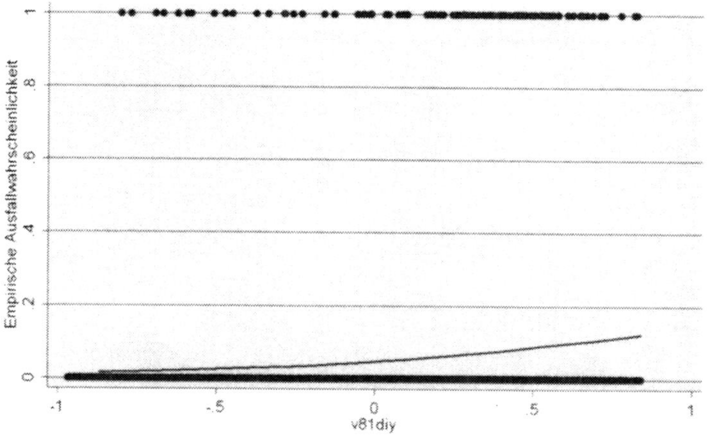

Abb. 5.15 Überprüfung der Linearität der Variablen v81diy für den 2-Jahres-Zeithorizont

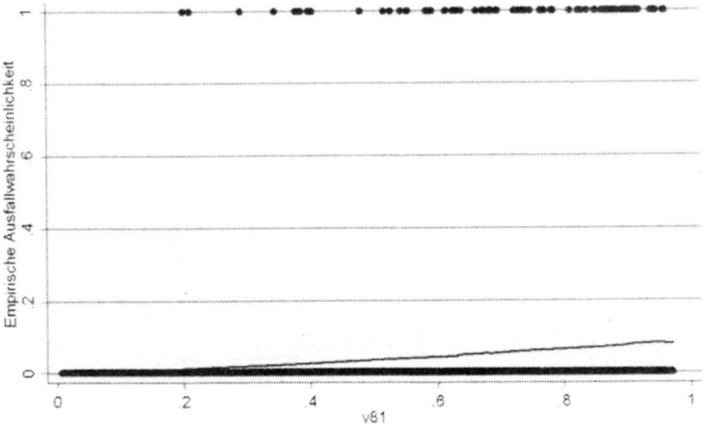

Abb. 5.16 Überprüfung der Linearität der Variablen v81 für den 3-Jahres-Zeithorizont

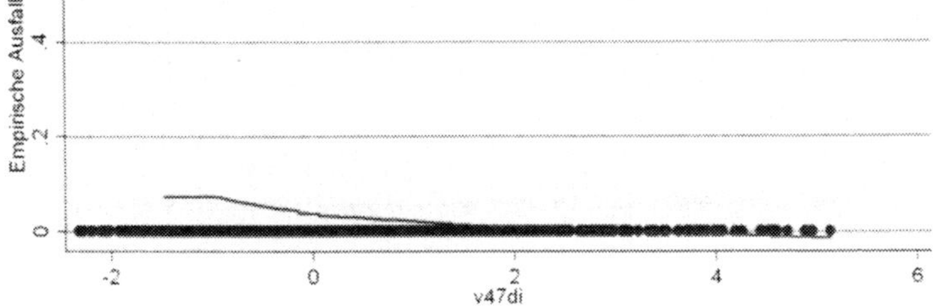

Abb. 5.17 Überprüfung der Linearität der Variablen v47di für den 3-Jahres-Zeithorizont

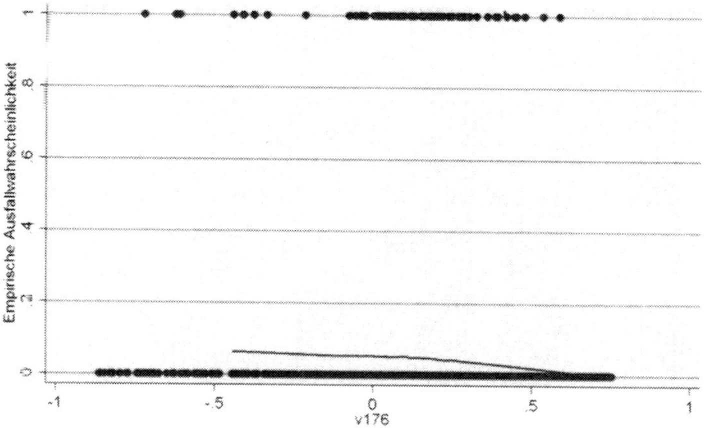

Abb. 5.18 Überprüfung der Linearität der Variablen v176 für den 3-Jahres-Zeithorizont

5.13 Abbildungen zur Identifikation einflussreicher Fälle

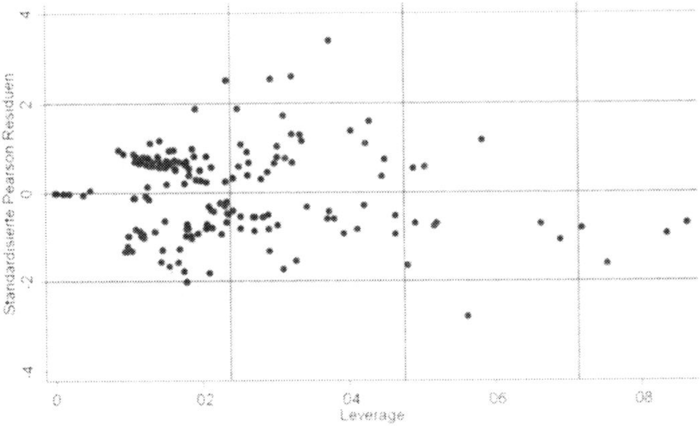

Abb. 5.19 Grafik zur Identifikation einflussreicher Fälle für das Modelle mit dem 2-Jahres-Zeithorizont

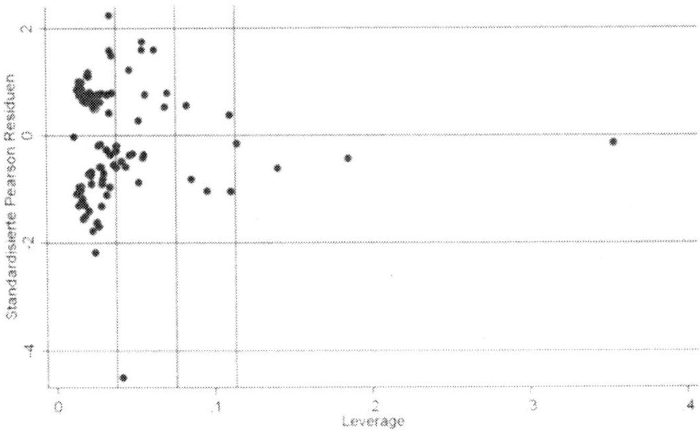

Abb. 5.20 Grafik zur Identifikation einflussreicher Fälle für das für das Modelle mit dem 3-Jahres-Zeithorizont

5.14 Odds-Ratios der Variablen

Tab. 5.20 Odds-Ratios der Variablen des 2-Jahres Modells

Kennzahl	Odds-Ratio	Standardabweichung	95 % Konfidenzintervall	
v228	$6,83 * 10^{-3}$	$8,25 * 10^{-3}$	$6,398 * 10^{-4}$	$7,30 * 10^{-2}$
w24diy	0,26	0,14	0,09	0,75
v81diy	2,07	0,84	0,93	4,60

Tab. 5.21 Odds-Ratios der Variablen des 3-Jahres Modells

Kennzahl	Odds-Ratio	Standardabweichung	95 % Konfidenzintervall	
v81	24,04	24,16	3,35	172,40
v47di	0,81	0,15	0,56	1,16
v176	0,13	0,15	0,01	1,32

5.15 Testergebnisse für die Modelle ohne modifizierte Variablen

Tab. 5.22 1-Jahres-Zeithorizont-Mittelwertvergleich für Variablen des Logit-Modells ohne modifizierte Kennzahlen

	Entwicklungsgruppe			Daten ohne Kontrollgruppe		
Kennzahl	$\hat{t}$	FG	α	$\hat{t}$	FG	α
v28*[2]	6,346	146,992	0,000	1,162	1881	0,123
				(11,771)	(115,571)	(0,000)
v164*	-5,611	157,895	0,000	-1,050	559,916	0,147
				(-4.387)	(84,971)	(0,000)
v61*	1,011	90,330	0,157	7,112	118,965	0,000
	(6,344)	(155,468)	(0,000)			

Tab. 5.23 2-Jahres-Zeithorizont-Mittelwertvergleich für Variablen des Logit-Modells ohne modifizierte Kennzahlen

	Entwicklungsgruppe			Daten ohne Kontrollgruppe		
Kennzahl	$\hat{t}$	FG	α	$\hat{t}$	FG	α
v228	4,763	137,762	0,000	7,696	217,569	0,000
v116	3,550	117,022	0,000	1,069	742,451	0,142
				(2,111)	(95.028)	(0,019)

Tab. 5.24 3-Jahres-Zeithorizont-Mittelwertvergleich für Variablen des Logit-Modells ohne modifizierte Kennzahlen

	Entwicklungsgruppe			Daten ohne Kontrollgruppe		
Kennzahl	$\hat{t}$	FG	α	$\hat{t}$	FG	α
v81	-4,683	85,527	0,000	-5.136	68,265	0,000
v176*	3,3340	103,621	0,001	1,154	75,014	0,126
				(2,585)	(68,417)	(0.006)

[2] Kennzahlen, bei denen es auf Grund potentieller Ausreißern zu Verzerrungen kommt sind mit einem * gekennzeichnet und die bereinigten Ergebnisse in Klammern aufgeführt.

Tab. 5.25 Medianvergleich für Variablen des 1-Jahres-Logit-Modells ohne modifizierte Kennzahlen

Kennzahl	Entwicklungsgruppe		Daten ohne Kontrollgruppe	
	$\hat{\chi}^2$	α	$\hat{\chi}^2$	α
v28	32,400	0,000	39,388	0,000
v164	19,600	0,000	23,246	0,000
v231	32,400	0,000	47,427	0,000

Tab. 5.26 Medianvergleich für Variablen des 2-Jahres-Logit-Modells ohne modifizierte Kennzahlen

Kennzahl	Entwicklungsgruppe		Daten ohne Kontrollgruppe	
	$\hat{\chi}^2$	α	$\hat{\chi}^2$	α
v228	21,429	0,000	32,807	0,000
v116	30,857	0,000	18,687	0,000

Tab. 5.27 Medianvergleich für Variablen des 3-Jahres-Logit-Modells ohne modifizierte Kennzahlen

Kennzahl	Entwicklungsgruppe		Daten ohne Kontrollgruppe	
	$\hat{\chi}^2$	α	$\hat{\chi}^2$	α
v81	10,906	0,001	16,431	0,000
v176	8,490	0,004	6,132	0,013

Tab. 5.28 Korrelation der Variablen des 1-Jahres-Logit-Modells ohne modifizierte Kennzahlen

	v28	v164	v61
v28	1,000		
v164	-0,007	1,000	
v61	0,041	-0,020	1,000

Tab. 5.29 Korrelation der Variablen des 2-Jahres-Logit-Modells ohne modifizierte Kennzahlen

	v228	v118
v228	1,000	
v116	0,004	1,000

Tab. 5.30 Korrelation der Variablen des 3-Jahres-Logit-Modells ohne modifizierte Kennzahlen

	v81	v176
v81	1,000	
v176	0,035	1,000

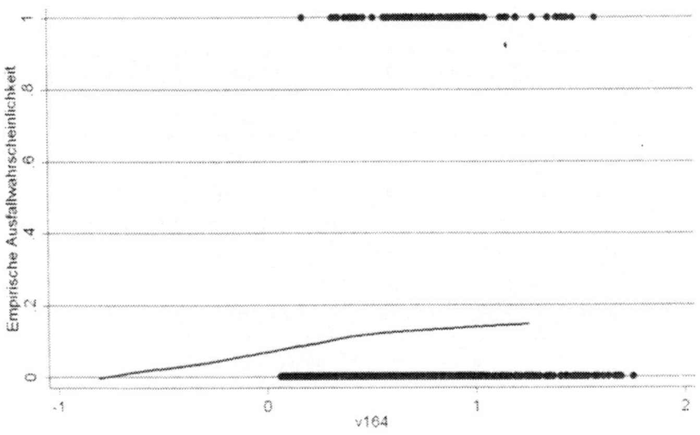

Abb. 5.21 Überprüfung der Linearität der Variablen v164 für den 1-Jahres-Zeithorizont ohne modifiziert Kennzahlen

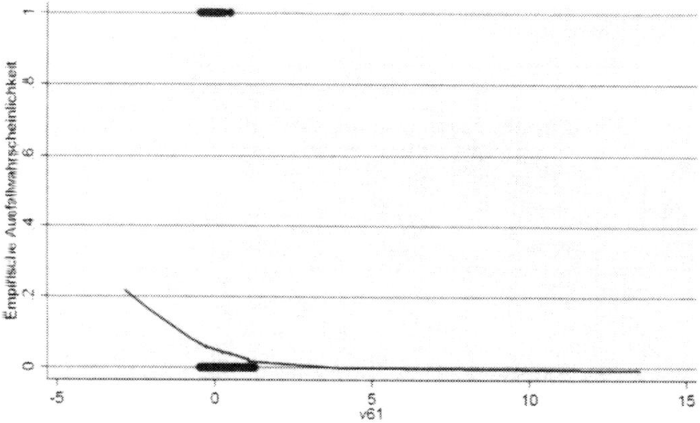

Abb. 5.22 Überprüfung der Linearität der Variablen v61 für den 1-Jahres-Zeithorizont ohne modifiziert Kennzahlen

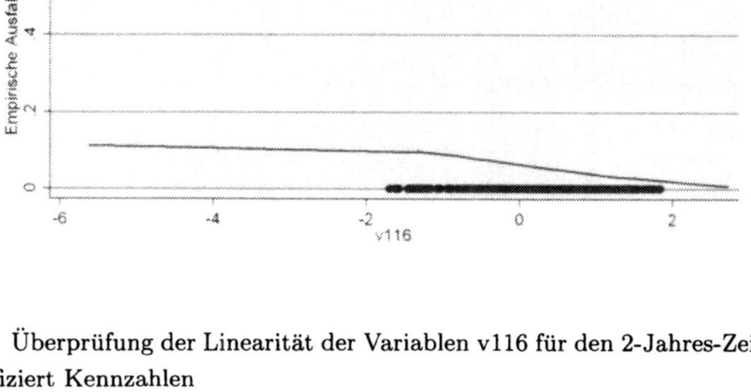

Abb. 5.23 Überprüfung der Linearität der Variablen v116 für den 2-Jahres-Zeithorizont ohne modifiziert Kennzahlen

Tab. 5.31 Wald-Test-Statistiken für die Kennzahlen des 1-Jahres-Zeithorizont-Modells ohne modifizierte Kennzahlen

	Koeffizient	Standard-abweichung	Wald	Irrtums-Wahrscheinlichkeit
v28	-8,06	1,78	20,55	0 %
v164	2,62	0,75	12,18	0,05 %
v61	-0,74	0,58	6,35	1,18 %

Tab. 5.32 Wald-Test-Statistiken für die Kennzahlen des 2-Jahres-Zeithorizont-Modells ohne modifizierte Kennzahlen

	Koeffizient	Standard-abweichung	Wald	Irrtums-Wahrscheinlichkeit
v228	-4,38	1,18	13,82	0,02 %
v116	-1,35	0,64	4,49	3,41 %

Tab. 5.33 Wald-Test-Statistiken für die Kennzahlen des 3-Jahres-Zeithorizont-Modells ohne modifizierte Kennzahlen

	Koeffizient	Standard-abweichung	Wald	Irrtums-Wahrscheinlichkeit
v81	3,23	0,97	11,11	0,09 %
v176	-2,17	1,12	3,75	5,27 %

5.16 Klassifizierung der Out-of-sample-Firmen in Ratingklassen

Tab. 5.34 Klassifikation der Out-of-time-Daten in die einzelnen Ratingklassen nach den Vorgaben von Basel II für das 2-Jahres-Modell

Rating-	solvente Firmen		insolvente Firmen	
Klasse	absolut	relativ	absolut	relativ
1	215	23,19 %	0	0 %
2	96	10,36 %	0	0 %
3	127	13,70 %	1	6,25 %
4	126	13,59 %	3	18,75 %
5	153	16,50 %	3	18,75 %
6	114	12,30 %	2	12,50 %
7	56	6,04 %	3	18,75 %
8	40	4,31 %	4	25,00 %
gesamt	927	100 %	16	100 %

Tab. 5.35 Klassifikation der Out-of-sample-Daten in die einzelnen Ratingklassen nach den Vorgaben von Basel II für das 2-Jahres-Modell

Rating-	solvente Firmen		insolvente Firmen	
klasse	absolut	relativ	absolut	relativ
1	69	17,65 %	0	0 %
2	37	9,46 %	0	0 %
3	27	6,91 %	1	6,67 %
4	58	14,83 %	1	6,67 %
5	78	19,95 %	1	6,67 %
6	78	19,95 %	7	46,67 %
7	25	6,39 %	3	20,00 %
8	19	4,86 %	2	13,33 %
gesamt	391	100 %	15	100 %

Tab. 5.36 Klassifikation der Out-of-time-Daten in die einzelnen Ratingklassen nach den Vorgaben von Basel II für das 3-Jahres-Modell

Rating-	solvente Firmen		insolvente Firmen	
klasse	absolut	relativ	absolut	relativ
1	102	11,09 %	0	0 %
2	145	15,76 %	0	0 %
3	130	14,13 %	1	5,88 %
4	148	16,09 %	2	11,76 %
5	154	16,74 %	4	23,53 %
6	140	15,22 %	5	29,41 %
7	67	7,28 %	3	17,65 %
8	34	3,70 %	2	11,76 %
gesamt	920	100 %	17	100 %

Tab. 5.37 Klassifikation der Out-of-sample-Daten in die einzelnen Ratingklassen nach den Vorgaben von Basel II für das 3-Jahres-Modell

Rating-	solvente Firmen		insolvente Firmen	
klasse	absolut	relativ	absolut	relativ
1	43	12,80 %	0	0 %
2	55	16,37 %	1	4,17 %
3	44	13,10 %	3	12,50 %
4	40	11,90 %	1	4,17 %
5	54	16,07 %	7	29,17 %
6	53	15,77 %	4	16,67 %
7	35	10,42 %	8	33,33 %
8	12	3,57 %	0	0 %
gesamt	336	100 %	24	100 %

5.17 Repräsentativitätstest für die Entwicklungsdaten der Cox-Modelle

Tab. 5.44 Relative Häufigkeit der Branchen bei den insolventen Unternehmen der Entwicklungsgruppe für den 2-Jahres-Zeithorizont und im Gesamtdatensatz

	verarbeitendes Gewerbe	Baugewerbe	Handel	Sonstige
Entwicklungsgruppe	53,03 %	4,55 %	19,70 %	22,73 %
Gesamtdatensatz	45,54 %	9,90 %	18,81 %	25,74 %
Differenz	-7,49 %	5,36 %	-0,89 %	3,02 %

Tab. 5.45 Relative Häufigkeit der Branchen bei den solventen Unternehmen der Entwicklungsgruppe für den 2-Jahres-Zeithorizont und im Gesamtdatensatz

	verarbeitendes Gewerbe	Baugewerbe	Handel	Sonstige
Entwicklungsgruppe	53,03 %	4,55 %	19,70 %	22,73 %
Gesamtdatensatz	42,15 %	8,78 %	24,16 %	24,92 %
Differenz	-10,89 %	4,23 %	4,46 %	2,19 %

Tab. 5.46 Relative Häufigkeit der Branchen bei den insolventen Unternehmen der Entwicklungsgruppe für den 3-Jahres-Zeithorizont und im Gesamtdatensatz

	verarbeitendes Gewerbe	Baugewerbe	Handel	Sonstige
Entwicklungsgruppe	43,90 %	4,88 %	31,71 %	19,51 %
Gesamtdatensatz	50,00 %	5,81 %	23,26 %	20,93 %
Differenz	6,10 %	0,94 %	-8,45 %	1,42 %

Tab. 5.47 Relative Häufigkeit der Branchen bei den solventen Unternehmen der Entwicklungsgruppe für den 3-Jahres-Zeithorizont und im Gesamtdatensatz

	verarbeitendes Gewerbe	Baugewerbe	Handel	Sonstige
Entwicklungsgruppe	43,90 %	4,88 %	31,71 %	19,51 %
Gesamtdatensatz	42,52 %	5,94 %	27,32 %	24,23 %
Differenz	-1,38 %	1,06 %	-4,39 %	4,72 %

Tab. 5.48 Relative Häufigkeit der Rechtsformen bei den insolventen Unternehmen der Entwicklungsgruppe für den 2-Jahres-Zeithorizont und im Gesamtdatensatz

	Kapitalgesellschaft	Nicht-Kapitalgesellschaft
Entwicklungsgruppe	89,39 %	10,61 %
Gesamtdatensatz	90,10 %	9,90 %
Differenz	0,71 %	-0,71 %

Tab. 5.49 Relative Häufigkeit der Rechtsformen bei den solventen Unternehmen der Entwicklungsgruppe für den 2-Jahres-Zeithorizont und im Gesamtdatensatz

	Kapitalgesellschaft	Nicht-Kapitalgesellschaft
Entwicklungsgruppe	87,88 %	12,12 %
Gesamtdatensatz	85,70 %	14,30 %
Differenz	-2,18 %	2,18 %

Tab. 5.50 Relative Häufigkeit der Rechtsformen bei den insolventen Unternehmen der Entwicklungsgruppe für den 3-Jahres-Zeithorizont und im Gesamtdatensatz

	Kapitalgesellschaft	Nicht-Kapitalgesellschaft
Entwicklungsgruppe	82,93 %	17,07 %
Gesamtdatensatz	83,72 %	16,28 %
Differenz	0,79 %	-0,79 %

Tab. 5.51 Relative Häufigkeit der Rechtsformen bei den solventen Unternehmen der Entwicklungsgruppe für den 3-Jahres-Zeithorizont und im Gesamtdatensatz

	Kapitalgesellschaft	Nicht-Kapitalgesellschaft
Entwicklungsgruppe	82,93 %	17,07 %
Gesamtdatensatz	78,74 %	21,26 %
Differenz	-4,19 %	4,19 %

Tab. 5.52 Relative Häufigkeit der Unternehmensgröße bei den insolventen Unternehmen der Entwicklungsgruppe für den 2-Jahres-Zeithorizont und im Gesamtdatensatz

	kleinst	klein	mittel
Entwicklungsgruppe	46,97 %	36,36 %	16,67 %
Gesamtdatensatz	53,47 %	31,68 %	14,85 %
Differenz	6,50 %	-4,68 %	-1,82 %

Tab. 5.53 Relative Häufigkeit der Unternehmensgröße bei den solventen Unternehmen der Entwicklungsgruppe für den 2-Jahres-Zeithorizont und im Gesamtdatensatz

	kleinst	klein	mittel
Entwicklungsgruppe	60,61 %	30,30 %	9,09 %
Gesamtdatensatz	50,05 %	34,34 %	15,60 %
Differenz	-10,55 %	4,04 %	6,51 %

Tab. 5.54 Relative Häufigkeit der Unternehmensgröße bei den insolventen Unternehmen der Entwicklungsgruppe für den 3-Jahres-Zeithorizont und im Gesamtdatensatz

	kleinst	klein	mittel
Entwicklungsgruppe	36,59 %	41,46 %	21,95 %
Gesamtdatensatz	51,16 %	31,40 %	17,44 %
Differenz	14,58 %	-10,07 %	-4,51 %

Tab. 5.55 Relative Häufigkeit der Unternehmensgröße bei den solventen Unternehmen der Entwicklungsgruppe für den 3-Jahres-Zeithorizont und im Gesamtdatensatz

	kleinst	klein	mittel
Entwicklungsgruppe	46,34 %	29,27 %	24,39 %
Gesamtdatensatz	52,85 %	34,32 %	12,83 %
Differenz	6,51 %	5,05 %	-11,56 %

5.18 Überprüfung der Proportional-Hazard-Annahme der Cox-Modelle

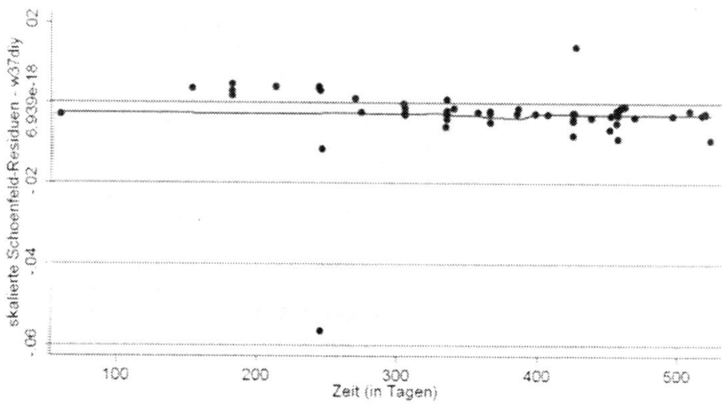

Abb. 5.24 Grafische Überprüfung der Proportional-Hazard-Annahme für die Variable w37diy des 1-Jahres-Zeithorizonts

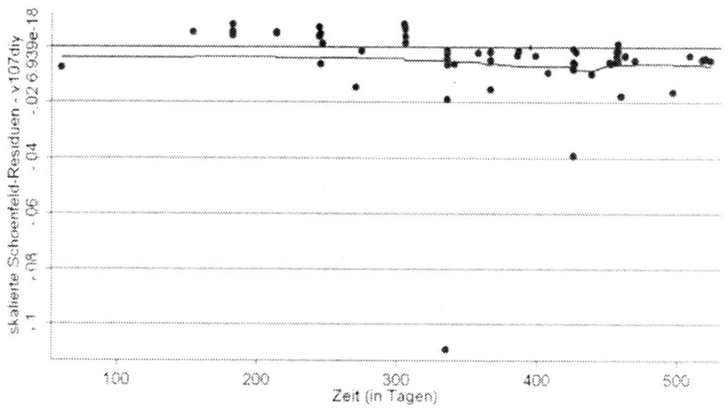

Abb. 5.25 Grafische Überprüfung der Proportional-Hazard-Annahme für die Variable v107diy des 1-Jahres-Zeithorizonts

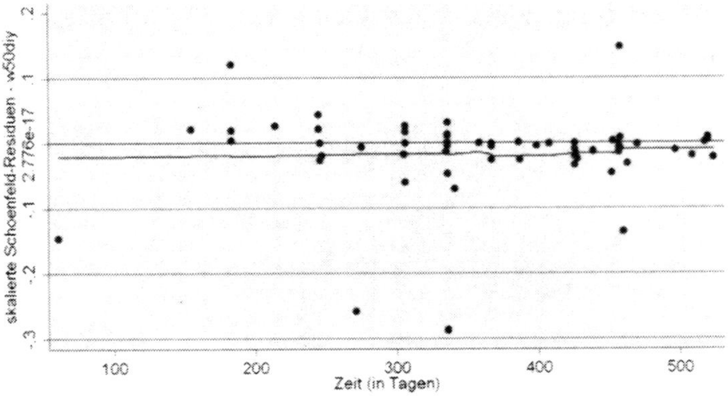

Abb. 5.26 Grafische Überprüfung der Proportional-Hazard-Annahme für die Variable w50diy des 1-Jahres-Zeithorizonts

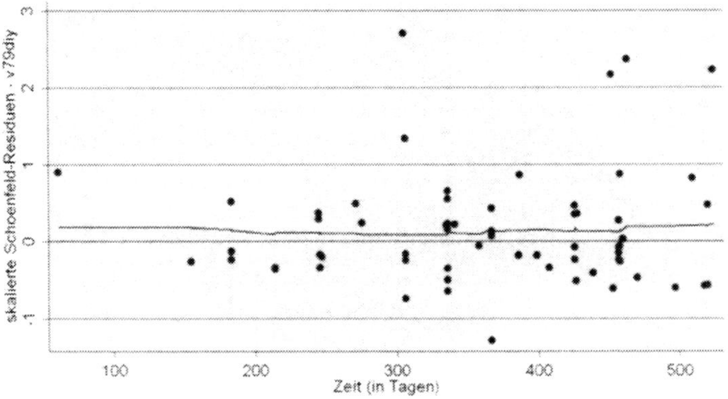

Abb. 5.27 Grafische Überprüfung der Proportional-Hazard-Annahme für die Variable v79diy des 1-Jahres-Zeithorizonts

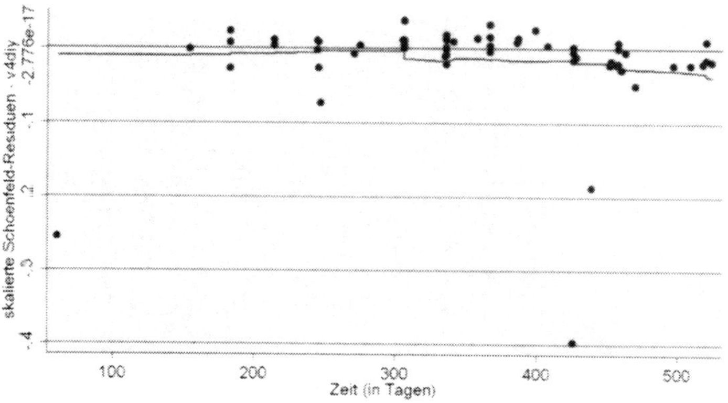

Abb. 5.28 Grafische Überprüfung der Proportional-Hazard-Annahme für die Variable v4diy des 1-Jahres-Zeithorizonts

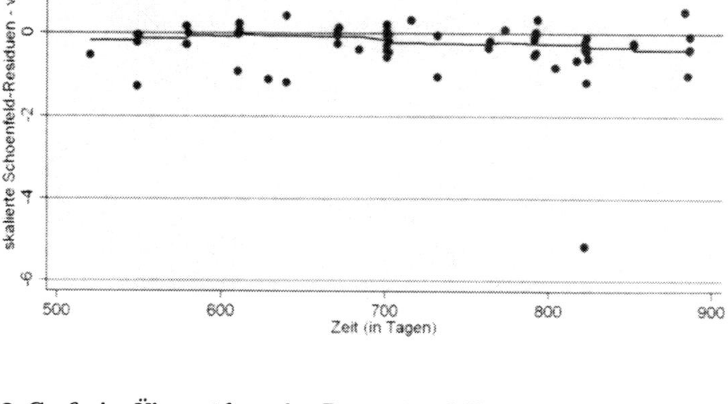

Abb. 5.29 Grafische Überprüfung der Proportional-Hazard-Annahme für die Variable v60 des 2-Jahres-Zeithorizonts

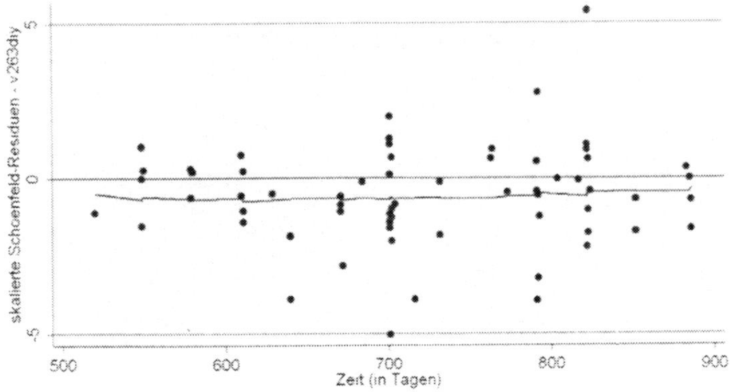

Abb. 5.30 Grafische Überprüfung der Proportional-Hazard-Annahme für die Variable v263diy des 2-Jahres-Zeithorizonts

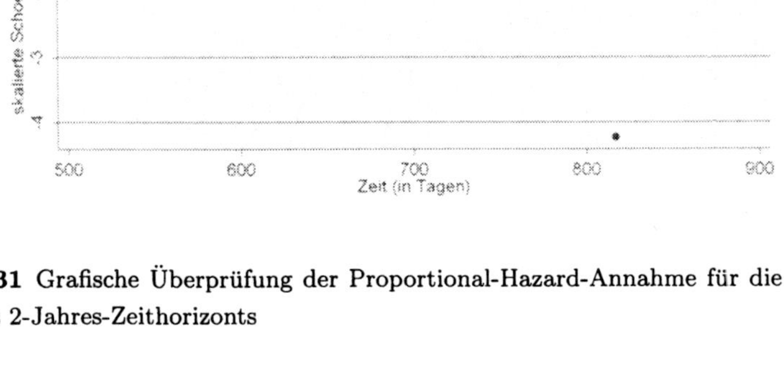

Abb. 5.31 Grafische Überprüfung der Proportional-Hazard-Annahme für die Variable v12di des 2-Jahres-Zeithorizonts

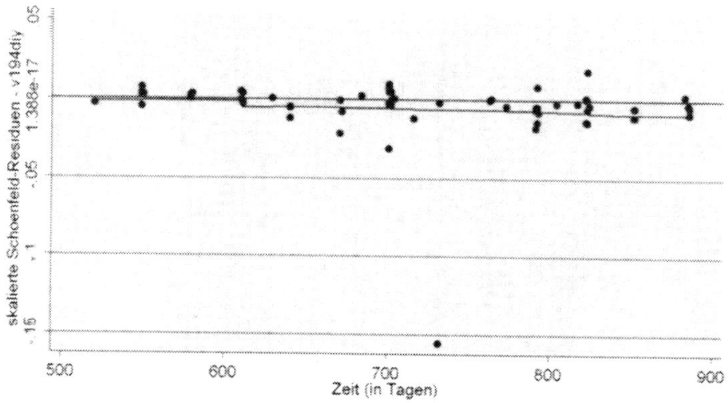

Abb. 5.32 Grafische Überprüfung der Proportional-Hazard-Annahme für die Variable v194diy des 2-Jahres-Zeithorizonts

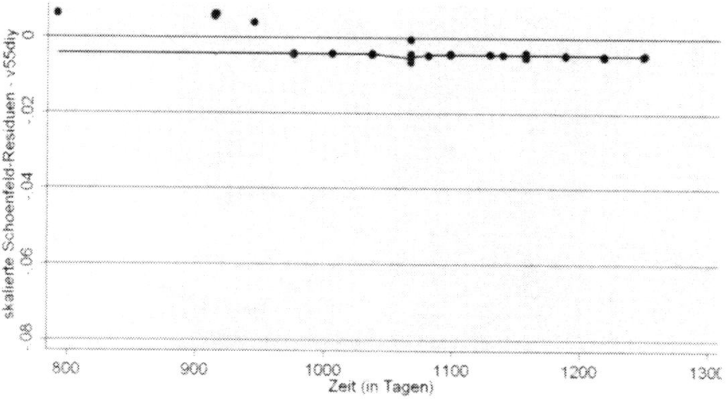

Abb. 5.33 Grafische Überprüfung der Proportional-Hazard-Annahme für die Variable v55diy des 3-Jahres-Zeithorizonts

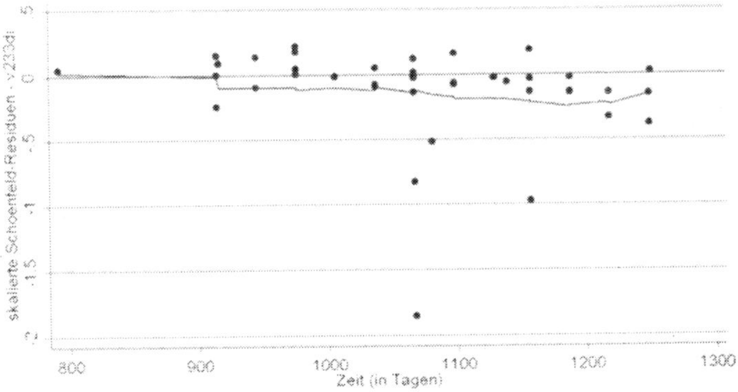

Abb. 5.34 Grafische Überprüfung der Proportional-Hazard-Annahme für die Variable v233di des 3-Jahres-Zeithorizonts

5.19 Überprüfung der Proportional-Hazard-Annahme nach Grambsch und Therneau

Tab. 5.55 Proportional-Hazard-Test nach Grambsch und Therneau (1994) für den 2-Jahres-Zeithorizont

Kennzahl	rho	χ^2	Freiheitsgrad	Wahrscheinlichkeit
v255	-0,167	0,77	1	0,381
v60	0,043	0,06	1	0,801
v12di	-0,060	0,14	1	0,706
v194diy	-0,102	0,58	1	0,447
Global		1,86	4	0,761

Tab. 5.56 Proportional-Hazard-Test nach Grambsch und Therneau (1994) für den 3-Jahres-Zeithorizont

Kennzahl	rho	χ^2	Freiheitsgrad	Wahrscheinlichkeit
v55diy	-0,059	0,14	1	0,707
v233di	-0,213	1,54	1	0,215
Global		1,65	2	0,438

5.20 Linearitätsüberprüfung der Cox-Modell-Variablen mit fraktionalen Polynomen

Tab. 5.57 Ergebnis der fraktionalen Polynom-Untersuchung für die Variable w37diy des 1-Jahres-Zeithorizonts

w37diy	Freiheitsgrad	Devianz	Wahrscheinlichkeit	Potenz
Ohne w37diy	0	539,918	–	–
Linear	1	535,378	0,033	1
m = 1	2	535,122	0,613	2
m = 2	4	534,976	0,930	-2 0

Tab. 5.58 Ergebnis der fraktionalen Polynom-Untersuchung für die Variable v107diy des 1-Jahres-Zeithorizonts

v107diy	Freiheitsgrad	Devianz	Wahrscheinlichkeit	Potenz
Ohne v107diy	0	539,510	–	–
Linear	1	535,378	0,042	1
m = 1	2	534,793	0,445	3
m = 2	4	534,641	0,927	-2 3

Tab. 5.59 Ergebnis der fraktionalen Polynom-Untersuchung für die Variable w50diy des 1-Jahres-Zeithorizonts

w50diy	Freiheitsgrad	Devianz	Wahrscheinlichkeit	Potenz
Ohne w50diy	0	538,511	–	–
Linear	1	535,378	0,077	1
m = 1	2	535,002	0,540	0,5
m = 2	4	533,748	0,534	-0,5 -0,5

Tab. 5.60 Ergebnis der fraktionalen Polynom-Untersuchung für die Variable v79diy des 1-Jahres-Zeithorizonts

v79diy	Freiheitsgrad	Devianz	Wahrscheinlichkeit	Potenz
Ohne v79diy	0	535,378	–	–
Linear	1	532,859	0,112	1
m = 1	2	532,836	0,881	0,5
m = 2	4	529,818	0,221	2 0

Tab. 5.61 Ergebnis der fraktionalen Polynom-Untersuchung für die Variable v4diy des 1-Jahres-Zeithorizonts

v4diy	Freiheitsgrad	Devianz	Wahrscheinlichkeit	Potenz
Ohne v4diy	0	540.503	–	–
Linear	1	537,765	0,098	1
m = 1	2	537.519	0,619	2
m = 2	4	534.948	0,277	-2 -0,5

Tab. 5.62 Ergebnis der fraktionalen Polynom-Untersuchung für die Variable v60 des 2-Jahres-Zeithorizonts

v60	Freiheitsgrad	Devianz	Wahrscheinlichkeit	Potenz
Ohne v60	0	596,532	–	–
Linear	1	592,176	0,037	1
m = 1	2	590,840	0,248	3
m = 2	4	590,445	0,821	2 2

Tab. 5.63 Ergebnis der fraktionalen Polynom-Untersuchung für die Variable v263diy des 2-Jahres-Zeithorizonts

v263diy	Freiheitsgrad	Devianz	Wahrscheinlichkeit	Potenz
Ohne v263diy	0	597,329	–	–
Linear	1	535,378	0,023	1
m = 1	2	592,176	0,104	3
m = 2	4	589,178	0,840	-2 3

Tab. 5.64 Ergebnis der fraktionalen Polynom-Untersuchung für die Variable v12di des 2-Jahres-Zeithorizonts

v12di	Freiheitsgrad	Devianz	Wahrscheinlichkeit	Potenz
Ohne v12di	0	594,472	–	–
Linear	1	592,176	0,130	1
m = 1	2	591,630	0,546	3
m = 2	4	591,456	0,720	-2 0,5

Tab. 5.65 Ergebnis der fraktionalen Polynom-Untersuchung für die Variable v194diy des 2-Jahres-Zeithorizonts

w50diy	Freiheitsgrad	Devianz	Wahrscheinlichkeit	Potenz
Ohne w50diy	0	594,284	–	–
Linear	1	592,176	0,147	1
m = 1	2	591,006	0,279	3
m = 2	4	589,412	0,451	3 3

Tab. 5.66 Ergebnis der fraktionalen Polynom-Untersuchung für die Variable v55diy des 3-Jahres-Zeithorizonts

v55diy	Freiheitsgrad	Devianz	Wahrscheinlichkeit	Potenz
Ohne v55diy	0	335.726	–	–
Linear	1	331,803	0,048	1
m = 1	2	331,803	1,000	1
m = 2	4	331,659	0,930	-2 3

Tab. 5.67 Ergebnis der fraktionalen Polynom-Untersuchung für die Variable v233di des 3-Jahres-Zeithorizonts

v233di	Freiheitsgrad	Devianz	Wahrscheinlichkeit	Potenz
Ohne v233di	0	334,722	–	–
Linear	1	331,803	0,088	1
m = 1	2	331,111	0,405	3
m = 2	4	330,874	0,888	-2 3

5.21 Grafische Überprüfung der Linearität der Variablen der Cox-Modelle

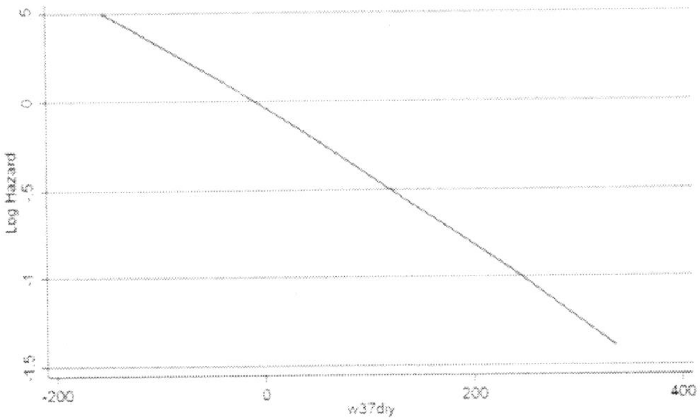

Abb. 5.35 Grafische Überprüfung der Linearität der Variablen w37diy des 1-Jahres-Zeithorizonts

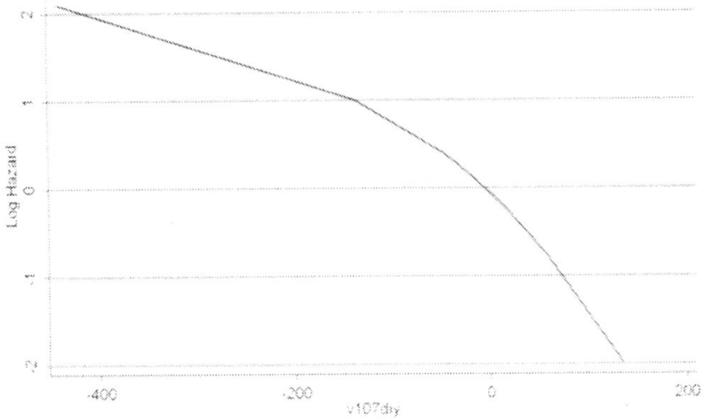

Abb. 5.36 Grafische Überprüfung der Linearität der Variablen v107diy des 1-Jahres-Zeithorizonts

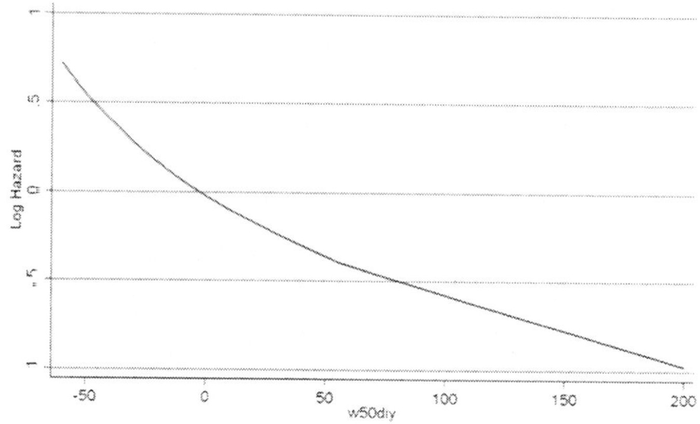

Abb. 5.37 Grafische Überprüfung der Linearität der Variablen w50diy des 1-Jahres-Zeithorizonts

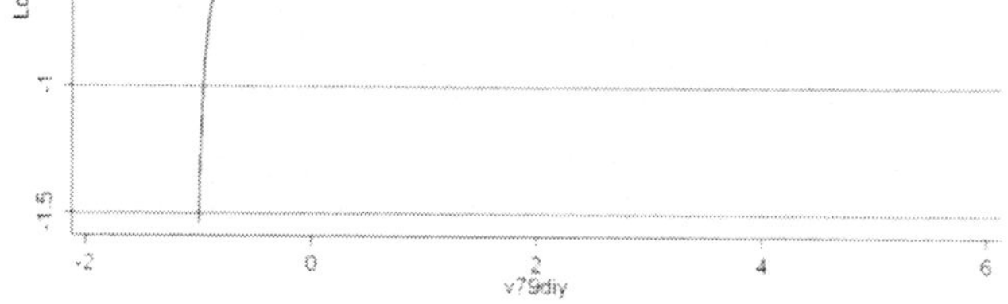

Abb. 5.38 Grafische Überprüfung der Linearität der Variablen v79diy des 1-Jahres-Zeithorizonts

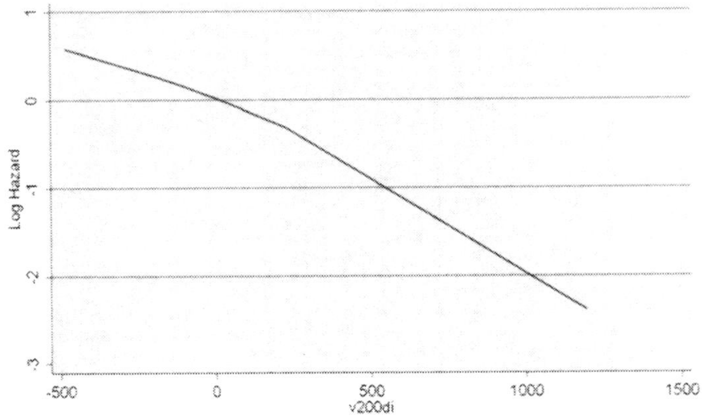

Abb. 5.39 Grafische Überprüfung der Linearität der Variablen v4diy des 1-Jahres-Zeithorizonts

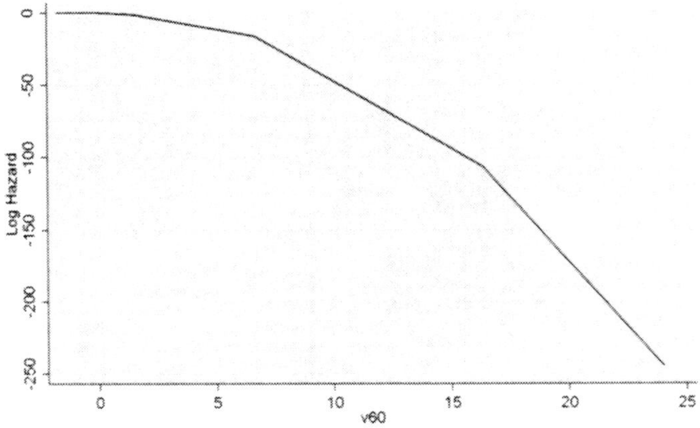

Abb. 5.40 Grafische Überprüfung der Linearität der Variablen v60 des 2-Jahres-Zeithorizonts

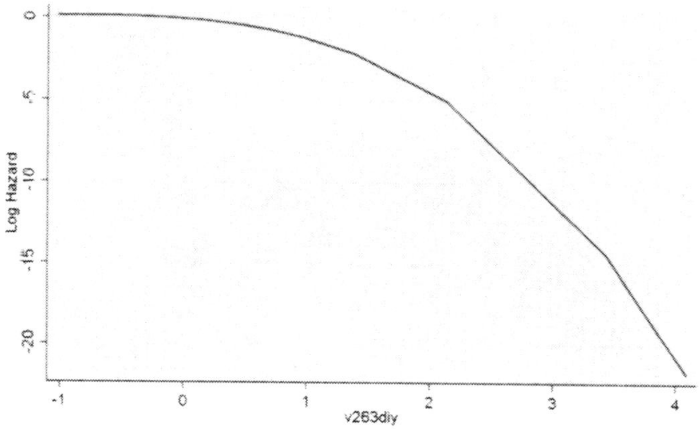

Abb. 5.41 Grafische Überprüfung der Linearität der Variablen v263diy des 2-Jahres-Zeithorizonts

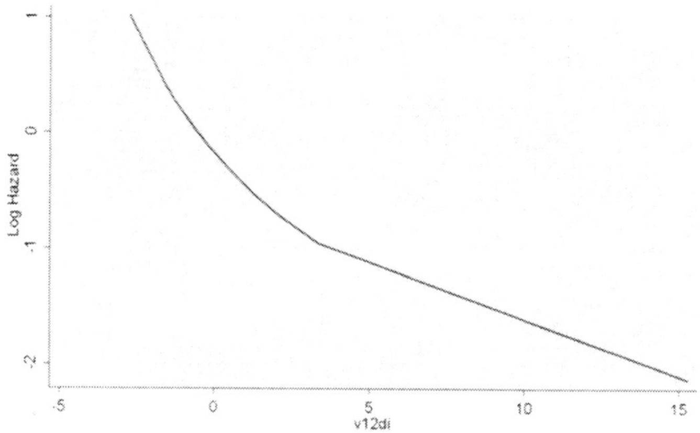

Abb. 5.42 Grafische Überprüfung der Linearität der Variablen v12di des 2-Jahres-Zeithorizonts

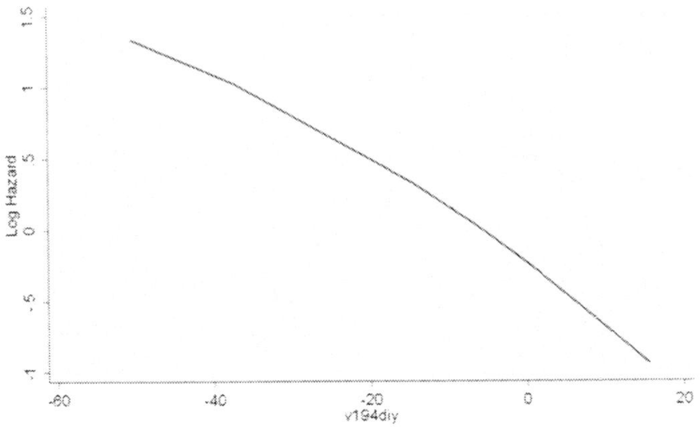

Abb. 5.43 Grafische Überprüfung der Linearität der Variablen v194diy des 2-Jahres-Zeithorizonts

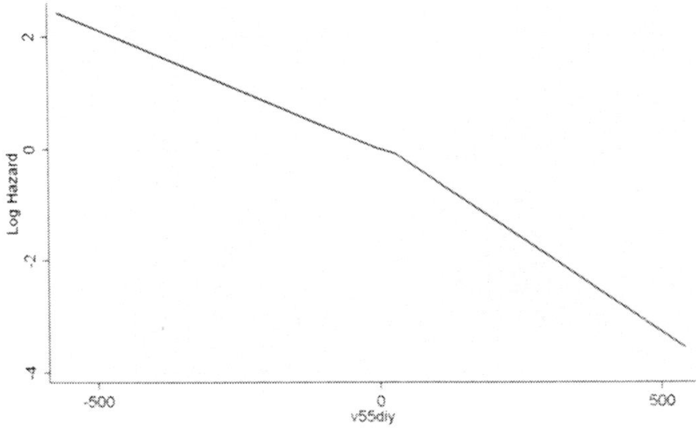

Abb. 5.44 Grafische Überprüfung der Linearität der Variablen v55diy des 3-Jahres-Zeithorizonts

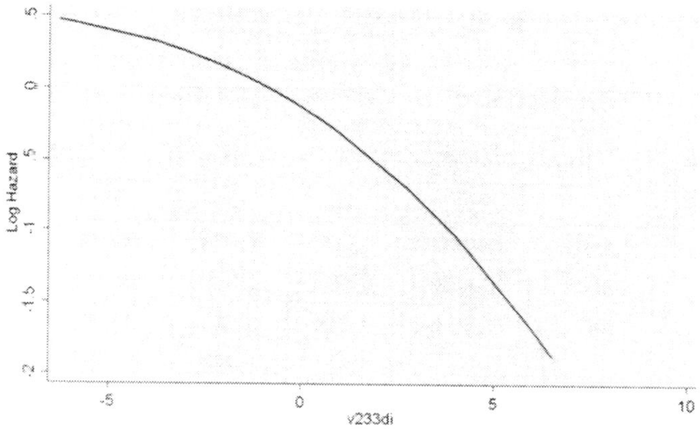

Abb. 5.45 Grafische Überprüfung der Linearität der Variablen v233di des 3-Jahres-Zeithorizonts

5.22 Mittelwertvergleich für die Variablen der Cox-Modelle

Tab. 5.68 Mittelwertvergleich für die Variablen des 1-Jahres-Cox-Modells

	Entwicklungsgruppe			Daten ohne Kontrollgruppe		
Kennzahl	$\hat{t}$	FG	α	$\hat{t}$	FG	α
v209di	2,588	92,366	0,006	7,473	79,830	0,000
w37diy	1,564	90,883	0,061	1,329	62,307	0,094
v107diy*	1,681	77,226	0,048	0,755	191,11	0,226
				(1,994)	(75,126)	(0,025)
w50diy	1,345	121,368	0,091	2,108	78,715	0,019
v79diy	-1,706	114,145	0,045	-1,293	67,274	0,100
v4diy	1,861	119,669	0,033	1,491	101,409	0,070

Tab. 5.69 Mittelwertvergleich für die Variablen des 2-Jahres-Cox-Modells

	Entwicklungsgruppe			Daten ohne Kontrollgruppe		
Kennzahl	$\hat{t}$	FG	α	$\hat{t}$	FG	α
v60	1,919	67,769	0,030	1,907	388,595	0,029
v263diy	2,053	89,372	0,043	0,967	346,653	0,167
v12di	1,655	92,760	0,051	1,407	180,151	0,081
v194diy*	0,786	97,905	0,217	1,207	62,503	0,116
	(2,187)	(72,488)	(0,016)			

Tab. 5.70 Mittelwertvergleich für die Variablen des 3-Jahres-Cox-Modells

Kennzahl	Entwicklungsgruppe			Daten ohne Kontrollgruppe		
	$\hat{t}$	FG	α	$\hat{t}$	FG	α
v55diy*	1,385	79,765	0,085	0,624	436,304	0,266
				(1.494)	(226.109)	(0,068)
v233di*	2,006	79,022	0,024	-0,134	422,701	0,553
				(1,497)	(121,634)	(0,068)

5.23 Median-Test für die Variablen der Cox-Modelle

Tab. 5.71 Medianvergleich für die Variablen des 1-Jahres-Cox-Modells

Kennzahl	Entwicklungsgruppe		Daten ohne Kontrollgruppe	
	$\hat{\chi}^2$	α	$\hat{\chi}^2$	α
v209di	3,841	0,050	7,965	0,005
w37diy	2,571	0,109	0,885	0,347
v107diy	0,032	0,859	0,885	0,347
w50diy	0,286	0,593	0,163	0,687
v79diy	1,5556	0,212	6,520	0,011
v4diy	0,032	0,859	0,018	0,893

Tab. 5.72 Medianvergleich für die Variablen des 2-Jahres-Cox-Modells

Kennzahl	Entwicklungsgruppe		Daten ohne Kontrollgruppe	
	$\hat{\chi}^2$	α	$\hat{\chi}^2$	α
v60	5,939	0,015	18,833	0,000
v263diy	0,121	0,728	1,629	0,202
v12di	1,091	0,296	1,629	0,202
v194diy	0,485	0,486	3,193	0,074

Tab. 5.73 Medianvergleich für die Variablen des 3-Jahres-Cox-Modells

Kennzahl	Entwicklungsgruppe		Daten ohne Kontrollgruppe	
	$\hat{\chi}^2$	α	$\hat{\chi}^2$	α
v55diy	2,390	0,122	2,151	0,142
v233di	1,220	0,269	0,775	0,379

5.24 Korrelation der unabhängigen Variablen der Cox-Modelle

Tab. 5.74 Korrelation der Variablen des 1-Jahres-Cox-Modells

	v209di	w37diy	v107diy	w50diy	v79diy	v4diy
v209di	1,000					
w37diy	-0,042	1,000				
v107diy	0,058	-0,001	1,000			
w50diy	0,027	-0,018	-0,001	1,000		
v79diy	0,047	0,006	0,013	-0,012	1,000	
v80diy	0,020	0,001	-0,012	0,014	0,031	1,000

Tab. 5.75 Korrelation der Variablen des 2-Jahres-Cox-Modells

	v60	v263diy	v12di	v194diy
v60	1,000			
v263diy	-0,005	1,000		
v12di	0,000	-0,001	1,000	
v194diy	0,002	-0,005	0,001	1,000

Tab. 5.76 Korrelation der Variablen des 3-Jahres-Cox-Modells

	v55diy	v233di
v55diy	1,000	
v233di	0,052	1,000

5.25 Überparametrisierungstest für die Cox-Modelle

Tab. 5.77 Ergebnis des Akaike-Informationskriteriums für das Cox-Modell mit 1-Jahres-Zeithorizont

	$-2 \ln f(z\|\hat{\Theta})$	2l	AIC
Null Modell	561,52	1	561,52
v209di	555,11	2	557,11
w37diy	550,41	3	554,41
v4diy	546,69	4	552,69
v107diy	543,47	4	551,47
w50diy	540,16	5	550,16
v79diy	537,77	7	549,77

Tab. 5.78 Ergebnis des Akaike-Informationskriteriums für das Cox-Modell mit 2-Jahres-Zeithorizont

	$-2 \ln f(z\|\hat{\Theta})$	2l	AIC
Null Modell	606,38	1	606,38
v60	600,21	2	602,21
v263diy	596,75	3	600,75
v12di	594,28	4	600,28
v194diy	592,18	5	600,18

Tab. 5.79 Ergebnis des Akaike-Informationskriteriums für das Cox-Modell mit 3-Jahres-Zeithorizont

	$-2 \ln f(z\|\hat{\Theta})$	2l	AIC
Null Modell	338,67	1	338,67
v55diy	334,72	2	336,72
v233di	331,80	3	335,80

5.26 Identifikation einflussreicher Fälle bei den Cox-Modellen

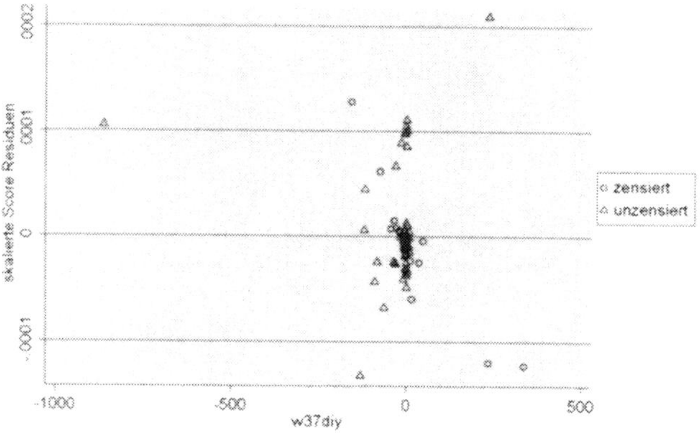

Abb. 5.46 Identifikation einflussreicher Fälle bei der Variablen w37diy des 1-Jahres-Zeithorizonts

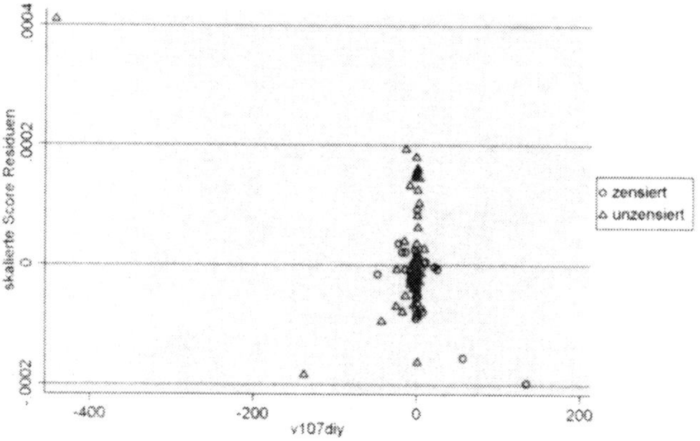

Abb. 5.47 Identifikation einflussreicher Fälle bei der Variablen v107diy des 1-Jahres-Zeithorizonts

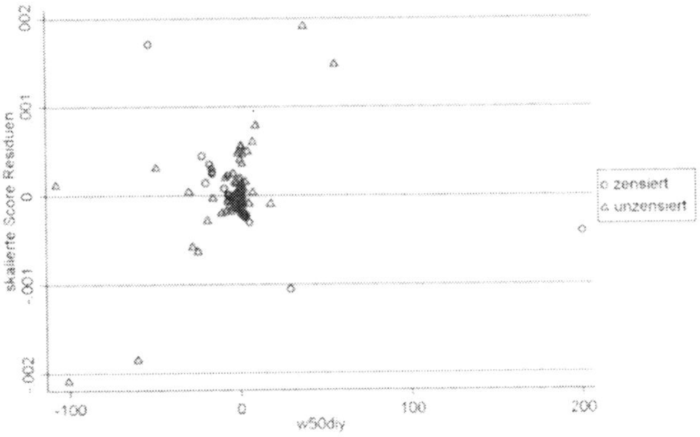

Abb. 5.48 Identifikation einflussreicher Fälle bei der Variablen w50diy des 1-Jahres-Zeithorizonts

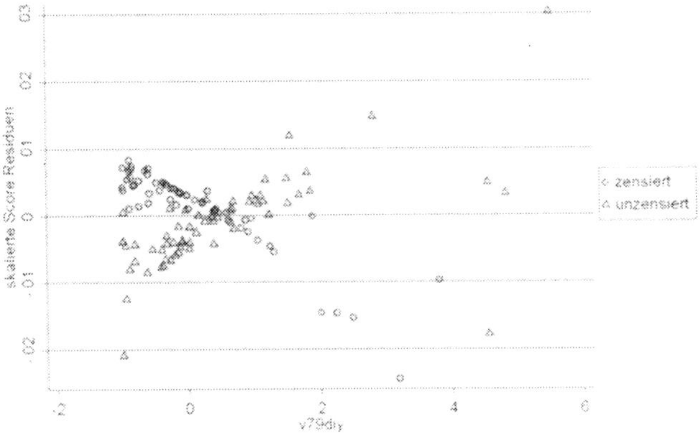

Abb. 5.49 Identifikation einflussreicher Fälle bei der Variablen v79diy des 1-Jahres-Zeithorizonts

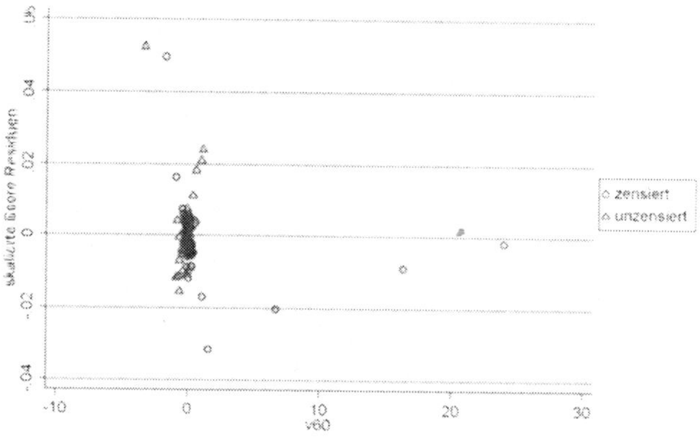

Abb. 5.50 Identifikation einflussreicher Fälle bei der Variablen v60 des 2-Jahres-Zeithorizonts

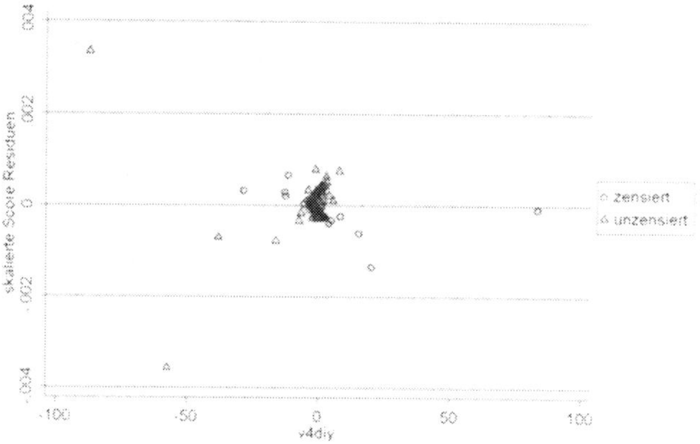

Abb. 5.51 Identifikation einflussreicher Fälle bei der Variablen v4diy des 1-Jahres-Zeithorizonts

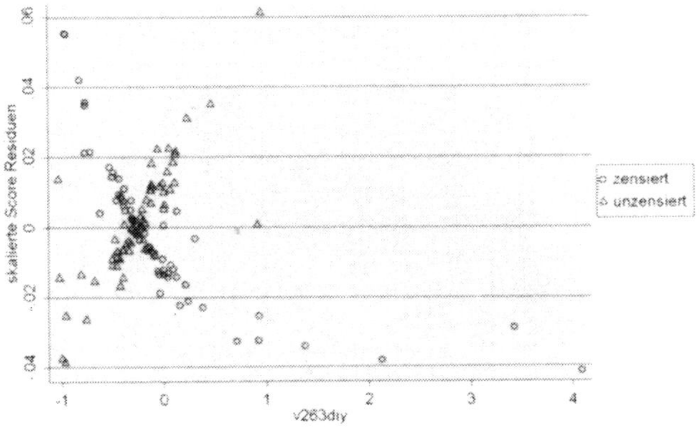

Abb. 5.52 Identifikation einflussreicher Fälle bei der Variablen v263diy des 2-Jahres-Zeithorizonts

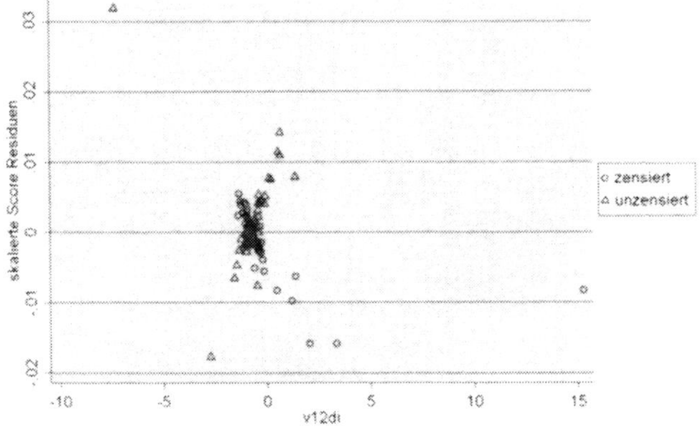

Abb. 5.53 Identifikation einflussreicher Fälle bei der Variablen v12di des 2-Jahres-Zeithorizonts

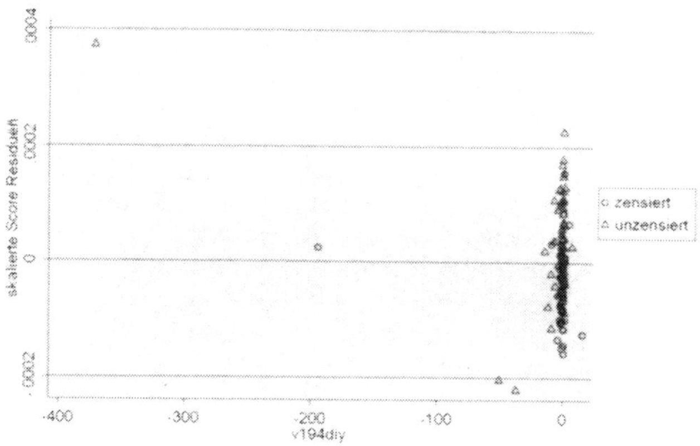

Abb. 5.54 Identifikation einflussreicher Fälle bei der Variablen v194diy des 2-Jahres-Zeithorizonts

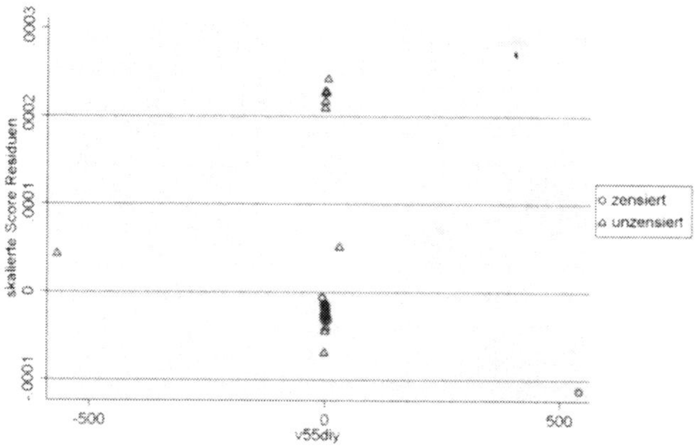

Abb. 5.55 Identifikation einflussreicher Fälle bei der Variablen v55diy des 3-Jahres-Zeithorizonts

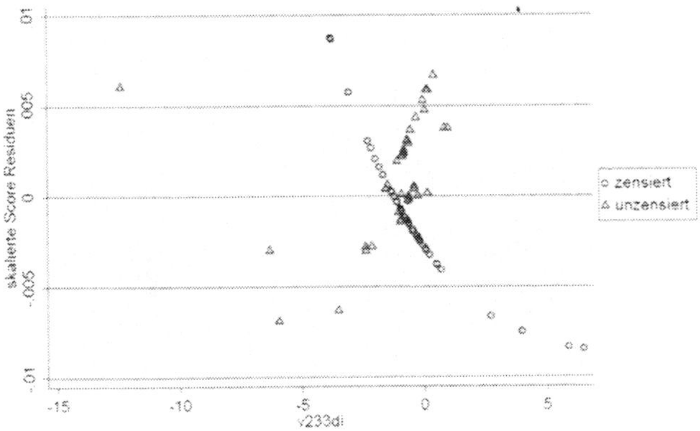

Abb. 5.56 Identifikation einflussreicher Fälle bei der Variablen v233di des 3-Jahres-Zeithorizonts

5.27 Hazard Ratios der unabhängigen Variablen der Cox-Modelle

Tab. 5.80 Hazard Ratios für die Variablen des 2-Jahres-Cox-Modells

Kennzahl	Hazard Ratio	Standardfehler	95 % Konfidenzintervall	
v60	0,800	0,127	0,586	1,091
v263diy	0,585	0,159	0,343	0,996
v12di	0,865	0,086	0,711	1,051
v194diy	0,995	0,002	0,990	1,001

Tab. 5.81 Hazard Ratios für die Variablen des 2-Jahres-Cox-Modells

Kennzahl	Hazard Ratio	Standardfehler	95 % Konfidenzintervall	
v55diy	0,996	0,002	0,992	0,999
v233di	0,886	0,055	0,784	1,000

5.28 Klassifizierung von Firmen in Ratingklassen auf Basis der Gesamtergebnisse

Tab. 5.82 Klassifikation der Out-of-sample-Daten in die einzelnen Ratingklassen nach den Vorgaben von Basel II für das 1-Jahres-Modell auf Basis der kombinierten Ergebnisse

Rating-	solvente Firmen		insolvente Firmen	
Klasse	absolut	relativ	absolut	relativ
1	175	31,99 %	0	0 %
2	64	11,70 %	0	0 %
3	49	8,96 %	0	0 %
4	58	10,60 %	2	20 %
5	10	1,83 %	0	0 %
6	88	16,09 %	1	10 %
7	83	15,17 %	4	40 %
8	20	3,66 %	3	30 %
gesamt	547	100 %	10	100 %

Tab. 5.83 Klassifikation der Out-of-time-Daten in die einzelnen Ratingklassen nach den Vorgaben von Basel II für das 2-Jahres-Modell auf Basis der kombinierten Ergebnisse

Rating-	solvente Firmen		insolvente Firmen	
Klasse	absolut	relativ	absolut	relativ
1	215	23,19 %	0	0 %
2	96	10,36 %	0	0 %
3	127	13,70 %	1	6,25 %
4	126	13,59 %	3	18,75 %
5	31	3,34 %	0	0 %
6	235	25,35 %	5	31,25 %
7	79	8,52 %	4	25,00 %
8	18	1,94 %	3	18,75 %
gesamt	927	100 %	16	100 %

Tab. 5.84 Klassifikation der Out-of-sample-Daten in die einzelnen Ratingklassen nach den Vorgaben von Basel II für das 2-Jahres-Modell auf Basis der kombinierten Ergebnisse

Rating-	solvente Firmen		insolvente Firmen	
Klasse	absolut	relativ	absolut	relativ
1	69	17,65 %	0	0 %
2	37	9,46 %	0	0 %
3	27	6,91 %	1	6,67 %
4	58	14,83 %	1	6,67 %
5	12	3,07 %	1	6,67 %
6	131	33,50 %	6	40 %
7	45	11,51 %	3	20 %
8	12	3,07 %	3	20 %
gesamt	391	100 %	15	100 %

Tab. 5.85 Klassifikation der Out-of-time-Daten in die einzelnen Ratingklassen nach den Vorgaben von Basel II für das 3-Jahres-Modell auf Basis der kombinierten Ergebnisse

Rating-Klasse	solvente Firmen absolut	solvente Firmen relativ	insolvente Firmen absolut	insolvente Firmen relativ
1	102	11,09 %	0	0 %
2	145	15,76 %	0	0 %
3	130	14,13 %	1	5,88 %
4	148	16,09 %	2	11,76 %
5	20	2,17 %	1	5,88 %
6	275	29,89 %	7	41,18 %
7	89	9,67 %	4	23,53 %
8	11	1,20 %	2	11,76 %
gesamt	920	100 %	17	100 %

Tab. 5.86 Klassifikation der Out-of-sample-Daten in die einzelnen Ratingklassen nach den Vorgaben von Basel II für das 3-Jahres-Modell auf Basis der kombinierten Ergebnisse

Rating-Klasse	solvente Firmen absolut	solvente Firmen relativ	insolvente Firmen absolut	insolvente Firmen relativ
1	43	12,80 %	0	0 %
2	55	16,37 %	1	4,17 %
3	44	13,10 %	3	12,50 %
4	40	11,90 %	1	4,17 %
5	10	2,98 %	0	0 %
6	95	28,27 %	10	41,67 %
7	42	12,50 %	9	37,50 %
8	7	2,08 %	0	0 %
gesamt	336	100 %	24	100 %

Literaturverzeichnis

Akaike, Hirotugu (1973): Information theory and an extension of the maximum likelihood principle, in: *Proceedings of the Second International Symposium on Information Theory*, Seiten 267–281.

Aldrich, John H. und Nelson, Forrest D. (1984): *Linear probability, probit and logit models*, Newbury Park/London/New Dehli.

Altman, Edwad I. (2001): Predicting financial distress of companies: Revisiting the z-score and the zeta models, in: *Bankruptcy, Junk Bonds, and Credit Risk Management*, Seiten 7–37, Altman, Edwad I., Oxford/Malden, MA.

Altman, Edward I. (1968): Financial ratios, discriminant analysis and the prediction of corporate bankruptcy, in: *Journal of Finance*, 23(4), Seiten 589–609.

Altman, Edward I. (1977): The development of a performance-prediction system for savings and loan associations, in: *Journal of Monetary Economics*, 3(4), Seiten 443–466.

Altman, Edward I. und Anthony, Saunders (1998): Credit risk measurement: Developments over the last 20 years, in: *Journal of Banking and Finance*, 21(12), Seiten 1721–1742.

Altman, Edward I./ Avery, Robert B./ Eisenbeis, Robert A. und Sinkey, Joseph F. (1981): *Application of classification techniques in business, banking and finance*, Greenwich, CO.

Altman, Edward I./ Baidya, Tara K. N. und Riberio-Dias, Luis Manoel (1979): Assessing potential financial problems of firms in brazil, in: *Journal of International Business Studies*, 10(2), Seiten 9–24.

Altman, Edward I. und Eisenbeis, Robert A. (1978): Financial applications of discriminant analysis: A clarification, in: *The Journal of Financial and Quantitative Analysis*, 13(1), Seiten 185–195.

Altman, Edward I./ Haldeman, Robert G. und Narayanan, P. (1977): Zeta analysis - a new model to identify bankruptcy risk of corporations, in: *Journal of Banking and Finance*, 1(1), Seiten 29 – 54.

Altman, Edward I./ Kim, Won und Eon, Young Ho (1995): Failure prediction: Evidence from korea, in: *Journal of International Financial Management*, 6(3), Seiten 230–249.

Altman, Edward I. und Levalee, Mario Y. (1981): Business failure classification in canada, in: *Journal of Business Administration*, Summer, Seiten 147–164.

Altman, Edward I. und Loris, Bettina A. (1976): A financial early warning system for over-the-counter-broker, in: *Journal of Finance*, 31(4), Seiten 1201–1217.

Altman, Edward I./ Marco, Giancarlo und Varetto, Franco (1994): Corporate distress diagnosis: Comparisons using linear discriminant analysis and neural networks (the italian experience), in: *Journal of Banking and Finance*, 18(3), Seiten 505–529.

Altman, Edward I./ Margaine, M/ Schlosser, M und Vernimmen, P (1974): Financial and statsistical analysis of loan evaluation: A french experience, in: *Journal of Financial and Quantitative Analysis*, 9(2), Seiten 195–214.

Altman, Edward I. und Narayanan, Paul (1997): An international survey of business failure classification models, in: *Financial Markets, Institutions & Instruments*, 6(2), Seiten 1–57.

Anders, Ulrich und Szczesny, Andrea (1998): Prognose von Insolvenzwahrscheinlichkeiten mit Hilfe logistischer neuronaler Netzwerke, in: *Zeitschrift für betriebswirtschaftliche Forschung*, 50(10), Seiten 892–915.

Appetiti, Sandro (1984): Identifying unsound firms in italy, in: *Journal of Banking and Finance*, 8(2), Seiten 269–279.

Association, Risk Management (2005): *Annual Statements 2004/2005 - Financial Ratio Benchmarks*, Philadelphia, PA.

Audretsch, David B. und Elston, Julie A. (1997): Financing the german mittelstand, in: *Small Business Economics*, 9(2), Seite 97–110.

Back, Barbro/ Laitinen, Teija/ Sere, Kaisa und van Wezel, Michiel (1996): Choosing bankruptcy predictors using discriminant analysis, logit analysis, and genetic algorithms, http://www.eyepredictor.com/pdf/back1996.pdf, Erscheinungsdatum: September 1996, Abrufdatum: 05.01.2006.

Backhaus, KLaus/ Erichson, Bernd/ Plinke, Wullf und Weiber, Rolf (2003): *Multivariate Analysemethoden*, Band 10, Berlin/Heidelberg.

Baden-Württembergische Bank AG (2004): *Geschäftsbericht 2004*, Stuttgart.

Baetge, Jörg (1989): Möglichkeiten der Früherkennung negativer Unternehmensentwicklungen mit Hilfe statistischer Jahresabschlußanalysen, in: *Zeitschrift für betriebswirtschaftliche Forschung*, 41(9), Seiten 792–811.

Baetge, Jörg (1998): *Empirische Methoden zur Früherkennung von Unternehmenskrisen*, Opladen/Wiesbaden.

Baetge, Jörg und Heitmann, Christian (2000): Creating a fuzzy rule-based indicator for the review of credit standing, in: *Schmalenbach Business Review*, 52(4), Seiten 318–343.

Baetge, Jörg/ Huß, Michael und Niehaus, Hans-Jürgen (1988): The use of statistical analysis to identify the financial stregth of corporations in germany, in: *Studies in Banking and Finance*, 7, Seiten 183–196.

Baetge, Jörg (1980): Früherkennung negativer Entwicklungen der zu prüfenden Unternehmung mit Hilfe von Kennzahlen, in: *Die Wirtschaftsprüfung*, 33, Seiten 651–665.

Baetge, Jörg/ Kirsch, Hans-Jürgen und Thiele, Stefan (2002): *Konzernbilanzen*, Band 6, Düsseldorf.

Baetge, Jörg/ Kirsch, Hans-Jürgen und Thiele, Stefan (2004): *Bilanzanalyse*, Band 2, Düsseldorf.

Barr, Richard S./ Seiford, Lawrence M. und Siems, Thomas F. (1994): Forecasting bank failure: A non-parametric frontier estimation approach, in: *Reserches Economiques de Lovain*, 60(4), Seiten 417–429.

Bartholomew, Philip E./ Mote, Larry R. und Gary, Whalen (1995): *The Definition of Systemic Risk*, Washington, D.C.

Basler Ausschuss für Bankenaufsicht (1988): *International convergence of capital measurement and capital standards.*

Basler Ausschuss für Bankenaufsicht (1999a): *Credit risk modelling: Current practices and applications.*

Basler Ausschuss für Bankenaufsicht (1999b): *A new capital adequacy framework.*

Basler Ausschuss für Bankenaufsicht (2001a): *The internal ratings-based approach.*

Basler Ausschuss für Bankenaufsicht (2001b): *The new Basel capital accord.*

Basler Ausschuss für Bankenaufsicht (2001c): *Overview of the new Basel capital accord.*

Basler Ausschuss für Bankenaufsicht (2001d): *Results of the Second Quantitative Impact Study.*

Basler Ausschuss für Bankenaufsicht (2004a): *History of the Basel Committee and its Membership.*

Basler Ausschuss für Bankenaufsicht (2004b): *International Convergence of Capital Measurement and Capital Standards.*

Basler Ausschuss für Bankenaufsicht (2005a): *International Convergence of Capital Measurement and Capital Standards.*

Basler Ausschuss für Bankenaufsicht (2005b): *Studies on the Validation of Internal Rating Systems.*

Bauer, Fritz (1987): *Datenanalyse mit SPSS*, Band 2, Berlin/Heidelberg/New York, NY

Beaver, William H. (1966): Financial ratios as predictors of failure, in: *Journal of Accounting Research*, 4, Issue Emperical Research in Accounting: Selected Studies 1966, Seiten 71–111.

Beaver, William H. (1968): Market prices, financial ratios, and the prediction of failure, in: *Journal of Accounting Research*, 6(2), Seiten 179–192.

Bergs (1981): *Optimalität bei Clusteranalysen – Experimente zur Bewertung numerischer Klassifikationsverfahren*, Münster.

Berryman, J. (1983): Small business failure and bankruptcy: A survey of the literature, in: *European Small Business Journal*, 1(4), Seiten 47–59.

Bhatia, Umesh (1988): Predicting corporate sickenss in india, in: *Studies in Banking and Finance*, 7, Seiten 57–72.

Bühl, Achim und Zöfel, Peter (2000): *SPSS Version 10. Einführung in die moderne Datenanalyse unter Windows*, Band 7, München.

Bidin, Abdul Rahim (1988): The development of a predictive model (pnb-score) for evaluating performance of companies owned be the government of malaysia, in: *Studies in Banking and Finance*, 7, Seiten 91–104.

Bieg, Hartmut und Hossfeld, Christopher (1996): Cash flow nach dvfa/sg, in: *Der Betrieb*, 29, Seiten 1429–1434.

Bilderbeek, Jan (1979): An empirical study of the predictive ability of financial ratios in the netherlands, in: *Zeitschrift für Betriebswirtschaft*, 49(5), Seiten 388–407.

Black, Fischer und Scholes, Myron (1973): The pricing of options and corporate liabilities, in: *Journal of Political Economy*, 81(3), Seiten 637–659.

Blochwitz, Stefan und Eigermann, Judith (2000): Unternehmensbeurteilung durch diskriminanzanalyse mit qualitativen merkmalen, in: *Zeitschrift für betriebswirtschaftliche Forschung*, 52(1), Seiten 58–73.

Blum, Marc P. (1974): Failing company discriminant analysis, in: *Journal of Accounting Research*, 12(1), Seiten 12–25.

Bortz, Jürgen (1999): *Statistik für Sozialwissenschaflter*, Band 5, Berlin.

Brüderl, Talat, Josef und Mahmood (1996): Small business mortality in germany: A comparison between regions and sectors, http://skylla.wz-berlin.de/pdf/1996/iv96-20.pdf, Erscheinungsdatum: August 1996, Abrufdatum: 05.01.2006.

Brealey, Richard A. und Myers, Stewart C. (2000): *Principles of Corporate Finance*, Band 6.

Breslow, Norman E. (1972): Discussion of professor cox's paper, in: *Journal of the Royal Statistical Society: Series B*, 34(2), Seiten 216–217.

Briggs, Nancy E. und MacCallum, Robert C. (2003): Recovery of weak common factors by maximum likelihood and ordinary least squares estimation, in: *Multivariate Behavioral Research*, 38(1), Seiten 25–56.

Brors, Peter (2001): Zwischen Telekom und Türkei-Anleihe, in: *Handelsblatt vom 11.6.2001*, Seite 12.

Bulling, Hinrich (1976): *Entscheidungshilfen der Diskriminanzanalyse bei der Gewährung von Konsumentenkrediten und gewerblichen Krediten*, Doktorarbeit, TU Berlin, Berlin.

Bundesanstalt für Finanzdienstleistungsaufsicht (2005): *Jahresbericht 2004*.

Bundesverband Öffentlicher Banken Deutschlands (2004): *Argumentarium zur nachhaltigen Bedeutung öffentlicher Banken für Stabilität und Wettbewerbsfähigkeit des deutschen Bankenmarktes*, Berlin.

Cahill, Edward (1980): Company failure and the vigilant accountant, in: *Accountancy*, 91(1045), Seiten 63–65.

Cain, Kevin C. und Lange, Nicholas T. (1984): Approximate case influence for the proportional hazards regression model with censored data, in: *Biometrics*, 40(2), Seiten 493–499.

Castagna, A. D. und Matolcsy, Z. P. (1981): The prediction of corporate failure: Testing the australian experience, in: *Australian Journal of Management*, 6(1), Seiten 23–50.

Chalita, Liciana V. A. S./ Colosimo, Enrico A. und Demétrio, Clarice G. B. (2002): Likelihood approximations and discrete models for tied survival data, in: *Communications in Statistics: Theory & Methods*, 31(7), Seiten 1215–1229.

Clarke, Brenton R. und Lewis, Toby (1998): An outlier problem in the determination of ore grade, in: *Journal of Applied Statistics*, 25(6), Seiten 751–762.

Cleves, Mario A. (2002): Comparative assessment of three common algorithms for estimating the variance of the area under the nonparametric receiver operating characteristic curve, in: *The Stata Journal*, 2(3), Seiten 280–289.

Coats, Pamela K. und Fant, L. Franklin (1991): A neural network approach to forecasting financial distress, in: *The Journal of Business Forecasting*, 10(1), Seiten 9–12.

Coats, Pamela K. und Fant, L. Franklin (1993): Recognizing financial distress patterns using a neural network tool, in: *Financial Management*, 22(3), Seiten 142–155.

Coenenberg, Adolf Gerhard (1997): *Jahresabschluß und Jahresabschlußanalyse*, Band 16, Landsberg/Lech.

Coenenberg, Adolf Gerhard/ Canter, Jochen und Günther, Edeltraud (1995): Cash flow, in: Gerke, Wolfgang und Steiner, Manfred (Herausgeber), *Handwörterbuch des Bank- und Finanzwesens*, Band 2, Seiten 371–386, Stuttgart.

Collis, Bill und Kokaram, Anil (2004): Filling the gaps, in: *Electronics Systems & Software*, 2(4), Seiten 22–28.

Commerzbank AG (2005a): *Jahresabschluss und Lagebericht 2004*, Frankfurt am Main.

Commerzbank AG (2005b): *Risk Management: Minimizing Risks-Optimizing Profits?*, Frankfurt am Main.

Cox, David R. (1972): Regression models and life tables, in: *Journal of Royal Statistical Society*, B 34, Seiten 187–220.

Cox, David R. und Oakes, DO (1984): *Analysis of survival data*, London/New York.

Cronan, Timothy P./ Glorfeld, Louis W. und Perry, Larry G. (1991): Production sytsem development for expert systems using a recursive partioning induction approach: An application to mortgage, commercial, and consumer lending, in: *Decision Sciences*, 22(4), Seiten 812–845.

Cybinski, Patti J. (1995): A distcrete-valued risk function for modelling financial distress in private australian companies, in: *Accounting and Finance*, 35(2), Seiten 17–32.

Dambolena, Ismael G. und Khoury, Sarkis J. (1980): Ratio stability and corporate failure, in: *Journal of Finance*, 35(4), Seiten 1017–1026.

Deakin, Edward B. (1972): A discriminant analysis of predictors of business failure, in: *Journal of Accounting Research*, 10(1), Seiten 167–179.

Deakin, Edward B. (1977): Business failure prediction: An empirical analysis, in: *Financial crises*, Seiten 72–88, Altman, Edward I and Sametz Arthur W., New York, NY.

Dellmann, Karl (2002): Kennzahlen und Kennzahlensysteme, in: *Handwörterbuch Unternehmensrechnung und Controlling*, Band 4, Seiten 940– 950, Küpper, Hans-Ulrich and Wagenhofer, Alfred, Stuttgart.

Deloitte (2006): *MaRisk – Ein Vergleich mit den MaK, MaH und MaIR*, Frankfurt.

DeLong, D.M./ Guirguis, G.H. und So, Y.C. (1994): Efficient computation of subset selection probabilities with application to cox regression, in: *Biometrika*, 81, Seiten 607 –611.

DeLong, E.R./ DeLong, D.M. und Clarke-Pearson, D.L. (1988): Comparing the areas under two or more correlated receiver operating characteristic curves: A nonparametric approach, in: *Biometrics*, 44(3), Seiten 837–845.

Denk, Robert (1979): Diagnosemethoden und Entscheidungshilfen in der Bonitätsprüfung, in: *Österreichische Bankwissenschaftliche Gesellschaft, Sonderheft*, Seiten 1–83.

Derflinger, Gerhard (1969): Efficient methods for obtaining the minres and maximum-likelihood solutions in factor analysis, in: *Metrika*, 14(214-231).

Deutsche Bundesbank (2001): *Monatsbericht April 2001*, Frankfurt am Main.

Deutsche Bundesbank (2003a): *Validierungsansätze für interne Ratingsysteme*, Frankfurt am Main.

Deutsche Bundesbank (2003b): *Zur wirtschaftlichen Situation kleiner und mittlerer Unternehmen in Deutschland*, Frankfurt am Main.

Deutsche Gesellschaft für Qualität e.V. und forum! Marktforschung GmbH (2005): *Benchmarkstudie zur Excellence in der deutschen Wirtschaft*, Mainz.

Deutsches Aktieninstitut (2003): *Kapitalmarkt und Mittelstand* , Frankfurt am Main.

Diehl, Joerg M. und Kohr, Heinz U. (1999): *Deskriptive Statistik*, Band 12, Eschborn.

Dimitras, Augustinos I./ Zanakis, Stelios H. und Zopounidis, Constantin (1996): A survey of business failure with an emphasis on prediction methods and industrial applications, in: *European Journal of Operational Research*, 90, Seiten 487–513.

Donoghue, John R. (1995): The effects of within-group covariance structure on recovery in cluster analysis, in: *Multivariate Behavioral Research*, 30(2), Seiten 227–254.

Doumpos, Michael und Zopounidis, Constantin (1999): A multicriteria discrimination method for the prediction of financial distress: The case of greece, in: *Multinational Finance Journal*, 3(2), Seiten 71–101.

Dresdner Bank AG (2000): *Trends 2000.*

Drukarczyk, Jochen (1999): *Finanzierung*, Band 8, Stuttgart.

Durand, David (1941): *Risk elements in consumer instalment financing*, Band 8 von *Studies in Consumer Instalment-Financing, National Bureau of Economic Research, Inc.*, New York, NY.

Edmister, Robert O. (1972): An empirical test of financial ratio analysis for small business failure prediction, in: *Journal of Financial and Quantitative Analysis*, 7(2), Seiten 1477–1493.

Efron, Bradley (1977): The efficiency of cox's likelihood function for censored data, in: *Journal of the American Statistical Association*, 72, Seiten 557–565.

Egan, William J. und Morgan, Stephen L. (1998): Outlier detection in multivariate analytical chemical data, in: *Analytical Chemistry*, 70(11), Seiten 2372–2379.

Eisenbeis, Robert A. (1977): Pitfalls in the application of discriminant analysis in business, finance and economics, in: *Journal of Finance*, 32(3), Seiten 875–900.

Eisenbeis, Robert A./ Gilbert, Gary G. und Avery, Robert B. (1973): Investigating the relative importance of individual variables and variable subsets in discriminant analysis, in: *Communications in Statistics*, 2(3), Seiten 205–219.

Elam, Rick (1975): The effect of lease data on the predictive ability of financial ratios, in: *The Accounting Review*, 50(1), Seiten 25–43.

Elmer, P.J. und Borowski, D.M. (1988): An expert system approach to financial analysis: The case of s & l bankruptcy, in: *Financial Management*, 17(3), Seiten 66–76.

Engelmann, Bernd/ Hayden, Evelyn und Tasche, Dirk (2003): Measuring the discriminative power of rating systems, in: *Discussion paper Series 2: Banking and Financial Supervision.*

Erxleben, Karsten/ Baetge, Jörg/ Feidicker, Markus/ Koch, Heidi/ Krause, Clemens und Mertens, Peter (1992): Klassifikation von Unternehmen. Ein Vergleich von Neuronalen Netzen und Diskriminantenanalyse, in: *Zeitschrift für Betriebswirtschaft*, 62(11), Seiten 1237–1262.

Europressedienst (2004): Kreditvergabe und Ratingsysteme der deutschen Top-Banken nach Basel II, Bonn.

Everett, Jim und Watson, John (1998): Small business failure and external risk factors, in: *Small Business Economics*, 11(4), Seiten 371–390.

Feidicker, Markus (1992): *Kreditwürdigkeitsprüfung - Entwicklung eines Bonitätsindikators, dargestellt am Beispiel von Kreditversicherungsunternehmen*, Düsseldorf.

Fernández, Ana Isabel (1988): A spanish model for credit risk classification, in: *Studies in Banking and Finance*, 7, Seiten 115–1125.

Fichman, Mark und Cummings, Jonathon N. (2003): Multiple imputation for missing data: Making the most of what you know, in: *Organizational Research Methods*, 6(3), Seiten 282–309.

Fitzpatrick, Paul J. (1931): *Symptoms of industrial failures*, Catholic University of America, Washington, D. C.

Fitzpatrick, Paul J. (1932): A comparison of ratios of successful industrial enterprises with those of failed firms, in: *Certified Public Accountant*, Seiten 598–605.

Foster, L. O. und Ramser, J. R. (1931): *A demonstration of ratio analysis*, Band Bulletin No. 40, Bureau of Business Research, University of Illinois, Urbana, IL.

Fox, John (1997): *Applied Regression Analysis, Linear Models, and Related Methods*, Thousand Oaks, CA.

Frederikslust van, Ruud A. I. (1978): *Predictability of corporate failure: Models for prediction of corporate failure and for evaluation corporate debt capacity*, Doktorarbeit, Martinus Nijhoff Social science Divison, Leiden/Boston.

Frerichs, Hergen und Wahrenburg, Mark (2003): Evaluating internal credit rating systems depending on bank size, in: .

Fritz, Martin G. (1991): Indikatorkonstellationen zur bonitätsbeurteilung von unternehmen im rahmen des kreditrisikomanagements, in: 54 (Herausgeber), *Betriebswirtschaftliche Forschungsbeiträge*, Aschoff, Christoff and Müller-Bader, Peter.

Fritz, Sebastian und Hosemann, Detlef (2000): Restructuring the credit process: Behavior scoring for german corporations, in: *International Journal of Intelligent Systems in Accounting, Finance & Management*, 9, Seiten 9–21.

Fuentelsaz, Lucio/ Gomez, Jaime und Polo, Yolanda (2002): Followers' entry timing: evidence from the spanish banking sector after deregulation, in: *Strategic Management Journal*, 23(3), Seiten 245–264.

Füser, Karsten (2001): *Intelligentes Scoring und Rating - Moderne Verfahren der Kreditwürdigkeitsprüfung*, Wiesbaden.

Gebhardt, Günther (1979): Insolvenzprognose aus Jahresabschlüssen nach altem und neuem Aktienrecht, in: *Zeitschrift für betriebswirtschaftliche Forschung*, 31(7), Seiten 597–619.

Gebhardt, Günther (1980): *Insolvenzprognosen aus aktienrechtlichen Jahresabschlüssen - Eine Beurteilung der Reform der Rechnungslegung durch das Aktiengesetz 1965 aus der Sicht unternehmensexterner Adressaten*, Wiesbaden.

Gloubos, George und Grammatikos, Theobarry (1988): The success of bankruptcy prediction models in greece, in: *Studies in Banking and Finance*, 7, Seiten 37–46.

Gordon, Myron J. (1964): Postulates, principles, and research in accounting, in: *The Accounting Review*, 2(39), Seiten 251–263.

Gordon, Myron J./ Horwitz, Bertrand N. und Meyers, Philip T. (1966): Accounting measurements and normal growth of the firm, in: *Research in Accounting Measurement*, Seiten 221–231, Jaedicke, Lijri and Nielsen (American Accounting Association).

Goss, Ernest Preston und Ramchandani, Harish (1995): Comparing classification accuracy of neural networks, binary logit regression and discriminant analysis for insolvency prediction of life insurers, in: *Journal of Economics and Finance*, 19(3), Seiten 1–18.

Grambsch, Patricia M. und Therneau, Terry M. (1994): Proportional hazard tests and diagnostics based on wheigted residuals, in: *Biometrika*, 81(3), Seiten 515–526.

Grapentine, Terry (1997): Managing multicollinearity, in: *Marketing Research*, 9(3), Seiten 11–21.

Grice, John Stephen und Ingram, Robert W. (2001): Tests of the generalizability of altman's bankruptcy prediction model, in: *Journal of Business Research*, 54(1), Seiten 53–61.

Groll, Karl-Heinz (2004): *Das Kennzahlensystem zur Bilanzanalyse*, Band 2, München/Wien.

Grover, Jeffrey und Lavin, Angeline M. (2001): Financial ratios, discriminant analysis and the prediction of corporate bankruptcy: A service industry extension of altman's z-score model of bankruptcy prediction, in: *Working Paper, prepared for the 2001 meeting of the Southern Finance Association Annual Meeting.*

Grunert, Jens/ Norden, Lars und Weber, Martin (2005): The role of non-financial factors on internal credit ratings, in: *Journal of Banking and Finance*, 29(2), Seiten 509–531.

Guo, Jiin-Huarng (2003): Four correlation coefficients with a third blocking variable: Their efficacy, relative efficiency, and test statistics, in: *Communications in Statistics*, 32(9), Seite 1835–1858.

Hadi, Ali S. und Simonoff, Jeffrey (1993): Procedures for the identification of multiple outliers in linear models, in: *Journal of the American Statistical Association*, 88, Seiten 1264–1272.

Hair, Joseph F./ Tatham, Ronald L./ Anderson, Rolph E. und Black, William (1998): *Multivariate Data Analysis*, Band 5, Upper Saddle River, NJ.

Hamerle, Alfred/ Rauhmeier, Robert und Rösch, Daniel (2003): Uses and misuses of measures for credit rating accuracy, http://www.defaultrisk.com /pdf_files/Uses_n_Misuses_o_Measures_4_Cr_Rtng _Accrc.pdf, Erscheinungsdatum: 28.4.2003, Abrufdatum: 05.01.2006.

Hammann, Peter (1990): *Marktforschung*, Band 2, Stuttgart/New York, NY.

Hansmann, Christian Marc, Karl-Werner und Ringle (2002): Finanzierung mittelstand 2002, http://www.ibl-unihh.de/finanzmi.pdf, Erscheinungsdatum: August 2002, Abrufdatum: 05.01.2006.

Hanweck, Gerald A. (1977): Predicting bank failure, in: *Research Papers in Banking and Economics, Financial Studies Section, Board of Governors of the Federal Reserve System.*

Harrel, Frank E. Jr. (2001): *Regression modeling strategies - With applications to linear models, logistic regression and survival analysis*, New York, NY/Berlin/Heidelberg/Hong Kong/London/Milan/Paris/Tokyo.

Hartung, Joachim/ Elpelt, Bärbel und Klösener, Karl-Heinz (1993): *Statistik: Lehr- und Handbuch der angewandten Statistik*, Band 9, München/Wien.

Hauschildt, Jürgen/ Rösler, Joachim und Gemünden, Hans Georg (1984): Der Cash Flow - ein Krisensignalwert?, in: *Die Betriebswirtschaft*, 44(3), Seiten 353–370.

Hayden, Evelyn (2002): Modeling an accounting-based rating system for austrian firms, unpublished PhD dissertation, University of Vienna.

Henebry, Kathleen L. (1996): Do cash flow variables improve the predictive accuracy of a cox proportional hazards model for bank failure?, in: *The Quarterly Review of Economics and Finance*, 36(5), Seiten 395–409.

Henebry, Kathleen L. (1997): A test of the temporal stability of proportional hazard models for predicting bank failure, in: *Journal of Financial and Strategic Decisions*, 10(3), Seiten 1–11.

Her, Young-Won und Choe, Chongwoo (1999): A comparative study of australian and korean accounting data in business failure prediction models, http://www.latrobe.edu.au/business/research/dps/downloads/dps99/A99.07.pdf, Erscheinungsdatum: Oktober 1999, Abrufdatum: 05.01.2006.

Hinxlage, Jürgen (2005): Mezzanine-kapital im internen rating der banken - das firmenkunden rating der sparkassen-finanzgruppe, in: *Gehalten auf dem TSI-Workshop ÄBS basierte Mezzanine Mittelstandsfinanzierungäm 12. Oktober 2005 in Frankfurt am Main*, Seiten 0–27.

Hirschmann, Stefan (2003): Rating von Start-Ups, in: *Gründer-Magazin*, (5), Seiten 24–26.

Hommel, Ulrich und Schneider, Hilmar (2003): Financing the german mittelstand, in: *EIB Papers*, 8(2), Seiten 53–91.

Honjo, Yuij (2000): Business failure of new firms: An empirical analysis using a multiplicative hazards model, in: *International Journal of Industrial Organization*, 18(4), Seiten 557–574.

Hosmer, David W. und Lemeshow, Stanley (1999): *Applied Survival Analysis*, New York, NY.

Hosmer, David W. und Lemeshow, Stanley (2000): *Applied Logistic Regression*, Band 2, New York, NY.

Hüls, Dagmar (1995): *Früherkennung insolvenzgefährdeter Unternehmen*, Düsseldorf.

Hundt, Irina/ Neitz, Bernd und Grabau, Fritz-René (2003): *Rating als Chance für kleine und mittlere Unternehmen*, München.

Hunt, Earl B./ Martin, Janet und Stone, Philipp T. (1966): *Experiments in induction*, New York, NY.

Institut für Mittelstandsforschung Bonn (2004): *SMEs in Germany Facts and Figures 2004*.

Investkredit (2004): *Die Zukunft der Unternehmensfinanzierung - Vorbereitung auf Basel II*, Band 3, Wien.

Izan, H. I. (1984): Corporate distress in australia, in: *Journal of Banking and Finance*, 8(2), Seiten 303–320.

Jacobs, Jürgen und Weinrich, Günter (2002): Bonitätsbeurteilung kleiner Unternehmen mit nicht-linearen Klassifikationsverfahren, in: *Die Betriebswirtschaft*, 62(4), Seiten 343–358.

Joy, O. Maurice und Tollefson, John O. (1978): Some clarifying comments on discriminant analysis, in: *Journal of Financial and Quantitative Analysis*, Seiten 197–200.

Kaiser, Ulrich und Szczesny, Andrea (2003): Ökonometrische Verfahren zur Modellierung von Kreditausfallwahrscheinlichkeiten: Logit- und Probit-Modelle, in: *Zeitschrift für betriebswirtschaftliche Forschung*, 55(12), Seiten 790–822.

Kalbfleisch, John D. und Prentice, Ross L. (1980): *The statistical analysis of failure time data*, New York, NY.

Kaltofen, Daniel/ Möllenbeck, Markus und Stein, Stefan (2002): Große Inspektion Risikofrüherkennung im Kreditgeschäft mit kleinen und mittleren Unternehmen, http://www.ruhr-uni-bochum.de/ikf/downloads/grosse-inspektion.pdf, Erscheinungsdatum: 2002, Abrufdatum: 05.01.2006.

Kayser, Georg (1983): *Sanierung oder Auflösung - Eine Analyse zur Bestimmung derSanierungsfähigkeit von Unternehmen im Vorfeld der Insolvenz*, Frankfurt am Main/Bern.

Keasey, Kevin und McGuinness, Paul (1990): The failure of uk industrial firms for the period 1976-1984: Logistic analysis and entropy measures, in: *Journal of Business Finance and Accounting*, 17(1), Seiten 119–135.

Kiefer, Nicholas M. (1988): Economic duration data and hazard functions, in: *Journal of Economic Literature*, 26(2), Seiten 646–679.

Klemm, Elmar (1995): *Das Problem der Distanzbindungen in der hierarchischen Clusteranalyse*, Frankfurt am Main.

Köllhofer, Dietrich (1989): Moderne Verfahren der Bilanz- und Bonitätsanalyse im Firmenkundengeschäft der Bayrischen Vereinsbank AG, in: *Zeitschrift für betriebswirtschaftliche Forschung*, 41(11), Seiten 974–981.

Ko, C. J. (1982): *A delination of corporate appraisal models and classification of bankrupcyt firms in Japan*, Doktorarbeit, New York University.

Kohler, Ulrich und Kreuter, Frauke (2001): *Datenanalyse in Stata*, München/Wien.

Kommission der Europäischen Gemeinschaft (2003): Empfehlung der Kommission vom 6. Mai 2003 betreffend die Definition der Kleinstunternehmen sowie der kleinen und mittleren Unternehmen, in: .

Kommission für Methodik der Finanzanalyse der Deutschen Vereinigung für Finanzanalyse und Anlageberatung (DVFA) und der Arbeitskreis Externe Unternehmensrechnung der Schmalenbach-Gesellschaft-Deutsche Gesellschaft für Betriebswirtschaft (SG) (1993): Cash Flow nach DVFA/SG, in: *Die Wirtschaftsprüfung*, 19, Seiten 599–602.

KPMG (2004): *Rechnungslegung nach IAS/IFRS – auch ein Thema für den Mittelstand?*, Düsseldorf.

Krafft, Manfred (1997): Der Ansatz der logistischen Regression und seine Interpretation, in: *Zeitschrift für Betriebswirtschaft*, 67(5), Seiten 625–642.

Küting, Karlheinz (1983): Grundsatzfragen von Kennzahlen als Instrumente der Unternehmensführung, in: *Wirtschaftswissenschaftliches Studium*, 12(5), Seiten 237–241.

Küting, Karlheinz (1995): Bilanzpolitik, in: Gerke, Wolfgang und Steiner, Manfred (Herausgeber), *Handwörterbuch der Bank- und Finanzwesens*, Band 2, Seiten 262–275, Stuttgart.

Küting, Karlheinz und Kaiser, Thomas (1994): Bilanzpolitik in der Unternehmenskrise, in: *Beilage 2 zum Betriebs-Berater*, 3(49), Seiten 1–18.

Küting, Karlheinz und Weber, Klaus-Peter (2000): *Die Bilanzanalyse: Lehrbuch zur Beurteilung von Einzel- und Konzernabschlüssen*, Band 5, Stuttgart.

Lachnit, Laurenz (2004): *Bilanzanalyse*, Band 1, Wiesbaden.

Laffarga Briones, Joaquina J./ Martín Marín, Joseé L. und Vázquez Cueto, Maria J. (1988): Forecasting bank failures: The spanish case, in: *Studies in Banking and Finance*, 7, Seiten 127–139.

Laitinen, Erkki K. (1991): Financial ratios and different failure processes, in: *Journal of Business Finance and Accounting*, 18(5), Seiten 649–673.

Laitinen, Erkki K. (1992): Prediction of failure of a newly founded firm, in: *Journal of Business Venturing*, 7, Seiten 323–340.

Laitinen, Erkki K. (1993): Financial predictors for different phases of the failure process, in: *OMEGA International Journal of Management Sience*, 21(2), Seiten 215–228.

Laitinen, Teija und Kankaanpää, Maria (1999): Comparative analysis of failure prediction methods: The finish case, in: *The European Accounting Review*, 8(1), Seiten 67–92.

Lane, Sylvia (1972): Submarginal credit risk classification, in: *Journal of Financial and Quantitative Analysis*, 7(1), Seiten 1379–1385.

Lane, William R./ Looney, Stephen W. und W., Wansley James (1986): An application of the cox proportional hazard model to bank failure, in: *Journal of Banking and Finance*, 10, Seiten 511–531.

Langford, Ian H. und Lewis, Toby (1998): Outliers in multilevel data, in: *Journal of the Royal Statistical Society: Series A (Statistics in Society)*, 161(2), Seiten 121–160.

Lawrence, Edward C. und Arshadi, Nasser (1995): A multinominal logit analysis of problem loan resolution choices in banking, in: *Journal of Money, Credit, and Banking*, 27(1), Seiten 202–216.

Lehmann, Bina (2003): *Is it worth the while? The relevance of qualitative information in credit rating*, working paper, universität konstanz Auflage.

Leker, Jens (1994): Fraktionierende Frühdiagnose von Unternehmenskrisen anhand von Jahresabschlüssen - Entwicklung eines multiplen Disktimanzmodells zur Diagnose von unterschiedlischen Krisenstadien, in: *Zeitschrift für betriebswirtschaftliche Forschung*, 46(9), Seiten 732–750.

Leker, Jens und Schewe, Gerhard (1998): Beurteilung des Kreditausfallrisikos im Firmenkundengeschäft der Banken, in: *Zeitschrift für betriebswirtschaftliche Forschung*, 50(10), Seiten 877–891.

Letza, Steve R./ Kalupa, Lukasz und Kowalski, Tadeusz (2003): Predicting corporate failure: How useful are multi-discriminant models?, in: *The Poznań University of Economics Review*, 3(2), Seiten 5–11.

Lev, Baruch (1969): Industry averages as targets for financial ratios, in: *Journal of Accounting Research*, 7(2), Seiten 290–299.

Libby, Robert (1975): Accounting ratios and the prediction of failure: Some behavioral evidence, in: *Journal of Accounting Research*, 13(1), Seiten 150–161.

Lincoln, Mervyn (1984): An empirical study of the usefullness of accounting ratios to describe levels of insolvency risk, in: *Journal of Banking and Finance*, 8(2), Seiten 321–349.

Lindsey, J. K. (1999): Relationships among sample size, model selection and likelihood regions, and scienti®cally important differences, in: *The Statistician*, 48(3), Seiten 401–411.

Lipovetsky, Stan und Conklin, Michael (2004): Decision making by variable contribution in discriminant, logit, and regression analyses, in: *International Journal of Information Technology and Decision Making*, 3(2), Seiten 265–279.

Longford, Nicholas T. (2004): Missing data and small area estimation in the uk labour force survey, in: *Journal of the Royal Statistical Society: Series A (Statistics in Society)*, 167(2), Seiten 341–373.

Luoma, Martti und Laitinen, EK (1991): Survival analysis as a tool for company failure prediction, in: *OMEGA International Journal of Management Sience*, 19(6), Seiten 673–678.

Maddala, G. S. (1977): *Econometrics*, New York, NY.

Manz, Klaus und Dahmen, Andreas (1998): *Kompaktstudium Wirtschaft Bd. 6 Finanzierung*, Band 2, München.

Marais, D. A. J. (1979): A method of quantifying companies relative financial strength, in: *Bank of England Discussion Paper No. 4, London.*

Martin, Daniele (1977): Early warning of bank failure - a logit regression approach, in: *Journal of Banking and Finance*, 1(3), Seiten 249–276.

Marubini, Ettore und Valsecchi, Maria Grazia (2004): *Analysing Survival Data from Clinical Trials and Observational Studies*, Hoboken,NJ/San Francisco,CA/Weinheim/Queensland/Singapore/Canada.

Maurice Joy, O. und Tollefson, John O. (1975): On the financial applications of discriminant analysis, in: *Journal of Financial and Quantitative Analysis*, 10(5), Seiten 723–739.

McClave, James T./ Benson, P. George und Sincich, Terry (1998): *Statistics for Buiness and Economics*, Band 7, Upper Saddle River, NJ.

Merton, Robert C. (1974): On the pricing of corporate debt, in: *Journal of Finance*, 29(2), Seiten 449–470.

Merwin, Charles L. (1942): *Financing small corporations: In five manufacturing industries, 1926-36*, National Bureau of Economic Research, New York, NY.

Messier, William F. und Hansen, James V. (1988): Including rules for expert system development: An example using default and bankruptcy data, in: *Management Science*, 34(12), Seiten 1403–1415.

Micha, Bernard (1984): Analysis of business failures in france, in: *Journal of Banking and Finance*, 8(2), Seiten 281–291.

Millar, Anne M. und Hamilton, David C. (1999): Modern outlier detection methods and their effect on subsequent inference, in: *The Journal of Statistical Computation and Simulation*, 64(2), Seiten 125–150.

Mills, John/ Bible, Lynn und Mason, Richard (2003): *Defining Free Cash Flow.*

Moody's KMV Company (2001): *RiskCalc^{TM} for private Companies: The German Model*, London/Frankfurt.

Mossman, Charles E./ Bell, Geoffrey G./ Schwartz, l. Mick und Turtle, Harry (1998): An empirical comparison of bankruptcy models, in: *The Financial Review*, 33, Seiten 35–54.

Myung, In Jae/ Forster, Malcom R. und Browne, Michael W. (2000): Model selection, in: *Journal of Mathematical Psychology, Sonderheft*, 44.

Nardi, Alessandra und Schemper, Michael (1999): New residuals for cox regression and their application to outlier screening, in: *Biometrics*, 55(2), Seiten 523–529.

Neophytou, Evridiki/ Charitou, Andreas und Charalambous, Chris (2000): Predicting corporate failure: Empirical evidence for the uk, http://www.management.soton.ac.uk/Research/Publications/Documents/07-173.pdf, Erscheinungsdatum: 21.09.2000, Abrufdatum: 1.6.2004.

Niehaus, Hans-Jürgen (1987): *Früherkennung von Unternehmenskrisen - Die statistische Jahresabschlußanalyse als Instrument der Abschlußprüfung -*, Düsseldorf.

Odom, Marcus D. und Sharda, Ramesh (1993): A neural network model forbankruptcy prediction, in: Trippi, Robert R. und Turban, Efraim (Herausgeber), *Neural networks in finance and investing: Using artificial intelligence to improve real world performance*, Seiten 177–185, Chicago, IL.

Ohlson, James A. (1980): Financial ratios and the probabilistic prediction of bankruptcy, in: *Journal of Accounting Research*, 18(1), Seiten 109–131.

Olsson, Henrik/ Wennerholm, Pia und Lyxzén, Urban (2004): Observation exemplars, prototypes, and the flexibility of classification models, in: *Journal of Experimental Psychology: Learning, Memory and Cognition*, 30(4), Seiten 936–941.

Ooghe, Hubert und Balcaen, Sofie (2002): Are failure prediction models transferable from one country to another? an empirical study using belgian financial statements, in: *Working Paper, Vlerick Leuven Gent Management School.*

Ooghe, Hubert/ Camerlynck, Jan und Balcaen, Sofie (2001): The ooghe-joos-de vos failure prediction models: A cross-industry validation, in: *Working Paper, Vlerick Leuven Gent Management School.*

Ooghe, Hubert/ H., Joos Peter und D., De Vos (1991): Failure prediction models, in: *Working Paper, Ghent University, Belgium.*

Orr, John M. und Sackett, Paul R. (1991): Outlier detection and treatment in i/o psychology: A survey of researcher beliefs and an empirical illustration, in: *Pesonell Psychology*, 44, Seiten 473–486.

Österreichische Nationalbank und Finanzmarktaufsicht (2004a): *Neue quantitative Modelle der Bankenaufsicht*, Wien.

Österreichische Nationalbank und Finanzmarktaufsicht (2004b): *Ratingmodelle und -validierung*, Wien.

Pascale, Ricardo (1988): A multivariate model to predict firm financial problems: The case of uruguay, in: *Studies in Banking and Finance*, 7, Seiten 171–182.

Paul, Stephan (2004): Basel ii im Überblick, in: Hofmann, Gerhard (Herausgeber), *Basel II und MaK: Regulatorische Vorgaben, bankinterne Verfahren, Bewertungen*, Band 2, Seite 5 – 58, Frankfurt am Main.

Paul, Stephan/ Paul, Thomas und Stein, Stefan (2002): Rating-Agenturen für den Mittelstand - Die Akteure und ihre Angebote im Überblick, in: *RATINGaktuell*, 1(2), Seiten 36–38.

Pedhazur, Elazar (1997): *Multiple Regression in Behavioral Research: Explanation and Prediction*, Orlando, FL.

Penny, Karl I. und Jolliffe, Ian T. (2001): A comparison of multivariate outlier detection methods for clinical labratory safety data, in: *The Statistician*, 50(3), Seiten 295–308.

Perlitz, Manfred (1972): Die Prognosefähigkeit von Kennzahlen aus Jahresabschlüssen und Kapitalflußrechnung für das Wachstum von Unternehmen. Eine empirische Untersuchung deutscher Aktiengesellschaften, in: *Zeitschrift für betriebswirtschaftliche Forschung*, 31(1), Seiten 1–21.

Perlitz, Manfred (1979): Empirische Bilanzanalyse, in: *Zeitschrift für Betriebswirtschaft*, 49(9), Seiten 835–849.

Peto, Richard (1972): Discussion of professor cox's paper, in: *Journal of the Royal Statistical Society: Series B*, 34(2), Seiten 205–207.

Pföstl von, Georg (2005): *Messung und Modellierung der Ausfallwahrscheinlichkeit von Krediten*, Hamburg.

Pitt, Mark A./ Myung, In Jae und Zhang, Shaobo (2002): Toward a method of selecting among computational models of cognition, in: *Psychological Review*, 109(3), Seiten 472–491.

Platt, Harlan D. und Platt, Marjorie B. (1990): Improving ex ante bankruptcy classificationusing stable predictive variables, in: *Journal of Business Finance and Accounting*, 17, Seiten 31–51.

Platt, Harlan D. und Platt, Marjorie B. (1991): A note on the use of industry-relative ratios in bankruptcy prediction, in: *Journal of Banking and Finance*, 15(6), Seiten 1183–1194.

Pudil, Pavel/ Novovičová, Jana und Kittler, Josef (1994): Floating search methods in feature selection, in: *Pattern Recognition Letters*, 15(11), Seiten 1119–1125.

Quinlan, Ross J. (1983): Learning efficient classification procedures and their application to the chess and games, in: Michalski, Ryszard S./ Carbonell, Jaime G. und Mitchell, Tom M. (Herausgeber), *Machinelearning: An artificial intelligence approach*. Seiten 463–482, Palo Alto, CA.

Raghupathi, Wullianallur/ Schkade, Lawrence L. und Raju, Bapi S. (1993): A neural network approach to bankruptcy prediction, in: Trippi, Robert R. und Turban, Efraim (Herausgeber), *Neural networks in finance and investing: Using artificial intelligence to improve real world performance*, Seiten 141–157, Chicago, IL.

Rahimian, Eric/ Singh, Seema/ Thammachote, Thongchai und Virmani, Rajiv (1993): Bankruptcy prediction by neural network, in: Trippi, Robert R. und Turban, Efraim (Herausgeber), *Neural networks in finance and investing: Using artificial intelligence to improve real world performance*, Seiten 159–175, Chicago, IL.

Rammer, Christian (2005): *Unternehmensdynamik in Deutschland 1995-2003: Die Rolle forschungs- und wissensintensiver Branchen und eine Einordnung im internationalen Vergleich*, Zentrum für Europäische Wirtschaftsforschung (ZEW).

Rasmussen, Jeffrey L. (1988): Evaluating outlier identification tests: Mahalanobis D Squared and Comrey D, in: *Multivariate Behavioral Research*, 23(2), Seiten 189–202.

Rathouz, Paul J. (2003): Likelihood methods for missing covariate data in highly stratified studies, in: *Journal of the Royal Statistical Society: Series B (Statistical Methodology)*, 65(3), Seiten 711–724.

Rödl, Helmut (1979): *Kreditriskiken und ihre Früherkennung - Ein Informationssystem zur Erhaltung der Unternehmung*, Düsseldorf.

Rehkugler, Heinz und Poddig, Thorsten (1998): *Bilanzanalyse*, Band 4, München/Wien.

Reunanen, Juha (2003): Overfitting in making comparison between variable selection methods, in: *Journal of Machine Learning Research*, 3, Seiten 1371–1382.

Reuter, Michael und Zwirne, Christian (2004): Überleitung einer GuV vom Gesamtkosten- zum Umsatzkostenverfahren im Rahmen der Umstellung der Rechnungslegung auf die IFRS, in: *Zeitschrift für das Steuerrecht und die Rechnungslegung der Unternehmen*, (14), Seiten 635–640.

Rodríguez, Jacobo L. (2003): Banking stability and the basel capital standards, in: *Cato Journal*, 23(1), Seiten 115–127.

Rousseeuw, Peter J. und C., Bert (1990): Unmasking multivariate outliers and leverage points, in: *Journal of the American Statistical Association*, 85, Seiten 633 - 651.

Royston, Patrick und Altman, Douglas G. (1994): Regression using fractional polynomialy of continues covariates: Parsimonious parametric modelling, in: *Applied Statistics*, 43(3), Seiten 429–467.

Sachs, Lothar (2004): *Angewandte Statistik*, Berlin/Heidelberg/New York, NY.

Santomero, Anthony M. und Vinso, Joseph D. (1977): Estimating the probability of failure for commercial banks and the banking system, in: *Journal of Banking and Finance*, 1(2), Seiten 185–206.

Schellberg, Bernhard (1994): *Insolvenzprognosemodelle: ein Beitrag zur theoretischen Fundierung der Jahresabschlußanalyse*, Stuttgart.

Schemper, Michael und Stare, Janez (1996): Explained variation in survival analysis, in: *Statistics in Medicine*, 15(19), Seiten 1999–2012.

Schermelleh-Engel, Karin/ Moosbrugger, Helfried und Müller, Hans (2003): Evaluating the fit of structural equation models: Tests of significance and descriptive goodness-of-fit measures, in: *Methods of Psychological Research Online*, 8(2), Seiten 23–74.

Schnell, Rainer (1994): *Graphisch gestützte Datenanalyse*, München/Wien.

Schoenfeld, David (1982): Partial residuals for the proportional hazards regression model, in: *Biometrika*, 69(1), Seiten 239–241.

Schulze, Peter M. (1998): *Beschreibende Statistik*, Band 3, München/Wien.

Scott, James (1981): The probability of bankruptcy: A comparison of empirical predictions and theoretical models, in: *Journal of Banking and Finance*, 5(3), Seiten 317–344.

Serrano-Cinca, Carlos (1997): Feedforward neural networks in the classification of financial information, in: *The European Journal of Finance*, 3(3), Seiten 183–202.

Shaw, Michael J. und Gentry, James A. (1988): Using an expert system with inductive learning for evaluating business loans, in: *Journal of Financial Management*, 17(3), Seiten 45–56.

Shirata, Cindy Yoshiko (1998): Financial ratios as predictors of bankruptcy in japan: An empirical research, in: *Proceedings of the 2nd Asian Pacific Interdisciplinary Resaech in Accounting Conference*, Seiten 437–445.

Shumway, Tyler (1999): Forecasting bankruptcy more accurately: A simple hazard model, http://www-personal.umich.edu/~shumway/papers.dir/forcbank.pdf, Erscheinungsdatum: 16.7.1999, Abrufdatum: 31.5.2004.

Sinkey, Joseph F. (1975): A multivariate statistical analysis of the characteristics of problem banks, in: *Journal of Finance*, 30(1), Seiten 21–36.

Smith, Raymond F. und Winakor, Arthur H. (1930): *A test analysis of unsuccessful industrial corporations*, Band Bulletin No. 31, Bureau of Business Research, University of Illinois, Urbana, IL.

Smith, Raymond F. und Winakor, Arthur H. (1935): *Changes in the financial structure of unsuccessful corporations*, Band Bulletin No. 51, Bureau of Business Research, University of Illinois, Urbana, IL.

Smith, Tyler und Smith, Besa (2004): Survival analysis and the application of cox's proportional hazards modeling using sas, http://www2.sas.com/proceedings /sugi26/p244-26.pdf, Erscheinungsdatum: 22.04.2001, Abrufdatum: 29.5.2004.

Somol, Petr/ Pudil, Pavel/ Novovičová, Jana und Paclík, Pavel (1999): Adaptive floating search methods in feature selection, in: *Pattern Recognition Letters*, 20(11-13), Seiten 1157–1163.

Sprißler, Wolfgang und Kemmer, Michael (2000): Externes Rechnungswesen, in: *Geld-, Bank- und Börsenwesen*, Band 40, Seiten 1295–1408, von Hagen, Jürgen and von Stein, Johann Heinrich.

Srinivasan, Venkat und Kim, Yong H. (1987): Credit granting: A comparative analysis of classification procedures, in: *Journal of Finance*, 42(3), Seiten 665–681.

Statistisches Bundesamt Deutschland (2004a): *Insolvenzen in Deutschland 2003 – Strukturen und Entwicklungen –* , Wiesbaden.

Statistisches Bundesamt Deutschland (2004b): *Steuerpflichtige Unternehmen und deren Lieferungen und Leistungen nach wirtschaftlicher Gliederung - Umsatzsteuerstatistik 2002*, Wiesbaden.

Statistisches Bundesamt Deutschland (2004c): *Unternehmen und Arbeitsstätten*, Wiesbaden.

Statistisches Bundesamt Deutschland (2005a): *Finanzen und Steuern - Umsatzsteuer 2003*, Wiesbaden.

Statistisches Bundesamt Deutschland (2005b): *Unternehmen und Arbeitsstätten*, Wiesbaden

Statistisches Bundesamt Deutschland (2005c): *Unternehmen und Arbeitsstätten*, Wiesbaden.

Stein, Roger M. (2005): The relationship between default prediction and lending profits: Integrating roc analysis and loan pricing, in: *The Relationship Between Default Prediction and Lending Profits: Integrating ROC analysis and loan pricing*, 29(5), Seiten 1213–1236 .

Stein von, Johann Heinrich (1972): Erkenntnisse aus Unternehmenszusammenbrüchen, in: *Sparkassen-Prüfertag*, 2, Seiten 100–118.

Stein von, Johann Heinrich und Ziegler, Werner (1984): The prognosis and surveillance of risks from commercial credit borrowers, in: *Journal of Banking and Finance*, 8(2), Seiten 249–268.

Suominen, Seppo I. (1988): The prediction of bankruptcy in finland, in: *Studies in Banking and Finance*, 7, Seiten 27–36.

Swanson, Eric und Tybout, James R. (1988): Industrial bankruptcy determinants in argentina, in: *Studies in Banking and Finance*, 7, Seiten 1–27.

Ta, Huu Phuong und Seah, Lee Huang (1988): Business failure prediction in singapore, in: *Studies in Banking and Finance*, 7, Seiten 105–114.

Tabachnick, Barbara G. und Fidell, Linda S. (2001): *Using Multivariate Statistics*, Band 4, Needham Heights, MA.

Tabachnik, Barbara G. und Fidell, Linda S. (1996): *Using multivariate Statistics*, Band 3, New York, NY.

Taffler, Richard J. (1982): Forecasting company failure in the uk using discriminant analysis and financial ratio data, in: *Journal of Royal Statistical Society*, 145(3), Seiten 342–358.

Taffler, Richard J. und Tisshaw, Howard (1977): Going, going, gone – four factors which predict, in: *Accountancy*, 88(1003), Seiten 50–54.

Takahashi, Kichinosuke/ Kurokawa, Yukiharu und Watase, Kazunori (1984): Corporate bankruptcy prediction in japan, in: *Journal of Banking and Finance*, 8(2), Seiten 229–247.

Tam, Kar Yan und Kiang, Melody Y. (1992): Managerial applications of neural networks: The case of bank failure predicions, in: *Management Science*, 38(7), Seiten 926–947.

Tamari, Meir (1964): Financial ratios as a means of forecasting bankruptcy, in: *Economic Review, Bank of Israel, Jerusalem.*

Theodossiou, Panayiotis und Papoulias, Costas (1988): Problematic firms in greece: An evaluation using corporate failure prediction models, in: *Studies in Banking and Finance*, 7, Seiten 47–56.

Therneau, Terry M. und Grambusch, Patricia M. (2000): *Modelling survival data - Extending the Cox Model*, Berlin/Heidelberg/New York, NY.

Treacy, William F. und Carey, Mark S. (1998): Credit risk rating systems at large us banks, in: *Federal Reserve Bulletin*, Seiten 897–921.

Treacy, William F. und Carey, Mark S. (2000): Credit risk rating systems at large us banks, in: *Journal of Banking and Finance*, 24(1), Seiten 167–201.

Unal, Targan (1988): An early warning model for predicting firm failure in turkey, in: *Studies in Banking and Finance*, 7, Seiten 141–170.

Urban, Dieter (1993): *Logit-Analyse. Die statistische Analyse von Modellen mit qualitativen Response-Variablen*, Stuttgart/Jena/New York, NY.

Varetto, Franco (1998): Genetic algorithms applications in the analysis of insolvency risk, in: *Journal of Banking and Finance*, 22(11), Seiten 1421–1439.

Verband der Vereine Creditreform e.V. (2002): *Insolvenzen, Neugründungen und Löschungen, 2002*, Neuss.

Verband der Vereine Creditreform e.V. (2005a): *Insolvenzen, Neugründungen und Löschungen, 1. Halbjahr 2005*, Neuss.

Verband der Vereine Creditreform e.V. (2005b): *Wirtschaftslage und Finanzierung im Mittelstand*, Neuss.

Wambach, Martin und Rödl, Bernd (2001): *Rating - Finanzierung für den Mittelstand*, Frankfurt.

Wang, George C. S. (1996): How to handle multicollinearity in regression modelling, in: *Journal of Business Forecasting*, Seiten 23–27.

Weber, Joachim (2005): IFRS könnte Kursstürze auslösen, http://www.handelsblatt.com/pshb?fn=tt&sfn=go&id=1063278, Erscheinungsdatum: 04.07.2005, Abrufdatum: 05.01.2006.

Weibel, Peter F. (1973): *Die Aussagefähigkeit von Kriterien zur Bonitätsbeurteilung im Kreditgeschäft der Banken*, Doktorarbeit, Universität Zürich, Bern, Stuttgart.

Weinrich, Günther (1978): *Kreditwürdigkeitsprognosen - Steuerung der Kreditgeschäfte durch Risikoklassen*, Wiesbaden.

Werner, Kresse und Norbert, Leuz (2004): *Die neue Schule des Bilanzbuchhalters*, Stuttgart.

Whalen, Gary (1991): A proportional hazards model of bank failure: An examination of its usefulness as an early warning tool, in: *Economic Review (Federal Reserve Bank of Cleveland)*, 27(1), Seiten 21–31.

Wöhe, Günter (1996): *Einführung in die Allgemeine Betriebswirtschaftslehre*, Band 19, München.

Wöhe, Günter (1997): *Bilanzierung und Bilanzpolitik*, Band 9, München.

Wilcox, Jarrod W. (1971a): A gambler's ruin prediction of business failure using accounting data, in: *Sloan Management Review*, 12(3), Seiten 1–10.

Wilcox, Jarrod W. (1971b): A simple theory of financial ratios as predictors of failure, in: *Journal of Accounting Research*, 9(2), Seiten 389–395.

Wilcox, Rand R. (2004): Inferences based on a skipped correlation coefficient, in: *Journal of Applied Statistics*, 31(2), Seite 131–143.

Wilson, Nicholas/ Chong, Kwee S. und J., Peel Michael (1995): Neural network simulation and the prediction of corporate outcomes: Some empirical findings, in: *International Journal of Economics of Business*, 2(1), Seiten 31–50.

Winakor, Arthur H. (1936): *Capacity to pay current debts*, University of Illinois, Urbana, IL.

Winkler, Atai und McCarthy, Paul (2005): Maximising the value of missing data, in: *Journal of Targeting, Measurement & Analysis for Marketing*, 13(2), Seiten 168–178.

Winkler, Robert L. (1994): Evaluating probabilities: Asymmetric scoring rules, in: *Management Science*, 40(11), Seiten 1395–1405.

Wirtschaftsjunioren Deutschland (2004): *Expertenbrief zum Thema: Externes Rating als strategische Option - klare Signale erkennen und setzen von Jörg Greitmeyer*, Berlin.

World Bank (2001): *Finance for Growth - Policy Choices in a volatile World*, New York, NY.

Woywode, Michael (1998): *Determinanten der Überlebenswahrscheinlichkeit von Unternehmen: Eine empirische Überprüfung organisationstheoretsicher und industrieökonomischer Erklärungsansätze*, Baden-Baden.

Zapranis, Achilleas und Ginoglou, Demetrios (2000): Forecasting corporate failure with neural network approach: The greek case, in: *Journal of Financial Management and Analysis*, 13(2), Seiten 11–20.

Zmijhewski, Mark E. (1984): Methodological issues related to the estimation of financial distress prediction models, in: *Studies on Current Econometric Issues in Accounting Research*, 22(3), Seiten 59–82.

Zurada, Jozef M./ Foster, Benjamin P./ Ward, Terry J. und Barker, Robert M. (1998): Neural networks versus logit regression models for predicting financial distress response variables, in: *The Journal of Applied Business Research*, 15(1).

CPSIA information can be obtained at www.ICGtesting.com
Printed in the USA
LVOW06s1616070914

402884LV00001B/3/P

9 783835 005488